MÉMOIRES

POUR SERVIR

A L'HISTOIRE DE MON TEMPS

VIII

PARIS. — IMPRIMERIE JULES BONAVENTURE,
55, QUAI DES AUGUSTINS.

MÉMOIRES

POUR SERVIR A

L'HISTOIRE DE MON TEMPS

PAR

M. GUIZOT

—

TOME HUITIÈME

PARIS

MICHEL LÉVY FRÈRES, LIBRAIRES-ÉDITEURS

RUE VIVIENNE, 2 BIS, ET BOULEVARD DES ITALIENS, 15

A LA LIBRAIRIE NOUVELLE

—

1867

Tous droits réservés

MÉMOIRES

POUR SERVIR

A L'HISTOIRE DE MON TEMPS

CHAPITRE XLIV

LE GOUVERNEMENT PARLEMENTAIRE.

(1840-1848.)

Le gouvernement libre est le but et le besoin des sociétés modernes.—La responsabilité du pouvoir est le principe essentiel du gouvernement libre. — Le gouvernement libre peut et doit avoir, selon les lieux et les temps, des formes différentes.—Exemples : l'Angleterre et la France, les États-Unis d'Amérique et la Suisse.—Le gouvernement parlementaire est l'une des formes du gouvernement libre. — La formation des partis politiques est l'une des conditions du gouvernement parlementaire. — Accomplissement de ces conditions par le cabinet du 29 octobre 1840.—Son homogénéité et son unité.—Les changements survenus dans sa composition ne les altèrent point. — Rapports de ses membres entre eux.—Ses rapports avec les Chambres.—Formation et action du parti conservateur. — De la corruption électorale et parlementaire. — De l'opposition parlementaire.— Séance du 26 janvier 1844 à la Chambre des députés.—Rapports du cabinet et mes rapports personnels avec le roi Louis-Philippe.— De la maxime : « Le roi règne et ne gouverne pas. » — Caractères du gouvernement parlementaire pendant la durée du cabinet du 29 octobre 1840.

Un grand bruit s'est fait et se fait encore autour de ces mots, « le gouvernement parlementaire. » La question ainsi posée est plus grande que le bruit qu'elle soulève. Il s'agit de bien autre chose et de bien plus que de ce qu'on appelle le gouvernement parlementaire. Ce que la France cherche depuis 1789, à travers toutes les vicissitudes de ses dispositions et de ses destinées, ce que l'Europe appelle de ses vœux confus mais obstinés, c'est le gouvernement libre. La liberté politique, c'est-à-dire l'intervention et le contrôle efficace des peuples dans leur gouvernement, c'est là le besoin et le travail, bruyant ou latent, de l'état social qui, depuis dix-neuf siècles, sous l'influence de la religion chrétienne et par le cours naturel de la civilisation moderne, s'est développé chez les nations européennes, et qui prévaut partout où elles portent leur esprit avec leur empire. Parlementaire ou non, le gouvernement est-il un gouvernement libre ou en train de le devenir? Là est la question.

La liberté politique a, selon les lieux et les temps, des formes et des mesures très-diverses. Elle a pourtant des conditions essentielles et vitales, qui varient aussi selon les lieux et les temps, mais sans lesquelles les peuples ne croiraient pas la posséder et ne la posséderaient réellement pas. La liberté politique peut exister, elle a existé très-inégalement distribuée entre les diverses classes de citoyens. Elle a existé entourée d'esclaves. Elle n'aurait pas existé, aux yeux de la Grèce et de Rome, sans l'élection temporaire de tous les pouvoirs publics et sans les luttes républicaines de l'*Agora* et du *Forum*. C'étaient là, dans l'antiquité païenne, les formes et les conditions nécessaires du gouvernement libre. Chez les peuples modernes et chrétiens, cet état des esprits et des faits s'est grandement modifié : d'une part, les conditions du gouvernement libre sont devenues plus nombreuses, plus élevées et plus compliquées; d'autre part, ses formes ont été plus variées. L'action des assemblées représentatives, la libre discussion des affaires publiques au dedans et au dehors de leur enceinte, la liberté électorale, la liberté religieuse, la liberté de la presse, la liberté du travail, l'égalité civile, l'indépendance judiciaire, telles sont aujourd'hui les impérieuses conditions du gouvernement libre. Et en même temps la diversité des faits sociaux, intérieurs ou extérieurs, a suscité ou même imposé au gouvernement libre, dans les divers États, des formes très-diverses; la république n'est plus sa seule forme naturelle, ni la seule bonne, ni la seule possible; il admet, il exige, dans certains cas, celle de la monarchie.

Deux grands États, l'Angleterre et les États-Unis d'Amérique, donnent de nos jours au monde le spectacle de ce fait nouveau dans le monde, le gouvernement libre établi et ses conditions accomplies sous des formes et par des institutions profondément différentes. Toutes les libertés que je viens de nommer, et qui constituent désormais la liberté politique, existent et se déploient avec une égale énergie dans l'un et l'autre de ces deux pays. Dans l'un, elles ont entouré le berceau et elles défendent la vie de la république. Dans l'autre, elles sont nées et elles prospèrent sous l'égide de la monarchie.

Il y a, de temps en temps, des prophètes qui prédisent

aux États-Unis d'Amérique la ruine de la république sous les coups d'abord de l'anarchie, puis de la dictature, et à l'Angleterre la chute de la monarchie constitutionnelle devant le progrès des libertés démocratiques. Je ne méconnais pas les périls qui suscitent de telles prédictions; mais je ne sais pas lire de si loin dans l'avenir, et en attendant qu'il les justifie ou qu'il les démente, je vois la monarchie anglaise et la république américaine surmontant les plus rudes épreuves, l'une la contagion des révolutions et la guerre étrangère, l'autre les tentatives de dislocation intérieure et la guerre civile. Je prends donc confiance dans la salutaire puissance du gouvernement libre sous les formes les plus diverses, et j'apprends à reconnaître la convenance, je dis plus, la nécessité de ces formes diverses pour que le gouvernement libre s'étende et se fonde en s'adaptant à la diversité des lieux, des situations, des histoires, des idées et des mœurs.

Les petits États offrent, en ceci, les mêmes exemples que les grands. Le gouvernement libre, avec toutes ses conditions actuelles, existe en Hollande et en Belgique, comme en Angleterre, sous la forme monarchique, et il se développe en Suisse, à travers de tristes déviations, sous la forme républicaine. En présence de ces faits, il n'y a que des esprits étroits et superficiels, ou passionnés jusqu'à l'aveuglement, qui puissent méconnaître que la liberté politique n'est point inhérente à une forme exclusive de gouvernement, et que, dans le monde chrétien, elle est devenue à la fois plus exigeante et plus pure dans ses aspirations, plus large et plus flexible dans ses applications qu'elle ne l'était dans l'antiquité.

Mais si le gouvernement libre admet la variété des formes, il n'en admet pas la confusion. S'il peut recevoir des organisations différentes, c'est par des moyens différents que, dans ses différentes organisations, il atteint son but, qui est toujours le même : la liberté et la durée au sein de la liberté. Or, de toutes les conditions du gouvernement libre, la première et la plus impérieuse, c'est que la responsabilité, une responsabilité vraie et sérieuse, s'attache à l'exercice du pouvoir. Si le pouvoir n'est pas responsable, la liberté n'est pas garantie.

C'est surtout en ce qui touche à la responsabilité du pouvoir que la diversité des formes du gouvernement libre impose l'emploi des moyens les plus divers. Je consulte l'expérience ; j'interroge de nouveau les deux grands exemples que je viens de citer. Dans la république des États-Unis d'Amérique, la responsabilité du pouvoir réside dans l'élection du président, dans la courte durée de sa mission, dans la complète séparation de son autorité et de celle des corps représentatifs placés à côté de lui. Évidemment de tels moyens ne sauraient s'appliquer à la monarchie. La monarchie constitutionnelle d'Angleterre en a trouvé et pratiqué d'autres : elle a posé en principe que le roi ne peut mal faire, et elle a fait peser sur ses conseillers toute la responsabilité de son gouvernement. Je n'entre pas dans la discussion et la comparaison de ces deux diverses formes de gouvernement libre et des divers systèmes de responsabilité qui leur sont propres; je constate des faits. La monarchie anglaise et la république américaine sont deux gouvernements bien réellement libres et qui satisfont à toutes les exigences actuelles de la liberté politique. Dans ces deux gouvernements, c'est par des moyens très-différents que s'établit et s'exerce la responsabilité du pouvoir, cette garantie nécessaire de la liberté politique. Quoique très-différents, ces moyens, mis à l'épreuve, se sont montrés également efficaces : dans l'un et l'autre de ces deux États, la responsabilité du pouvoir est réelle et les libertés publiques sont garanties.

Je touche à la question qui fait, parmi nous, tant de bruit. Les principes et les procédés sur lesquels repose, dans la monarchie anglaise, la responsabilité du pouvoir constituent-ils ce qu'on appelle le gouvernement parlementaire? Ce gouvernement est-il la conséquence naturelle de la monarchie constitutionnelle et la garantie efficace, sous cette monarchie, de la liberté politique?

Je déteste les assertions vagues et les conclusions précipitées. Avant d'exprimer, sur les mérites et les défauts du gouvernement parlementaire, toute ma pensée, j'ai à cœur de le montrer à l'œuvre tel que je l'ai vu et compris quand j'ai été appelé à le pratiquer.

J'insiste d'abord sur un fait souvent oublié et qu'on

ne saurait oublier sans méconnaître la nature et les exigences du gouvernement libre. Une des premières libertés qui prennent place dans un tel gouvernement, c'est celle de ses propres agents, la libre et volontaire action des hommes qui en exercent les grandes fonctions et en dirigent les ressorts. Le pouvoir absolu peut ne vouloir, dans ses serviteurs, que des instruments dociles, capables d'exécuter ses volontés qui sont leur loi. Mais dans un régime de liberté, quand la publicité et la discussion sont partout, quand la responsabilité accompagne partout le pouvoir, on ne l'exerce pas bien, on ne le sert pas bien si on n'agit pas selon sa propre pensée et sa propre volonté. Dès que l'action porte sur autre chose que sur des faits matériels et des travaux légalement prescrits, le gouvernement libre fait, aux hommes qui y prennent part, l'honneur d'avoir besoin que leur concours soit libre. En présence de la liberté nationale, il y a un degré de conviction, et je dirai de passion personnelle, qui est indispensable aux acteurs dans l'arène politique pour leur force et leur succès : « Ce ne sont pas des agents qu'il me faut, disait M. Casimir Périer au milieu de son ardente lutte contre l'émeute et l'anarchie, ce sont des complices. »

De là proviennent dans les gouvernements libres, monarchiques ou républicains, la nécessité et la formation naturelle des partis politiques. Qu'elle naisse de la similitude des intérêts, ou de celle des idées, ou de celle des passions, ou de ces divers motifs réunis, l'association libre est, dans de tels gouvernements, la condition de l'action politique régulière et efficace. Sans l'influence permanente de l'association libre, tout esprit d'ensemble et de suite disparaîtrait sous les souffles violents et variables de la liberté. Telle est, dans les gouvernements libres, la nécessité des partis politiques, qu'une fois formés ils s'y maintiennent et s'y perpétuent en dépit des transformations que leur font subir les changements qu'amènent les siècles dans l'état de la société et des esprits. Nés en Angleterre au xviie siècle, au milieu des crises de la liberté politique, et appelés tour à tour à la pratiquer, les Whigs et les Torys, bien que profondément modifiés aujourd'hui, se reproduisent sous les noms de conservateurs et de libéraux, et président encore aux destinées de leur patrie. Et aux États-Unis d'Amérique, à travers les secousses violentes qui les agitent, deux observateurs aussi sagaces qu'indépendants, M. Auguste Laugel et M. Ernest Duvergier de Hauranne, ont reconnu sans peine, dans les partis américains de nos jours, les successeurs des fédéralistes et des démocrates qui se ralliaient, il y a trois quarts de siècle, sous les noms de Washington et de Jefferson[1]. Les nécessités substantielles survivent aux innovations les plus puissantes, et les sociétés changent à la fois plus et moins qu'elles n'en ont l'air.

Ce n'est pas dans le premier feu des grandes révolu-

---

[1] *Les États-Unis pendant la guerre* (1861-1865), par Auguste Laugel, chap. V, pag. 82-101. — *Huit mois en Amérique*, par Ernest Duvergier de Hauranne, t. II, pag. 22-27; pag. 488-496.

tions libérales que se forment les partis politiques destinés à devenir les éléments actifs des gouvernements libres. Ils appartiennent à l'époque d'organisation des révolutions accomplies, non à l'époque de bouleversement où elles s'accomplissent. Ce fut à partir de 1814, à l'avènement pratique et continu de la liberté, que les partis politiques entrèrent en scène parmi nous, comme les acteurs naturels et nécessaires du drame qui s'ouvrait. Ils s'organisèrent et se développèrent pendant la Restauration, quoique toujours embarrassés et souvent dénaturés par l'élément révolutionnaire et conspirateur qui jetait le mensonge et le trouble dans leurs luttes constitutionnelles. La Révolution de 1830 éleva et agrandit le rôle des partis politiques comme la force du gouvernement libre, mais en laissant subsister les périls et les embarras révolutionnaires de leur situation. Lorsque le cabinet du 29 octobre 1840 se forma, je ne me rendais pas, des exigences et des effets naturels du gouvernement libre quant à la formation et à l'action des partis politiques, un compte aussi complet et aussi net que je le fais en ce moment; mais je voulais le gouvernement libre, et j'avais, par instinct autant que par réflexion, un sentiment profond de ses conditions essentielles en présence des faits, soit généraux, soit personnels, qui caractérisaient notre situation. Je connaissais bien le roi Louis-Philippe et les deux Chambres associées à son gouvernement. Un cabinet homogène, composé d'hommes pénétrés, quant à la politique intérieure et extérieure, des mêmes idées, et capables, par leur union, de rallier dans les Chambres une majorité dévouée à ces idées et d'établir, entre le roi et cette majorité, un accord vrai et permanent, c'était là le premier problème à résoudre et le premier but à atteindre. Le cabinet qui se forma avait de quoi satisfaire à cette nécessité fondamentale. Les ministres de l'intérieur, des finances et de l'instruction publique, M. Duchâtel, M. Humann et M. Villemain, avaient, sur les conditions de notre gouvernement et sur la politique conservatrice, libérale et pacifique qui convenait à notre patrie, les mêmes convictions que moi. J'avais entre les mains les affaires étrangères. J'étais sûr que, dans ces quatre départements, les mêmes principes, les mêmes tendances, les mêmes influences générales prévaudraient. J'avais trop pratiqué le maréchal Soult pour ne pas pressentir les embarras que sa présence et sa présidence dans le cabinet pouvaient entraîner; mais dans la crise que la question d'Égypte avait suscitée entre la politique de la guerre et celle de la paix, l'importance de ce grand nom militaire était plus que jamais incontestable; et j'avais lieu de penser que le maréchal sentait aussi mon importance, et qu'il compterait soigneusement avec moi. C'était lui qui avait contresigné ma nomination comme ambassadeur en Angleterre, et le 6 mars 1840 je lui avais écrit de Londres, pour lui exprimer mes regrets de la chute de son ministère de 1839; il s'était empressé de me répondre le 11 mars suivant :

« Monsieur l'ambassadeur,

« J'attachais trop de prix aux rapports qui s'étaient établis entre vous et moi dans le poste éminent où la confiance du roi vous a appelé, pour que leur cessation ne m'ait pas fait éprouver des regrets. Aussi j'ai été très-touché de ceux que vous avez eu la bonté de me témoigner par la lettre que vous m'avez fait l'honneur de m'écrire le 6 de ce mois, et je mets de l'empressement à vous en remercier.

« Je vous remercie aussi d'avoir bien voulu vous charger d'entretenir les souvenirs que j'ai eu occasion de laisser en Angleterre. J'en suis trop honoré, même dans l'intérêt de notre chère France, pour que je n'attache pas le plus grand prix à les cultiver, et ce soin ne pouvait être confié à de plus dignes mains. Vous le savez, Monsieur, pendant la dernière période que j'ai passée aux affaires, ma constante préoccupation a été de resserrer les liens d'amitié qui unissent les deux pays. C'était, pour moi, l'acquit d'un devoir envers la France et l'expression de ma reconnaissance de l'accueil que j'avais reçu du peuple anglais. A ce sujet, vous exprimerez les sentiments qui m'animent toutes les fois que vous aurez occasion de rappeler cette époque et, depuis, le but que je m'étais proposé.

« Je désire bien que quelquefois vous puissiez disposer de vos moments de loisir pour me donner de vos nouvelles, ainsi que des succès que, je n'en doute pas, vous obtiendrez; personne, je vous l'assure avec sincérité, n'y attache un plus grand prix.

« J'ai l'honneur de vous renouveler, Monsieur l'ambassadeur, les assurances de ma haute considération et de mon amitié.

« Maréchal DUC DE DALMATIE. »

Un homme si attentif, de loin et par avance, à rester avec moi en bons rapports, ne pouvait manquer d'en prendre de près le même soin. Dans les préliminaires de la formation du cabinet du 29 octobre 1840, le maréchal Soult se montra facile; il admit sans la moindre objection toutes mes propositions politiques et personnelles. M. Teste, comme ministre des travaux publics, fut le seul choix qui vînt de lui et qu'il réclamât avec instance : « J'ai besoin, disait-il, de quelqu'un qui parle pour moi et qui discute mon budget. » Les trois autres membres du cabinet, M. Martin du Nord, M. Cunin-Gridaine et l'amiral Duperré, appartenaient à la majorité qui, depuis M. Casimir Périer, avait constamment soutenu le gouvernement, le cabinet de M. Molé comme celui du 11 octobre 1832 et celui du 12 avril 1839; ils ne manquaient pas de crédit dans les Chambres, et je ne pouvais redouter, dans le cabinet nouveau, ni leur dissidence, ni leur prépondérance. Au sein même du cabinet, l'homogénéité politique était donc assurée, et au dehors son efficacité pour établir, entre la couronne et les Chambres, l'harmonie constitutionnelle, pouvait être légitimement espérée.

Je ne pouvais douter que le roi n'eût à cœur de seconder le cabinet qu'il venait d'appeler. Il avait fait, en se refusant aux tendances belliqueuses du cabinet précédent, un acte de puissance royale parfaitement constitutionnel et légal en soi, mais dans lequel il avait besoin d'être énergiquement soutenu par les nouveaux conseillers qui approuvaient sa résolution et qui en acceptaient, devant les Chambres immédiatement convoquées, toute la responsabilité. Dans une situation si grave pour la royauté, le souvenir des déplaisirs qu'avait causés naguère au roi la coalition contre M. Molé, et les velléités d'exigence ou de susceptibilité royale disparaissaient complétement. Le cabinet pouvait compter sur la libre adhésion et le sincère appui du roi comme sur sa propre homogénéité.

Il avait lieu de croire aussi que l'appui des Chambres ne lui manquerait pas. Comme le pays, comme les divers conseillers de la couronne, comme le roi lui-même, elles avaient attaché à la question d'Égypte une importance fort exagérée, et elles avaient conçu, de la force de Méhémet-Ali, une idée encore plus exagérée et plus fausse. Quand les événements eurent mis en lumière cette double erreur, la prudence se réveilla dans les Chambres comme à la cour, partout où avait manqué la prévoyance. Non-seulement les partisans anciens et éprouvés de notre politique, mais les hommes les plus considérables du tiers-parti, M. Dupin, M. Passy, M. Dufaure se montrèrent disposés à soutenir le cabinet dans son effort pour tirer le pays et le roi du mauvais pas où ils étaient engagés. Avant même que la session s'ouvrît, il fut aisé de pressentir que les mêmes inquiétudes, les mêmes instincts de responsabilité pressante qui assuraient au cabinet l'appui du roi lui donneraient, dans les Chambres, la majorité.

Mais la prudence qui vient après le péril est une vertu triste, et j'avais une autre ambition que celle de tirer mon pays d'un mauvais pas. Plus j'ai avancé dans la vie publique, dans ses jours d'épreuve ou de succès, plus la fondation du gouvernement libre est devenue ma première et constante pensée. Non-seulement je le crois le plus juste et le meilleur; mais quels que soient sa difficulté intrinsèque et les obstacles extérieurs qu'il rencontre, je le crois, pour nous et notre temps, à la fois nécessaire et possible, car il est, d'une part, le but suprême de nos aspirations intellectuelles, et d'autre part c'est le seul régime au sein duquel nous puissions trouver à la fois la sécurité des intérêts individuels et l'énergie de la vie sociale, ces deux puissants besoins des peuples qui ne sont pas tombés en décadence. Je ne me dissimulais pas que la France gardait, des derniers incidents diplomatiques et militaires de la question égyptienne, une impression amère, et que le cabinet portait en naissant le poids des fautes dont il était chargé d'arrêter les suites. C'était uniquement dans la complète publicité et la discussion approfondie des faits, c'est-à-dire dans la franche et forte pratique du gouvernement libre, que je voyais, pour nous, une arme efficace contre le péril de cette situation, et le moyen de relever la bonne politique à son juste rang, malgré le fardeau qu'elle avait à soulever.

Les faits justifièrent mon espérance : ce fut par l'étendue, la gravité, l'ardeur, la sincérité des débats sur la question égyptienne et sur sa solution par la convention du 13 juillet 1841, que le cabinet du 29 octobre 1840 surmonta les difficultés de sa situation à son origine et prépara son avenir[1]. Mais en même temps que je reconnaissais, dans ces premiers résultats, la salutaire puissance du gouvernement libre, je ne me dissimulais pas combien ils étaient insuffisants et précaires, et je sentais mieux chaque jour la nécessité de satisfaire de plus en plus aux conditions essentielles de ce gouvernement pour en recueillir les fruits. L'homogénéité intérieure du cabinet et de ses principaux agents ; l'organisation de la majorité qui le soutenait en un vrai parti politique uni dans certains principes généraux et capable de persévérance et de conséquence à travers les questions et les situations diverses ; l'intimité et l'action harmonique de la couronne et des Chambres par l'entremise et sous la responsabilité du ministère chargé de leurs rapports : c'étaient là évidemment les premières de ces conditions, les seules qui pussent assurer au pouvoir, en présence de la liberté, la considération et la force dont il avait besoin pour suffire à sa mission. De 1840 à 1848, le cabinet n'a pas cessé de poursuivre ce triple but.

[1] J'ai retracé dans ces *Mémoires* (t. VI, pag. 1-16, 37-129, le caractère, la marche et l'issue de ces débats.

Comme tout ce qui dure un peu, il reçut, dans sa composition personnelle, des modifications successives. La mort, la maladie, la fatigue, des épreuves diverses lui enlevèrent quelques-uns de ses membres, en 1842 M. Humann, en 1844 M. Villemain, deux des plus éminents et des plus fidèles compagnons d'armes qu'il m'ait été donné de rencontrer dans l'arène politique. Aucun esprit de coterie, aucune intrigue ou faveur de cour ne présida aux choix rendus ainsi nécessaires. Appelés aux ministères des finances et de l'instruction publique, M. Lacave-Laplagne et M. de Salvandy avaient fait partie du cabinet de M. Molé; mais, en dépit des souvenirs de la coalition de 1839, ils avaient hautement adhéré à la politique du cabinet du 29 octobre 1840 et lui avaient prêté un utile appui. Quand deux de mes plus intimes et plus constants amis, M. Dumon et M. Hébert, devinrent, l'un ministre d'abord des travaux publics, puis des finances, l'autre garde des sceaux, ils avaient donné l'un et l'autre, dans l'administration et dans les Chambres, des preuves d'un talent rare et d'un dévouement courageux à la politique d'ordre légal, de liberté constitutionnelle et de paix. Non-seulement ces variations n'apportèrent dans l'homogénéité du cabinet aucune altération, elles la maintinrent ou même l'affermirent. Elles furent conformes aux inspirations naturelles du gouvernement libre, et dictées par le seul dessein de le fortifier en le pratiquant loyalement.

Une question spéciale, la présidence du conseil, aurait pu devenir une source d'embarras. J'avais évidemment dans le gouvernement, auprès du roi comme dans les Chambres, plus d'influence que le maréchal Soult. Les amis officieux et les adversaires intéressés ne manquaient pas à faire ressortir ce défaut d'harmonie entre le titre et le fait, et à provoquer soit les ambitions, soit les méfiances qui en pouvaient naître. Je dois au maréchal cette justice qu'il ne se prêta point à ces insinuations jalouses. Il avait souvent des accès de fantaisie et d'humeur; tantôt sa santé, tantôt des susceptibilités spontanées ou préméditées le portaient à menacer le cabinet de sa retraite prochaine; mais c'était dans ses rapports avec le roi plutôt qu'avec moi que ces dispositions se manifestaient, et la réconciliation suivait de près la boutade. Quant à moi, j'ai toujours fait, dans le pouvoir comme dans le cours général de la vie, grand cas de la réalité et fort peu de l'apparence; celle-ci n'a d'importance que lorsqu'elle accroît la force de la réalité en la manifestant, et dans les grandes affaires les petites vanités créent bien plus d'embarras qu'elles ne valent de plaisir. J'attendis sans la moindre impatience que la retraite effective du maréchal Soult, amenée par le besoin qu'il sentait du repos et de l'air de ses champs de Soult-Berg, me fît conférer par le roi, avec l'adhésion de tous mes collègues, la présidence officielle du conseil. Ce fut la famille même du maréchal, sa femme, son fils et sa belle-fille, qui le déterminèrent à cette résolution; il écrivit au roi le 15 septembre 1847 :

« Sire,

« J'étais au service de mon pays il y a soixante-trois ans, quand l'ancienne monarchie était encore debout, avant les premières lueurs de notre révolution nationale. Soldat de la République et lieutenant de l'empereur Napoléon, j'ai pris part sans relâche à cette lutte immense pour l'indépendance, la liberté et la gloire de la France, et j'étais de ceux qui l'ont soutenue jusqu'au dernier jour. Votre Majesté a daigné croire que mes services pouvaient être utiles à la lutte nouvelle et non moins patriotique que Dieu et la France l'ont appelée à soutenir pour l'affermissement de notre ordre constitutionnel. J'en rends grâce à Votre Majesté. C'est l'honneur de ma vie que mon nom occupe ainsi une place dans tous les travaux, guerriers et pacifiques, qui ont assuré le triomphe de notre grande cause. La confiance de Votre Majesté me soutenait dans les derniers services que je m'efforçais de rendre. Mon dévouement à Votre Majesté et à la France est tout entier, mais je sens que mes forces trahissent ce dévouement. Que Votre Majesté me permette de consacrer ce qui m'en reste à me recueillir, arrivé au terme de ma laborieuse carrière. Je vous ai voué, Sire, l'activité de mes dernières années; donnez-moi le repos de mes vieux services, et permettez-moi de déposer au pied du trône de Votre Majesté ma démission de la présidence du conseil dont elle avait daigné m'investir. Je jouirai de ce repos au sein de cette sécurité générale que la forte sagesse de Votre Majesté a faite à la France et à tous ceux qui l'ont servie et qui l'aiment. Ma reconnaissance pour les bontés de Votre Majesté, mes vœux pour sa prospérité et celle de son auguste famille me suivront dans ce repos jusqu'à mon dernier jour; ils ne cesseront d'égaler l'inaltérable dévouement et le profond respect avec lesquels j'ai l'honneur d'être,

« Sire, de Votre Majesté, le très-humble et très-obéissant serviteur,

« Maréchal DUC DE DALMATIE. »

Deux jours après avoir reçu cette lettre, le 19 septembre 1847, le roi me nomma président du conseil. J'écrivis sur-le-champ au maréchal Soult, pour lui témoigner combien j'étais touché de l'honneur de lui succéder. Il me répondit le 25 septembre :

« Monsieur le Ministre et cher Président,

« Vous avez eu la bonté de m'écrire le 20 de ce mois, au sujet de la démission de la présidence du conseil que j'avais eu l'honneur d'offrir au roi le 15. Il m'en a beaucoup coûté de me séparer d'anciens collègues que j'honorerai toujours, et qui, dans nos relations d'affaires, avaient eu pour moi autant de bienveillance que d'amitié. Mais je n'en ai pas moins applaudi de tout cœur au digne choix que le roi a fait de vous pour me remplacer, et je vous en félicite bien sincèrement. J'espère que vous surmonterez, beaucoup mieux que je n'ai pu le faire depuis deux ans, les difficultés qui sont inhérentes à votre nouvelle position. Personne ne prendra plus de part que moi aux nouveaux succès que vous ne pouvez manquer d'obtenir. Croyez-y bien, et veuillez ne pas douter de la sincérité des sentiments de véritable amitié que je vous ai voués depuis longtemps.

« Maréchal DUC DE DALMATIE.

« *P. S.* La maréchale est très-sensible à votre bon souvenir. Elle vous prie de faire agréer toutes ses amitiés à madame votre mère. Je vous fais la même prière. »

D'un avis unanime, le cabinet pria le roi de donner au maréchal Soult, au terme d'une carrière glorieusement pleine et dignement close, une marque éclatante d'estime et de reconnaissance. Le Roi accueillit volontiers ce vœu, et, le 26 septembre 1847, il conféra au maréchal Soult le titre de maréchal général de France. C'était ce qui avait été fait en 1660 pour le maréchal de Turenne, en 1732 pour le maréchal de Villars, et en 1747 pour le maréchal de Saxe. La récompense alla au cœur du vieux soldat; il m'écrivit le 30 septembre :

« Monsieur le Ministre et cher Président, en recevant du roi la lettre si affectueuse que Sa Majesté a daigné m'écrire de Saint-Cloud, sur la table du conseil, le 26 septembre dernier, j'ai éprouvé une émotion que je ne puis décrire, à la vue de l'ampliation de l'ordonnance que le roi venait de rendre et qui me confère le titre de maréchal général de France. Je me suis profondément incliné devant tant de royale bonté, surtout lorsque peut-être j'avais exalté les services que j'ai pu lui rendre, ainsi qu'à la France, depuis que j'ai eu l'honneur d'être appelé aux conseils de Sa Majesté. Cette grande récompense, qui auparavant était si inespérée, couronne si honorablement ma longue carrière militaire que je ne puis trop remercier le roi de me l'avoir décernée. Mais je ne me suis pas dissimulé toute la part que vous avez prise à cet événement, et je dois vous prier, mon digne ami, de compter sur ma profonde reconnaissance. Tant que je vivrai, j'en conserverai un précieux souvenir, et je m'estimerai heureux si vous me conservez l'amitié dont vous m'avez déjà donné tant de marques. J'ai aussi l'espoir que vous voudrez bien reporter sur mon fils l'attachement que vous avez eu pour moi. J'ai l'honneur de vous renouveler, de cœur et d'âme, l'assurance d'une amitié qui ne cessera qu'avec ma vie.

« Maréchal DUC DE DALMATIE. »

Ce n'est pas pour la frivole satisfaction de rappeler des souvenirs qui me plaisent, que j'entre dans ces détails et que je cite ces documents tout personnels. On a reproché au gouvernement parlementaire ses rivalités ardentes, ses luttes incessantes, ses intrigues mobiles, ses crises répétées. J'ai trop vécu pour ignorer soit les passions et les faiblesses humaines, soit les imperfections des meilleures et plus nécessaires institutions; hommes et choses, tout est plein en ce monde de mauvais germes, et la liberté les met en lumière et même les développe; mais elle met en lumière et développe aussi les bons instincts, les dispositions honorables, les freins légitimes, les nécessités salutaires. Et quand la liberté est réelle, quand elle se déploie au sein de l'ordre légal, quand elle dure, les chances de victoire sont plus grandes pour le bien que pour le mal, et la valeur politique et morale des résultats de la lutte est bien supérieure aux déplaisirs des fatigues qu'elle coûte et des mesquins spectacles qui s'y mêlent. Je tiens à montrer, par les faits et les documents authentiques, que de 1840 à 1848, quelles qu'aient pu être, au fond des âmes, les tentations et les velléités obscures qui les traversent quand l'occasion s'en rencontre, c'est la loyauté et le bon sens qui ont présidé, dans le cabinet, aux relations des hommes politiques et réglé leur conduite mutuelle. Aucune intrigue, aucune crise ministérielle n'ont troublé, durant cette époque, l'intérieur du gouvernement; et l'intérêt public, la bonne gestion des affaires publiques, non les passions ou les manœuvres inhérentes, dit-on, au régime parlementaire, en ont seuls déterminé les incidents personnels.

A la fin d'octobre 1844, je revenais de Windsor où j'avais accompagné le roi, et où l'affectueux accueil de la reine Victoria, de son gouvernement et du peuple anglais avait dépassé notre attente. Entre la France et l'Angleterre, les relations pacifiques et amicales étaient pleinement rétablies; les questions d'Égypte, de Taïti et du Maroc étaient vidées; celle du droit de visite près de l'être. Partout, en Europe, la considération et l'influence du gouvernement du roi étaient en progrès visible. Au dedans, la confiance de la couronne et de la majorité dans les Chambres était acquise au cabinet. Cependant son avenir paraissait orageux et précaire. Précisément à cause de sa durée et de ses succès, il était en butte à l'humeur passionnée de ses adversaires, et ses partisans se croyaient moins obligés d'être unis autour de lui et vigilants à sa défense. En présence de cette situation, le duc de Broglie, avec la sollicitude d'un ami aussi fidèle que désintéressé, m'écrivit de Coppet, le 30 octobre 1844 : « La session prochaine sera rude et difficile. La majorité de la Chambre des députés veut bien haïr vos ennemis ; elle veut bien que vous les battiez ; mais elle s'amuse à ce jeu-là, et toutes les fois qu'ils reviennent à la charge, fût-ce pour la dixième fois, non-seulement elle les laisse faire, mais elle s'y prête de très-bonne grâce, comme on va au spectacle de la Foire. C'est une habitude qu'il faut lui faire perdre en lui en laissant, si cela est nécessaire, supporter les conséquences ; sans quoi vous y perdrez à la fois votre santé et votre réputation. Tout s'use à la longue, et les hommes plus que tout le reste, dans notre forme de gouvernement. Il y a quatre ans que vous êtes au ministère ; vous avez réussi au delà de toutes vos espérances ; vous n'avez point de rivaux : le moment est venu pour vous d'être le maître ou de quitter momentanément le pouvoir. Pour vous, il vous vaudrait mieux quelque temps d'interruption : vous vous remettriez tout à fait, et vous rentreriez promptement avec des forces nouvelles et une situation renouvelée. Pour le pays, s'il doit faire encore quelque sottise et manger un peu de vache enragée, il vaut mieux que ce soit du vivant du roi et lorsque rien ne le menace que lui-même. Je ne puis donc trop vous conseiller de faire, avant l'ouverture de la session, vos conditions à tout le monde, de les faire sévères et de les tenir, le cas échéant, sans vous laisser ébranler par les sollicitations et les prières. Mettez le marché à la main à vos collègues et à la majorité. Gouvernez votre ministère et la Chambre des députés, ou laissez-les se tirer d'affaire. Dans l'un comme dans l'autre cas la chance est bonne, et la meilleure pour vous serait une sortie par la grande porte [1]. »

J'étais aussi frappé que le duc de Broglie des faiblesses et des périls de ma situation. J'avais de temps en temps un vif sentiment de l'insuffisance des appuis qui me soutenaient pour le fardeau dont j'étais chargé, et j'aurais plus d'une fois regardé comme une bonne fortune qu'une occasion grave et naturelle se présentât pour moi de sortir du pouvoir et de reprendre haleine, en attendant qu'une autre occasion, grave et naturelle aussi, vînt m'y rappeler. Mais on ne règle pas ainsi, selon son propre besoin, les chances de sa destinée et les jours du travail ou du repos; dans un gouvernement libre, l'arène politique est un champ de bataille dont

---

[1] Cette lettre, dont je ne cite ici qu'une partie, a été prise dans mes papiers en février 1848, et publiée dans la *Revue rétrospective* de M. Taschereau, p. 3.

on ne se retire pas, comme dans la guerre entre les États, par la paix après la victoire; l'ennemi reste toujours sur le terrain; la lutte y est toujours flagrante, et des incidents imprévus peuvent seuls permettre d'heureuses retraites. Aucun incident de ce genre ne s'offrit à moi vers la fin de l'année 1844; deux grandes questions, au contraire, l'abolition du droit de visite et les mariages espagnols, étaient alors en suspens et sous ma main; je les avais activement engagées, et des solutions favorables se laissaient pressentir. Je suis d'un naturel optimiste : je ne crains pas le combat et j'espère aisément la victoire. Je n'eus, à cette époque, ni l'occasion ni l'envie de suivre le conseil du duc de Broglie, quoique j'en sentisse toute la valeur et que je fusse vivement touché de l'amitié qui le lui inspirait. Dans le cours de la session de 1845, quatre mois après avoir reçu sa lettre [1], je lui écrivais : « Le fardeau est bien lourd. Plus je vais, plus je sens le sacrifice que j'ai fait en ne me retirant pas au premier mauvais vote. J'y aurais gagné du repos et beaucoup de cet honneur extérieur et superficiel qui a bien son prix. Mais j'aurais, sans raison suffisante, livré ma cause à de très-mauvaises chances, et mon parti à une désorganisation infaillible. Quoi qu'il m'en coûte, j'ai encore assez de force et, je l'espère, assez de vertu pour ne pas regretter d'être resté sur la brèche. »

Il y a d'ailleurs, dans la vie publique, une résignation

---

[1] Le 18 mars 1845.

pénible à acquérir, mais nécessaire à qui veut s'y engager efficacement et y laisser trace de son passage : c'est la résignation à la profonde imperfection de ce qu'on voit et de ce qu'on fait, à l'imperfection des hommes comme des choses, de ses propres œuvres et de ses propres succès. A la fois acteur et spectateur, pour peu qu'il ait le cœur droit et l'esprit fier, l'homme public est bien souvent choqué et attristé du drame dans lequel il joue un rôle, des scènes auxquelles il assiste et des associés qu'il rencontre. Que de fois ce sentiment a dû troubler l'âme du chancelier de l'Hôpital dans le cours de sa carrière ! Quels déplaisirs, quels mécomptes avec ses alliés au milieu de ses indignations et de ses combats contre ses adversaires ! Pourtant il est resté dans la mêlée ; il a persisté dans la lutte, à son grand honneur comme au grand profit de son pays; car non-seulement il a placé son nom parmi les plus beaux de notre histoire, il a posé en France les premières assises de la liberté religieuse et de l'ordre légal. La vie publique la plus heureuse est pleine de tristesses et la plus glorieuse de revers. Dieu n'a pas voulu faire aux meilleurs serviteurs des princes et des peuples un sort plus facile ni plus doux.

Je ne me faisais, sur les faiblesses et les troubles de notre parti dans le pays et dans les Chambres, pas plus d'illusion que sur les imperfections intérieures du cabinet : « Ce pays-ci est bon, écrivais-je au roi [1];

---

[1] Le 24 août 1841.

mais, dans les meilleures parties du pays, il faut que le bon sens et le courage du gouvernement marchent devant; à cette condition le bon sens et le courage du public se lèvent et suivent. » Nous avions bien souvent à nous résigner au défaut de conséquence et d'esprit politique dans la majorité qui nous appuyait; cependant elle s'éclairait et s'affermissait de jour en jour ; le parti qui prit alors le nom de parti conservateur devenait peu à peu un vrai parti politique : « Je ne fais pas chaque jour ce que je veux, disait l'un de ses membres les plus intelligents, M. Dugas Montbel; mais je fais ce que j'ai voulu dès le premier jour. » Expression fidèle de l'esprit d'ensemble et de suite qui doit présider à la vie publique des partis comme des individus. Après un débat dans la Chambre des députés, M. Duchâtel m'écrivait[1] : « Quelques députés m'ont fait remarquer qu'en parlant de la politique conservatrice vous aviez toujours dit *la politique du cabinet*. On désirerait que vous pussiez l'attribuer aussi à la majorité de la Chambre, au parti conservateur. Il vous sera facile de mettre quelques mots dans ce sens-là. Je crois que c'est bon. » Je m'empressai de satisfaire à ce vœu très-bon en effet. Un peu plus tard cette majorité, de plus en plus sûre et fière d'elle-même, voulut avoir, dans la presse, un organe qui lui appartînt en propre et qui portât expressément son cachet : elle institua un journal nouveau qui s'appela *le Conservateur*. C'était son désir et

[1] Le 1ᵉʳ mars 1843.

son effort, souvent insuffisants, mais sincères et continus, de se montrer animée de l'esprit d'un gouvernement libre, et capable de le soutenir.

Nous étions, de notre côté, très-attentifs à marcher dans la même voie et à établir, entre le gouvernement et les Chambres, une sérieuse et habituelle entente. M. Duchâtel rendait sous ce rapport au cabinet, et à moi en particulier, les plus utiles services : il se tenait et me tenait avec grand soin au courant de l'état intérieur et des dispositions quotidiennes soit des Chambres en général, soit de leurs membres. Il faisait lui-même et il m'indiquait ce qu'il y avait à faire pour maintenir l'harmonie avec nos partisans, pour déjouer les manœuvres de l'opposition, pour prévenir les chocs inutiles et préparer les luttes inévitables. Et dans ces incidents pratiques de la vie parlementaire, il portait un ferme et clairvoyant esprit de gouvernement. En mars 1843, on annonçait une proposition de loi qui devait être présentée à la Chambre par trois députés pour assurer la liberté des votes dans les élections : il m'écrivit en m'en envoyant le texte : « Je ne crois pas que nous devions en combattre la lecture; ce serait en quelque sorte prendre les moyens de corruption à notre compte. Sir Robert Peel s'est associé à toutes les mesures contre la vénalité des suffrages. Si, comme je le pense, c'est aussi votre avis, faites-le dire à Lacave-Laplagne et à Martin du Nord. » En août 1844, au milieu des graves embarras que nous suscitaient l'occupation de Taïti et la guerre du Maroc, il m'écrivait : « Les circonstances sont devenues difficiles, mais ce sont les difficultés qui font valoir l'habileté de ceux qui mènent les affaires; les situations faciles peuvent aller à tout le monde. J'ai le ferme espoir que nous nous en tirerons bien. Vous êtes assez bon pilote pour naviguer sain et sauf à travers ces écueils. » Il était absent de Paris en octobre 1845, au moment où la grande insurrection des Arabes nous détermina à renvoyer sur-le-champ en Algérie le maréchal Bugeaud et des renforts considérables[1] : « Vous faites très-bien d'agir vigoureusement et d'agir vite, m'écrivait de Mirambeau M. Duchâtel; il vaut mieux renvoyer Bugeaud à Alger que de le faire venir à Paris, et il est très-sage de se faire justice par soi-même si le Maroc est malveillant et impuissant. Si cette affaire se termine bien, elle sera très-bonne pour la session. Il n'y a rien de plus mauvais que de n'avoir pas d'affaires. » Lorsque, en septembre 1846, le succès des mariages espagnols eut troublé nos relations avec l'Angleterre et suscité les violentes attaques de lord Palmerston : « On ne pouvait pas s'attendre à moins de la part du cabinet anglais, m'écrivit M. Duchâtel[2]; il faut maintenant compter, pour le calmer, sur le temps et le bon sens. Nous aurons, pendant quelque temps, une situation difficile et tendue; mais ces difficultés nous aideront dans les Chambres; il n'y a jamais de sagesse qu'à la condition d'un peu de crainte. » Et

---

[1] Voir le tome VII de ces *Mémoires*, pag. 199-228.
[2] Le 28 septembre 1846.

quelques jours après¹, sur le point de revenir de Bordeaux à Paris : « Il ne faut pas trop nous lancer, m'écrivait-il, dans les modifications du régime commercial. Notre rôle n'est pas d'alarmer et de troubler les intérêts. En ce moment ils sont déjà un peu agités; il ne me paraîtrait pas prudent d'y ajouter d'autres agitations. On dirait que nous payons à l'Angleterre le prix des mariages espagnols. Je suis d'avis de faire quelque chose, mais avec une grande prudence et en annonçant très-haut que l'on maintient la protection. Le *libre échange* fera plus de bruit que de besogne. »

Cette année 1846 fut, pour le ministre de l'intérieur comme pour moi, une époque de grande activité et de forte épreuve : en même temps que se terminait la négociation des mariages espagnols, la Chambre des députés fut dissoute² après quatre ans de durée, et renouvelée par des élections générales³. Pendant qu'on s'y préparait de part et d'autre, « la lutte devient de plus en plus vive, m'écrivait M. Duchâtel⁴; plusieurs points de l'horizon se rembrunissent depuis quelques jours. J'espère que cela s'éclaircira. D'après les apparences actuelles, je m'attends à une bataille d'Eylau, où il y aura beaucoup de morts de part et d'autre, où le champ de bataille nous restera, mais en nous laissant encore une rude campagne à soutenir. Si les nôtres,

---

[1] Le 1ᵉʳ octobre 1846.
[2] Le 6 juillet 1846.
[3] Le 1ᵉʳ août 1846.
[4] Le 18 juillet 1846.

comme je l'espère, se battent bien, je serai content; je désire d'abord la victoire, et puis, en second lieu, le combat. »

Il eut satisfaction dans son double vœu : « La bataille est terminée, m'écrivit-il [1]; le résultat dépasse les espérances que nous étions en droit de concevoir. Il est d'autant plus heureux que la lutte a été plus acharnée et que la violence a été plus grande du côté de l'opposition. Elle a fait, sous ce rapport, de grands progrès depuis 1842. Ce qui nous a sauvés, c'est le progrès que le parti conservateur a fait de son côté pour la discipline et l'énergie. Voici le résumé le plus exact des élections. Nous avons gagné sur l'opposition quarante-neuf batailles; mais, parmi les candidats que nous avons appuyés, il y en a deux ou trois un peu douteux. L'opposition nous a battus, pour des candidats de ses diverses nuances, dans vingt-trois colléges. Il y a sur ce nombre deux ou trois membres qui peuvent, je crois, être ramenés. L'opposition a fait passer, contre nos candidats, dix candidats conservateurs auxquels elle a donné la préférence sur les nôtres : ceux-là sont, à très-peu d'exceptions près, bons au fond, mais ils auront besoin d'être disciplinés. Les pertes de l'opposition, dans ses diverses fractions, se résument ainsi : Légitimistes, dix-sept pertes; six membres nouveaux : perte nette, onze. Extrême gauche, sept pertes; un membre nouveau : perte nette, six. Gauche et centre gauche, trente

---

[1] Le 6 août 1846.

pertes; dix-neuf membres nouveaux : perte nette, onze. Les doubles élections font que la gauche a moins de députés nouveaux qu'elle n'a gagné de colléges. C'est donc une situation très-bonne. Mais elle impose des devoirs nouveaux et des difficultés au moins aussi grandes que les anciennes. Le roi m'écrit une grande lettre de quatre pages pour me recommander de montrer de la confiance dans l'avenir. Je suis pour la confiance qui assure et prépare l'avenir, non pas pour celle qui le gaspille et le compromet. En face des passions hostiles que nous avons à combattre, il faudrait très-peu de fautes pour changer la situation et jeter le pays de l'autre côté. Il ne faut pas laisser s'accréditer l'idée que tout est possible. Nous avons résisté d'un côté; nous aurons probablement à résister de l'autre. Je sais que vous pensez là-dessus comme moi; aussi je ne vous en dis pas plus long. Après avoir assuré le triomphe du parti conservateur, il y va de notre honneur de ne pas devenir les instruments de sa défaite. »

Après les élections de 1846, comme après celles de 1842, comme après toute grande lutte électorale, les accusations de corruption électorale et parlementaire se renouvelèrent contre le cabinet. Je n'ai garde de rentrer aujourd'hui dans l'examen des faits particuliers allégués à ce sujet, il y a vingt ans, par l'opposition; je n'hésite pas à affirmer qu'en 1846 comme en 1842[1], les enquêtes et les discussions dont ces faits furent

[1] Voir le tome VII de ces *Mémoires*, pag. 9-10.

l'objet eurent pour résultat de prouver qu'ils étaient aussi peu graves que peu nombreux, et qu'à travers l'exagération de quelques paroles et l'inconvenance de quelques démarches, les élections s'étaient accomplies librement, légalement, loyalement. Non-seulement dans les Chambres, mais dans plusieurs réunions publiques, je pris soin de mettre en évidence leur véritable et grand caractère : « J'ai été frappé, dis-je [1], de voir avec quelle insistance, quelle âpreté, avec quelle sorte de satisfaction on s'appesantissait sur une multitude de petites circonstances, de commérages, passez-moi le mot, presque toujours sans fondement comme sans importance, et qui n'étaient propres à relever la dignité de personne. Il serait facile de rétorquer à l'opposition les mêmes arguments; il serait facile de signaler, dans ses actes, dans son langage, dans son attitude au milieu des élections, bien des misères de même nature. Je n'ai pour mon compte nul goût à cela; je ne l'ai pas fait, et je ne le verrais faire à personne avec plaisir. L'opposition, je suis le premier à le reconnaître, est un grand parti, qui a ses misères, à coup sûr, et en grand nombre, mais qui repose pourtant sur des idées, des sentiments, des intérêts qui ont leur côté grand et légitime. Accordez-nous qu'il en est de même pour le parti conservateur. Je ne suis pas, je crois, trop exigeant. Prenons-nous les uns les autres par nos bons

---

[1] A la Chambre des députés, le 31 août 1846.

côtés. Soyez sûrs que nos institutions, que notre pays, que cette Chambre, que tous, vous comme nous, vous grandirez par cette pratique. Ne cherchez pas dans de petits incidents, dans de petites causes, la vraie explication de ce qui vient de se passer dans les élections dont cette Chambre est sortie. Laissez aux pays qui ne sont pas libres, laissez aux gouvernements absolus cette explication des grands résultats par les petites faiblesses et les petites hontes humaines. Dans les pays libres, quand de grands résultats se produisent, c'est à de grandes causes qu'ils sont dûs. Un grand fait s'est manifesté dans les élections qui viennent de s'accomplir : le pays a donné son adhésion, son adhésion sérieuse et libre à la politique qui se présentait devant lui. N'attribuez pas ce fait à quelques prétendues manœuvres ou misères électorales; il a son origine dans les véritables sentiments du pays, dans son intelligence, dans l'idée qu'il se forme de sa situation et de la conduite de son gouvernement. Vous croyez qu'il se trompe : vous êtes parfaitement libres de le croire, parfaitement libres de travailler tous les jours à le lui démontrer, à faire entrer dans sa pensée, dans ses sentiments une autre politique; c'est votre droit ; mais vous n'avez pas le droit de venir expliquer et qualifier, par de misérables suppositions, une grande pensée du pays qui s'est grandement et librement manifestée. »

Ce serait un curieux et instructif rapprochement à faire, pourvu que la complète vérité des faits fût mise à découvert, que la comparaison des élections politiques en Angleterre, aux États-Unis d'Amérique et en France de 1814 à 1848. J'y ai regardé attentivement, et je demeure convaincu que, de ces trois pays libres, le nôtre est celui où, malgré les abus inhérents à tout grand mouvement électoral, les élections se sont accomplies, à cette époque, avec le plus d'indépendance personnelle et de probité. Je ne dis pas cela pour taxer de fausseté ou de vénalité générale les élections anglaises et américaines; je ne doute pas qu'elles ne soient, à tout prendre, la sérieuse et sincère expression du sentiment public. Les institutions libres ont cette puissance que leur vertu surmonte les vices même qu'elle ne supprime pas, et qu'il résulte de leur action plus de vérité que de mensonge et plus de bien que de mal, quoique le mensonge y soit souvent grossier et le mal choquant.

Ce fut sur les bruits de corruption parlementaire encore plus que sur les accusations de corruption électorale que se porta, à cette époque, l'effort de l'opposition. Elle avait à cœur de rendre suspectes l'indépendance et la dignité de la majorité qui nous soutenait si fermement. Elle ne parvint pas à ébranler la juste confiance du parti conservateur dans sa propre intégrité comme dans celle du cabinet. Après de longs et violents débats, la Chambre des députés, à 225 voix contre 102, se déclara satisfaite des explications données par le gouvernement. La presse opposante s'acharna contre cet ordre du jour, et *les satisfaits* prirent place, dans ses attaques, à côté des *pritchardistes*. Je ne relèverai, de cette lutte, que trois faits qui prouvent invinciblement que la satisfaction prononcée par la Chambre était sensée et légitime.

En même temps qu'elle annonçait bruyamment ses accusations, l'opposition demanda que la discussion n'en fût pas publique. Le ministère repoussa vivement cette prétention et réclama la plus complète publicité. A peine exprimée, la demande du comité secret parut si étrange à la Chambre que l'opposition y renonça. C'est l'honneur du gouvernement libre que, plus les questions sont compliquées et les situations délicates, plus la vérité a besoin du grand jour et raison de s'y confier. Le cabinet témoigna, dans cette circonstance, que, loin de craindre le grand jour, il était le premier, je pourrais dire le seul à le vouloir.

Un abus existait avant et depuis la Révolution de 1830, non pas avoué, mais pratiqué et toléré sous divers ministères. Certains emplois de finance et de magistrature administrative étaient quelquefois l'objet de transactions pécuniaires entre les titulaires qui en donnaient leur démission et les prétendants qui espéraient y être nommés par le gouvernement. Non-seulement de nombreux exemples avaient, de 1821 à 1847, autorisé cette pratique[1]; la question de sa légalité avait été portée devant les tribunaux, et à côté d'arrêts qui l'avaient réprouvée, plusieurs arrêts de cours souve-

[1] Plusieurs de ces exemples sont rapportés dans la *Revue rétrospective* de 1848, pag. 312.

raines, même un arrêt de la cour de cassation, l'avaient déclarée licite et valable[1]. Ce n'était point l'ancienne vénalité des charges admise en principe ; c'était une tolérance abusivement appliquée à certaines transactions particulières dont le gouvernement restait toujours libre de ne pas tenir compte. Un fait de ce genre excita, en 1847, de vives réclamations et devint, dans la Chambre des députés, l'occasion d'ardents débats. Avant ces débats, dès que le fait fut attaqué, le cabinet, reconnaissant la légitimité du sentiment public à cet égard, proposa au roi et fit présenter à la Chambre des députés[2] par le garde des sceaux, M. Hébert, un projet de loi qui interdisait formellement toute transaction semblable et la frappait de peines positives. Au même moment, et sous l'empire du même sentiment, M. Dupin avait déposé, sur le bureau de la Chambre, une proposition tendant au même but. En présence du projet de loi proposé par le gouvernement, « ceci n'est pas, dit-il, une question d'amour-propre ni de priorité ; il y a un projet de loi présenté par le gouvernement, c'est ce projet de loi qui doit avoir la préférence. S'il ne me satisfait pas, parce que je ne lui trouverai pas une sanction pénale assez forte, j'en ferai la matière d'un amendement. C'est dans ces termes que je me réunis à la proposition du gouvernement et que je retire la mienne[3]. »

[1] Les dates et les termes de ces arrêts sont rapportés dans le *Moniteur* du 22 janvier 1848, pag. 149.
[2] Le 20 janvier 1848.
[3] *Moniteur universel* du 21 janvier 1848, pag. 136.

Ni la présentation du projet de la loi, ni le retrait de la proposition de M. Dupin, n'arrêtèrent les attaques dont l'opposition trouvait là une occasion favorable. C'était surtout contre moi que ces attaques étaient dirigées. J'avais des amis parmi les personnes intéressées dans l'acte qu'on accusait; je n'avais pas ignoré leurs désirs et leurs démarches. Le chef de mon cabinet particulier, M. Génie, s'y était trouvé mêlé sans y avoir, directement ni indirectement, le moindre intérêt personnel, uniquement d'après mes instructions et parce qu'il était l'ami de M. Lacave-Laplagne, alors ministre des finances, auprès de qui ces démarches avaient eu lieu. L'opposition se flattait qu'elle me mettrait dans une situation fausse en m'obligeant à subir la responsabilité d'incidents auxquels j'avais été étranger, ou à essayer d'éluder toute responsabilité en rappelant les actes semblables accomplis sous les ministères précédents, et en me mettant à couvert derrière ce long passé. Je me refusai à l'une et à l'autre de ces lâchetés. Après avoir ramené et réduit la question au fait même, à un acte de tolérance de l'autorité en présence d'une transaction entre particuliers, « Il y a eu cela, dis-je, ni plus ni moins. Je puis le dire sans rien apprendre à personne dans cette Chambre; le fait a été souvent et depuis longtemps pratiqué et toléré. D'autres ont dit qu'ils l'avaient complétement ignoré. Libre à eux de tenir ce langage; pour moi, je ne le tiendrai pas. On semble croire aussi que je rappellerai, avec les noms propres et les dates, beaucoup de faits analogues pour en couvrir celui dont on parle. Je ne le ferai point. Je n'entends me prévaloir ni des exemples d'autrui ni des arrêts des cours pour soutenir et justifier le fait en lui-même. Je ne me plaindrai jamais de voir se développer les susceptibilités et les exigences morales de la Chambre et de mon pays. Je ne regretterai jamais de voir tomber, devant la publicité et l'élévation progressive de nos sentiments, des usages longtemps pratiqués et tolérés. Que vient faire maintenant le pouvoir? Il vient vous demander de vider cette question longtemps douteuse, de mettre fin à cet abus longtemps toléré, de consacrer, par une loi positive, cette moralité plus difficile, cette susceptibilité plus élevée qui a passé dans nos mœurs et qui doit passer dans nos lois. Voilà ce que nous vous proposons. Je désirerais savoir ce qu'on pourrait faire de plus. Le parti conservateur se méconnaîtrait et se trahirait lui-même s'il n'était pas le plus vigilant et le plus exigeant de tous dans tout ce qui tient à la morale publique et privée. Voici seulement ce que je lui demande. Qu'il se souvienne toujours que les hommes qu'il honore de sa confiance ont recueilli de nos temps orageux un héritage très-mêlé. C'est notre devoir de travailler et nous travaillons constamment à épurer cet héritage, à en écarter tout ce qui porte l'empreinte des temps de désordre et de violence, et de l'immoralité que le désordre et la violence entraînent toujours à leur suite. Si le parti conservateur a la confiance que c'est là en effet notre volonté comme la sienne, notre travail comme le sien, qu'il n'oublie jamais que l'œuvre est très-difficile, quelquefois très-amère, et que nous avons besoin de n'être pas un instant affaiblis dans cette rude tâche. Si le moindre affaiblissement devait nous venir de lui, je n'hésite pas à dire, pour mon compte et pour celui de mes amis, que nous ne l'accepterions pas un instant. »

Le parti conservateur comprit et goûta mon langage : sur la proposition d'un habile et austère magistrat, M. de Peyramont, la Chambre vota, à 225 voix contre 146, que « se confiant dans la volonté exprimée par le gouvernement et dans l'efficacité des mesures qui doivent prévenir le retour d'un ancien et regrettable abus, elle passait à l'ordre du jour. »

Il y a, pour le pouvoir, un sûr moyen de se prouver étranger à toute corruption : c'est de la poursuivre partout où il en aperçoit la trace. Corrompus ou seulement corruptibles, les intéressés ne s'y trompent pas; ils savent parfaitement que le pouvoir qui ne leur accorde pas la faveur du silence n'est pas plus leur pareil que leur complice; et le public, malgré sa crédulité méfiante, en est bientôt aussi convaincu que les intéressés. Les tristes occasions ne nous manquèrent pas de témoigner, à cet égard, notre résolution : des désordres anciens furent signalés dans quelques branches de l'administration, notamment dans celle de la guerre et de la marine; ils furent immédiatement poursuivis et réprimés. De graves soupçons s'élevèrent contre un homme de talent, naguère membre du cabinet et qui en était sorti pour devenir l'un des présidents de la cour de cassation ; nous y regardâmes avec une attention aussi scrupuleuse que douloureuse ; et dès que nous eûmes seulement des doutes, M. Teste fut traduit devant la cour des Pairs qui porta, dans l'instruction de son procès, autant de fermeté que de patience ; et de question en question, de débat en débat, l'ancien ministre fut amené à l'aveu du crime et en subit, ainsi que ses complices, la juste peine.

C'était là, de la part du cabinet, un de ces actes dont le mérite n'est senti que tard, et dans lesquels le pouvoir porte le poids du mal au moment même où il met à le réprimer le plus de franchise et de courage. Des incidents déplorables, l'odieux assassinat de la duchesse de Praslin, des procès scandaleux, des morts violentes se succédèrent coup sur coup, aggravant la tristesse du moment et le trouble de l'imagination publique ; l'air semblait infecté de désordres moraux et de malheurs imprévus qui venaient en aide aux attaques de parti et aux imputations mensongères que le cabinet avait à subir ; c'était un de ces mauvais passages, un de ces coups de vent malsain qui se rencontrent dans la vie des gouvernements. Il n'y avait, contre ce mal, rien de direct ni d'efficace à faire ; mais j'avais à cœur d'en exprimer hautement ma pensée et d'assigner à cette pénible situation son vrai caractère ; j'en trouvai l'occasion à la fin de la session de 1847, dans la discussion du budget à la Chambre des pairs. On avait parlé de la corruption électorale, et après avoir dit, à ce sujet, ce que j'avais à dire, j'ajoutai, sans que rien m'y eût provoqué : « Je veux parler un moment d'une autre corruption plus grossière, plus énorme, dont on n'a rien dit ici, mais dont le public s'est depuis quelque temps fort préoccupé. Tout homme qui entre un peu avant dans la vie politique doit s'attendre aux calomnies et aux outrages; mais lorsque des imputations, quelque violentes, quelque répétées qu'elles soient, n'ont point de fondement réel, je suis convaincu, parfaitement convaincu que de notre temps, avec nos institutions, dans nos mœurs, elles se consument, s'évanouissent et tombent d'elles-mêmes. Nous ne sommes pas les premiers à être calomniés et injuriés indignement; nous n'avons pas cet honneur : des hommes, à côté desquels nous serions heureux et fiers d'être nommés un jour, ont été tout aussi calomniés, tout aussi injuriés, et aussi injustement, dans leur personne comme dans leur politique. Le plus grand homme des États-Unis d'Amérique, Washington, a été accusé d'avoir vendu son pays à l'Angleterre; on imprimait de prétendues lettres apportées comme preuves de cette accusation. Le temps a marché : non-seulement les noms des calomniateurs de Washington sont inconnus aujourd'hui, mais le fait même de cette calomnie est presque inconnu; il faut le chercher en érudit pour le découvrir, et le nom de Washington brille de tout son légitime éclat. Je tiens, sur le pays, le même langage que sur le gouvernement. Il n'est pas vrai que notre pays soit corrompu. Il a traversé des temps de grand désordre; il a vu le règne de la force, tantôt de la force monarchique, tantôt de la force anarchique; il en est résulté, je le reconnais, un certain affaiblissement des croyances morales et des sentiments moraux; il y a moins de vigueur et dans la réprobation et dans l'approbation morale; mais, dans la vie commune du pays, la pratique est honnête, plus honnête peut-être qu'elle ne l'a jamais été. Le désir, le désir sincère de la moralité, dans la vie publique comme dans la vie privée, est un sentiment profond en France. Pour mon compte, au milieu de ce qui se passe depuis quelque temps, au milieu (il faut bien appeler les choses par leur nom), au milieu du dégoût amer que j'en ai éprouvé, je me suis félicité de voir mon pays si susceptible et si ombrageux; j'ai été bien aise, même au prix de ces calomnies et de ces injures, que le désir de moralité et de pureté se manifestât parmi nous avec tant d'énergie. Ce sentiment portera ses fruits; il rendra aux principes moraux cette fermeté qui leur manque de nos jours. Voulez-vous me permettre de vous dire comment nous pouvons y contribuer d'une manière efficace? Nous croyons trop vite à la corruption et nous l'oublions trop vite. Nous ne savons pas rendre assez justice aux honnêtes gens et nous ne faisons pas assez justice des malhonnêtes gens. Je voudrais que nous fussions un peu moins empressés dans notre crédulité au mal avant de le connaître, et un peu plus persévérants dans notre réprobation du mal quand nous le connaissons. Soyons moins soupçonneux et plus sévères. Tenez pour certain que la moralité publique s'en trouvera bien[1]. »

Je parlais ainsi pour ma propre satisfaction et mon propre honneur plutôt que dans l'espoir de dissiper les mauvaises impressions qui agitaient alors l'esprit public; j'étais loin d'attribuer à mes observations et à mes conseils une si prompte et si générale influence; mais dans l'arène même où nous combattions, auprès de mes amis politiques, mon langage était bienvenu et efficace; il affermissait leur courage et les prémunissait contre la contagion des erreurs et des humeurs vulgaires. Ainsi, à travers de douloureuses épreuves, nous nous formions tous, conseillers du prince et députés du peuple, aux mœurs franches et viriles du gouvernement libre; ainsi, par l'union de jour en jour plus intime du parti conservateur et du cabinet, s'établissaient, entre la couronne et les Chambres, cette harmonie et cette action commune qui font la force du pouvoir et le gage de l'influence efficace de la liberté dans le gouvernement.

Ce progrès des institutions comme des mœurs aurait été bien plus complet et plus rapide si l'opposition, cet autre acteur naturel et nécessaire dans le gouvernement libre, avait été dans une situation aussi simple et aussi nette que celle du cabinet; mais elle était loin de posséder cet avantage. Le parti conservateur était homogène, une même intention l'animait tout entier : il

---

[1] *Chambre des pairs*, séance du 2 août 1847.

poursuivait tout entier le même but et travaillait à la même œuvre ; il voulait le succès et la durée du gouvernement qu'il soutenait. L'opposition, au contraire, contenait dans son sein des éléments, des désirs, des desseins, des efforts profondément divers : les partisans des régimes tombés avant ou en 1830, des légitimistes, des bonapartistes, des républicains s'y mêlaient à de sincères amis de la nouvelle monarchie constitutionnelle. L'opposition ne s'appliquait pas seulement et tout entière à faire prévaloir une politique différente de celle du cabinet ; elle avait des groupes qui représentaient et cherchaient à relever des établissements contraires à celui qui était debout et légal. Quand on est obligé de parler, il n'y a point d'habileté, point de prudence, point d'éloquence qui puissent mettre la vérité sous le voile : les interprètes de ces desseins divers n'abdiquaient point leur origine ni leur tendance ; elles se faisaient jour à chaque instant; et cette incohérence, cette dissidence des éléments de l'opposition dénaturaient tantôt sa physionomie, tantôt ses actes mêmes, et la condamnaient, chefs et parti, à de continuels embarras dont son influence, dans un régime de publicité et de discussion continue, avait beaucoup à souffrir.

Je ne rappellerai qu'une seule des circonstances dans lesquelles ce vice de l'état intérieur de l'opposition parlementaire et ses résultats se manifestèrent avec le plus d'évidence et de bruit.

Dès le 7 novembre 1841, le comte de Sainte-Aulaire, alors ambassadeur à Vienne, m'informa que M. le duc de Bordeaux se proposait de faire un voyage en Angleterre. La chute de cheval que le prince fit à Kirchberg et le grave accident qu'elle amena firent ajourner ce projet. Dans l'automne de 1842, le baron Edmond de Bussierre, ministre du roi à Dresde, m'écrivit que M. le duc de Bordeaux venait d'annoncer au roi de Saxe sa prochaine visite ; il m'exposa les embarras auxquels cet incident pourrait donner lieu pour la légation française, et me demanda mes instructions. Je lui répondis sur-le-champ [1] : « Il est fort loin de la pensée du gouvernement du roi de vouloir exercer, sur les démarches de ce jeune prince, une surveillance inquiète et exigeante qui ajouterait encore au malheur de sa position, et qui, sous tous les rapports, conviendrait peu à la dignité de la France. Mais il y aurait de l'imprudence à ne pas prévoir le parti que des factions malveillantes chercheraient à tirer de ces démarches pour présenter sous un faux jour notre situation extérieure, placer les agents du roi auprès des gouvernements étrangers dans une situation délicate, et susciter, entre ces gouvernements et le nôtre, des complications qui altéreraient la bonne harmonie de leurs rapports. Tel serait le résultat du séjour permanent, ou seulement prolongé, de M. le duc de Bordeaux dans une résidence où serait accréditée une légation française : la présence simultanée du représentant du roi ne nous paraîtrait, en pareil cas, ni convenable, ni possible. C'est ce que

---

[1] Le 7 décembre 1842.

l'ambassadeur du roi à Vienne eut ordre, l'année dernière, de déclarer à M. le prince de Metternich, lorsque M. le duc de Bordeaux se rendit dans cette capitale peu de temps après son cruel accident. M. le prince de Metternich répondit que la question lui apparaissait sous le même aspect qu'à nous; que M. le duc de Bordeaux, qui avait éprouvé une rechute, quitterait Vienne dès qu'il serait en état de supporter le voyage; et les choses se sont en effet passées de la sorte. Le cabinet de Dresde ne suivra pas à cet égard une autre ligne de conduite que le cabinet impérial; la sagesse qui le distingue et les sentiments bienveillants qu'il nous a toujours témoignés ne nous laisseraient aucun doute à cet égard, quand même M. de Zeschau ne se serait pas empressé de vous donner, sur les intentions de sa cour, les assurances les plus satisfaisantes. Nous avons donc la ferme confiance que M. le duc de Bordeaux, après avoir passé, auprès de la famille royale de Saxe, le temps que comportent les convenances d'une simple visite, quittera Dresde avant que sa présence ait pu y devenir, pour la légation française, l'occasion d'un embarras et d'une résolution qui seraient, je n'en doute pas, aussi pénibles à la cour de Saxe qu'au gouvernement du roi. »

Notre confiance était fondée comme notre prévoyance. Le roi de Saxe témoigna à M. le duc de Bordeaux tous les sentiments, tous les égards qui lui étaient dus; il lui donna, dans l'intimité de sa famille et de sa cour, un concert auquel aucun des membres du corps diplomatique ne parut. Toute démarche, toute apparence politique furent écartées, et, après avoir passé huit jours à Dresde, M. le duc de Bordeaux en partit sans que le ministre de France eût éprouvé le moindre embarras, et sans que nous eussions fait, sur son séjour à la cour de Saxe et sur l'accueil qu'il y avait reçu, aucune observation.

La même situation et la même question se reproduisirent, l'année suivante, à la cour de Prusse. Le comte de Flahault m'écrivit[1] que M. le duc de Bordeaux, en prenant à Vienne, sous le nom de comte de Chambord, des passe-ports pour l'Angleterre, les avait fait viser à la légation prussienne, et avait manifesté l'intention de faire en passant une visite au roi de Prusse. Mais on répandait, à Paris comme en Allemagne, et le comte Bresson me mandait de Berlin que cette visite aurait un tout autre caractère que celle de Dresde. Le roi de Prusse, disait-on, avait formellement invité M. le duc de Bordeaux à venir à Berlin ; il devait y arriver au moment d'une grande revue de l'armée prussienne, pendant le séjour qu'y faisait alors l'empereur Nicolas, et de façon à donner à sa rencontre avec ces deux souverains une couleur et une valeur politiques. Le ministre de Prusse à Paris, le comte d'Arnim, vint me communiquer une dépêche de son gouvernement qui, en annonçant l'arrivée prochaine de M. le duc de

---

[1] Le 2 septembre 1843. Il avait remplacé, comme ambassadeur du roi à Vienne, le comte de Sainte-Aulaire, appelé à l'ambassade de Londres.

Bordeaux à Berlin, démentait expressément ces bruits, et nous assurait que le cabinet prussien prendrait grand soin que cette visite n'eût aucun des caractères ni des effets qu'on essayait de lui attribuer. Je donnai au comte Bresson, à Berlin, les mêmes instructions que j'avais données au baron de Bussierre à Dresde, avec les mêmes égards pour M. le duc de Bordeaux et les mêmes précautions pour les relations diplomatiques et la dignité du gouvernement du roi. Le roi de Prusse et son cabinet tinrent scrupuleusement leur promesse : quand M. le duc de Bordeaux arriva à Berlin, la grande revue était passée, l'empereur Nicolas était parti ; le roi Frédéric-Guillaume IV ne reçut M. le duc de Bordeaux qu'à Potsdam, dans son palais de Sans-Souci ; et pour donner à cette attitude réservée la confirmation d'un témoignage intime, l'ami et le confident particulier du roi de Prusse, le baron de Humboldt, m'écrivit [1] au moment du départ de M. le duc de Bordeaux pour l'Angleterre :

« Je vous parlerai aujourd'hui d'un objet entièrement *terrestre*, de ce qui s'est passé récemment au sommet d'une colline [2] peu élevée au-dessus du niveau des mers poissonneuses, mais riche en grands souvenirs et habitée par un prince dont la pureté des sentiments ne peut jamais être mise en doute. Admis à une espèce d'intimité dans la famille royale, j'ai eu occasion de tout voir, de tout juger, selon la couleur des opinions

[1] Le 28 septembre 1843.
[2] La colline de Sans-Souci.

que vous me connaissez depuis tant d'années, et d'après la liberté d'action qui convient à mon âge et à l'indépendance que l'on veut m'accorder. J'ai vu journellement le jeune prince (le duc de Bordeaux) ici, à Potsdam ; je l'ai vu aussi pendant deux jours à Berlin, non chez lui, à son hôtel, mais dans l'intérieur du musée et dans les collections d'histoire naturelle qui sont un peu de mes domaines. Il est de l'intérêt d'un parti politique d'exploiter tout à son gré, de travestir les choses les plus simples et les plus innocentes. On a commencé par inventer l'insigne mensonge que le duc de Bordeaux avait été invité à venir à Berlin, et qu'il s'y trouverait aux revues en même temps que l'empereur Nicolas. Vous savez, Monsieur, par les explications données par M. le comte d'Arnim, et plus tard par les dépêches de notre ministre des affaires étrangères, le baron de Bülow, que le prince, à son passage pour l'Écosse, n'a été reçu qu'après les manœuvres, par conséquent après le départ de l'empereur de Russie. Vous savez aussi que rien n'a fait dévier mon roi de la ligne qu'il s'est prescrite, et qui est inaltérablement fixée par les liens qui unissent les deux cabinets. Le roi, pendant tout le séjour du jeune prince, a eu deux motifs d'agir : il a agi d'après ce qu'il se devait à lui-même et d'après ce qu'il croyait conforme aux sentiments élevés de votre souverain. Le duc de Bordeaux a été son hôte dans l'intérieur de sa famille, à Sans-Souci; il a été traité d'après le rang qu'il occupe par sa naissance et selon les usages admis dans une cour dans laquelle on reçoit tant de princes étrangers. Il a assisté, au *Palais de marbre*, près Sans-Souci, à un bal que le roi a donné en l'honneur de deux de ses très-jeunes nièces de Schwerin et des Pays-Bas. Certes, la politique n'a été pour rien dans des rapports de politesse et de courtoisie dont je laisse au rédacteur du journal *la Mode* le soin de révéler aux croyants les graves et dangereuses tendances. Le baron de Bülow, mon neveu, est resté en dehors du cercle magique : il n'a vu de ses yeux ni le prince, ni les personnes qui l'accompagnaient. A Berlin, en présence du public de la capitale, M. le duc de Bordeaux n'a pas été l'hôte du roi : il a habité, en simple particulier, un hôtel de voyageurs, le *British Hotel*; il n'a eu dans la capitale, pas plus qu'à Potsdam, ni chambellan ni aide de camp pour le conduire; il n'y a pas eu, pour son service, des équipages de la cour. Je deviens bien minutieux dans mon récit, mais je vais ajouter ce qui est bien plus important, Monsieur : je ne crois pas trop m'avancer en vous disant que la visite aurait été déclinée si l'oncle du jeune prince (M. le duc d'Angoulême) avait cessé de vivre, et si le neveu, gagnant d'importance aux yeux d'un parti, eût été considéré comme un prétendant. Le duc de Bordeaux est parti ce matin pour Hambourg; je me suis senti le besoin de vous adresser ces lignes toutes confidentielles, et dont vous voudrez bien excuser, je ne saurais en douter, l'ancienne familiarité. Un motif personnel a dirigé ma pensée : j'ai cru en même temps devoir vous prouver, Monsieur, par la candeur de ma narration, que je suis immuablement guidé par ces principes d'accord et de conciliation que j'ai professés dans les rapports politiques dont j'ai quelquefois été chargé depuis la mémorable époque de 1830, à la haute satisfaction de votre auguste souverain. Je fais, et maladroitement peut-être, de la diplomatie à Paris; je n'en fais pas en ces lieux : historien de la colline de Sans-Souci, je vous dis simplement ce que j'ai vu. Mon récit sera conforme à ce qui vous est déjà parvenu par le comte Bresson, aussi instruit de la politique de mon roi que noblement enclin à éloigner tout ce qui pourrait donner ombrage. Quant à moi, j'aurai l'avantage d'être calomnié, comme si j'étais ministre, par la faction dont l'intérêt permanent est de brouiller nos affaires. Je m'y résigne avec le courage d'un homme de l'Orénoque. »

« Cette lettre, m'écrivait M. Bresson en me l'envoyant, a été lue par le roi; elle vous est adressée de son aveu. »

Je répondis sur-le-champ à M. de Humboldt [1] :

« Je vous remercie de votre lettre du 23 septembre. A Berlin comme à Paris, vous faites de l'excellente diplomatie. Vous voyez le vrai et vous voulez le bien. Nous n'avons nulle intention d'attrister encore, par une vigilance tracassière, la destinée déjà si triste de M. le duc de Bordeaux. Nous avons, j'ose le dire, fait nos preuves à cet égard. Rappelez-vous toute l'histoire

---

[1] Le 11 octobre 1843.

de l'Europe. Jamais prince exilé a-t-il été aussi peu inquiété dans sa retraite? Jamais ses rapports avec ses partisans ont-ils été tolérés avec autant de libéralité et de douceur? Mais quand on profite de cette douceur même pour nouer des intrigues qui débutent par des mensonges, il faut bien que nous y regardions, et que les brouillons soient avertis qu'ils ne trouveront chez nous point d'insouciance et en Europe point d'appui. Votre auguste souverain a fait, à cet égard, avec une convenance parfaite, tout ce que le mien pouvait désirer; et il n'y a point de paroles meilleures que celles que vous voulez bien m'adresser en me disant que « la visite aurait été déclinée si l'oncle du jeune prince avait cessé de vivre, et que le neveu, gagnant d'importance aux yeux d'un parti, eût été regardé comme un prétendant. » A de telles paroles, une seule réponse convient, c'est l'expression d'une entière confiance. Et la confiance des rois entre eux est, vous le savez, mon cher baron, le meilleur gage de la paix des peuples et de l'honneur des couronnes. »

D'un commun accord, la limite était ainsi tracée : tant que les démonstrations n'avaient point de caractère politique, tant que la qualité de prétendant n'était pas proclamée et exploitée, nous avions, pour la situation de M. le duc de Bordeaux, autant de ménagement qu'aucune des cours européennes, et nous nous félicitions de n'avoir à ajouter aucun déplaisir à son infortune, aucune gêne à porter dans sa liberté.

Nous pouvions espérer qu'à Londres comme à Vienne,

à Dresde et Berlin, cette satisfaction ne nous manquerait pas : les dispositions du gouvernement anglais étaient connues; la reine Victoria venait d'en donner, par sa visite au château d'Eu, le plus éclatant témoignage. Quand elle apprit que M. le duc de Bordeaux était sur le point de venir en Angleterre, elle y attendait M. le duc et madame la duchesse de Nemours qui lui avaient promis de passer auprès d'elle quelques jours ; elle exprima sur-le-champ son inquiétude que la première de ces deux visites ne dérangeât la seconde, et son désir que M. le duc de Bordeaux retardât son arrivée. Lord Aberdeen alla au-devant de ce que nous pourrions avoir à lui dire au sujet du voyage annoncé :

« Il faut que vous sachiez, dit-il au comte de Rohan-Chabot [1], chargé d'affaires à Londres pendant le congé du comte de Sainte-Aulaire, où j'en suis sur cette question. D'après les ordres de la reine, j'avais fait prévenir le prince de l'arrivée prochaine de M. le duc et de madame la duchesse de Nemours, et qu'il serait *désagréable* à Sa Majesté qu'il se trouvât à Londres en même temps qu'eux. Le duc de Lévis m'a fait répondre que rien ne pouvait être plus contraire au désir ou à la pensée de M. le duc de Bordeaux ou de ceux qui le conseillent, que de susciter, par un voyage en Angleterre, le moindre embarras, soit à Londres, soit en France. M. de Lévis m'a fait assurer que le prince était, quant à présent, absolument sans espérances et sans projets.

---

[1] Lettre du comte de Rohan-Chabot à moi, 31 octobre 1843.

Il était sans doute du devoir de ceux qui l'entourent de le rendre digne, par son éducation, de toute chance plus favorable que la fortune pourrait lui réserver; mais il n'y en avait, en ce moment, aucune à prévoir ou à préparer. Dans tout son séjour, le prince prendrait pour règle de sa conduite les moindres désirs exprimés par la reine ou par son conseil. Ceci posé, a continué lord Aberdeen, je vous dirai encore que la reine désire ne point voir le prince; et quant à moi je prendrais la responsabilité de lui conseiller de refuser sa visite si, par un motif quelconque, vous m'en exprimiez le désir au nom du gouvernement français. La question est entre vos mains, et vous connaissez assez ce que sont les dispositions de cette cour pour n'éprouver aucun scrupule à nous faire connaître vos vœux.

« Maintenant je vous dirai que, livré à moi-même et si l'on était indifférent à Paris, je voudrais que, s'il le désire, la reine reçût le jeune prince; il me semble que nous ne pouvons pas faire moins, pour le petit-fils de Charles X qui revient en Angleterre avec son simple titre de prince exilé, que nous ne nous sommes crus obligés de faire pour un aventurier comme Espartero. Cette réception serait évidemment tout à fait particulière (*strictly private*), une simple présentation sans dîner, etc. Mais si vous m'en exprimez le désir, je le répète, je déconseillerai même cette simple prévenance de notre cour. »

Il était impossible de se montrer à la fois plus amical et plus sincère, et d'engager plus dignement sa responsabilité et par une promesse et par un conseil. La promesse et le conseil nous convenaient également: lord Aberdeen nous offrait plus que n'avait fait aucune des cours continentales, et il ne nous conseillait rien qui ne fût d'accord avec nos dispositions et notre conduite antérieure. Le comte de Rohan-Chabot, sans engager son gouvernement, témoigna à lord Aberdeen, avec la même franchise, son adhésion personnelle et ne me la laissa pas ignorer. Mais la situation changea promptement de face; il fut promptement évident qu'il se passerait à Londres tout autre chose que ce qui s'était passé à Berlin; les légitimistes les plus ardents se mirent, en France, à la tête du mouvement, et entraînèrent à leur suite les plus modérés comme les plus considérables; ils se rendirent en foule à Londres, annonçant partout l'éclat qu'ils allaient faire autour de M. le duc de Bordeaux, de son nom et de son droit. J'écrivis sur-le-champ au comte de Rohan-Chabot[1]: « Je parlerai lundi, au conseil, de M. le duc de Bordeaux. La faction fait ici beaucoup de bruit; je ne crois pas qu'elle veuille faire autre chose; mais pour du bruit, évidemment elle en veut, et son bruit blesse ici beaucoup les oreilles. Quoique superficielle, à mon avis, la chose doit être traitée sérieusement. Je ne sache pas qu'on ait jamais vu les chefs d'une faction, les premiers et les derniers, jeunes et vieux, députés, gens du monde et journalistes, se donner ainsi, autour d'un

---

[1] Le 4 novembre 1843.

prétendant, un rendez-vous éclatant, affiché. Il y a là autre chose que du respect pour le malheur, et le respect est dû à autre chose encore que le malheur. Faites sentir cela dans votre conversation, sans quitter le terrain sur lequel vous êtes placé. » Je lui adressai le surlendemain des instructions positives [1] : « J'ai entretenu le roi et le conseil du séjour de M. le duc de Bordeaux en Angleterre et de ce que vous en a dit lord Aberdeen. Voici, à cœur ouvert, ce que nous en pensons. Si M. le duc de Bordeaux était simplement un prince exilé et malheureux, voyageant sans but ni effet politique, nous trouverions très-naturel et convenable qu'on donnât à son malheur et à son rang toutes les marques de respect. Nous n'en parlerions pas. Nous n'y regarderions même pas. Mais les choses ne sont point telles, bien s'en faut. Que M. le duc de Bordeaux le veuille ou ne le veuille pas, que l'impulsion vienne de lui et de ses conseillers intimes ou qu'ils la reçoivent de ses partisans en France, il est bien réellement, bien évidemment un prétendant qui fait de la politique de faction ou qui se prépare à en faire. Quoi de plus significatif que ce rendez-vous général autour de lui, de tous les chefs du parti, grands et petits, jeunes et vieux, députés, gens du monde et journalistes? Non-seulement ils se donnent rendez-vous en Angleterre, ils le proclament; ils en font grand bruit dans leurs journaux ; ils exploitent jour par jour le voyage de M. le duc de Bor-

---

[1] Le 6 novembre 1843.

deaux et le leur propre. Ils répètent, ils crient tous les matins : « Henri V est notre roi. » C'est bien là un prétendant affiché; c'est bien là de l'étalage de faction, destiné à entretenir, à fomenter les passions et les espérances du parti pour préparer ses tentatives. Ce sont là les faits, mon cher Chabot, les faits réels. Nous ne pouvons pas ne pas les voir, et il est de notre devoir d'en tenir compte.

« Cela étant, qu'arrivera-t-il si la reine d'Angleterre reçoit M. le duc de Bordeaux, même *privately*, sans rien de plus qu'une simple visite?

« Les légitimistes s'empareront de cette visite, la dénatureront, la multiplieront, dans leurs lettres, dans leurs entretiens, dans leurs journaux. Et malgré toutes les explications, tous les désaveux du monde, leur double but sera atteint: au dehors, ils se seront donné des airs d'influence; au dedans, ils auront flatté et fomenté les passions et les espérances de leur parti.

« Pour le moment, c'est tout ce qu'ils prétendent et espèrent; mais c'est déjà un grand mal.

« Si, au contraire, la reine d'Angleterre ne reçoit pas du tout M. le duc de Bordeaux, par ce seul fait tout mal devient impossible; toutes les menées de la faction, au dedans et au dehors, sont déjouées ; tout son bruit est vain; tout son étalage d'apparences trompeuses s'évanouit. Et ce résultat, excellent en soi et pour nous, sera excellent aussi pour les relations de nos deux pays : on y verra une preuve éclatante de la cordiale amitié de la reine d'Angleterre pour notre famille royale, de son gouvernement pour le nôtre, de l'Angleterre pour la France. Ce sera le complément de la visite au château d'Eu; nous puiserons dans ces deux faits la réponse la plus frappante, la plus populaire aux déclamations et aux méfiances les plus aveugles.

« Nous pensons et nous disons donc, mon cher Chabot, qu'il est bon et désirable, soit pour nous-mêmes, soit pour les rapports des deux trônes, des deux gouvernements et des deux peuples, que la reine ne reçoive pas du tout M. le duc de Bordeaux. Et puisque lord Aberdeen vous a dit qu'il s'en remettait sur ce point à notre aveu, nous l'exprimons sans hésiter. Nous ne craignons pas que lord Aberdeen, ni sir Robert Peel, ni aucun membre du gouvernement anglais s'y trompent, ni qu'ils nous trouvent plus rigoureux envers M. le duc de Bordeaux, ou plus préoccupés des intrigues de ses partisans, qu'il ne nous convient de l'être. En fait de tolérance et de douceur envers les ennemis les plus acharnés, comme en fait de confiance dans les sentiments de notre nation, les preuves du roi, et de sa famille, et de son gouvernement, sont faites. Mais nous, conseillers de la couronne, quand lord Aberdeen nous demande de faire connaître, dans cette circonstance, notre vœu, nous répondons avec confiance à ce témoignage de confiance, certains que le cabinet qui nous fait cette question ne verra dans notre réponse que ce qui est dans notre pensée : l'intention d'écarter tout ce qui entretiendrait chez quelques hommes des espérances factieuses, dans le pays une sourde irritation, et de faire en sorte que cet incident tourne au profit des sentiments de bienveillance cordiale que les deux peuples comme les deux gouvernements doivent se porter et se prouver en toute occasion. »

Quand cette lettre et la demande formelle qu'elle contenait furent communiquées par M. de Rohan-Chabot à lord Aberdeen [1], il ne témoigna pas la moindre hésitation, mais quelque regret : « Il eût préféré l'autre alternative, m'écrivit M. de Chabot, et je crois même qu'il s'y attendait. Il trouve, au fond, que vous réclamez beaucoup de lui en demandant ici ce que vous n'avez exigé nulle part ailleurs. Il ne croit pas votre décision justifiée par les vaines tentatives du parti légitimiste pour attirer ici l'attention. Il vous trouve trop inquiet : « Dites de ma part à M. Guizot, m'a-t-il dit, que je ne le reconnais pas là ; c'est de la politique de Metternich. » Le duc de Wellington partagea plus vivement le regret de lord Aberdeen, mais sans hésiter plus que lui dans la promesse du cabinet. Le sentiment de sir Robert Peel fut tout autre, et il s'en expliqua sans réserve avec M. de Chabot : « Je vous dirai que *moi,* lui dit-il, j'ai complétement approuvé les dernières lettres de M. Guizot que vous avez laissées entre les mains de lord Aberdeen et qu'il m'a montrées. Je crois que, les circonstances données, M. Guizot ne pouvait mieux faire, et je me suis rendu sur-le-champ à Windsor pour recom-

[1] Le 8 novembre 1843.

mander à la reine de se conformer entièrement au vœu du gouvernement français. Je lui ai même demandé de ne point laisser attribuer cette décision à aucune instigation venant de Paris, mais de bien établir que Sa Majesté ne suit en cela que sa propre volonté et son sentiment spontané. Mon Dieu, je sais bien quelle devait être la pensée naturelle du roi; je sais quelle a été celle de M. Guizot : nous l'avons vu à Eu et depuis. Mais ce voyage de M. le duc de Bordeaux n'est point une simple tournée d'agrément; dès le premier moment, j'y ai vu une véritable question, pour nous comme pour vous; j'y ai songé sérieusement et j'ai prévu, quant à moi, qu'elle aboutirait nécessairement à la décision que nous venons de prendre. Indépendamment du contre-coup sur Paris, dont M. Guizot parle si bien dans ses lettres, il y aura, ici même, des efforts pour faire une cour au jeune prince. Je veux qu'il en résulte au contraire un nouveau motif de rapprochement et de confiance mutuelle entre les deux cours. »

L'impression de lord Aberdeen ne ralentit point son empressement à vider la question : « Je sors de chez lui, m'écrivit le 10 novembre le comte de Sainte-Aulaire de retour à Londres ; il venait de Windsor : « Tout est arrangé à l'égard du duc de Bordeaux, m'a-t-il dit; la reine se conformera exactement au vœu du gouvernement français. Il lui a suffi d'en être avertie. »

Il ne me suffisait pas que lord Aberdeen eût fait ce qu'il m'avait promis, j'avais à cœur qu'il fût convaincu que je ne lui avais rien demandé qui ne fût nécessaire, et que je n'eusse également demandé ailleurs si la situation eût été la même. Je répondis sur-le-champ à M. de Sainte-Aulaire : « Je ne veux pas que mon courrier parte sans emporter, pour lord Aberdeen, mon sincère remercîment du conseil qu'il a donné à Windsor sur M. le duc de Bordeaux. Je sais que ce n'était pas son avis personnel. Je sais qu'il en résultera peut-être pour lui quelques ennuis de société. J'aurais vivement désiré les lui épargner. J'y ai bien pensé, et je le prie de m'en croire ; il n'y avait pas moyen ; l'effet *ici* eût été détestable, et il faut bien qu'*ici* soit toujours ma première pensée. Le 28 septembre dernier, après que M. le duc de Bordeaux fut parti de Berlin, M. de Humboldt m'écrivit par ordre du roi de Prusse qui lut d'avance sa lettre : « Je ne crois pas trop m'avancer en vous disant que la visite aurait été déclinée si l'oncle du jeune prince avait cessé de vivre, et que le neveu, gagnant d'importance aux yeux d'un parti, eût été regardé comme un prétendant. » A Londres, M. le duc de Bordeaux était bien réellement un prétendant, avec toute l'importance que son parti pouvait lui donner. Ce fait en Angleterre et son action en France sur les esprits, voilà ce qui m'a décidé. Je tiens à ce que lord Aberdeen le sache, et sache bien aussi combien je suis sensible à son excellent procédé. »

M. le duc de Bordeaux à peine arrivé à Londres, notre prévoyance fut pleinement justifiée : le caractère politique de son séjour éclata bruyamment ; les journaux du parti, en Angleterre et en France, retentirent du concours qui se faisait autour de lui et du discours que lui adressa, le 29 novembre, le duc de Fitz-James, en l'appelant *son roi* au nom de trois cents visiteurs français réunis dans la maison qu'il occupait à Belgrave-square; des cris de *Vive Henri V* suivirent le discours; le prince tint successivement de nombreux levers pour les nouveaux venus de France. En signalant à lord Aberdeen ces faits, le comte de Sainte-Aulaire lui demanda si le gouvernement anglais n'avait aucun moyen de les réprimer : « Son langage, m'écrivit l'ambassadeur, a été excellent[1]; il a qualifié les faits de scandale insensé et coupable; il a consulté l'avocat de la reine sur les moyens de répression autorisés par la loi; mais la réponse qu'il attend ne lui fournira probablement pas des moyens efficaces. Il verrait, dans l'intérêt des deux gouvernements anglais et français, des inconvénients graves à s'écarter de ce qui est strictement conforme à la loi et à la coutume. La moindre irrégularité, tout acte de violence qui pourrait être reproché au ministère anglais serait aussitôt saisi par ses adversaires; la cause du duc de Bordeaux deviendrait populaire dans l'opposition, et on lui créerait un parti anglais. J'ai cru pouvoir répondre à lord Aberdeen que vous n'auriez assurément pas la pensée de lui demander rien d'illégal ni d'exorbitant; mais peut-être, ai-je ajouté, une manifestation fortement improbative de ce que le ministère anglais ne se reconnaît pas le pouvoir

[1] Les 30 novembre et 1er décembre 1843.

d'empêcher serait-elle, de sa part, un acte utile, et comme un apaisement de l'irritation que tout ceci va sans doute causer en France : — Oh! pour cela, m'a répondu lord Aberdeen avec un soulagement visible, je n'y ai pas la moindre objection, je n'y vois pas le moindre inconvénient ; et moi-même, qui avais d'abord d'autres sentiments, je m'y porterai aujourd'hui aussi volontiers que personne. — Il m'a dit encore que le duc de Lévis lui avait fait annoncer sa visite, que d'abord il l'attendait avec quelque anxiété parce que le langage qu'il avait à tenir pour le jeune prince lui répugnait : — mais aujourd'hui, a-t-il ajouté, je me sens le cœur endurci, et j'attends le duc de Lévis de pied ferme. Malheureusement il ne viendra probablement pas, parce qu'il aura su que la reine ne voulait pas voir M. le duc de Bordeaux, et que la notification de son arrivée à Londres était conséquemment sans objet. »

Lord Aberdeen tint sa nouvelle promesse comme il avait tenu la première ; il adressa à l'ambassadeur de France[1] une note officielle dans laquelle, après avoir reproduit « les faits rapportés, dit-il, dans les feuilles publiques sans que ce rapport ait été l'objet d'aucune contradiction, » il qualifiait sévèrement ces faits, expliquait que la loi du pays ne donnait au gouvernement aucun moyen de réprimer les démonstrations de ce genre, annonçait qu'avant de recevoir la note du comte

[1] Le 9 décembre 1843.

de Sainte-Aulaire, il avait pris les mesures nécessaires pour faire bien connaître tout le déplaisir de la reine et les sentiments de son gouvernement à l'occasion des faits ainsi signalés, et finissait en disant que les assurances qu'il avait reçues lui donnaient droit d'espérer que ces scènes ne se renouvelleraient pas.

Comme lord Aberdeen l'avait prévu, le duc de Lévis ne vint pas le voir; mais le comte de Bristol se chargea de porter à Belgrave-Square l'expression des sentiments de la reine et de son gouvernement : « Il comptait, m'écrivit M. de Sainte-Aulaire [1], s'acquitter de sa mission auprès de M. de Chateaubriand qu'il connaît de longue date; assez désappointé de le trouver parti, il a demandé le duc de Lévis, et, après la préface obligée, il lui a dit que ce qui s'était passé récemment à Belgrave-Square avait appelé l'attention de la reine et de son gouvernement, que l'une et l'autre en avaient été péniblement affectés et verraient avec un vif déplaisir que de telles scènes se renouvelassent. Le duc de Lévis a protesté que rien n'était plus contraire aux sentiments du comte de Chambord que de déplaire à la reine d'Angleterre. Pour preuve il a rappelé que, sur une indication donnée indirectement par lord Aberdeen, le voyage en Irlande avait été abandonné et l'arrivée à Londres retardée de plusieurs semaines. Quant au titre de roi donné par le duc de Fitz-James, c'était en effet une circonstance regrettable, et le prince en avait été

---

[1] Le 8 décembre 1843.

fort contrarié. Il n'avait pu contrister ses amis par une réprimande sévère ; mais il déclarait en toute sincérité que son intention n'était point de prendre ni d'encourager personne à lui donner un autre titre que celui de comte de Chambord. Le duc de Lévis a ajouté que le projet du prince était de quitter Londres lundi prochain, d'aller à Bristol, à Portsmouth, et de ne s'arrêter qu'une couple de jours à Londres, au retour. Lord Aberdeen m'a même semblé croire que ce dernier séjour pourrait être supprimé. »

Le duc de Bordeaux resta plus longtemps en Angleterre que n'avait paru l'indiquer le duc de Lévis ; mais son séjour ne fut plus qu'une série de promenades et de visites dans les diverses parties et les divers établissements publics ou particuliers du pays, sans aucun incident politique et sans aucune observation de la part du gouvernement du roi.

Clos à Londres, l'incident de Belgrave-Square se ranima à Paris. Tant de mouvement sans autre effet que du bruit, cette démonstration qui était bien plus une bravade qu'un complot, avaient suscité en France, dans les Chambres comme dans le pays, plus de colère que d'alarme, et remis les partis en présence sans rengager entre eux la lutte. Le roi, en ouvrant la session de 1844, ne fit, dans son discours, aucune allusion, même indirecte, à ce qui venait de se passer au-delà de la Manche, et le cabinet, dans les mesures qu'il annonça, n'en tint absolument aucun compte. Mais quand elles eurent à s'occuper de leur adresse en réponse au discours du trône, les deux Chambres ne gardèrent pas le même silence. La Chambre des pairs déclara dans la sienne que « les pouvoirs de l'État, en dédaignant les vaines démonstrations des factions vaincues, auraient l'œil ouvert sur leurs manœuvres criminelles; » et après un court débat cette phrase fut adoptée à une très-forte majorité. A la Chambre des députés, on put croire, au premier moment, que l'affaire ne serait guère plus vive ni plus longue: la commission nommée pour la préparation de l'adresse comptait sept membres du parti conservateur et deux de l'opposition [1]; l'un des premiers, M. Saint-Marc Girardin, en fut le rédacteur principal; ce furent les deux membres de l'opposition, M. Ducos et M. Bethmont, et avec eux l'un des conservateurs, M. Desmousseaux de Givré, qui proposèrent à la commission la phrase relative aux scènes de Belgrave-Square, en ces termes : « La conscience publique flétrit de coupables manœuvres. » M. Hébert fit remarquer que le mot *manœuvres* ne convenait pas, car, dans le langage légal, il impliquait l'idée de certains crimes ou délits spéciaux que personne ne voulait imputer aux visiteurs de Belgrave-Square. Sa remarque fut admise, et les mots *coupables manifestations* remplacèrent ceux de *coupables manœuvres*. Mais aucune objection, aucune observation ne s'éleva contre le mot *flétrit;* et le paragraphe ainsi rédigé fut adopté à l'unanimité dans la commission et présenté, en son nom, à

[1] MM. Saint-Marc Girardin, Nisard, Bignon, Desmousseaux de Givré, François Delessert, Baumes, Hébert, Bethmont et Ducos.

la Chambre. Dès le début de la discussion générale, M. Berryer prit la parole pour justifier sa présence et celle de ses amis à Belgrave-Square, sans rien dire d'ailleurs sur aucun des termes de l'adresse. Son discours, un peu embarrassé et froid, laissa la Chambre aussi peu émue que peu convaincue. Je lui répondis sans passionner le débat et avec l'adhésion presque générale de l'assemblée, en ramenant la situation de la monarchie de 1830 et du parti légitimiste à des termes simples et à des principes positifs. Tout semblait annoncer que, sur le paragraphe en question, la lutte ne serait ni ardente ni prolongée, et que les attaques de l'opposition porteraient bien plus sur la politique extérieure et intérieure du cabinet que sur l'incident dont, à Paris et à Londres, les salons et les journaux s'étaient si vivement préoccupés.

Mais, dans l'intervalle de la discussion générale de l'adresse à celle du paragraphe qui contenait la phrase relative aux scènes de Belgrave-Square, un trouble s'éleva dans les esprits : le mot *flétrit* convenait mal à ces scènes et aux personnes qui s'y étaient engagées ; il leur attribuait un caractère d'immoralité et de honte qui n'appartenait point au fait qu'on voulait ainsi qualifier : des devoirs publics avaient été méconnus, mais l'honneur n'était point atteint. La flétrissure était une de ces expressions excessives et brutales par lesquelles les partis s'efforcent quelquefois de décrier leurs adversaires, et qui dépassent les sentiments même hostiles qu'ils leur portent. Les légitimistes s'indignèrent de ce langage de l'adresse comme d'une injure; d'honnêtes et équitables conservateurs ressentaient des scrupules : « Je vois un grand ébranlement sur le dernier paragraphe et pour le mot *flétrir*, m'écrivit M. Duchâtel : Bignon est très-inquiet et hésite beaucoup; il m'a dit hier qu'il connaissait bien d'autres membres qui repoussaient le mot. » La commission reprit elle-même la discussion de sa phrase et parut disposée à la modifier ; on parla de mettre *réprouver* au lieu de *flétrir :* « Je viens de causer avec M. Sauzet, m'écrivit M. Duchâtel; il ne croit pas qu'il soit possible de ne pas prendre demain matin un parti dans la commission, et les choses sont bien avancées pour changer de front. Je crois qu'il faudrait au moins mettre quelque chose de plus fort que *réprouver*; ces mots, *la conscience publique frappe d'une réprobation éclatante de coupables manifestations*, me paraîtraient bons. C'est la conclusion de votre discours de lundi. La phrase est un peu déclamatoire, mais le fond est plus important que la forme. »

Ces réclamations, ces hésitations firent naître dans l'opposition un espoir qu'elle n'avait pas à l'ouverture du débat : l'espoir de trouver là l'occasion d'une attaque sérieuse contre le cabinet évidemment embarrassé d'avoir à soutenir ou à abandonner un mot ardemment attaqué par les légitimistes et repoussé par quelques conservateurs, en même temps que chaudement adopté, dans la Chambre et hors de la Chambre, par le gros du parti du gouvernement. C'était, pour l'opposition de la gauche dynastique, une mauvaise situation que la nécessité de laisser tomber, de combattre même, de concert avec les légitimistes, ce mot *flétrir* que ses représentants dans la commission de l'adresse y avaient accepté et introduit eux-mêmes. Mais il n'y a point d'embarras que n'oublient et ne surmontent les passions de parti quand elles entrevoient une chance inespérée de succès; on avait un mot pour point de départ de l'attaque, on prit une personne pour point de mire : quand on vint à la discussion du dernier paragraphe, on ne s'occupa ni du cabinet tout entier ni de sa politique actuelle ; tous les coups furent dirigés contre moi, et puisés dans un passé lointain que mes adversaires avaient déjà souvent exploité. J'étais à peine monté à la tribune qu'à mes premières paroles on se reporta à trente ans en arrière; ma conduite pendant les Cent-Jours, mon voyage à Gand, la Chambre de 1815, les lois d'exception, les malheurs des protestants dans le midi de la France, tous ces souvenirs, tous ces faits qui, par mes amis ou par moi-même, avaient été plus d'une fois, les uns pleinement expliqués, les autres formellement démentis, furent ramenés sur la scène avec des emportements, des interruptions, des apostrophes depuis longtemps sans exemple dans nos assemblées politiques. Il y avait évidemment, dans l'opposition, un parti pris ou de me troubler, ou d'étouffer ma voix par un tumulte matériel insurmontable : « Si nous ne pouvons pas vaincre M. Guizot, disait l'un des plus acharnés, il faut l'éreinter. » Des passions longtemps ennemies entre elles, les passions révolutionnaires, les passions bonapartistes et les passions légitimistes, s'unissaient pour exhaler ensemble contre moi leurs colères anciennes ou récentes; et derrière elles se laissaient entrevoir les espérances de mes principaux adversaires parlementaires, un peu embarrassés, je dirai volontiers un peu dégoûtés de la scène à laquelle ils assistaient sans y prendre part, mais dont ils devaient peut-être recueillir le fruit. Je fus assez heureux pour soutenir sans trouble ni lassitude ce brutal assaut : l'un des secrétaires de la Chambre, M. Dubois, de la Loire-Inférieure, assis au bureau derrière moi et qui appartenait à l'opposition modérée, me dit à voix basse, avec une émotion bienveillante : « Reposez-vous, reprenez haleine. — Quand je défends mon honneur et mon droit, lui répondis-je, je ne suis pas fatigable. » Je ne fis aux clameurs aucune concession ; je rappelai les diverses phases de ma vie et de mon service continu dans la cause du gouvernement libre, pour la défense tantôt de l'ordre, tantôt de la liberté; et lorsque, après avoir ainsi lutté pendant une heure et demie, je descendis de la tribune, je me donnai le plaisir de dire : « On peut entasser tant qu'on voudra les colères, les injures, les calomnies ; on ne les élèvera jamais au-dessus de mon dédain. »

Avant cette explosion factice et calculée, je n'étais pas exempt, en moi-même, d'un peu de déplaisir et de malaise ; je regrettais ce mot de *flétrir*, que je ne trouvais ni vrai ni convenable, et j'aurais volontiers consenti à le voir remplacé par quelque autre expression à la fois sévère et moins blessante. Mais plus la querelle s'engageait, plus il devenait évident que toute modification à l'adresse proposée par la commission serait, pour le gouvernement et le parti conservateur tout entier, une faiblesse inacceptable. A l'approche du vote, divers amendements, entre autres la substitution du mot *réprouver* au mot *flétrir*, furent présentés ; le général Jacqueminot, alors commandant supérieur de la garde nationale de Paris, vint me dire que, si nous abandonnions le mot *flétrir*, il en demanderait, lui, le maintien. Je n'avais point d'hésitation, et la même impression que produisait en moi la violence des diverses oppositions combinées était ressentie par la majorité de la Chambre comme par tout le cabinet : ceux de nos amis, qui avaient d'abord témoigné quelques scrupules, y renoncèrent hautement et votèrent tous pour le paragraphe proposé. L'adresse fut adoptée par 220 voix contre 190, c'est-à-dire par une majorité homogène, compacte et contente d'elle-même dans la lutte qu'elle venait de soutenir contre une minorité nombreuse, mais incohérente, fortuite et embarrassée des emportements auxquels elle s'était livrée sans succès. Le cabinet sortit affermi de cette épreuve ; et en dehors de la Chambre, dans le public, le sentiment suscité par la scène dont j'avais été l'objet fut si vif qu'une réunion de personnes étrangères à l'assemblée, la plupart inconnues de moi et jeunes spectateurs de nos débats, fit frapper, en mémoire de cette scène, une médaille où j'étais représenté à la tribune, résistant au tumulte, et ses délégués vinrent me l'offrir avec les expressions de la plus affectueuse estime.

L'adhésion du roi au cabinet n'était pas moins ferme que celle de la Chambre ; le lendemain de l'orage suscité contre moi [1], il m'écrivit : « Mon cher ministre, vous avez été trop occupé pour venir chez moi ce matin comme vous me l'aviez fait dire hier au soir ; mais je veux vous témoigner combien j'ai souffert de tout ce que j'ai recueilli sur ce qui s'est passé dans la scène d'hier, et combien j'ai admiré l'attitude que vous y avez si noblement maintenue. Espérons qu'une telle scène ne se renouvellera pas. Ce n'est pas à vous que j'ai besoin de dire que tout cela ne pourrait qu'ajouter au prix que j'attache à la conservation de votre ministère et à la confiance que vous m'inspirez. »

Je retrouve à chaque pas, dans les lettres que je recevais du roi tous les jours, et souvent deux ou trois fois par jour, les marques de cette confiance ; et je me fais un devoir comme un plaisir d'en citer ici quelques-unes, car rien ne peut faire mieux connaître la nature de mes rapports avec ce prince et son vrai caractère, rare mélange de finesse et d'abandon, d'impétuosité et de calcul, de sentiments naturels et jeunes conservés au milieu d'une expérience un peu découragée des cours, des révolutions et du monde. Je reproduis ici tout simplement ces fragments textuels, en indiquant le lieu et la date des lettres auxquelles je les emprunte.

---

[1] Le 27 janvier 1844.

« *Saint-Cloud*, 5 *novembre* 1841. Je suis pressé de vous parler du sujet sur lequel vous m'avez donné ce matin un si bon conseil que je mets à profit. Il m'importe non-seulement que vous connaissiez bien ma pensée tout entière, mais que je connaisse la vôtre de même; et c'est cette connaissance réciproque qui seule peut modifier ou rectifier nos opinions respectives, et les rapprocher de la vérité, autant que le permettent nos imperfections humaines. »

« *Des Tuileries*, 18 *mars* 1844. Mon cher ministre, il y a aujourd'hui cinquante et un ans que j'étais à la bataille de Neerwinden. A cette heure-ci, elle allait bien; une heure plus tard, elle était complétement perdue. C'était plus grave que ceci. Grâce à Dieu, nous n'avons à soutenir que des batailles de paix, et c'est un meilleur métier à tous égards, quoique souvent il ne soit pas plus suave. »

« *Neuilly*, 23 *mai* 1845. C'est un grand inconvénient, mon cher ministre, quand nous nous voyons aussi peu. Ici, au milieu des affaires brûlantes, ce n'est pas comme à Eu ou au Val-Richer où elles sont assoupies; ici nous voyons toujours du monde; chacun nous attaque; et quel que soit notre soin de ne pas nous engager par nos conversations, nos tendances percent inévitablement, et elles sont commentées en tous sens. Il importe donc toujours de causer et de nous recorder sur les affaires avant qu'elles ne deviennent le topique général, et d'assimiler nos tendances autant que nous le pouvons (j'aime à reconnaître que c'est facile), avant de les laisser démêler, encore moins avant qu'elles nous aient engagés d'une manière quelconque. Je suis sûr que c'est aussi important pour vous que pour moi. »

« *Château d'Eu, 23 septembre* 1845. Mon cher ministre, je vous renvoie vos lettres avec ma plus complète adhésion à tout ce que vous me dites et à tout ce que vous avez fait. C'est une habitude que j'aime beaucoup à conserver. Je suis contrarié du retard du maréchal Soult, mais je ne peux pas le combattre. Ce retard, surtout avec ma présence à St-Cloud, va nous donner trois semaines de luttes, d'insinuations, de prétentions et d'intrigues dont je n'attends d'autre résultat qu'une augmentation de mécontents par le désappointement. Je n'aime pas à écrire sur ces matières et sur les personnes; mais comme nous avons, vous et moi, la sainte habitude de nous regarder en face et de lire clairement nos pensées dans le blanc de nos yeux, il nous est permis de nous dire *take care* envers ceux qui ne les ouvrent jamais tout à fait. Ceci pour vous seul absolument. »

« *Neuilly,* 16 *mai* 1846. Quand vous vous rangez à mon avis, il ne peut plus me rester de doute qu'il ne soit bon. »

« *Eu,* 24 *août* 1847. Il faut que les hommes substituent comme vous, et peut-être puis-je dire aussi comme moi, le courage de l'impopularité à la soif des applaudissements. »

Quels que fussent ma déférence envers le roi et le juste compte que je tenais de son avis, je ne recherchais pas plus la popularité auprès de lui qu'ailleurs, et j'avais grand soin de maintenir l'indépendance de ma pensée et de mes actes dans l'application de la politique générale que nous pratiquions d'un commun accord. Je m'étais mis sur le pied de n'entretenir le roi et le conseil des instructions que je donnais à nos agents au dehors que dans les cas d'une grande importance et lorsqu'il y avait une direction nouvelle à leur imprimer. Je dirigeais du reste, comme je l'entendais, ma correspondance officielle et particulière. La délibération entre plusieurs n'est utile que dans les questions générales et en quelque sorte législatives; hors de là, dans la diplomatie comme dans l'administration, le pouvoir exécutif, pour être efficace et digne, a besoin d'unité et d'indépendance confiante. Chaque jour toutes les dépêches de nos représentants à l'étranger étaient envoyées de mon cabinet particulier au roi qui me les renvoyait avec ses observations; mais il ne prenait d'avance aucune connaissance de mes propres dépêches. Je ne suis pas sûr qu'il n'ait pas été quelquefois impatienté de cette indépendance, il ne m'en a jamais donné aucun signe; et lorsque, dans quelque occasion ou par quelque raison particulière, il avait le désir de connaître ce que j'avais écrit au dehors, il me le demandait spécialement, sans élever, sur ma correspondance diplomatique, aucune prétention plus générale. Ainsi je trouve dans ses lettres :

« *Saint-Cloud*, 23 *novembre* 1842. Vous me feriez plaisir de me faire lire la minute de votre dépêche sur les comités prussiens qui a tant charmé M. Bresson. »

« *Saint-Cloud,* 28 *octobre* 1843. Je ne perds pas un instant à vous faire remettre la dépêche de Chabot sur la Grèce. Vous me feriez plaisir de me communiquer les instructions que vous lui avez données sous la date du 27 septembre relativement à cette affaire. »

Il s'agissait, dans ces instructions, de notre entente avec le cabinet anglais au sujet de la révolution constitutionnelle accomplie à Athènes le 15 septembre 1843.

« *Neuilly,* 11 *et* 12 *juillet* 1847. Je serai bien aise de lire votre instruction à Bois-le-Comte (à propos des affaires de la Suisse et du Sonderbund) que le duc de Broglie a communiquée à lord Palmerston. Veuillez me l'envoyer....... Je me hâte de vous remettre votre admirable dépêche à Bois-le-Comte ; elle est parfaite et j'espère qu'elle pourra être publique un jour. »

C'est sur cette double base de complète entente quant à la politique générale et d'indépendance personnelle dans la pratique quotidienne de cette politique que j'ai constamment maintenu mes rapports avec le roi Louis-Philippe, et qu'il les a toujours acceptés.

Rien n'est plus inconciliable avec le devoir et le succès politique d'un ministre dans le régime constitutionnel que la situation de favori ; elle fait perdre, à celui qui l'accepte, l'autorité dont il a besoin vis-à-vis des pouvoirs divers entre lesquels il est chargé d'établir l'harmonie et l'action commune. Ce n'était pas la disposition du roi Louis-Philippe de donner à aucun de ses ministres ce caractère ; mais j'ai toujours pris grand soin que rien n'altérât ma position à cet égard ; j'ai écarté tout ce qui aurait eu l'apparence de satisfaction et de faveur personnelles. En 1846, au moment de son mariage et de celui de l'infante sa sœur, la reine d'Espagne m'avait fait l'honneur de vouloir me conférer la grandesse héréditaire espagnole avec le titre de duc ; j'en parlai au roi en lui exprimant mon dessein et mes motifs de décliner cette faveur : « Vous avez raison, » me dit-il, et il ajouta en souriant : « Voulez-vous que je vous fasse duc en France? — Cela me plairait mieux, Sire ; mais je ne crois pas que cela fût bon, ni pour le service du roi, ni pour moi-même ; — Vous avez raison aussi, » me dit-il, et il n'en fut plus question. J'écrivis sur-le-champ au comte Bresson : « Je ne suis ni un puritain, ni un démocrate. Je n'ai pas plus de mépris pour les titres que pour tous les autres signes extérieurs de la grandeur. Ni mépris, ni appétit. Je ne fais cas et n'ai envie que de deux choses : de mon vivant, ma force politique ; après moi, l'honneur de mon nom. Si je croyais que la grandesse et le duché dussent ajouter quelque chose, aujourd'hui à ma force, plus tard à mon nom, je les accepterais avec plaisir. Je crois le contraire. Je crois qu'il y a, pour moi, aujourd'hui plus de force et un jour plus d'honneur à rester M. Guizot tout court. Si notre Chambre des pairs était héréditaire, si je devais laisser à mes descendants, pour les soutenir dans leur médiocrité de mérite ou de fortune, mes titres et mes honneurs dans mon pays, j'agirais peut-être autrement. Notre pays étant ce qu'il est, je persiste et je dis *non* à votre amicale idée. Et en même temps, comme je ne veux point affecter un dédain impertinent que je n'ai pas, comme je serai charmé de conserver, pour moi et dans ma famille, quelques souvenirs de ce grand événement auquel nous avons pris ensemble tant de part, sachez que je recevrai avec un vrai plaisir les portraits de la reine d'Espagne et de l'infante. Et si on veut faire pour moi quelque chose d'un peu particulier, si on veut y ajouter quelque souvenir bien clairement espagnol, un vieux tableau, un vieux meuble, j'en serai charmé et reconnaissant. Voilà tout ce que j'ai dans l'âme à ce sujet, mon cher ami; faites-en ce que vous voudrez. »

M. Bresson me comprit à merveille et fit agréer à Madrid mon refus; les deux portraits royaux et un charmant petit tableau de Murillo sont les seuls présents que les mariages espagnols m'aient attirés.

En 1847, la recette générale de Bordeaux vint à vaquer. Le roi me fit offrir, par M. Duchâtel, de la donner à la personne que je désignerais et qui me ferait, dans le revenu de cette charge, une part convenable. Je priai le roi de n'y pas songer, et il n'en fut rien. Au sein d'un gouvernement libre et en présence d'une publicité ombrageuse, pour servir dignement le prince et le pays, il faut leur être plus nécessaire qu'ils ne vous sont utiles, et leur rendre plus de services qu'on n'en reçoit de bienfaits.

Je me permets de croire que mon attitude, dans ces diverses occasions, ne fut pas étrangère au soin continu que prenait le roi de me témoigner, dans les détails personnels et intimes de la vie, une bienveillance sympathique, seule faveur que je fusse disposé à accepter. En 1841 et 1844, mon fils et ma fille aînée furent gravement malades : « Je prends, m'écrivait le roi, une part trop vive à vos angoisses pour ne pas désirer que, tant qu'elles dureront, vous ne songiez pas à vous éloigner un instant de votre pauvre malade. Je vous prie de ne pas me répondre et de m'envoyer seulement un bulletin détaillé de son état. » Et quand la convalescence fut assurée : « C'est bien de tout mon cœur que je vous offre mes félicitations les plus vives; et ce sentiment est bien partagé par la reine, par ma sœur et par tous les miens qui m'ont bien demandé de vous le témoigner de leur part. J'espère donc que vous pourrez me venir voir demain, et j'en suis charmé de toute manière[1]. » Il était constamment préoccupé de ma santé et me la recommandait avec une sollicitude à la fois intéressée, affectueuse et délicate: « Quoique toujours charmé de vous voir, j'exige avant tout que vous ne songiez à venir ici qu'autant que vous serez bien assuré que vous pouvez le faire sans aucun inconvénient. Nous avons trop besoin de votre santé pour consentir à ce qui pourrait la compromettre[2]. » — « Je n'ai pas voulu faire demander de vos nouvelles pour ne pas vous constituer malade aux yeux de mon antichambre; mais il me tarde de savoir que votre en-

---

[1] Lettres des 20 mars 1841, 3 et 4 avril 1844.
[2] Lettre du 11 octobre 1843.

rouement n'est pas devenu du rhume[1]. » — « Je suis bien aise que vous quittiez Passy puisqu'il y a de l'humidité, et qu'avant tout votre santé m'est trop précieuse pour vous laisser vous exposer aux rhumes. Il faut absolument les prévenir cet hiver en vous enfermant rigoureusement au premier symptôme. Ainsi, quelque pressé que je sois de vous revoir et de causer avec vous, je vous prie de ne pas venir chez moi avant que les symptômes aient disparu[2]. »

Il ne laissait passer aucun des débats où j'avais réussi dans les Chambres sans m'en exprimer sa vive satisfaction; je ne citerai qu'une seule des lettres qu'il m'écrivit en pareil cas, et je citerai celle-là surtout à cause du billet qui y était joint. Le 2 mars 1843, en repoussant une grande attaque de M. de Lamartine contre toute la politique depuis 1830 et ce qu'on appelait « la pensée du règne, » je terminai mon discours par ces paroles : « L'honorable M. de Lamartine a parlé de dévouement et de la nécessité du dévouement pour faire de grandes choses au nom des peuples. Il a eu parfaitement raison; il n'y a rien de beau dans ce monde sans dévouement. Mais il y a place partout pour le dévouement; la vie a des fardeaux pour toutes les conditions, et la hauteur à laquelle on les porte n'en allége nullement le poids. Vous aimez, dites-vous, à porter vos regards en haut : portez-les donc au-dessus de vous. Êtes-vous, depuis douze ans, le point de

[1] Lettre du 31 janvier 1845.
[2] Lettre du 29 septembre 1845.

mire des balles et des poignards des assassins? Voyez-vous, depuis douze ans, vos fils sans cesse dispersés sur la face du globe pour soutenir partout l'honneur et les intérêts de la France? Voilà du vrai, du pratique dévouement. Souffrez que nous lui rendions hommage, et que nous ne soyons pas ingrats, même envers tout un règne. »

Le soir même de cette séance, je reçus du roi cette lettre :

« Maudissant la grandeur qui l'attache au rivage, »

disait Boileau de Louis XIV. Et moi aussi, mon cher ministre, j'ai bien maudit celle qui m'empêchait d'aller ce soir vous serrer la main, et vous dire de grand cœur combien je suis profondément ému et reconnaissant des paroles que vous avez fait entendre pour moi, et du magnifique discours que vous avez prononcé avec tant d'effet et d'éclat. Ce sentiment est vivement partagé par tous les miens, dont il m'est bien doux d'être l'organe auprès de vous. »

A la lettre du roi était joint ce billet de la reine :

« Comme femme et comme mère, je ne puis résister au désir de remercier l'éloquent orateur qui, en soutenant d'une manière si admirable les intérêts du roi et de la France, a rendu une justice éclatante à tout ce que j'ai de plus cher au monde. »

Je ne m'arrêterais pas à rappeler ces souvenirs s'ils ne me servaient à montrer sous leur vrai jour mes rapports avec le roi Louis-Philippe et ses dispositions envers moi. J'ai trop assisté, dans l'histoire, aux destinées des meilleurs serviteurs des princes pour porter aux amitiés royales une grande confiance ; je sais qu'elles sont souvent aussi superficielles que caressantes, et qu'elles ne résistent guère aux épreuves sérieuses. Mais la perspective des mécomptes possibles sur le fond du cœur des rois n'enlève pas à leur bienveillance quotidienne tout son prix, et cette bienveillance a, dans les incidents de la vie et des affaires publiques, une importance qui n'est pas à dédaigner.

Ce fut précisément la bienveillance du roi pour le cabinet et leur intime accord qui ranimèrent une question déjà plus d'une fois débattue dans la Chambre, et lui donnèrent une gravité telle qu'elle devint à cette époque, entre l'opposition et nous, le drapeau le plus apparent de la lutte. L'opposition accusait le cabinet de manquer, vis-à-vis du roi, d'une volonté comme d'une pensée propre et indépendante, et de n'être que l'instrument docile de la pensée et de la volonté royale. Si elle nous avait reproché de trop étendre ou de laisser trop prévaloir dans le gouvernement l'influence de la couronne au détriment des autres grands pouvoirs publics, elle n'aurait fait qu'user de son droit, et élever, entre elle et nous, une question de fait sur le caractère et les résultats de notre administration. Je fus le premier à reconnaître ce droit et à demander que telle fût en effet la question posée. Mais l'opposition en éleva une autre essentiellement différente : à la place d'une question de fait elle mit une question de principe; elle érigea en maxime constitutionnelle cette phrase fameuse : « Le roi règne et ne gouverne pas. » C'était méconnaître également, en droit le vrai principe de la monarchie constitutionnelle, en fait ses conséquences naturelles et les exemples de son histoire partout où elle s'est fondée : « Quoiqu'on l'ait souvent donné à entendre, dis-je dans le débat [1], le trône n'est pas un fauteuil auquel on a mis une clef pour que personne ne puisse s'y asseoir, et uniquement pour prévenir l'usurpation. Une personne intelligente et libre, qui a ses idées, ses sentiments, ses désirs, ses volontés, siége dans ce fauteuil. Le devoir de cette personne royale, car il y a des devoirs pour tous, également hauts, également saints pour tous; son devoir, dis-je, et sa mission, c'est de ne gouverner que d'accord avec les autres grands pouvoirs publics institués par la Charte, avec leur aveu, leur adhésion, leur appui. Le devoir des conseillers de la couronne, c'est de faire prévaloir auprès d'elle les mêmes idées, les mêmes mesures, la même politique qu'ils veulent et peuvent faire prévaloir dans les Chambres. Voilà le gouvernement constitutionnel : non-seulement le seul vrai, le seul légal, le seul constitutionnel, mais le seul digne ; car il faut que nous ayons pour la couronne, comme nous demandons à la couronne de l'avoir pour nous, ce respect de croire qu'elle est portée par un être intelligent et libre avec lequel nous traitons, et non par une

---

[1] A la Chambre des députés, dans la séance du 29 mai 1846.

pure machine inerte, vaine, faite pour occuper une place que d'autres prendraient si elle n'y était pas. »

C'est là le principe rationnel de la monarchie constitutionnelle, le principe sur lequel reposent les deux conditions essentielles et inséparables de cette forme de gouvernement : l'inviolabilité du monarque et la responsabilité de ses conseillers. Qu'on ne veuille pas de la monarchie constitutionnelle, qu'on croie la responsabilité du pouvoir et la juste influence du pays dans son gouvernement mieux assurées par les institutions de la république américaine, je le comprends, quoique je ne sois nullement de cet avis : mais que des partisans de la monarchie constitutionnelle prétendent que la maxime *le roi ne peut mal faire* signifie *le roi ne peut rien faire,* et que l'inviolabilité royale entraîne la nullité royale, c'est un étrange oubli de la dignité comme de la liberté morale de la personne humaine, même placée sur un trône et entourée de conseillers qui répondent de ses actes, soit qu'ils les lui aient inspirés, soit qu'ils les aient acceptés de sa volonté.

C'est aussi une étrange imprévoyance des faits naturels et inévitables qui découlent du fond même des choses. On aura beau dire : *le roi règne et ne gouverne pas;* on ne fera jamais, dans la pratique, sortir de ces paroles la conséquence effective que le roi qui règne ne soit de rien dans son gouvernement. Quelque limitées que soient les attributions de la royauté, quelque complète que soit la responsabilité de ses ministres, ils auront toujours à discuter et à traiter avec la personne royale pour lui faire accepter leurs idées et leurs résolutions, comme ils ont à discuter et à traiter avec les Chambres pour y obtenir la majorité. Et dans toute discussion, dans toute délibération, l'homme dont le concours est nécessaire exerce infailliblement, dans la mesure de son habileté, de son caractère, des circonstances plus ou moins favorables, une part d'influence. Les faits historiques sont, en ceci, pleinement d'accord avec les vraisemblances morales : partout où la monarchie constitutionnelle a existé, la personne du monarque, ses opinions, ses sentiments, ses volontés n'ont jamais été indifférents ni inactifs, et les plus indépendants, les plus exigeants des ministres en ont toujours tenu grand compte. De nos jours comme dans les temps anciens, sous les ministères whigs comme sous les torys, dans les rapports de lord Chatham avec George II et de lord Grey avec Guillaume IV comme dans ceux de M. Pitt avec George III, l'histoire constitutionnelle de l'Angleterre en offre, à chaque pas, d'incontestables preuves. Sans nul doute, c'est le principe et le but de la liberté politique de rendre impossible toute domination égoïste, c'est-à-dire tout gouvernement personnel, et de faire en sorte que la pensée et le sentiment comme l'intérêt du pays lui-même prévalent dans la conduite de ses affaires; mais pour réaliser le principe et atteindre au but, il y a bien des moyens à employer, bien des écueils à éviter, bien des précautions à prendre : on peut savoir ou ne pas savoir traiter et agir avec les compagnons obligés de la route; on peut être offensant ou servile, trop dur ou trop faible avec le prince qu'on sert comme avec le parti qu'on dirige. Les questions que soulève cette situation ne sont que des questions de plus et de moins, d'à-propos ou d'inopportunité, de conduite habile ou inhabile; mais ce sont des questions naturelles et inévitables. La maxime *le roi règne et ne gouverne pas* a l'air de les supprimer en faisant du roi une machine et en oubliant qu'il est une personne; mais elle prétend et promet plus qu'elle ne peut tenir; elle peut être, contre le cabinet en fonction, une arme efficace, mais l'arme porte plus haut qu'elle ne vise et qu'elle n'a droit de viser; on attire ainsi la royauté dans l'arène au moment même où l'on semble vouloir l'en écarter absolument. Si l'opposition nous avait accusés de subordonner aux idées et aux volontés du roi nos propres idées et nos propres volontés, elle aurait eu raison de nous reprocher une faiblesse coupable et l'oubli de notre premier devoir constitutionnel; mais rien de pareil ne pouvait nous être imputé : il y avait accord entre le roi et nous, non parce que nous cédions complaisamment au roi, mais parce que, le roi et nous, nous voulions et soutenions la même politique. Il ne pouvait y avoir nul doute à cet égard, car, encore ambassadeur à Londres et avant la formation du cabinet, je m'étais expliqué sur cette politique, au dedans comme au dehors, et j'avais dit qu'elle serait la mienne [1].

[1] Voir dans ces *Mémoires*, tome V, p. 365-399.

Non-seulement c'était l'harmonie de pensée et de dessein général qui déterminait, entre le roi et le cabinet, l'harmonie d'action; cette même harmonie s'était établie entre la couronne, le cabinet et les Chambres : depuis six ans, au milieu des plus libres débats, une majorité permanente avait soutenu notre politique; et deux fois dans le cours de ces six années, en 1842 et en 1846, des élections générales, aussi libres que régulières, avaient maintenu cette majorité. Il n'y avait là rien que de conforme aux principes comme au but du gouvernement libre sous sa forme de monarchie constitutionnelle, et nous pratiquions fidèlement ce régime, bien loin de l'altérer.

Comme il est aisé de le pressentir, mon attitude et mon langage dans cette question convenaient au roi Louis-Philippe : il m'en savait gré, non-seulement parce qu'il y était personnellement intéressé, mais à raison de sa pensée générale et désintéressée sur la nature et la pratique du gouvernement constitutionnel. Il était, à cet égard, dans un état d'esprit dont les personnes qui ne l'ont pas vu de près et à l'œuvre peuvent difficilement se faire une juste idée. Nul homme n'était plus vraiment libéral, dans le sens philosophique et contemporain de ce mot, plus imbu des sentiments de son temps dans toutes les questions d'équité et d'humanité universelle. Je trouve dans une de ses lettres [1] cet élan d'indignation contre l'esclavage : « Il y a une

---

[1] Du 5 mai 1844.

chose dont je ne veux pas différer de vous parler : c'est l'admission scandaleuse des marchands d'esclaves avec leurs victimes à bord de nos paquebots. Depuis François I*er*, tout esclave qui touche un pavillon français est libre de plein droit, et ce droit a toujours été exercé noblement et rigoureusement sans jamais admettre aucune réclamation des maîtres. Les Anglais ont toujours eu la même règle ; je l'ai vu pratiquer à Palerme, par sir John Talbot, sur le *Thunderer*, et nous avons emmené le nègre esclave de la baronne de San Benedetto sans aucune réclamation. Je pense que vous ne perdrez pas un instant pour enjoindre le maintien du privilége du pavillon français, et que tant notre marine que nos paquebots recevront des ordres catégoriques sur ce point. » Et dans une autre lettre [1] : « La déclaration du bey de Tunis pour l'abolition de l'esclavage est une circonstance remarquable et très-heureuse ; il importe de surveiller la manière dont elle sera présentée. Cet acte et notre traité avec la Chine relatif au libre exercice de la religion chrétienne méritent et doivent obtenir un grand retentissement. Quel progrès de civilisation parmi les Mahométans eux-mêmes ! Quelle différence entre Tunis d'aujourd'hui et Tunis d'il y a trente ans, quand j'ai vu à Palerme la procession de quatre cents esclaves siciliens rachetés à Tunis par les pères de la Merci et l'intervention de lord William Bentinck ! C'est cependant notre conquête

---

[1] Du 15 février 1846.

d'Alger qui a mis fin aux exécrables pirateries barbaresques ; c'est elle qui en a délivré la chrétienté, et c'est elle seule qui a efficacement établi la liberté et la sécurité de la navigation dans la Méditerranée ! » Les idées philanthropiques du xviii⁰ siècle, les principes de 1789, l'impulsion première et le progrès social de la Révolution française n'avaient point d'adhérent plus sincèrement convaincu et plus fidèle que ce prince, indépendamment de tout calcul et de tout intérêt personnel.

Il était de plus, comme roi et dans son gouvernement, bien résolu à ne jamais sortir du cercle constitutionnel, et à toujours accepter, en définitive, la pensée et le sentiment du pays manifestés après les libres discussions et les épreuves légalement autorisées. Nul prince n'a jamais plus franchement adopté le principe du contrat entre le peuple et lui, et ne s'est plus fermement tenu pour lié, par conscience comme par prudence, à la foi du serment.

Deux sentiments puissants agissaient en même temps sur lui. Il était prince et Bourbon ; il était né, il avait été élevé au sein de l'ancienne société française, à la cour de ses rois ; les maximes et les traditions de la monarchie de Henri IV et de Louis XIV ne lui étaient point étrangères ; il les connaissait et les comprenait, non comme une histoire qu'on a étudiée, mais comme on connaît et comprend ce qu'on a vu. Très-éclairé sur les vices et les faiblesses de l'ancien régime, il savait aussi ce que la longue durée y avait introduit de principes de gouvernement, et il le jugeait sans animosité comme sans ignorance. Associé d'autre part, dès sa jeunesse, aux idées et aux événements de la Révolution, il était sincèrement attaché à sa cause, mais vivement frappé aussi de ses égarements, de ses fautes, de ses douleurs, de ses revers, et en grande méfiance des passions et des pratiques révolutionnaires qu'il avait vues à l'œuvre. Tous ces spectacles, tous ces souvenirs, tant d'impressions et d'observations si diverses entassées dans le court espace de sa vie l'avaient laissé très-perplexe sur l'issue d'une si grande crise sociale et sur le succès de ses propres efforts pour y mettre fin. Il croyait, en même temps, à la nécessité du gouvernement libre et à la difficulté de le fonder. Nous causions seuls un jour dans un petit salon de Neuilly; le roi était dans un de ses moments de doute et de découragement; moi, dans mon habitude d'optimisme et d'espérance; nous discutions vivement; il me prit la main : « Tenez, mon cher ministre, me dit-il, je souhaite de tout mon cœur que vous ayez raison; mais ne vous y trompez pas : un gouvernement libéral en face des traditions absolutistes et de l'esprit révolutionnaire, c'est bien difficile; il y faut des conservateurs libéraux, et il ne s'en fait pas assez. Vous êtes les derniers des Romains. » Un autre jour, au milieu de je ne sais plus quel redoublement d'obstacles et d'embarras, il s'écriait en prenant sa tête dans ses mains : « Quelle confusion! Quel gâchis! Une machine toujours près de se détraquer! Dans quel triste temps nous avons été destinés à vivre! »

Ces doutes, ces inquiétudes sur l'avenir du gouvernement libre parmi nous n'empêchaient nullement le roi Louis-Philippe de bien comprendre, dans le présent, la place qu'il y tenait, et d'y bien jouer son rôle, et rien que son rôle. Il n'était pas seulement décidé à n'en jamais violer les principes fondamentaux; il en acceptait loyalement chaque jour les exigences et les convenances. On l'a beaucoup accusé de vouloir, en toute occasion, imposer au cabinet ses volontés. Je répète que, sur la politique générale du gouvernement et dans la plupart des questions importantes qui se présentaient, l'accord entre le roi et le cabinet était naturel et volontaire; mais je n'hésite pas à affirmer que, lorsque le roi et le cabinet différaient d'avis, soit que le cabinet se refusât aux désirs du roi, soit que nous lui demandassions quelque chose qui lui déplaisait, le roi cessait d'insister ou de résister, et se rendait aux objections ou aux demandes de ses conseillers responsables. J'en citerai deux exemples qui sont caractéristiques parce qu'ils touchent à des questions et à des personnes que le roi avait à cœur. En 1843 et 1845, M. Duvergier de Hauranne, membre de l'opposition, proposa l'introduction du vote public à la place du scrutin secret dans les délibérations de la Chambre des députés : le parti conservateur et le cabinet lui-même étaient divisés sur le mérite ou l'opportunité de cette innovation; le roi y était vivement opposé; M. Duchâtel et moi nous étions favorables. Soit dans les séances du conseil, soit dans nos entretiens particuliers, la question fut très-débattue; le roi tenait évidemment beaucoup à me ramener à son avis; il me rappelait les déplorables conséquences du vote public dans nos assemblées révolutionnaires : « Si le vote avait été secret dans la Convention nationale, me disait-il avec passion, Louis XVI n'aurait jamais été condamné. » Je combattis ses alarmes; j'insistai sur la différence des temps, sur la nécessité du vote public pour la forte organisation des partis, et pour faire passer, dans les Chambres mêmes, le sentiment de la responsabilité, cette condition de la conduite sérieuse et réfléchie des hommes au sein de la liberté. Le roi ne fut pas convaincu; mais il renonça à son insistance, et j'appuyai ouvertement la proposition du vote public qui fut adoptée. En 1845, deux hommes considérables et fonctionnaires publics, le comte Alexis de Saint-Priest dans la Chambre des pairs et M. Drouyn de Lhuys dans la Chambre des députés, entrèrent habituellement dans les rangs de l'opposition; je demandai que leurs fonctions leur fussent retirées. Le roi ne fit, quant à M. Drouyn de Lhuys, aucune objection; mais il lui en coûtait d'éloigner M. de Saint-Priest de la carrière diplomatique qu'il paraissait destiné à parcourir avec éclat; appartenant à une famille légitimiste, il s'était, dès 1830, franchement attaché à la cause et au service de la nouvelle monarchie; il avait été l'un des amis particuliers de M. le duc d'Orléans. Le roi me témoigna son hésitation et son regret. J'insistai; je ne pouvais admettre que notre politique fût publiquement attaquée à la tribune française par l'un de ses représentants à l'étranger. Le roi retira ses objections, et le comte Alexis de Saint-Priest fut écarté de son poste de ministre à Copenhague. De 1840 à 1848, je ne sache aucune question, aucune circonstance importante dans laquelle, en cas de dissentiment, le roi n'ait pas fini par se rendre au vœu du cabinet.

L'opinion contraire, si communément répandue, n'est cependant pas une de ces erreurs gratuites et inexplicables qui circulent et prévalent quelquefois longtemps dans les pays libres, grâce aux attaques dont le pouvoir est l'objet à la tribune et dans les journaux. Les prétextes n'ont pas manqué à l'erreur que je signale ici, et le roi Louis-Philippe les a lui-même fournis. Il avait sur toutes choses une surabondance d'idées, d'impressions, de velléités qu'il ne prenait pas soin de contenir, et, pour ainsi dire, de tamiser assez sévèrement : ce qui l'entraînait à manifester trop d'avis et de désirs dans de petites questions et de petites affaires qui ne méritaient pas son intervention. L'indifférence et le silence sont souvent d'utiles et convenables habiletés royales; le roi Louis-Philippe n'en faisait pas assez d'usage. Il était de plus si profondément convaincu de la sagesse de sa politique et de l'importance de son succès pour le bien du pays qu'il lui en coûtait d'en voir attribuer à d'autres le mérite, et qu'il ne pouvait se résoudre à n'en pas revendiquer hautement sa part. Ce désir bien naturel et l'intarissable fécondité et vivacité de sa conversation lui donnaient des airs d'ingérence continue et de prépondérance exclusive qui dépassaient de beaucoup la réalité de ses intentions et des faits, aussi bien que les convenances constitutionnelles. Je suis convaincu que son gendre, le roi Léopold, infiniment plus prudent et plus réservé dans son attitude et son langage, a exercé, dans le gouvernement de la Belgique au dedans et au dehors, plus d'influence personnelle que le roi Louis-Philippe dans celui de la France; mais l'un en évitait avec soin l'apparence, tandis que l'autre se montrait toujours préoccupé de la crainte que justice ne fût pas rendue à ses desseins et à ses efforts.

Je ne refuserai pas à la mémoire de ce prince le service et à moi-même le plaisir de montrer combien il était, au fond, modeste et exempt de prétentions vaniteuses. A l'approche de la session de 1846, nous préparions le discours que le roi devait prononcer en l'ouvrant; j'étais, comme à l'ordinaire, chargé de cette rédaction. Les circonstances étaient favorables : presque toutes les questions qui avaient agité et menacé de troubler nos relations au dehors, le droit de visite, Taïti, le Maroc, étaient résolues, et toutes nos perspectives honorablement pacifiques; les visites mutuelles de la reine d'Angleterre et du roi avaient achevé de rasséréner l'horizon; il nous parut opportun que le roi mît en lumière cette situation laborieusement obtenue, et j'insérai à cet effet, dans le projet de discours, un paragraphe que le conseil adopta. Le 25 décembre 1845, avant-veille de l'ouverture de la session, je reçus du roi cette lettre écrite à deux heures du matin :

« Mon cher ministre, l'attente de la messe de minuit, dont je sors, m'a donné le temps de relire et d'étudier la portée du paragraphe en question. Plus je l'ai retourné, plus j'ai trouvé que ce n'était pas à moi à me donner *ce coup d'encensoir*. Que les Chambres me le donnent, j'en serai très-touché; mais d'en prendre l'initiative, pensez-y bien, mon cher ministre, cela ne me va guère, et vous ne serez pas surpris que je ne trouve pas cela d'accord avec ma simplicité habituelle, et surtout avec mes goûts. Ainsi, quant à moi, voici comment je ferais le paragraphe précédant celui ou ceux sur l'Angleterre :

— « Je continue à recevoir de toutes les puissances étrangères des assurances pacifiques et amicales, et tout nous présage la durée et la stabilité de la paix dont nous jouissons. »

« Si cependant vous insistez, ainsi que le conseil, sur la production de l'idée sans doute très-flatteuse pour moi, voici le maximum de ce qui pourrait me paraître possible, et je ne vous cache pas que je ne suis pas disposé à m'y résigner. Ce serait d'ajouter cette phrase que je regrette déjà d'avoir rédigée :

— « Il m'est bien doux de voir s'accroître de plus en plus les bienfaits qui en découlent, et de pouvoir espérer que le bonheur de les avoir assurés à la France, au milieu des orages qui nous ont assaillis, se rattachera à la mémoire de mon règne. »

« Mais, encore une fois, je préfère et je demanderai que cette phrase ne sorte pas de ma bouche. »

Le paragraphe fut de nouveau débattu dans le conseil, et nous eûmes grand'peine à en faire conserver le sens en ces termes :

— « Je continue à recevoir de toutes les puissances étrangères des assurances pacifiques et amicales. J'espère que la politique qui a maintenu la paix générale, à travers tant d'orages, honorera un jour la mémoire de mon règne. »

L'histoire des rois n'offre pas beaucoup d'exemples d'une telle absence d'étalage et de charlatanerie.

Tels étaient, entre le roi Louis-Philippe et le cabinet du 29 octobre 1840, les rapports et les procédés mutuels : ainsi a été compris et pratiqué, à cette époque, le gouvernement parlementaire. J'ai considéré les grandes conditions de ce régime : l'homogénéité politique du cabinet; son intimité avec le parti qu'il a pour allié politique dans les Chambres; son travail continu pour rallier ce parti et pour faire prévaloir, auprès de la couronne comme dans les Chambres, une seule et même politique; l'harmonie ainsi librement établie entre les grands pouvoirs publics, comme leur plus sûr moyen de crédit et de force : telles sont les lois essentielles du gouvernement parlementaire. Nous y avons scrupuleusement satisfait. Que ce soit là l'unique forme de gouvernement libre, je n'ai garde de le penser, et je me suis hâté de le dire; la liberté politique a des formes très-diverses comme des degrés très-inégaux; le gouvernement parlementaire ne serait ni naturel, ni possible dans la république fédérative des États-Unis d'Amérique, ni dans les cantons suisses, ni dans tels ou tels autres États qui pourraient cependant n'être pas étrangers aux principes et aux progrès de la liberté; les intérêts et les sentiments des pays divers peuvent pénétrer et prévaloir par plus d'une voie dans leur gouvernement. Mais quand, par les convenances de sa situation et par le cours de sa destinée, un grand peuple a été amené à vouloir unir fortement dans son gouvernement la stabilité du pouvoir au mouvement de la liberté; quand c'est dans la monarchie constitutionnelle qu'il a besoin de trouver le gouvernement libre, c'est par le régime parlementaire qu'il a le plus de chances d'atteindre son but, car ce régime est le seul qui, sous la forme monarchique, pose en principe et assure en fait la responsabilité habituelle du pouvoir, première et indispensable base de la liberté politique. C'est un régime difficile à pratiquer et à fonder : les erreurs publiques, les fautes du pouvoir, des passions aveugles ou perverses, des événements prévus ou imprévus peuvent en troubler la marche ou en suspendre le progrès; dans son travail de formation, le gouvernement parlementaire est comme une plante de serre trop peu en rapport avec la température extérieure du pays et qui en supporte mal les rudes chocs. Mais est-ce donc au gouvernement parlementaire seul que ce défaut et ce malheur doivent être imputés? Toutes les formes de gouvernement libre n'ont-elles pas leurs mauvaises chances et leurs mauvais jours? N'ont-elles pas toutes besoin de s'acclimater chez les peuples qui aspirent à leurs bienfaits? Point d'hypocrisie ni de réticence : quand on reproche au gouvernement parlementaire ses embarras et ses échecs, c'est trop souvent au gouvernement libre lui-même qu'on en veut, et on n'exhale tant d'humeur contre une forme spéciale de la liberté politique qu'en haine des difficiles travaux que toute forme de gouvernement libre impose. Je persiste dans ma double conviction : le gouvernement libre est le but plus ou moins prochain vers lequel tendent de nos jours les peuples; et dans la monarchie, le régime parlementaire est la conséquence naturelle comme l'instrument efficace du gouvernement libre. Quelles que soient ses lacunes et ses traverses, ce régime saura bien prendre ou reprendre, là où il sera nécessaire au triomphe de la liberté politique, la place qui lui appartient.

CHAPITRE XLV

LES MARIAGES ESPAGNOLS.
(1842-1847.)

Notre politique envers l'Espagne de 1833 à 1842 et ses deux principes. — Question du mariage de la reine Isabelle.—Notre politique dans cette question. — Mission de M. Pageot à Londres, Vienne et Berlin. — Idée du prince de Metternich. —Idée de la cour de Londres pour le prince Léopold de Coburg.— Mes communications avec le cabinet anglais à ce sujet. — Chute du régent Espartero. — Changement d'attitude du cabinet anglais. — M. Olozaga et la reine Isabelle.—M. Gonzalès Bravo. — M. Bresson, ambassadeur de France à Madrid. — Sir Henri Bulwer, ministre d'Angleterre à Madrid. — Retour de la reine Christine en Espagne. — Réforme de la constitution espagnole de 1837.— Le général Narvaez.— Situation des divers prétendants à la main de la reine Isabelle. — Mort de l'infante doña Carlotta. — Le comte de Trapani. — Conversation du roi Louis-Philippe avec le comte Appony. — Abdication de don Carlos. — Négociation pour le mariage de la reine Isabelle avec le comte de Trapani. — Nos relations à ce sujet avec le cabinet anglais. — Vrai sentiment de la reine Christine pour le mariage de ses deux filles. — Première idée du mariage du duc de Montpensier avec l'infante doña Fernanda. — Entretiens, au château d'Eu, avec lord Aberdeen à ce sujet. — Menées entre Madrid et Lisbonne en faveur du prince Léopold de Coburg. — Participation de sir Henri Bulwer. — Avertissement loyal de lord Aberdeen.— Mes instructions à M. Bresson. — Chute du général Narvaez. — Cabinet Miraflores. — Mon memorandum du 27 février 1846. — — Cabinet Isturiz. — Chute du cabinet de sir Robert Peel et de lord Aberdeen. — Avénement de lord Palmerston au *Foreign-Office*.— Sa dépêche du 19 juillet 1846.— Mes instructions à M. Bresson. — Résolution de la reine Christine pour les deux mariages de ses filles. — Le duc de Cadix et le duc de Montpensier. — Négociation à ce sujet. — Conclusion des deux mariages. — — Le duc de Montpensier et le duc d'Aumale en Espagne. — Opposition du cabinet anglais. — Son inefficacité. — Célébration des deux mariages. — Leurs conséquences.

J'ai retracé dans ces *Mémoires*[1] notre politique et notre conduite envers l'Espagne, depuis la mort du roi Ferdinand VII[2] jusqu'à la régence du général Espartero[3]. J'arrive à l'événement le plus considérable de mon ministère des affaires étrangères, le mariage de la reine Isabelle II avec son cousin, le duc de Cadix, et celui de sa sœur, l'infante doña Fernanda, avec le dernier des fils du roi Louis-Philippe, le duc de Montpensier. Avant d'exposer les négociations et les résolutions dont ces deux mariages furent l'objet, je veux rappeler quelles avaient été jusque-là nos vues essentielles et permanentes dans nos rapports avec l'Espagne. Je n'ai garde de croire que les gouvernements doivent s'attacher à une politique systématique et préconçue : les affaires des États sont trop compliquées et trop mobiles pour être toujours réglées avec préméditation et selon la logique ; il y a pourtant une certaine mesure de conséquence et d'unité, dans la pensée et dans les actes, qui est nécessaire à la force comme à la dignité du pouvoir ; il a besoin de ne pas être et de ne pas paraître imprévoyant, incertain et décousu.

A la mort de Ferdinand VII, nous n'hésitâmes pas à

[1] Tome IV, pag. 54-118, 145-166, 205-206 ; t. VI, pag. 297-334.
[2] 29 septembre 1833.
[3] 8 mai 1841-29 juillet 1843.

reconnaître sa fille Isabelle comme héritière de son trône et reine d'Espagne. Nous ne nous dissimulions pas les graves inconvénients, pour la France, de cette succession féminine qui pouvait faire passer le trône d'Espagne dans une maison étrangère, rivale ou même ennemie de l'intérêt français; tout récemment la cour des Tuileries avait tenté de maintenir en Espagne la Pragmatique de Philippe V qui, en 1714, avait restreint la succession des femmes au cas où il n'y aurait, pour le trône, point d'héritiers mâles, soit directs, soit collatéraux; mais, après une lutte de quarante ans, sous les règnes de Charles IV et de Ferdinand VII, le principe de la succession féminine, qui était celui de l'ancienne monarchie espagnole, avait prévalu; les derniers actes de Ferdinand VII et des Cortès l'avaient consacré. Sa fille Isabelle était reine de droit et de fait. Elle avait de plus pour elle, dans la nation et à la cour espagnole, le parti libéral et le parti modéré, c'est-à-dire les hommes qui avaient naguère énergiquement défendu l'indépendance de l'Espagne, et qui maintenant aspiraient à y fonder des institutions analogues aux nôtres. Sa cause était à la fois la cause de l'ancien droit, de l'état légal et du régime constitutionnel en Espagne. Nous ne nous bornâmes pas à la reconnaître, nous lui promîmes notre appui.

Une réserve dans cette politique fut en même temps indiquée : nous prîmes soin de ne pas nous engager à intervenir en Espagne par des armées françaises pour soutenir, sur sa demande, le gouvernement de la reine

Isabelle ; nous maintînmes expressément, à cet égard, notre liberté et notre droit d'intervenir, en tout cas, si une telle intervention convenait aux intérêts de la France. Non-seulement nous adoptions, sinon comme loi absolue, du moins comme règle générale de conduite, le principe de la non-intervention étrangère dans le régime intérieur des peuples ; nous étions, de plus, convaincus que toute intervention de ce genre est dangereuse et compromettante, car elle rend le gouvernement qui intervient responsable, dans une large mesure, de la conduite et de la destinée de celui au profit duquel il intervient. L'exemple de l'intervention française en Espagne sous la Restauration nous était, à cet égard, un solennel avertissement ; elle avait été momentanément utile et glorieuse au gouvernement de la Restauration, comme un acte de hardiesse et de force accompli avec succès ; mais elle lui était bientôt devenue pesante et triste, car, après avoir rétabli Ferdinand VII sur le trône, la royauté française s'était trouvée hors d'état d'exercer sur son gouvernement aucune action salutaire, et l'influence française était devenue en Espagne un objet d'alarme et d'antipathie. C'est à de telles épreuves que se reconnaît la sagesse des gouvernements ; ils sont tenus de savoir résister à la tentation d'un succès passager, pour ne pas donner bientôt un spectacle d'imprévoyance et d'impuissance qui les affaiblit en les décriant. Le roi Louis-Philippe possédait à un degré rare cette difficile sagesse, et je tiens à honneur d'en avoir promptement senti, auprès de lui, le mérite en même temps que le fardeau.

Toute notre conduite envers l'Espagne, de 1833 à 1842, fut fidèle à ce double caractère de notre politique : nous donnâmes au gouvernement de la reine Isabelle, et au régime constitutionnel dans son gouvernement, non-seulement tout l'appui moral, mais tous les secours matériels que nous pouvions lui accorder sans engager pleinement la France dans les destinées de l'Espagne, et sans rendre le gouvernement français responsable des vicissitudes comme des fautes des divers cabinets espagnols. Nous aidâmes ces cabinets à triompher des insurrections carlistes ou anarchiques dont ils étaient assaillis; mais nous nous refusâmes constamment à exercer en Espagne une action militaire directe et prépotente. Lorsque, en 1840, l'une de ces insurrections contraignit la reine Christine à abdiquer la régence et à sortir d'Espagne, nous lui assurâmes en France un affectueux asile, mais nous restâmes en relations pacifiques avec le parti espagnol qui l'avait renversée; et quand le chef nominal de ce parti, le régent Espartero, parut devenir un gouvernement tant soit peu régulier, le roi Louis-Philippe, malgré son déplaisir personnel, lui envoya un ambassadeur. J'ai déjà dit[1] par quelle frivole et arrogante prétention le régent et ses ministres firent échouer cette démarche conciliante, et obligèrent M. de Salvandy à rentrer en

---

[1] Tome IV de ces *Mémoires*, pag. 297-334.

France sans avoir même pris possession officielle de son poste. Il n'était pas encore arrivé à Madrid que déjà éclatait, contre le nouveau régent, la première de ces insurrections d'abord monarchiques, bientôt radicales, qui, violemment réprimées à Madrid et à Barcelone, devaient, au bout de dix-huit mois, chasser à son tour Espartero d'Espagne comme de la régence, et aboutir ensuite, en moins d'une année, au retour en Espagne de la reine Christine et à la domination du parti modéré.

A travers toutes ces secousses et ces alternatives révolutionnaires, une question devenait de jour en jour, et par le seul cours du temps, plus importante et plus pressante. Comment se marierait la reine Isabelle? Elle n'avait encore que douze ans ; mais son mariage futur était déjà en Espagne, en France, en Europe, l'objet des préoccupations de tous les politiques un peu prévoyants. Nulle part ces préoccupations ne pouvaient être plus sérieuses que pour le cabinet français. C'est un lieu commun de dire que, dans notre situation européenne, les bons et intimes rapports avec l'Espagne importent beaucoup à la France; mais les lieux communs les plus vrais s'usent un peu à force d'être répétés, et il faut de temps en temps remonter à leur source pour les apprécier à toute leur valeur. Il suffit de jeter les yeux sur la carte de l'Europe pour voir combien la France est intéressée à ce que l'Espagne soit naturellement disposée à son alliance, et demeure étrangère à toute combinaison européenne hostile à l'intérêt français. Depuis quatre siècles, l'histoire parle comme la géographie. C'est l'union de l'Espagne, de l'Allemagne et des Pays-Bas sous le sceptre ou sous l'influence dominante de Charles-Quint et de Philippe II qui a fait, au XVIe siècle, les périls et les revers de la France. C'est, au XVIIe siècle, la gloire de la politique française, personnifiée dans Richelieu, Mazarin et Louis XIV, d'avoir brisé le cercle ennemi dont la France était entourée, et d'avoir enlevé l'Espagne à la prépondérance allemande en plaçant sur son trône, selon son vœu, un prince de la maison de Bourbon. C'est à ce grand fait que, malgré quelques incidents contraires, la France a dû, pendant le XVIIIe siècle, tantôt la paix européenne, tantôt le concours actif de l'Espagne dans les luttes où elle a été engagée. Et dès les premières années du XIXe siècle, c'est pour avoir, par les excès et les perfidies de son ambition, aliéné l'Espagne de la France, que l'empereur Napoléon a trouvé, au-delà des Pyrénées, un péril permanent et l'une des principales causes de ses revers. Évidemment, et précisément à raison des chances contraires qu'ouvrait l'établissement en Espagne de la succession féminine, c'était pour la France un intérêt de premier ordre de maintenir à Madrid l'œuvre de Louis XIV ; l'intérêt dynastique n'était en ceci que fort secondaire, il s'agissait essentiellement d'un intérêt français.

Dès que la question s'éleva, le roi Louis-Philippe prouva, par ses résolutions et son langage, sa ferme et patriotique prévoyance. La tentation était grande, pour lui, d'écouter complaisamment l'intérêt de sa propre famille; le vœu dominant en Espagne, dans l'esprit de la reine Christine comme dans tout le parti modéré et dans les rangs de l'armée espagnole, appelait au trône de Madrid un de ses fils, spécialement M. le duc d'Aumale. Le roi repoussa constamment cette idée. C'était sa résolution générale de ne donner aux jalousies de l'Europe, surtout de l'Angleterre, aucun motif spécieux. Il avait d'ailleurs peu de confiance dans l'état politique de l'Espagne et ne voulait pas avoir à en répondre : « En vérité, m'écrivait-il [1], c'est bien le cas de dire à ceux qui seraient tentés de se quereller aujourd'hui pour la main d'Isabelle II : — Avant de se disputer le trône d'Espagne, il faut savoir s'il y aura en Espagne un trône à occuper... Croyez bien, mon cher ministre [2], que nous ne pouvons jamais trouver en Espagne qu'un seul motif d'étonnement : ce serait qu'elle ne fût pas en proie successivement à toute sorte de gâchis et de déchirements politiques. Nous devons nous tenir soigneusement en dehors de tout cela; car, dans ma manière de voir, il n'y a pour nous d'autre danger que celui d'y être entraînés comme ceux qui, dans les usines, approchent leurs doigts des cylindres mouvants qui broient tout ce qui s'y introduit. » Il surveillait avec sollicitude tous les mouvements qui pouvaient le pousser sur cette pente : « Je

---

[1] Le 1er novembre 1841.
[2] Le 9 août 1843.

vois poindre, m'écrivait-il[1], une occurrence sur laquelle vous connaissez bien mon opinion : c'est la nécessité de prévenir une demande espagnole du duc d'Aumale. L'idée d'un refus est effrayante par l'effet que ce refus produirait en Espagne, qu'il jetterait infailliblement dans une hostilité contre la France et contre moi, et dans des choix analogues pour le mariage. Je sens l'embarras : on ne refuse que ce qui vous est offert; ou bien on s'expose à s'entendre dire : — « Mais vraiment « qui vous a dit qu'on songeait à vous ? » — Cependant il faut bien ne pas laisser entraîner les Espagnols à faire leur offre, dans la présomption qu'une offre nationale de l'Espagne exclût la possibilité du refus et amènerait, forcerait l'acceptation. Il faut donc, je crois, instruire nos agents pour écarter et faire avorter, autant qu'ils pourront, toute proposition relative à mon fils. » Le moindre incident sur ce sujet excitait son attention : « Je vous renvoie un numéro du *Morning Post*[2], qui contient une prétendue lettre de la reine Christine à don Carlos qui est une fabrication évidente. En la lisant, vous ne vous méprendrez pas sur le but de cette fabrication, qui est de persuader à la crédulité anglaise que je veux donner un de mes fils pour mari à la reine Isabelle, et que c'est Christine qui ne le veut pas. *Credat Judæus...* La difficulté de détruire chez les Anglais ces illusions, ces défiances, ces *misconceptions* de nos intérêts, après quarante ans de contact avec eux,

[1] Le 23 août 1843.
[2] Le 20 juin 1842.

aussi bien, j'ose le dire, qu'après mes treize années de règne, me cause un grand ébranlement dans la confiance que j'avais eue de parvenir à établir, entre Paris et Londres, cet accord cordial et sincère qui est à la fois, selon moi, l'intérêt réel des deux pays et le véritable *Alcazar* de la paix de l'Europe. Qu'en attendre après ce que Bresson dit que lord Cowley a écrit à lord Westmoreland : — « Que j'étais convenu avec lui que j'avais « vivement désiré qu'un de mes fils épousât la reine « d'Espagne, mais qu'il croyait que je ne le désirais « plus depuis que j'étais assuré que la guerre serait le « résultat de cette alliance. » — Et cependant, quand je lui ai dit, pour la trentième fois, que je n'avais jamais eu le moindre attrait pour cette alliance et que tous mes fils y étaient également contraires, lord Cowley m'a répété, avec une insistance que je vous ai même signalée : « *Your Majesty always said so* (Votre « Majesté m'a toujours parlé ainsi)[1]. »

Ce n'est pas dans des documents officiels, dans des entretiens avec des diplomates étrangers, c'est dans la correspondance intime et confidentielle du roi Louis-Philippe avec moi que je trouve ces témoignages positifs de sa ferme et spontanée résolution de ne pas rechercher, de ne pas accepter le trône d'Espagne pour l'un de ses fils, pas plus qu'en 1831 il n'avait accepté le trône de Belgique pour M. le duc de Nemours. Il sacrifiait sans hésiter, à l'intérêt général d'une vraie

---

[1] Le 11 août 1843.

et solide paix européenne, tout intérêt d'agrandissement personnel et de famille ; mais il était en même temps bien décidé à ne pas sacrifier l'intérêt spécial qu'avait la France à rester avec l'Espagne dans une intimité naturelle, et le maintien de la maison de Bourbon sur le trône d'Espagne était évidemment le moyen naturel et éprouvé d'atteindre ce résultat. Je partageais complétement, sur l'un et l'autre point, le sentiment du roi ; et dès que la question du mariage espagnol apparut, cette double pensée devint la règle de notre conduite. J'en informai sans délai nos principaux agents du dehors : « Notre politique est simple, écrivis-je au comte de Flahault[1] : à Londres, et probablement aussi ailleurs, on ne voudrait pas voir l'un de nos princes régner à Madrid. Nous comprenons l'exclusion et nous l'acceptons, dans l'intérêt de la paix générale et de l'équilibre européen. Mais, dans le même intérêt, nous la rendons : nous n'admettons, sur le trône de Madrid, point de prince étranger à la maison de Bourbon. Elle a bien des maris à offrir, des princes de Naples, de Lucques, les fils de don Carlos, les fils de l'infant don Francisco. Nous n'en proposons, nous n'en interdisons aucun. Celui qui conviendra à l'Espagne nous conviendra, mais dans le cercle de la maison de Bourbon. C'est pour nous un intérêt français de premier ordre, et je tiens pour évident que c'est aussi l'intérêt espagnol et l'intérêt européen. »

[1] Le 27 mars 1842.

J'avais, quelques mois auparavant[1], tenu au comte de Sainte-Aulaire le même langage : « Nous ne devons pas vouloir, nous ne voulons pas, sur le trône d'Espagne, un Bourbon français ; mais pour que l'intérêt français ait sa juste part, il nous faut un Bourbon. Il y en a à Naples, à Lucques ; il y en a de deux sortes en Espagne. Entre ceux-là, nous avons des préférences, point de parti arrêté ; nous nous déciderons quand le moment viendra, selon la possibilité et l'utilité. C'est le fond de notre politique, sans arrière-pensée, je pourrais dire sans velléité contraire. Mais je penche à croire que, tout en agissant et parlant en général selon notre but réel, nous ne devons pas proclamer dès à présent et tout haut notre désintéressement personnel. On est inquiet à cet égard ; il faut qu'on reste un peu inquiet, et qu'au jour de la décision le sacrifice net de toute prétention française nous serve contre d'autres prétentions. Pensez-y et dites-m'en votre avis. »

Sur ce dernier point, les informations qui me vinrent du dehors et les incidents imprévus qui, de jour en jour, survenaient en Espagne et menaçaient de faire éclater tout à coup toutes les questions, modifièrent ma première pensée. Je sentis la nécessité de prendre sans plus tarder, sur le mariage de la reine Isabelle, une position bien déterminée et hautement déclarée. Je ne me dissimulais pas les inconvénients qui pouvaient résulter d'une telle déclaration, l'embarras où elle

---

[1] Le 26 octobre 1841.

mettrait peut-être tel ou tel des gouvernements à qui elle serait adressée, surtout les susceptibilités qu'elle exciterait en Espagne et dont les partis malveillants pourraient se servir contre nous. Mais ces considérations cédaient, à mes yeux, devant l'avantage d'une politique parfaitement nette, à la fois digne et désintéressée de la part du roi, efficace pour l'intérêt français sans être compromettante, et qui nous licrait nous-mêmes contre toute tentation, tout en nous laissant notre liberté d'action si on nous en contestait les bases. Le roi adopta avec empressement mes vues, et j'écrivis à M. de Sainte-Aulaire [1] : « Je ne sais ce qui arrivera en Espagne, mais il y arrivera quelque chose, et tout y peut arriver. Tout y est en trouble, en décomposition, en travail. Les carlistes, les christinos, les espartéristes, les républicains, tous se remuent et conspirent, ensemble ou isolément, comme par le passé ou en cherchant des voies nouvelles. L'usurpation, les transactions, les victoires exclusives ou partagées, les mariages et les protections de toute sorte, on pense à tout, on espère tout, on se prépare à tout. C'est un chaos d'où il ne sortira probablement rien de bon, mais qui n'en fermente pas moins et nous donnera beaucoup d'embarras. Un de ces embarras, le principal peut-être, c'est et ce sera toujours les jalousies et les méfiances anglaises. Si nous nous entendions réellement avec l'Angleterre, si nous agissions vraiment de concert, ne

---

[1] Le 2 mars 1842.

fût-ce que pour quelque temps et sauf à reprendre ensuite nos traditions de rivalité, aujourd'hui un peu puériles, les affaires d'Espagne seraient bientôt arrangées. Je ne l'espère guère, et pourtant c'est là voie dans laquelle il faut toujours marcher, car c'est la seule qui puisse mener au but; si nous n'arrivons pas, au moins nous resterons dans le bon chemin, et notre propre situation a chance d'y gagner plutôt que d'y perdre. L'adhésion du cabinet anglais à notre attitude dans la courte ambassade de Salvandy a été bien tardive, mais non sans valeur; il en reste quelque chose; on doute maintenant à Madrid de la persistance de lord Aberdeen dans la politique de lord Palmerston; le parti révolutionnaire espagnol ne compte plus, comme il y comptait, sur la protection anglaise; il y a un commencement de méfiance, d'hésitation, de séparation. Il faut appuyer en ce sens, lentement, doucement, de façon à ne pas aggraver, au lieu de les atténuer, les susceptibilités qui font notre embarras; mais appuyer pourtant, car c'est en détachant l'Angleterre des révolutionnaires espagnols que nous pourrons faire quelque chose en Espagne, pour l'Espagne et pour nous-mêmes.

« J'ai causé de tout ceci, et à fond, avec M. Pageot qui est revenu de Madrid avec Salvandy, et qui connaît à merveille l'Espagne actuelle, les partis, les hommes, leur ituation, leurs projets, et tout ce qu'on en doit espérer ou craindre. Il est également bien instruit de tout ce que nous pensons et voulons ici. Je vous l'envoie. Il vous mettra parfaitement au courant. Je penche à croire qu'après avoir causé avec lui, vous feriez bien de lui ménager quelque occasion de causer aussi avec lord Aberdeen, sir Robert Peel, le duc de Wellington, les hommes qu'il importe d'éclairer sur l'Espagne et sur nous-mêmes. Voyez et décidez vous-même ce qui convient et ce qui se peut. Pageot est homme d'esprit, de sens, de mesure et de discipline; il ne fera que ce que vous lui direz.

« Quand vous me l'aurez renvoyé, j'ai envie de l'envoyer également à Vienne et à Berlin pour qu'il y porte les mêmes lumières, plus celles qu'il aura acquises à Londres. »

M. de Sainte-Aulaire me répondit sur-le-champ [1] :

« Pageot est arrivé avant-hier. Je l'ai écouté avec grand intérêt. Rien de plus sage que votre politique, et je m'y attèle de grand cœur. Je viens de voir lord Aberdeen. Je lui ai dit que vous m'aviez envoyé une dépêche vivante, et que, s'il désirait la faire parler, je la lui livrerais volontiers. Nous sommes convenus que je mènerais M. Pageot après-demain au *Foreign-Office.* »

L'entrevue eut lieu en effet le surlendemain, M. de Sainte-Aulaire présent, et M. Pageot s'acquitta de sa mission avec autant de mesure que de franchise. Après avoir parlé de l'état général de l'Espagne, du régent Espartero et des chances, bonnes ou mauvaises, de sa situation, il aborda la question du mariage de la reine

[1] Le 7 mars 1842.

Isabelle : « Le roi, dit-il, ne recherche et ne désire
point la main de cette jeune reine pour l'un de ses fils.
Il n'ignore pas qu'il y a en Espagne un parti puissant
qui voudrait cette union ; mais il croit devoir au repos
de l'Europe le sacrifice d'une combinaison qui pourrait être considérée comme exclusivement avantageuse
à la France. Cependant, en faisant sincèrement et sans
arrière-pensée cette renonciation, il entend aussi, en
retour, que la couronne d'Espagne ne sorte pas de la
maison de Bourbon. Il y a plusieurs branches de cette
maison et plusieurs membres dans chaque branche ;
l'époux de la reine doit être choisi parmi eux ; le roi
n'en recommande et n'en exclut aucun. — En vérité,
dit lord Aberdeen, je ne comprends pas une pareille
déclaration ; je ne vois pas en vertu de quel droit vous
intervenez dans cette question ; la reine d'Espagne doit
rester libre de choisir le mari qu'il lui plaira ; c'est une
prétention exorbitante, j'allais dire contraire à la morale, que de lui imposer tel ou tel choix. — Ce n'est pas
la reine elle-même, vous le savez bien, mylord, interrompit M. de Sainte-Aulaire, qui décidera cette question, mais bien le gouvernement dépositaire de son
autorité, au moment où elle se résoudra. — Nous ne
faisons, dit M. Pageot, que rendre exclusion pour
exclusion. — Nous n'excluons personne, reprit lord
Aberdeen ; c'est une affaire purement domestique dont
nous ne voulons pas nous mêler. — Dans ce cas, je
pourrai dire au gouvernement du roi que, si la reine
Isabelle désire épouser son cousin le duc d'Aumale,

vous ne vous y opposerez pas. — Ah, je ne dis pas ; il s'agirait alors de l'équilibre de l'Europe ; ce serait différent. »

La discussion s'établit et se prolongea sur ce thème sans faire un pas, les interlocuteurs persistant chacun dans sa position et son argument, de valeur, à coup sûr, très-inégale. M. Pageot eut, quelques jours après, avec sir Robert Peel un entretien qui offrit d'abord le même caractère : ils se contestèrent mutuellement le droit d'exclusion que tour à tour chacun d'eux réclamait. Mais peu à peu la question de droit fit place à la question de conduite et l'argumentation à la politique : « Il ne s'agit pas, dit M. Pageot, d'imposer à la reine Isabelle un choix : nous ne tenons pas ce langage à l'Espagne ; nous venons à vous dans un esprit de bonne intelligence, et nous vous disons : — Voici quelle sera, à l'époque d'un événement qui doit nécessairement se réaliser, l'attitude que nous commandent nos intérêts, notre honneur, notre considération dans le monde. Entendons-nous pour l'ajustement d'une question qui, si elle reste sans solution jusqu'à sa maturité, peut amener un bouleversement général. Vous jouissez à Madrid de la confiance des hommes qui disposent aujourd'hui des destinées de l'Espagne. Faites-leur comprendre la gravité de la question et la nécessité de la résoudre dans un sens qui satisfasse à la fois au bonheur de la reine, à la tranquillité intérieure de l'Espagne et à la paix de l'Europe. — Ceci, dit sir Robert Peel, est un autre point de vue. D'abord je dois vous déclarer que nous n'avons pris, avec le gouvernement espagnol actuel, aucun engagement qui aurait pour ob et d'exclure la maison de Bourbon du trône d'Espagne. J'ajouterai que nous n'avons nulle intention de prendre un tel engagement, et je suis libre de dire que je trouverais fort simple que, sans intervenir de droit dans une question qu'en définitive l'Espagne doit rester maîtresse de résoudre seule, nous fissions entendre à Madrid un langage de conciliation qui disposât le gouvernement actuel d'Espagne à chercher une solution propre à satisfaire tous les intérêts. » Le lendemain, au lever de la reine Victoria, M. Pageot échangea avec le duc de Wellington quelques mots sur le même sujet : « Ils ont détruit dans ce pays-là tous les vieux moyens de gouvernement et ils ne les ont remplacés par aucun autre, lui dit le duc avec son bon sens ferme et bref; il faudrait que les deux grandes puissances, l'Angleterre et la France, se concertassent pour la pacification de l'Espagne. C'est là mon avis. » Avant de quitter Londres, M. Pageot eut avec lord Aberdeen une seconde entrevue dans laquelle, laissant de côté l'argument de droit, ils placèrent l'un et l'autre la question sur le terrain où elle était restée avec sir Robert Peel : en prenant congé de M. Pageot, lord Aberdeen lui serra cordialement la main et lui dit : « Vous partez, j'espère, satisfait. — Je ne doute pas, reprit M. Pageot, que le gouvernement du roi ne le soit. Souffrez que je répète devant vous les assurances qu'en votre nom je vais lui porter. Vous m'avez dit : — Nous n'avons pris, avec le gouvernement espagnol actuel, aucun engagement dont l'objet serait d'exclure la maison de Bourbon du trône d'Espagne. Nous ne prendrons aucun engagement de cette nature. Nous sommes disposés à nous efforcer de faire comprendre au gouvernement espagnol actuel qu'il convient à ses propres intérêts de chercher à résoudre la question du mariage de la reine Isabelle dans un sens qui satisfasse aux intérêts de tous. — C'est bien là ce que j'ai dit, » lui répondit lord Aberdeen.

Après m'avoir rendu compte de sa mission à Londres, M. Pageot partit pour Vienne. Le prince de Metternich, toujours un peu pressé de déployer sa prévoyance et son influence, lui dit en le voyant : « Je sais tout ce que vous avez dit à Londres ; je sais tout ce qu'on vous y a répondu. Vous désirez connaître mon opinion sur le même sujet ; je vous la dirai franchement. Je pense, comme lord Aberdeen, que vous n'avez pas le droit de dire à l'Espagne que la reine n'épousera pas tel ou tel prince, ou qu'elle en épousera tel ou tel autre : ce serait porter atteinte à l'indépendance d'un État souverain, et nulle puissance ne possède ce droit vis-à-vis d'une autre. Mais en vous niant ce droit, nous vous reconnaissons celui d'examiner jusqu'à quel point il peut vous convenir de vous opposer à l'accomplissement d'un acte que vous pouvez considérer comme hostile à vos intérêts ou menaçant pour votre sûreté ; c'est le droit de paix et de guerre qui est également un droit de souveraineté, et que je n'ai pas plus le pouvoir de vous contester que je n'ai celui de vous reconnaître le droit d'imposer votre volonté à l'Espagne. Voilà pour la question de droit. Quant à la question de fait, je vous dirai, avec la même franchise, mon opinion. Cette question ne peut se résoudre que par une transaction qui ne serait le triomphe d'aucun des deux principes qui ont lutté depuis la mort de Ferdinand VII, mais qui en serait la conciliation. Cette transaction est le mariage du fils de don Carlos avec la reine Isabelle. Mais ici se présente une autre difficulté : à quelles conditions ce mariage s'effectuera-t-il? Si le fils de don Carlos devient seulement l'époux de la reine, il unit les deux personnes, mais il ne réunit pas les deux principes. La même chose arriverait si la reine Isabelle renonçait à la couronne pour devenir l'épouse du fils de don Carlos. Il faut donc trouver une combinaison qui confonde et les personnes et les principes. Cette combinaison se réaliserait par l'établissement d'une co-souveraineté dont l'histoire d'Espagne elle-même offre l'exemple. Hors de cette combinaison, je ne vois, je le déclare, point de solution satisfaisante à la grande difficulté si malheureusement créée par le testament de Ferdinand VII. Cette idée, je la nourris depuis longtemps, mais je ne l'avais pas encore communiquée. J'ai pensé que le moment était venu de le faire. J'ai en conséquence récemment chargé le baron de Neumann de la soumettre au cabinet de Londres. Je vous prie (ajouta le prince de Metternich en s'adressant à notre ambassadeur le comte de Flahault présent à l'entretien) d'en faire également part à votre gouvernement. Ma dépêche au baron de Neumann est du 31 mars dernier, et j'en attends la réponse vers le 18 ou le 20 de ce mois. »

L'*idée* de M. de Metternich (c'était ainsi qu'il l'appelait, ne voulant pas lui donner le caractère d'une proposition formelle à laquelle il prévoyait lui-même peu de chances de succès) répondait très-bien à sa situation en Europe et au tour personnel de son esprit. Il était toujours prêt à transiger sur les faits, non sur les principes ; il acceptait l'inconséquence pratique, non l'inconséquence rationnelle. C'était la marque d'un esprit ferme et d'un caractère prudent. A la place de ces adjectifs, j'en pourrais mettre de moins flatteurs, car les qualités et les défauts se touchent de bien près ; mais j'aime mieux voir et montrer dans les hommes éminents leurs qualités que leurs défauts. Dans la liberté d'une conversation spéculative, M. de Metternich avait raison : le mariage du fils de don Carlos avec la reine Isabelle, conclu après l'abdication de son père et au nom de l'union des droits comme des personnes, eût été, à coup sûr, le meilleur moyen de rendre à l'Espagne la paix intérieure, et de procurer à sa reine la reconnaissance de toutes les puissances de l'Europe ; mais rien n'était plus difficile et plus improbable que la conclusion de ce mariage à de tels termes ; l'histoire d'Espagne ne l'autorisait pas plus que la logique ; la reine Isabelle Ire et le roi Ferdinand le Catholique ne se contestaient rien l'un à l'autre ; ils avaient uni les royaumes de Castille et d'Aragon, et régné ensemble sur l'Espagne en mettant en commun des droits pareils. De nos jours, au contraire, les deux droits à concilier en Espagne provenaient de deux principes opposés, et leurs champions luttaient pour des systèmes de gouvernement essentiellement divers : le régime constitutionnel et le pouvoir absolu. Nous avions reconnu et nous soutenions en Espagne l'un de ces principes; il ne s'opposait point à ce qu'après l'abdication de son père, le fils de don Carlos, non en réclamant son propre droit, mais par un acte politique, épousât la reine Isabelle; nous ne méconnaissions point les avantages de cette combinaison pour la pacification intérieure de l'Espagne et la situation de son gouvernement en Europe; les fils de don Carlos étaient au nombre des descendants de Philippe V; nous étions prêts à les admettre à ce titre, pourvu qu'ils acceptassent les grands faits accomplis dans l'Espagne actuelle et que l'Espagne actuelle les acceptât eux-mêmes. Fidèle à mes instructions, M. Pageot, sans repousser absolument l'idée de M. de Metternich, la réduisit et la resserra dans ces limites : « Que ferez-vous, mon prince, lui dit-il, si le mariage du fils de don Carlos avec la reine Isabelle n'est possible qu'à ces conditions? — Le fils de don Carlos aux meilleures conditions possibles, répondit M. de Metternich; mais la politique de l'Autriche sera différente selon ces conditions. Dans notre système, nous prenons l'initiative; nous allons partout, à Bourges, à Londres, à Madrid même. Nous sommes conséquents avec nous-mêmes; nous ne proposons pas à don Carlos de renoncer à son droit, nous l'engageons seulement à l'unir au droit qu'on lui oppose pour les confondre tous deux. Nous pouvons lui tenir ce langage sans qu'il nous accuse de l'abandonner; mais, dans votre système, nous ne pouvons plus nous mettre en avant; nous ne pouvons que dire à don Carlos, s'il vient nous consulter : — C'est là votre dernière chance; acceptez-la; elle ne se reproduira plus. — Dans le premier cas donc, nous agissons; dans le second, nous tolérons. »

La question ainsi nettement posée de part et d'autre, M. Pageot quitta Vienne et alla à Berlin. Nos ouvertures y furent bien accueillies. Le ministre des affaires étrangères, le baron de Bülow, tout en adhérant à l'idée du prince de Metternich, laissa clairement voir qu'il croyait peu au succès; qu'à ses yeux, le désintéressement du roi Louis-Philippe pour ses propres fils suffisait à la politique européenne, et que notre principe, le mariage de la reine Isabelle avec l'un des descendants de Philippe V, ne rencontrerait à Berlin aucune objection.

Au printemps de 1842, notre position était donc prise et notre intention bien connue des cabinets qui prenaient, au mariage de la reine Isabelle, un sérieux intérêt. J'acquis, vers la même époque, la certitude que rien ne nous pressait encore d'agir en Espagne même, et de mettre en pratique à Madrid la politique que nous avions annoncée à Londres, Vienne et Berlin. Lorsque, aux premiers jours de cette même année, M. de Salvandy avait été obligé de partir de Madrid sans avoir pu y accomplir sa mission, M. Olozaga, alors ministre d'Espagne en France, avait aussi quitté Paris, n'y laissant, comme nous à Madrid, qu'un chargé d'affaires. Ses relations avec moi, pendant son court séjour, avaient été faciles, agréables et pleines, en apparence, de bon vouloir. C'était un homme d'un esprit remarquablement vif et brillant avec complaisance, remuant, souple, fertile en expédients et en mouvements au service de son ambition, sans scrupules comme sans préjugés, et enchaîné dans les liens du parti radical espagnol, quoiqu'il essayât quelquefois de s'en dégager. Il traversa Paris au mois de septembre 1842, en se rendant en Belgique et en Hollande, à raison ou sous le prétexte d'une mission commerciale. Il vint me voir à son passage, et je rendis sur-le-champ compte au roi de notre entretien : « J'ai vu M. Olozaga. Ce n'est point le ministre des affaires étrangères de France qui a vu le ministre d'Espagne, c'est M. Olozaga qui est venu voir M. Guizot; cela avait été bien dit et entendu d'avance. Je l'ai trouvé, sur les affaires de son pays, très-raisonnable et très-impuissant. Nous avons touché à toutes les questions. Le ministère Rodil, qui vient de se former, durera-t-il? La reine, qui va avoir douze ans, aura-t-elle immédiatement un curateur au lieu d'un tuteur, et le choisira-t-elle elle-même? Pensera-t-on bientôt sérieusement à son mariage? Où en sont déjà les idées à ce sujet? Sur tous ces points, voici le résumé de sa conversation. Il n'y a de parti pris sur rien, ni dans le gouvernement, ni dans le public espagnol. On pourrait diriger l'opinion du public et la conduite du gouvernement dans tel ou tel sens, comme on voudrait, comme il conviendrait aux relations et à la politique extérieure de l'Espagne. Le mariage avec l'un des fils de don Carlos est le seul auquel l'Espagne actuelle ne puisse, en aucun cas, être amenée; elle y verrait un don Miguel, la ruine de toutes les institutions libérales, un péril imminent pour tous les intérêts et toutes les personnes qui, à tout prendre, bien ou mal, ont prévalu, prévalent et prévaudront en Espagne. Le mariage avec le duc de Cadix ne serait pas facile; on l'a bien gâté. Plusieurs autres idées avaient été mises en avant, mais très-légèrement; on n'y pense plus. Le public espagnol pense très-peu à cette affaire-là. L'influence anglaise est fort diminuée; elle pèse à tout le monde; le tête-à-tête où la France a laissé l'Espagne avec l'Angleterre n'a point nui à la France, mais il ne faut pas qu'il dure toujours; c'est vers la France que se tourne aujourd'hui toute l'Espagne, mais il ne faut pas que la France lui tourne le dos. Tout cela délayé en paroles un peu obscures, timides, entortillées, comme d'un homme qui, au fond, n'a pas grand'chose à dire, qui voudrait pourtant qu'on crût qu'il dit quelque chose, et qui en même temps craint d'en dire trop. Je ne vois, dans tout cela, rien qui nous indique quelque chose à faire, ni qui puisse changer la situation.

« Si j'essayais d'entrevoir quelque chose au fond de la pensée de M. Olozága quant au mariage de la reine Isabelle, je dirais que j'y ai entrevu le mariage avec l'un des princes napolitains plutôt que tout autre, mais bien indirectement et vaguement. »

Les choses ne restèrent pas longtemps ainsi stationnaires. En Espagne, le gouvernement d'Espartero entra dans sa phase de décadence; les cabinets divers se succédèrent rapidement à Madrid; une insurrection violente éclata à Barcelone; le régent bombarda la ville qui capitula, mais qui poursuivit, sous une autre forme, ses griefs et sa résistance. Les députés catalans présentèrent aux Cortès une adresse contre les mesures du régent, qui répondit en dissolvant les Cortès. A Paris, à Londres, à Vienne, cette fermentation révolutionnaire et cet affaiblissement visible de la régence militaire au-delà des Pyrénées ramenèrent sur la scène européenne les affaires espagnoles et leurs chances d'avenir. Le 2 mars 1843, dans la discussion des fonds secrets à la Chambre des députés, M. de Lamartine attaqua vivement notre politique envers l'Espagne, l'accusant d'être incertaine, flottante, inefficace. Le moment était venu d'accepter ce débat dans sa grandeur. J'exposai toute notre pensée et toute notre conduite dans les rapports, au xixe siècle, de la France avec l'Espagne. J'établis que nous avions constamment et efficacement soutenu l'Espagne dans ses épreuves en respectant scrupuleusement son indépendance. Je refusai de me joindre aux soupçons d'infidélité et d'usurpation qu'on élevait contre le régent Espartero, et je saisis en même temps cette occasion de remettre la reine Christine au rang qui lui était dû : « Cette noble princesse, dis-je, a gouverné l'Espagne avec modération et douceur ; c'est sous son pouvoir que la liberté politique a commencé en Espagne. Elle a déployé, dans une situation bien difficile pour une femme, autant de courage que de clémence. C'est la nièce de notre roi ; elle est du sang français. Et pourtant, malgré tout cela, nous n'avons pas cru et nous ne croyons pas qu'il fût du droit et du devoir de la France d'employer la force au-delà des Pyrénées pour la remettre en possession de la régence et le parti modéré en possession du pouvoir. Nous avons un plus profond respect pour l'indépendance des nations et pour les développements, même pour les écarts de leur liberté. Nous pensons qu'il est du devoir du gouvernement français de n'employer la force que pour mettre la France elle-même à l'abri des dangers qui menacent ses grands intérêts. Il y a un point, il y a une question dans laquelle nous croyons que les grands intérêts de la France sont sérieusement engagés : nous respectons profondément l'indépendance de la nation et de la monarchie espagnoles ; mais si la monarchie espagnole était renversée, si la souveraine qui règne aujourd'hui en Espagne était dépouillée de son trône, si l'Espagne était livrée à une influence exclusive et périlleuse pour nous, si on tentait de faire sortir le trône d'Espagne de la glorieuse famille qui y siége depuis Louis XIV, oh! alors je conseillerais à mon roi et à mon pays d'y regarder et d'aviser. »

Dès qu'il arriva à Madrid, ce discours y fit une impression profonde. Favorable d'abord : « Les hommes éclairés du parti modéré l'acceptent comme une garantie pour leurs principes et pour la monarchie, écrivait notre chargé d'affaires, le duc de Glücksberg [1] ; le journal *El Sol,* qui puise ses inspirations dans la correspondance de M. Martinez de la Rosa, le proclame hautement ce matin. Les hommes du gouvernement actuel y voient des motifs de sécurité et une réponse complète aux craintes qu'ils expriment sans cesse de nos vues de domination exclusive et absolue. Le ministre des affaires étrangères, M. Ferrer, me disait avant-hier : — C'est un discours magnifique; c'est le résumé de tout ce que je vous répète depuis un an; vous avez enfin compris la véritable politique. » — Je n'ai pu m'empêcher de trouver cette exclamation un peu naïve [2]. » Quelques jours après, le mécontentement prit la place de la satisfaction : « On a compris l'allusion que contient le discours de M. Guizot sur l'affaire du mariage. Dimanche, l'*Espectador* contenait un article violent pour repousser notre prétention qu'il considère comme une atteinte à l'indépendance nationale. Lundi, M. Ferrer venait chez moi et se plaignait de ce qu'il appelait une intervention dans les affaires de la seule Espagne..... Depuis leur défaite dans les élections pour les Cortès, je remarque, parmi les hommes de 1812 et du régent,

---

[1] Je puise ces citations dans la correspondance particulière que le duc de Glücksberg entretenait, par mon ordre, avec M. Desages, directeur des affaires politiques dans mon ministère, homme aussi distingué par l'élévation de son caractère que par son tact diplomatique et qui avait toute ma confiance.

[2] Le duc de Glücksberg à M. Desages, 11 mars 1843.

une recrudescence de fureur contre la déclaration de M. Guizot. Cantillo, l'officier de la secrétairerie d'État, qui est bon à écouter parce qu'il est l'écho de son oncle, M. Arguelles, me disait : — Nous devrons à M. Guizot une seconde guerre civile. Vous pouviez tout en Espagne, même le mariage du duc d'Aumale; il ne fallait que respecter notre indépendance et ménager nos susceptibilités. Rien ne nécessitait votre déclaration. L'Angleterre a prononcé l'exclusion du fils de don Carlos, jamais celle d'un fils de votre roi. » — Dans les deux chambres des Cortès, surtout dans le Sénat où Espartero comptait plus de partisans, mes paroles furent directement et violemment attaquées. Bientôt cependant les impressions redevinrent plus modérées et plus prévoyantes: « Je remarque, écrivit M. de Glücksberg, que ni l'*Espectador*, ni M. Ferrer ne repoussent ouvertement la pensée d'un mariage Bourbon. Bien plus: mercredi soir, M. Ferrer m'a abordé chez M. Aston en me disant : — J'ai bien relu le discours de M. Guizot, et, comme le premier jour, j'en suis fort satisfait. Au fait, cette allusion au mariage, dont je me préoccupais l'autre jour, est très-voilée; elle est présentée sans crudité et sans rudesse; elle est bien accompagnée. Quand on arrive à traiter les questions ainsi, on est bien près de s'entendre. Voyez-vous, les formes sont beaucoup; si je dois mourir poignardé, j'aime mieux que le manche du poignard soit doré. »—Depuis quelque temps, ajoutait le duc de Glücksberg, le nom du duc d'Aumale est souvent prononcé; bien des esprits se tournent de ce côté à mesure qu'ils se convainquent de la nécessité de prendre un Bourbon ; ils trouvent que, dans cette famille, nos princes seuls seraient en état de sauver le pays : — « Si vous aviez voulu, me disait M. Ferrer, nous aurions fini par vous prendre votre duc d'Aumale, malgré l'Europe. » — J'entrevois cela aussi dans la pensée de M. Olozaga. Soyez bien sûr, Monsieur, que je ne me laisse entraîner par personne ; je n'ai qu'une réponse : c'est que le roi et son gouvernement ont déclaré qu'ils ne le voulaient pas [1]. »

Ainsi ranimée à Madrid par l'impulsion venue de Paris, la question reprit en même temps son cours actif à Londres et à Vienne ; de ces grands centres de la politique européenne, les pensées se reportèrent vers l'Espagne ; et je me trouvai à la fois en présence de l'embarras du cabinet anglais à marcher, même de loin, avec nous, et du travail du prince de Metternich pour mettre à flot son idée, sans grand espoir de l'amener au port.

L'embarras du cabinet anglais ne provenait pas seulement de ses anciennes traditions de méfiance et de lutte contre l'influence française en Espagne et de ses liens récents avec le parti radical espagnol et le régent Espartero ; il rencontrait en Angleterre même, à côté du trône, un désir, un espoir qui compliquait fort, pour lui, la question du mariage de la reine Isabelle et les négociations dont elle était l'objet. Un cousin du

---

[1] Le duc de Glücksberg à M. Desages, 11 et 18 mars, 2, 3 et 5 avril 1843.

prince Albert, le prince Ferdinand de Saxe-Coburg, avait épousé la reine de Portugal ; il avait un jeune frère, le prince Léopold, qu'on disait intelligent et agréable ; l'idée vint en 1841, je ne saurais dire à qui d'abord et par qui, que ce prince pourrait être, pour la reine d'Espagne, un mari convenable, et que, dans le conflit des partis espagnols et des prétendants européens, il pourrait avoir des chances de succès. A part le plaisir d'orgueil et le gage d'influence que la cour de Londres devait trouver dans cette union, on faisait valoir en sa faveur un sérieux intérêt de l'Angleterre : par ses rapports et ses liens intimes avec le Portugal que des traités et des habitudes avaient comme incorporé dans sa politique, elle était fort engagée dans les affaires de la Péninsule ; la mésintelligence, les jalousies, les querelles des cours de Lisbonne et de Madrid étaient pour le cabinet de Londres une source de complications et de charges que la présence, sur les deux trônes, de deux princes de la même maison, et d'une maison unie à la couronne d'Angleterre, ferait probablement disparaître. A Londres et à Madrid, cette combinaison prit place dans les entretiens confidentiels des princes, des ministres et des agents diplomatiques. Le prince Albert en manifesta à lord Aberdeen un sentiment favorable. Le régent Espartero se montrait hautement contraire au mariage de la reine Isabelle avec tout prince de la maison de Bourbon, napolitain, lucquois, français ou espagnol : « Il faut à l'Espagne, disait-il à M. Aston, un petit prince allemand, étranger aux grandes cours européennes comme aux partis espagnols; » et il lui demandait des renseignements sur les princes de la maison d'Orange, en témoignant l'espoir que la perspective de ce grand mariage les déciderait peut-être à devenir catholiques. « Quoiqu'il ne le dise pas, disait M. Aston, j'ai pu reconnaître qu'il serait disposé à favoriser le mariage avec un prince de Coburg. » Le duc de Glücksberg écrivait en même temps à M. Desages que le chargé d'affaires de Belgique à Madrid se remuait sans bruit, mais activement, pour cette combinaison; qu'il lui en avait parlé à lui-même comme bien préférable, pour nous, à celle des fils de don Carlos ou de don François de Paule, et que d'autres agents diplomatiques secondaires étaient à l'œuvre dans le même but. Enfin on annonçait que le jeune prince Léopold de Coburg, dont les parents devaient aller passer quelque temps à Lisbonne, viendrait probablement faire lui-même une visite à Madrid; et M. Olozaga se montrait préoccupé de cette perspective, aux amis de la France avec inquiétude, à ses adversaires avec empressement[1].

Dans ce travail naissant pour le mariage Coburg, rien ne nous importait davantage que de connaître la pensée du roi Léopold, le vrai chef de cette maison si rapidement ascendante et le conseiller intime du ménage royal de Windsor. J'en parlai au roi Louis-Philippe qui me dit que, sur ce sujet, ils gardaient, le roi

---

[1] Le duc de Glücksberg à M. Desages, 18 mars et 5 avril 1843.

des Belges et lui-même, une telle réserve l'un envers l'autre, qu'il ne m'en pouvait rien dire. Le roi Léopold était en ce moment à Londres. J'en écrivis à M. de Sainte-Aulaire : « Vous me demandez, me répondit-il[1], ce que je sais du roi Léopold. Pas grand'chose, et pourtant j'y ai regardé de mon mieux. Il est très-fin et très-boutonné sur ce point. Pendant deux heures d'escrime, il a très-dextrement paré mes bottes sans jamais se découvrir ; mais cette réserve même n'est-elle pas significative? Il m'a dit « qu'il ne fallait pas nous faire illusion sur les Bourbons d'Espagne, qu'ils seraient toujours hostiles à notre roi, le duc de Cadix comme les autres. » Il m'a dit aussi, en m'assurant qu'il le répétait souvent à la reine Victoria et au prince Albert, pour apaiser toute rancune contre le roi, que « dans une question pareille, il fallait tenir grand compte du sentiment français, et que c'était, pour notre gouvernement, un devoir de ne pas le blesser. » Je me suis avancé jusqu'à dire que lord Aberdeen regardait un mariage Coburg comme une fort mauvaise combinaison pour l'Angleterre, et qu'il ne ferait assurément rien dans le sens de cette politique. J'ai ajouté que je n'étais pas aussi certain que les influences personnelles de la cour fussent tout à fait en dehors de la question. Le roi Léopold m'a répondu avec vivacité que je pouvais me rassurer complétement sur ce point, et qu'il n'y avait ni volonté, ni moyen d'agir en Espagne autrement que par la diplo-

[1] Le 14 juillet 1843.

matie patente. En résumé, mon impression est que le roi Léopold ne veut pas mécontenter notre roi, qu'il s'emploiera toujours en bon esprit entre nous et l'Angleterre, mais qu'après tout il est beaucoup plus Coburg que Bourbon, et qu'il ferait pour son neveu tout ce qu'il jugerait possible. »

L'inertie du cabinet anglais m'en disait encore plus que les réticences du roi Léopold. Après la franche déclaration de notre politique, portée à Londres par M. Pageot, sir Robert Peel et lord Aberdeen, comme je viens de le rappeler, nous avaient promis, auprès du gouvernement espagnol, un concours indirect, lent, voilé, mais sérieux et pratique. Ils ne faisaient rien pour acquitter leur promesse : s'ils n'étaient pas favorables, comme j'en suis persuadé, au mariage Coburg, ils ne se souciaient pas non plus de s'y montrer entièrement contraires, et d'entraver les chances de succès qui pouvaient lui venir d'ailleurs. Ils maintenaient à Madrid, comme représentant de l'Angleterre, M. Aston, disciple de la politique de lord Palmerston, et qui continuait d'exercer, bien qu'avec réserve, une influence fort peu sympathique à la nôtre. Enfin, le 5 mai 1843, sir Robert Peel, se renfermant dans un principe général et absolu, tint à la Chambre des Communes un langage qui faisait complète abstraction de la politique française et en séparait celle de l'Angleterre : « Exprimant, dit-il, l'opinion bien arrêtée du gouvernement anglais, il déclara que, l'Espagne étant investie de tous les droits et priviléges qui appartiennent à un État indépendant..., la nation espagnole, parlant par ses organes dûment constitués, avait le droit exclusif et le pouvoir de contracter les alliances matrimoniales qu'elle jugerait convenables. »

Je n'avais garde de contester un principe en soi très-vrai et légitime ; mais je ne devais ni ne voulais laisser passer sans observation des paroles auxquelles le public espagnol et européen ne manquerait pas d'attribuer un sens et des conséquences tout autres que le principe même. J'écrivis à M. de Sainte-Aulaire : « Quelle est la portée de la déclaration de sir Robert Peel? Dit-elle réellement tout ce qu'elle paraît dire? Signifie-t-elle que, quelle que soit l'alliance matrimoniale que croiront devoir contracter la reine et la législature de l'Espagne, fût-ce même un prince français, le gouvernement anglais n'y interviendra point et ne se jugera point en droit de s'y opposer? Si c'est là en effet l'intention de sir Robert Peel, nous n'avons rien à dire, et ses paroles, prises dans ce sens et avec cette valeur, simplifieraient peut-être beaucoup la situation de l'Espagne et la nôtre.

« Mais si sir Robert Peel, en proclamant la complète indépendance de l'Espagne dans le choix du mari de la reine, persiste cependant, au fond, à en exclure les princes français, et à soutenir que l'Angleterre aurait droit de s'opposer et s'opposerait en effet à un pareil choix ; si ses paroles ne sont pas en réalité sérieuses et efficaces, si sir Robert n'a voulu, en les prononçant, que se donner auprès de l'Espagne le mérite d'un respect extérieur et apparent pour son indépendance, et retirer, de la comparaison entre ce langage et le nôtre, quelque avantage à nos dépens, alors vraiment je m'étonne, et plus j'ai de respect pour sir Robert Peel, pour son caractère et ses paroles, plus je me crois en droit de m'étonner.

« Du premier moment où j'ai touché à cette question du mariage de la reine d'Espagne, je me suis imposé la loi d'apporter dans tout ce que je ferais, dans tout ce que je dirais à cet égard, la plus entière franchise. Je connaissais les préventions, les méfiances que je rencontrerais sur mon chemin. J'ai voulu leur enlever sur-le-champ tout prétexte. On nous a déclaré, non pas officiellement, mais très-positivement, et sans que nous eussions rien fait qui provoquât cette déclaration, on nous a déclaré, dis-je, que l'Angleterre, dans les chances de mariage de la reine Isabelle, donnait l'exclusion à nos princes. Nous avons répondu en excluant à notre tour les princes étrangers à la maison de Bourbon. Je ne discute en ce moment ni l'une ni l'autre déclaration; la nôtre a été faite du même droit que celle de l'Angleterre, et est fondée sur des motifs de même nature.

« En la portant officieusement à la connaissance des grandes puissances européennes, et en l'indiquant à notre tribune, j'ai fait acte de loyauté envers l'Espagne, envers l'Angleterre, envers l'Europe. J'ai voulu que partout on sût d'avance, et bien nettement, quelle serait, dans cette grande question, la politique de la France.

« Je n'ignorais pas que, dans nos rapports avec
l'Espagne, un tel langage n'était pas sans inconvénient;
que la susceptibilité nationale s'en alarmerait peut-être,
qu'on pourrait abuser des apparences pour l'exciter
contre nous. Si j'avais été, comme le cabinet anglais,
en confiance intime avec le cabinet actuel de Madrid,
si j'avais eu sur lui une grande et habituelle influence,
je me serais probablement contenté de l'entretenir à
voix basse de nos intentions. Mais dans notre situation
actuelle avec le gouvernement espagnol, cette façon
de procéder n'était pas à notre usage, car elle n'aurait pas suffi à lui donner la conviction que nous avions
besoin de lui donner. Je me suis donc décidé à accepter les inconvénients du langage public, pour remplir
le devoir d'une politique loyale, prévoyante et efficace.

« Au fond, et tout homme sensé n'a qu'à réfléchir un
moment pour en demeurer convaincu, nous n'avons
porté par là nulle atteinte à l'indépendance de l'Espagne.
La nation espagnole, sa reine, son gouvernement, ses
Cortès sont parfaitement libres de faire, dans cette question du mariage, tout ce qui leur conviendra. Mais
les États, comme les individus, ne sont libres qu'à
leurs risques et périls, et leur volonté ne saurait en-
chaîner celle de leurs voisins qui, à leur tour aussi et
aussi à leurs risques et périls, sont libres d'agir selon
leurs propres intérêts. Dire d'avance et tout haut quelle
attitude on prendra, quelle conduite on tiendra si tel
événement s'accomplit dans un État voisin, c'est de
l'imprudence si l'on n'est pas bien résolu à tenir en effet

cette attitude et cette conduite ; mais si l'on est bien résolu, c'est de la loyauté.

« Plus j'y pense, moins je comprends pourquoi l'Angleterre persisterait, et, pour parler franchement, je dirai pourquoi elle persiste à marcher en Espagne dans la vieille ornière de rivalité et de lutte contre la France. C'est méconnaître, à mon avis, les grands changements survenus dans les rapports des États et dans leurs influences réciproques ; c'est compromettre le bien aujourd'hui possible pour s'épuiser en efforts inutiles contre des périls imaginaires. Et par exemple, en fait de mariages pour la reine d'Espagne, il en est un, celui du fils aîné de l'infant don François de Paule, le duc de Cadix, auquel nous n'avons aucune objection. Quelles sont celles que légitimement, raisonnablement, dans son intérêt bien entendu, l'Angleterre y pourrait opposer ? Je ne les découvre pas. S'il était reconnu, avoué que, comme nous, elle n'en a point; si les deux cabinets, sans prétendre entraver l'indépendance de l'Espagne, laissaient paraître leur bonne intelligence sur cette combinaison, on peut croire que l'Espagne, très-librement, par sa propre raison et volonté, en viendrait à l'adopter ; et bien des troubles, bien des périls peut-être disparaîtraient de son avenir. Si je prenais l'une après l'autre toutes les grandes questions qui agitent l'Espagne, j'arriverais, j'en suis convaincu, au même résultat ; je trouverais que l'accord de la France et de l'Angleterre y mettrait promptement un terme, et que ni l'Angleterre, ni la France n'ont réellement, dans l'état actuel des faits, aucun intérêt vrai et important à demeurer en désaccord. Mais que de choses sont parce qu'elles ont été, quoiqu'elles n'aient plus une raison d'être ! Je reviendrai sur ceci un de ces jours, mon cher ami, car j'ai fort à cœur de persuader lord Aberdeen et sir Robert Peel, comme je suis moi-même persuadé. Nous ferions à nos deux pays beaucoup de bien, et nous épargnerions à l'Espagne beaucoup de mal. Cela vaut la peine d'y penser. »

Les hésitations et l'inertie du cabinet anglais n'étaient pas le seul obstacle que rencontrât, dans la question du mariage espagnol, notre politique; elle courait aussi le risque d'être compromise, sinon en principe, du moins en fait, par le travail du prince de Metternich à la poursuite de son idée en faveur du fils de don Carlos. Ce travail devenait actif tout en restant secret. Le prince de Metternich en entretenait le cabinet de Londres. Il mettait en mouvement les hommes considérables de l'émigration carliste, les pressant de faire tous leurs efforts pour déterminer don Carlos à abdiquer en faveur de son fils aîné, l'infant Charles-Louis, et l'infant lui-même à tenir une attitude et un langage adaptés à la perspective qu'on voulait lui ouvrir. Il me fit communiquer par le comte Appony un long mémoire à ce sujet, en me témoignant de plus son intention d'envoyer à Bourges, où nous avions fixé la résidence de don Carlos et de sa famille, un de ses agents affidés pour agir directement et en son nom sur le prince et son fils. Je lui fis donner, par le comte de Flahault, les assurances et les facilités dont il pouvait avoir besoin pour cette mission, mais en ajoutant expressément que nous nous tiendrions tout à fait en dehors de sa tentative dont nous ne pouvions, il le savait bien, adopter l'idée fondamentale. J'écrivis en même temps au roi : « M. de Metternich travaillera évidemment et travaille déjà à nous attirer hors de notre position, pour nous mettre dans la sienne et à sa suite. Si nous nous laissions faire, nous perdrions, je pense, le terrain que nous avons gagné, et nous pourrions nous trouver gravement compromis en Europe et chez nous. Le mariage du fils de don Carlos avec la reine Isabelle n'est pas impossible et aurait de réels avantages ; mais je le crois peu probable, et, à coup sûr, les inconvénients ne lui manqueraient pas. Je doute fort que les intérêts, les partis, les personnes qui, depuis trente ans, ont agité l'Espagne, et qui y prévalent depuis dix ans, trouvent jamais, dans cette combinaison, assez de sécurité pour s'y rallier. Je doute tout autant que les carlistes aient assez de bon sens pour se conduire de telle sorte que la combinaison aboutisse, et que, si elle aboutissait, elle se maintînt. Je les trouve bien encroûtés, bien disposés, dès qu'ils se croiraient un peu maîtres, à reprendre toutes leurs prétentions, toutes leurs maximes absolutistes. D'abord une extrême répugnance et méfiance de leurs adversaires, puis une nouvelle guerre civile pourraient bien être au bout de cela ; et une guerre civile, même une simple lutte de partis en Espagne, dans laquelle le gouvernement espagnol aurait le drapeau absolutiste et fanatique, et l'opposition le drapeau constitutionnel, une telle lutte serait pour nous un énorme embarras, et pour l'Angleterre un moyen infaillible de reprendre en Espagne toute son influence et d'entretenir là, contre nous, un foyer révolutionnaire très-incommode. Il nous importe donc extrêmement de ne prendre en aucune manière la responsabilité d'une combinaison qui entraîne de telles chances. Nous avons déclaré notre principe dans la question du mariage, les descendants de Philippe V. Les fils de don Carlos sont du nombre. Nous ne pouvons ni ne devons les exclure. Si le cours des choses les amène, si l'Espagne les accepte, nous devons être en mesure de les accepter aussi, et de les accepter convenablement, sans avoir fait, à leur égard, aucun acte de répulsion ou seulement de malveillance. Mais là, je crois, doit se borner notre rôle. Nous pouvons recevoir de l'Espagne ce mariage-là ; elle ne doit pas le recevoir de nous. »

Pendant que nous étions aux prises avec ces plans et ces embarras diplomatiques, les événements se précipitaient en Espagne et faisaient prendre, à toutes les questions et à toutes les situations dans les affaires espagnoles, une face nouvelle. Après trois ans à peine d'un gouvernement tour à tour faible et violent, honnête dans son intention générale envers sa reine et son pays, courageux à l'heure du combat, quel que fût l'ennemi, mais dénué de toute prévoyance comme de toute fermeté politique, et instrument modéré de mauvais desseins qu'il ne partageait pas, le régent Espartero était attaqué, renversé, poursuivi, chassé d'Espagne par tous les partis unis contre lui, par les radicaux comme par les modérés, par les villes comme par les campagnes, par l'armée qui avait fait sa fortune comme par les Cortès qu'il venait de convoquer, par M. Olozaga comme par les généraux Narvaez et Concha; et, le 29 juillet 1843, il s'embarquait en toute hâte à Cadix pour se réfugier en Angleterre où il recevait de convenables et froids témoignages de condoléance. Sa chute était, pour le gouvernement anglais, un grand déplaisir et un sérieux avertissement : « J'ai dîné hier auprès de lord Aberdeen, m'écrivait M. de Sainte-Aulaire[1]; il est visiblement fort troublé des affaires d'Espagne. Je le conçois, car c'est un rude échec pour la politique whig que le cabinet tory a eu la faiblesse de faire sienne. Les désappointements disposent à la mauvaise humeur. Cependant, après quelques boutades, l'esprit juste et honnête de lord Aberdeen reprend le dessus. Il m'a parlé en commençant des généraux *christinos* partis de France pour l'Espagne avec des passe-ports français, puis de sept mille fusils débarqués par nous sur la côte d'Espagne. Je lui ai demandé s'il voulait sérieusement imputer à l'argent et aux intrigues de la France le soulèvement général des Espagnols contre Espartero. Il a reconnu de bonne grâce et en propres termes que cette accusation serait absurde et au

[1] Le 27 juillet 1843.

niveau, tout au plus, d'une polémique de journaux. — La vraie cause de la chute du régent, ai-je repris, c'est qu'il n'avait pas en lui les conditions d'une existence durable. Nous les lui aurions souhaitées, et alors nous nous serions, comme vous, compromis pour le soutenir; mais nous n'avons pu vous suivre dans une route qui conduisait là où vous voilà arrivés. Est-ce nous qui avons eu tort? — Lord Aberdeen a répondu en rechignant un peu : — Possible que non. — J'ai rappelé encore que, depuis plusieurs mois, voyant s'approcher des événements que vous désiriez sincèrement prévenir, vous m'aviez chargé d'offrir votre coopération sincère sur des bases convenues, et que mes instances n'avaient point été accueillies. — Puisque vous allez en France, m'a dit lord Aberdeen, rapportez-nous bien exactement quels sont les intentions et les projets de votre gouvernement quant à l'Espagne. — Nos vues ont été souvent proclamées, ai-je répondu; vous ne pouvez les ignorer. Nous voulons une Espagne indépendante, tranquille et conséquemment monarchique. Quant à nos projets, c'est-à-dire quant aux moyens d'atteindre le but, une crise telle que celle-ci n'est pas le moment de les former; il faut laisser les choses prendre une assiette quelconque; mais quoi qu'il arrive, le concert de l'Europe me semble le seul moyen d'assurer en Espagne la durée d'un ordre de choses quelconque. — Je le crois aussi, a répliqué lord Aberdeen. Ainsi a fini notre conversation. »

Je ne tardai pas à recevoir de lord Aberdeen lui-même

la confirmation du changement que les événements d'Espagne avaient apporté dans les dispositions du gouvernement anglais. Le 24 juillet 1843, lord Cowley vint me communiquer une longue dépêche, en date du 21, dans laquelle, après quelques observations sur l'appui que les insurgés contre Espartero avaient, disait-on, trouvé en France, lord Aberdeen finissait par nous proposer, sur les affaires d'Espagne, le concert que nous lui avions proposé deux mois auparavant : « On ne peut espérer, disait-il, que les passions qui ont si longtemps fait rage en Espagne se calment immédiatement ; mais si les gouvernements liés à l'Espagne par leur position, des intérêts communs et d'anciennes alliances, spécialement les gouvernements de la Grande-Bretagne et de la France, s'unissaient sérieusement et consciencieusement pour aider l'Espagne à établir et à maintenir un gouvernement stable, on ne peut guère douter qu'en peu de temps la tranquillité ne fût rendue à ce malheureux pays, et que ses habitants ne pussent goûter, comme les autres États de l'Europe, les bienfaits de la prospérité intérieure et du bien-être domestique. Le gouvernement de Sa Majesté propose donc que les gouvernements anglais et français unissent leurs efforts pour arrêter le torrent de discordes civiles qui menace de bouleverser encore une fois l'Espagne, et qu'ils prescrivent l'un et l'autre, à leurs agents diplomatiques à Madrid, d'agir dans un amical et permanent accord pour faire prévaloir les bienveillants desseins de leurs deux gouvernements à cet égard. »

J'acquis en même temps la certitude que, sur la question spéciale du mariage de la reine Isabelle, lord Aberdeen s'était expliqué avec le prince Albert de façon à écarter l'idée du prince Léopold de Coburg : « Avec la chute du régent, lui avait-il dit, les prétentions de ce prince perdent, je crois, leur meilleur appui. Le régent avait, dans ces derniers temps, tourné sa pensée vers un prince de la maison d'Orange comme le mari qui convenait le mieux à la reine. Non par aucune préférence pour cette maison, mais pour échapper au reproche d'être asservi à l'influence de l'Angleterre; reproche le plus grave que, dans la lutte soulevée contre lui, le régent ait encouru. Il serait difficile de faire voir, dans le prince Léopold, autre chose qu'un choix fait dans l'intérêt de l'Angleterre, et sa parenté avec la cour de Lisbonne, qui devrait être pour lui une recommandation, tournerait contre lui. »

Quelques semaines après ces déclarations diplomatiques, la visite de la reine Victoria au château d'Eu nous fut un indice encore plus clair des dispositions du cabinet anglais. Je ne doutai pas que les récents événements d'Espagne n'eussent contribué à déterminer cette démarche aussi significative qu'inattendue. La chute d'Espartero était la chute de l'influence anglaise et probablement le retour de l'influence française en Espagne. Le gouvernement anglais avait besoin de sonder à fond nos desseins, de faire envers nous un acte de bon vouloir pour s'assurer du nôtre, et d'apprécier à quel point serait possible le concert qu'il se décidait enfin à désirer, entre lui et nous, sur les affaires espagnoles. Les conversations de lord Aberdeen avec le roi et avec moi le satisfirent au-delà de son attente, et même avec quelque surprise. Non-seulement parce que, dans l'intimité du tête-à-tête, nous lui répétâmes, le roi et moi, en en développant les motifs, tout ce que nous lui avions fait dire sur notre résolution de ne pas aspirer, de nous refuser même au mariage d'un fils du roi avec la reine Isabelle, mais parce qu'il acquit, dans ces entretiens, la conviction que notre politique, générale et spéciale, était sincère et serait aussi constante que sensée. Nous nous quittâmes charmés de nous être librement ouverts l'un à l'autre et pénétrés, l'un pour l'autre, d'une affectueuse confiance. On ne saurait dire à quel point les plus grandes et plus difficiles affaires des peuples seraient simplifiées si les hommes qui les dirigent se connaissaient assez bien et s'estimaient assez pour compter sur la vérité de leurs paroles mutuelles et sur la conformité de leurs actes avec leurs paroles.

Les événements mirent bientôt à l'épreuve les rapports intimes qui venaient de s'établir entre les deux cabinets et leurs mutuelles dispositions. Le gouvernement provisoire qui s'était formé contre Espartero le déclara déchu de la régence et convoqua immédiatement les Cortès pour faire confirmer par le pays la crise accomplie par l'insurrection. Les modérés qui, depuis la chute de la reine Christine, s'étaient abstenus de prendre part aux élections, rentrèrent dans l'arène électorale et, sinon en majorité, du moins en grand nombre, dans l'arène parlementaire; leurs chefs reconnus, MM. Martinez de la Rosa, Narvaez, Pidal, Mon, Isturiz, Concha, furent élus. Ils se conduisirent avec esprit et mesure, laissant aux radicaux qui venaient de renverser Espartero le premier rang dans la victoire comme dans la lutte, et les secondant sans chercher à les remplacer. M. Olozaga qui, dans les Cortès précédentes, avait été l'un des plus ardents ennemis d'Espartero, fut élu président du Congrès. Le premier acte des Cortès, dès qu'elles se réunirent, fut de déclarer la reine Isabelle majeure; en avançant ainsi de onze mois sa majorité constitutionnelle, on coupait court à toute prétention de l'ancien régent, et on remettait en vigueur le régime monarchique. Ces coups décisifs accomplis, le cabinet honnête et hardi, mais peu considérable et peu capable, qui y avait présidé se retira, et l'éminent orateur du parti progressiste, M. Olozaga, quitta la présidence du Congrès pour former un cabinet nouveau. Mais autour de ce cabinet à peine formé et jusque dans son sein éclatèrent presque aussitôt les prétentions rivales, les méfiances mutuelles, les ambitions et les haines des partis et des personnes; le flot montant portait au pouvoir les modérés; les Cortès nouvelles leur étaient de jour en jour plus favorables; l'un de leurs chefs, M. Pidal, avait été élu président du Congrès en remplacement de M. Olozaga. L'un des membres du nouveau cabinet, le général Serrano, ministre de la guerre, donna sa démission. Se sentant ainsi menacé, M. Olozaga, sans en délibérer avec ses collègues, prit soudainement et à lui seul la résolution de dissoudre les Cortès, dans l'espoir que des élections nouvelles en amèneraient d'autres plus fidèles ou plus dociles au parti radical; et, le 30 novembre 1843, le duc de Glücksberg m'adressa cet étrange récit :

« Hier matin, en allant prendre l'ordre, le général Narvaez demanda à la reine, qu'il trouva fort agitée, si elle avait accepté la démission du général Serrano. Sa Majesté répondit que non, mais qu'elle avait signé, et signé de force, un décret qu'elle regrettait amèrement. Le général lui demanda lequel; elle répondit : « Celui de la dissolution des Cortès. » Le général la pria alors d'expliquer ce qu'elle venait de dire et la violence dont elle avait été l'objet. Sa Majesté lui raconta que la veille, à neuf heures du soir, M. Olozaga était entré dans son cabinet et lui avait présenté un décret en la priant de le signer. Elle lui avait demandé ce que c'était ; il lui avait répondu : — La dissolution des Cortès.—Elle s'était écriée : —Je n'ose pas signer cela.— M. Olozaga avait vivement insisté ; elle avait vivement persisté dans son refus, et avait fini par se lever pour sortir. M. Olozaga s'était alors élancé et avait fermé une porte; elle avait voulu gagner la seconde, il l'avait immédiatement fermée ; elle était alors revenue à son bureau et s'était assise en croisant les bras ; il s'était approché d'elle, lui avait passé le bras autour de la taille et lui avait dit en souriant : — Oh ! Votre Majesté voudra bien signer. — Elle avait répondu négativement, et alors il lui avait pris le bras avec force et, lui mettant une plume dans la main, il lui avait dit : — Il faut que Votre Majesté signe. — Elle avait eu peur et avait signé.

« Le général Narvaez sortit de chez Sa Majesté fort ému, et, après s'être entendu avec quelques amis, le président du Congrès et plusieurs vice-présidents, il retourna à cinq heures chez Sa Majesté et l'engagea à appeler le président du Congrès. Elle le fit prévenir ; il vint aussitôt, et Sa Majesté lui répéta tout ce qu'elle avait dit au général Narvaez. Elle était encore émue et tremblante. M. Pidal, à qui Sa Majesté demandait conseil, demanda la permission de s'entendre avec les vice-présidents, de les amener chez Sa Majesté et de ne traiter la question que devant eux. A huit heures du soir, M. Pidal, président, MM. Alçon, Quinto, Mazarredo et Gonzalès Bravo, vice-présidents, étaient chez Sa Majesté. M. Ros de Olano, député et secrétaire de Sa Majesté, avait été amené et attendait dans une voiture. La reine répéta le récit qu'elle avait fait au général Narvaez, et, reprenant un peu courage, elle y ajouta de nouveaux détails. Les président et vice-présidents, animés d'une indignation qu'augmentait l'état de terreur dans lequel Sa Majesté était encore, lui conseillèrent d'appeler celui des ministres qui lui inspirait le plus de confiance ; elle désigna le général Serrano ; il vint à l'instant, et, d'accord avec lui, ils engagèrent la reine à signer deux décrets : la révocation de la dissolution des Cortès, qui n'avait pas encore été communiquée au ministre de la justice, et la destitution de M. Olozaga de la présidence du conseil et du ministère d'État, *pour des raisons dont Sa Majesté se réservait la connaissance.* M. le ministre de la marine arriva sur ces entrefaites ; on lui fit part de ce qui se passait, et, après quelques scrupules qui lui étaient inspirés par sa position de collègue de M. Olozaga, il se décida à contresigner les deux décrets. M. Olozaga, ignorant ce qui se passait, se présenta en ce moment, à dix heures du soir, à la porte du cabinet ; la reine se mit à trembler et voulut fuir : on chercha à la calmer ; mais elle déclara que, si on le faisait entrer, elle mourrait de peur ; et elle voulut que le gentilhomme de service, M. le duc d'Ossuña, lui annonçât sa destitution. Il reçut cette nouvelle avec un trouble marqué, sortit des appartements et n'a pas reparu. Les deux décrets, ou l'un d'eux au moins, paraîtront demain dans la Gazette.

« Tels sont, Monsieur le ministre, les faits tels qu'ils m'ont été rapportés par l'un des témoins. J'ai vu ce matin presque toutes les personnes qui avaient assisté à cette scène : leur témoignage est unanime. J'ai cru de mon devoir de me rendre également chez M. Olozaga ; je l'ai trouvé très-calme, ou du moins affectant de l'être : il m'a dit que tout ceci n'était qu'une infâme calomnie, inventée par des gens dont le décret de dissolution devait déjouer les intrigues ; que, loin de faire violence à la reine, il avait reçu d'elle, ce jour-là même et en ce moment-là même, une preuve particulière de sa bienveillance, et qu'on n'avait pu lui faire raconter cette fable qu'en abusant de sa faiblesse, car son attachement pour lui était connu. Il dit aussi que cette intrigue, semblable à quelques-unes qu'il avait déjà découvertes, était conduite par le général Narvaez, et avait pour but de mettre le pouvoir entre les mains des modérés. Il parle de rallier les progressistes, ignorant pour le moment qu'ils expriment hautement leur indignation. Enfin son langage est menaçant : il ne se défend que par des négations et il attaque la marquise de Santa-Cruz. Pourtant tous les témoignages sont les mêmes : tous ont trouvé, dans l'accent de la reine, un caractère de vérité inimitable. Je ne puis en ce moment que rapporter les faits à Votre Excellence; le temps seul nous instruira de la vérité. »

A côté de ce rapport du duc de Glücksberg, je place le récit de M. Olozaga lui-même, adressé de Madrid à l'ambassade d'Angleterre à Paris et transmis par lord Cowley à son gouvernement. « Je suis allé, dit M. Olozaga, chez la reine, le 28 novembre, à quatre heures de l'après-midi. J'avais dans mon portefeuille plusieurs décrets que je portais à la signature de Sa Majesté. Je lui lus à haute voix celui de la dissolution des Cortès. Cette lecture achevée, la reine me demanda pourquoi je voulais dissoudre les Cortès. Je répondis à Sa Majesté que ce n'était qu'une précaution prise d'avance, et que mon intention était de ne faire usage du décret qu'au cas où la mesure deviendrait nécessaire. La reine signa alors le décret, de bonne et franche volonté, sans faire aucune observation, et continua à en signer d'autres. Lorsque Sa Majesté eut fini, elle me remit un papier en me disant : — Donne la croix de Charles III à mon maître de musique dont voici le nom (M. Valdemora). — Là-dessus je me disposai à prendre congé de la reine; mais elle me retint en me disant : — Attends, je vais te donner des bonbons pour ton enfant. — En effet, Sa Majesté m'en donna. Voilà tout ce qui s'est passé entre la reine et moi, ni plus, ni moins; et depuis je n'ai pas eu l'honneur de la revoir. Le lendemain 29, je dis à tout le monde que j'avais la signature de la reine pour dissoudre les Cortès en cas de besoin, et que je m'en servirais si les modérés essayaient de tenter une réaction et des coups d'État, pour faire proclamer provisoirement la reine absolue, afin d'opérer des changements dans la constitution. Comme je n'avais caché mes desseins à personne, les modérés, lorsqu'ils les connurent, trouvèrent moyen, dans la journée même, de s'emparer de l'esprit de la reine, et c'est ainsi qu'à quatre heures de l'après-midi, vingt-quatre heures après la signature, ils réussirent à nouer l'intrigue que tout le monde connaît. »

Entre deux récits si contraires, où était la vérité? Aujourd'hui même, vingt-trois ans après l'événement, des hommes bien instruits et impartiaux ont des doutes sur la scène du 28 novembre 1843 entre M. Olozaga et la jeune reine, et soupçonnent quelque exagération dans les détails qui s'en répandirent le lendemain. Quoi qu'il en soit, deux faits restent certains : d'abord le décret de dissolution des Cortès inopinément présenté à la reine, à l'insu du conseil des ministres, et signé par elle avec hésitation et répugnance; ensuite le vif sentiment de surprise et d'indignation suscité par le bruit de ce qui s'était passé entre la reine et M. Olozaga, sentiment éprouvé et manifesté non-seulement par le public et les modérés, mais par beaucoup de progressistes eux-mêmes. Ce fut un jeune journaliste, naguère ardent radical et connu par ses attaques contre la reine Christine, M. Gonzalès Bravo, qui se chargea de former et de présider le nouveau cabinet appelé à remplacer et à poursuivre M. Olozaga. La demande de mise en accusation de ce dernier devant le Sénat fut formée dans le Congrès; le gros du parti progressiste le soutint, et il se défendit lui-même, d'abord avec adresse, bientôt avec un emportement mêlé à la fois de colère et de crainte. Après de violents et longs débats, la Chambre vota, à 101 voix contre 48, un message « pour exprimer à la reine les vœux qu'elle formait pour son bonheur, et lui dire combien elle ressentait l'acte peu délicat dont la reine avait été victime dans la nuit du 28 novembre. » A ce vote, et avant que les poursuites en accusation devant le Sénat eussent commencé, M. Olozaga prit l'alarme, ne parut plus au Congrès et se retira en Portugal. Sa question personnelle restait en suspens, mais la question politique entre les partis était résolue : les progressistes étaient décriés et vaincus dans la personne de leur chef parlementaire, comme ils l'avaient été naguère dans la

personne du régent, leur chef militaire; sous l'empire
du sentiment public et par l'entremise hardie d'un
jeune progressiste conquis à la cause de la jeune reine,
le pouvoir passait aux mains du parti modéré.

Le cabinet anglais ne se méprit point sur la valeur
de ce mouvement espagnol et ne s'obstina point à en
combattre les conséquences; il rappela de Madrid son
ministre M. Aston, trop engagé dans la cause d'Espartero, et M. de Sainte-Aulaire m'écrivit[1] : « J'ai oublié
de vous dire qu'avant de partir de Madrid, M. Aston a
reçu de l'infante doña Carlotta[2] la déclaration qu'elle et
son mari s'engageaient à quitter l'Espagne si un de leurs
fils épousait la reine. Lord Aberdeen, qui m'a donné,
il y a quelques jours, ce renseignement, ne revient pas
volontiers sur les affaires d'Espagne : non qu'il soit le
moins du monde en dissentiment avec vous, mais le
mauvais succès de l'intervention de son prédécesseur
en Espagne lui est à présent démontré. Il se reproche
d'avoir trop longtemps marché dans la routine. Il vous
abandonne aujourd'hui le premier rôle, et vous assistera au besoin, dans une certaine mesure, mais il se
tiendra le plus possible à l'écart. »

Depuis la chute d'Espartero, je pressentais cette situation et je m'y préparais; nous étions près de reprendre
en Espagne notre place et notre rôle naturels; il nous
fallait à Madrid un ambassadeur capable de les bien

---

[1] Le 2 décembre 1843.
[2] Sœur de la reine Christine et femme de l'infant don François de Paule.

comprendre et d'en porter le poids. Ma pensée s'était arrêtée sur le comte Bresson, notre ministre à Berlin, et le roi adopta très-volontiers ma proposition. C'était un homme d'un dévouement éprouvé, d'un esprit droit, net et ferme, d'un caractère plein de passion et d'empire; observateur sagace sans subtilité, acteur vigilant et ardent avec persévérance, quoique sujet à des accès d'abattement et d'inquiétude; digne et fier avec les étrangers, discipliné et fidèle avec ses chefs; incessamment préoccupé du but public qu'il poursuivait, et capable de beaucoup risquer pour l'atteindre, quoiqu'il fût aussi très-préoccupé de lui-même et de sa fortune; propre à réussir dans les choses grandes et difficiles, car il en aimait la grandeur, mais sans rêverie ni chimère, et en ne négligeant aucune occasion, aucun moyen de faire servir les petites choses à son succès. Dès 1842, je lui avais fait entrevoir l'ambassade d'Espagne comme le poste auquel je le destinais, et je l'avais tenu au courant des questions et des incidents qui s'y rapportaient. Il y fut nommé le 6 novembre 1843, et ne partit pour Madrid que trois semaines après, quand les Cortès eurent déclaré la reine Isabelle majeure, et rendu ainsi à l'ambassade de France auprès d'elle son éclat. Il y tombait au milieu de la crise et de l'imbroglio entre la reine, M. Olozaga, M. Gonzalès Bravo, les Cortès, les progressistes, les modérés, et il y trouvait pour instruction ce court billet de moi [1] : « Je ne comprends pas bien; j'attends. C'est

[1] Du 3 décembre 1843.

de la vraie comédie espagnole, des coups de théâtre, des intrigues croisées, des réticences, des énigmes. On ne fait pas avec cela de la bonne politique. Vous m'expliquerez tout. Un seul mot aujourd'hui, que vous vous serez bien dit vous-même et que je vous dis pour me satisfaire. N'épousez aucune querelle, aucune coterie, aucun nom propre. Tenez-vous en dehors et au-dessus de toutes les rivalités. Veillez sur la reine, soutenez le gouvernement de la reine. Je ne puis vous dire aujourd'hui que des généralités, mais il y a des moments où c'est dans les généralités qu'il faut se tenir. Vous avez un grand et beau rôle à jouer. Au milieu de cette confusion, vous serez le représentant, l'interprète de la sagesse française, de l'amitié française. J'espère, je devrais dire je compte que l'Angleterre se maintiendra à côté de nous. C'est un théâtre bien différent de Berlin, de bien autres affaires et de bien autres hommes. Vous n'y réussirez pas moins bien. »

La réponse de M. Bresson, sa première lettre de Madrid, fut singulièrement perplexe et triste [1] : « Je suis arrivé ici hier, quelques heures avant votre lettre du 3. Il n'est sorte de tribulations, d'épreuves, d'accidents que nous n'ayons subis. J'ai passé par les plus cruelles inquiétudes pour les êtres qui me sont le plus chers. Les routes sont infestées de brigands, et quelques relais très-dangereux, que nous parcourions de nuit, avaient été par méprise laissés sans escorte. Mon fourgon a été

[1] Du 8 décembre 1843.

versé, une roue brisée; nous l'avons relevé à grand'-peine, et Iturbide, excellent courrier de Bayonne attaché au service de l'ambassade, a abandonné sa voiture sur la route pour nous prêter ses roues. Nous avons ainsi gagné Madrid. Je ne veux pas appuyer sur mes impressions; c'est maintenant que je mesure toute l'étendue du sacrifice que j'ai fait à vos désirs; l'existence la plus heureuse et la plus douce a fait place à la plus pénible, à la plus agitée. Je remplirai mes devoirs sans espoir de succès. La situation a empiré plutôt qu'elle ne s'est améliorée depuis les rapports excellents que vous a adressés M. de Glücksberg. Nous n'y voyons encore que des issues funestes. Épuisé d'anxiété et de fatigue, occupé de me caser d'une manière qui restera bien peu confortable, je n'ai pu causer qu'avec votre aimable chargé d'affaires; pour la première fois, il est presque entièrement découragé. Je sens la sagesse de vos conseils; je ne veux épouser aucune passion, aucun nom propre; si l'impartialité peut être maintenue, j'y resterai fidèle; mais je ne puis rien promettre, rien garantir que ma bonne foi et mon dévouement. Pour mon bonheur, j'en ai vu le terme le jour où j'ai quitté Berlin. »

Je ne m'inquiétai pas beaucoup de cette boutade; sans avoir encore vu M. Bresson à l'œuvre dans sa nouvelle situation, je le connaissais assez pour savoir qu'il était de ceux qui, en entrant dans une carrière périlleuse, peuvent être un moment troublés, tant ils ont soif du succès, mais qui, une fois engagés dans la lutte, s'y portent avec passion et ne songent plus qu'à vaincre. Il avait quelque droit de s'inquiéter en entrevoyant la scène ouverte devant lui, car elle était pleine d'agitation, d'obscurité, de piéges, de péripéties imprévues, et il était destiné à y vivre au milieu d'orages soudains et de complications sans cesse renaissantes. C'est le caractère des peuples du midi, surtout des Espagnols, que le long régime du pouvoir absolu et l'absence de la liberté politique n'ont point éteint en eux l'ardeur des passions, le goût des émotions et des aventures, et qu'ils déploient avec une audacieuse imprévoyance, dans les intérêts, les incidents et les intrigues de leur vie personnelle, la fécondité d'esprit et l'énergie dont ils n'ont pas appris à trouver dans la vie publique l'emploi réfléchi et la satisfaction mesurée. Le général Narvaez, le général Serrano, M. Gonzalès Bravo, M. Olozaga et presque tous les hommes importants à Madrid, modérés ou progressistes, étaient de cette trempe et nourris dans ces habitudes. A peine entré en relation avec eux et en présence de leurs luttes personnelles, M. Bresson passa de sa première émotion de tristesse à un état de fièvre qui le rendit presque malade : « La jalousie, l'ambition et la vengeance, m'écrivait-il[1], sont les principaux mobiles des hommes qui figurent ici sur la scène politique. Je ne fais exception pour aucun parti; haïr, se satisfaire et se venger, ils ne voient rien au delà. A peine ai-je réussi à rapprocher

[1] Le 11 mars 1844.

le général Narvaez du ministère Gonzalès Bravo, et à faire en sorte qu'ils se présentent unis devant la reine Christine près de revenir, qu'il faut que je me mette en campagne pour rapprocher le ministère du général Narvaez. Les ministres nourrissent et entretiennent soigneusement le ressentiment que leur a inspiré le mouvement de malveillance du général, et ils ajournent la revanche qu'ils comptent prendre jusqu'à ce qu'ils aient acquis la faveur de la reine-mère et affermi leur assiette; alors ils essayeront de le supplanter, et déjà même ils sont, dans ce but, entrés en négociation avec le général Alaix. Et ils y mettent tant de prudence que le propos m'en est revenu d'une partie de chasse à Aranjuez, et de la source la plus infaillible. Autre bévue et non moins lourde : hier leur journal, le *Corresponsal*, en élevant les ministres actuels aux nues, parle avec le plus grand mépris des modérés, de l'appui desquels ils ne peuvent se passer et sans l'appui desquels ils ne vivraient pas une heure ; il les qualifie d'hommes pusillanimes, *gastados*, et dont la faiblesse *consumada, el prestigio enervado, la cobardia excubierta* sont connues. Est-il possible de se montrer, dans une situation plus hérissée de périls, plus mal à propos confiants et plus fatalement hostiles ? Je fais arriver à M. Bravo les paroles suivantes : — « Si le ministère ne renonce pas à ses projets sur le général Narvaez, et s'il publie un second article comme celui d'hier, il ne se passera pas quinze jours avant qu'il ait perdu tous ses appuis, et j'en serai désolé. » — Déjà des chefs modérés très-impartiaux et très-bienveillants sont indignés et vont grossir les rangs des modérés impatients. Quels esprits! et comme ils entendent le dévouement au trône et au pays! Je vais me mettre à refaire ma toile; rétabli ou non, je serai à Aranjuez. »

Les Espagnols à part, M. Bresson eut affaire, dès ses premiers pas, à une relation et à un homme d'une tout autre nature. En rappelant M. Aston de son poste, lord Aberdeen lui avait donné pour successeur, comme ministre d'Angleterre à Madrid, sir Henri Bulwer, naguère premier secrétaire de l'ambassade anglaise à Paris, et il était arrivé à Madrid trois semaines après M. Bresson. C'était un homme de beaucoup d'esprit et d'un esprit aussi étendu que fin, capable de saisir et de servir les grandes combinaisons de la politique de son pays, mais plutôt en observateur pénétrant qu'en acteur efficace. Il excellait à démêler les pensées, les dispositions, le travail plus ou moins caché des politiques avec qui il traitait; mais il n'acquérait, là où il résidait, que peu de consistance et d'influence; il avait plus d'adresse que d'autorité, plus d'activité souple que de volonté forte, et il mettait un peu sceptiquement en pratique les instructions de son gouvernement, sans poursuivre avec ardeur un but déterminé et dont il fît sa propre affaire. Il était d'ailleurs, au fond, de l'école et de la clientèle de lord Palmerston; et lord Aberdeen, en l'envoyant à Madrid, avait plus songé à se mettre un peu à couvert dans le Parlement et les journaux anglais, qu'à se donner un agent sûr dans la politique d'entente cordiale qu'il adoptait envers nous. « Les ministres anglais et français, écrivait-il à lord Cowley[1], se sont trop appliqués à se contrebalancer et à s'entraver mutuellement; il est temps que cette espèce d'antagonisme cesse, car il a beaucoup nui à l'Espagne et nous a fort peu servi à nous-mêmes. Il est vrai que les deux gouvernements anglais et français sont chacun assez puissants pour faire la ruine de l'Espagne, mais il faut la cordiale coopération de l'Angleterre et de la France pour assurer sa prospérité. » Sir Henri Bulwer était très-capable de tenir lord Aberdeen au courant de l'état des esprits, des affaires et des menées de tout genre à Madrid, mais très-peu propre à s'entendre réellement avec M. Bresson, et à exercer, de concert avec lui, l'action commune dont lord Aberdeen proclamait la nécessité. A raison de leur caractère intime encore plus que de leur situation politique, les rapports de ces deux hommes, en restant toujours convenables, ne pouvaient être sympathiques, ni répondre à la mission de confiant accord dont ils étaient chargés. Je ne citerai qu'un exemple de leur disposition mutuelle, exemple significatif bien que frivole. Trois mois à peine après leur arrivée et leur établissement à Madrid, M. Bresson m'écrivait[2] : « Il faut que je vous amuse : voici un billet original de Bulwer tel que je l'ai reçu. J'ai pris un papier de même format, dont j'ai déchiré

---

[1] Dans une dépêche du 12 décembre 1843, qui me fut communiquée.
[2] Le 11 mars 1844.

le bord, sur lequel j'ai versé autant d'encre, et écrit au crayon ce que vous trouverez sur le *verso*[1]. Admirez-vous le tact de la demande et le bon goût de la forme? Je lui ai adressé mon billet plié de même, aussi peu cacheté, et par son domestique. Il y a un bon vieux proverbe français auquel il faut avec grande étude se tenir : *familiarité engendre mépris*. Je vis bien avec lui; mais il n'est pas élevé et ses salons sont mal peuplés. Soyez tranquille; il ne vous viendra pas d'embarras de moi; mais il peut vous en venir de lui. C'est à moi de réussir à les détourner ou à les diminuer. »

Je ne fus pas surpris de cette déplaisance mutuelle, dès leur début, entre ces deux hommes officiellement appelés au bon accord. J'avais pressenti la difficulté de leurs relations, et je m'étais empressé de mettre

---

[1] Voici le texte du billet, fort taché d'encre en effet, de sir Henri Bulwer et celui de la réponse similaire de M. Bresson :

My dear Bresson,

Your couriers fly in flocks. The air is darkened by them. What tempest does this forbode? Tell me if there is anything worth saying that you can say, in order that I may send my poor solitary messenger with the information.
Ever yours,
H. BULWER.

Mon cher Bresson,

Vos courriers partent en foule, comme des flocons de neige. L'air en est obscurci. Quel orage présage ceci? Dites-moi s'il y a quelque chose qui vaille la peine d'être dit et que vous puissiez me dire, pour que je charge de cette information mon pauvre solitaire messager.
Tout à vous,
H. BULWER.

M. Bresson lui répondit :

Mon cher Bulwer,

J'ai souvent plus de courriers qu'il ne m'en faut, et je les exerce. Je ne sais aucune nouvelle qui puisse vous intéresser, excepté la prise d'Alicante. Je n'ai eu à écrire depuis longtemps que sur des affaires qui nous touchent particulièrement.
Mille et mille amitiés,
BRESSON.

M. Bresson sur ses gardes contre ce péril : « Soyez toujours bien avec Bulwer et pour lui, lui avais-je écrit[1]; rendez-lui de bons offices; ne fermez point l'œil sur ses arrière-pensées, ses petites menées, ses oscillations, et tenez-moi toujours au courant; mais qu'il n'en paraisse rien dans vos rapports avec lui, dans votre langage sur lui. Vous avez vu le bon, très-bon langage de lord Aberdeen. C'est là l'essentiel. Prenez cela pour le symptôme assuré et le vrai diapason des intentions et des rapports des deux gouvernements. Que Bulwer, comblé de vos bons procédés, de vos bons offices, ne puisse, s'il fait des fautes et subit des échecs, s'en prendre qu'à lui-même. L'entente cordiale n'est pas, je le sais, un fait de facile exécution sur tous les points et tous les jours. C'est pourtant le fait essentiel de la situation générale, et je m'en rapporte à vous pour le maintenir au-dessus des difficultés locales qui pèsent sur vous. »

L'une de ces difficultés se manifesta immédiatement. En même temps que MM. Bresson et Bulwer arrivaient à Madrid, un cri s'élevait partout en Espagne : « La reine Christine! la reine Christine! » Ce n'était pas seulement le cri du parti modéré vainqueur qui redemandait son premier et puissant chef; c'était le vœu des honnêtes Espagnols indignés de l'attentat imputé à M. Olozaga, et pressés de revoir la mère à côté de sa fille, encore enfant quoique mise en possession du

---

[1] Le 17 février 1844.

pouvoir royal. La perspective de ce retour prochain de la reine Christine inspirait au cabinet anglais un vif sentiment de déplaisir et de méfiance. C'était un pas de plus dans le déclin de l'influence anglaise en Espagne. On craignait à Londres non-seulement des réactions personnelles contre les progressistes vaincus, dont le gouvernement anglais ne cessait pas d'être le patron, mais le peu de goût de la reine-mère et surtout de ses plus intimes partisans pour le régime constitutionnel, et leur penchant pour les coups d'État du pouvoir absolu. Comment ne pas redouter enfin que le mariage de la reine Isabelle avec l'un des fils du roi ne fût tôt ou tard le résultat du travail de la reine Christine rétablie en pouvoir, et plus que jamais liée d'une intime amitié avec la famille royale de France? Sir Robert Peel surtout s'inquiétait de son retour à Madrid, et témoignait le désir qu'il fût indéfiniment ajourné. Sur ces entrefaites, une députation arriva de Madrid pour rappeler officiellement la reine-mère et la conjurer d'écarter tout délai. M. Bresson insistait vivement dans le même sens : « Nous ne pouvons, m'écrivait-il, nous passer de la présence de la reine Christine. Qu'elle arrive donc, elle sera bien accueillie ; elle consolidera le ministère actuel, ou du moins elle en facilitera la constitution plus définitive. Elle tempérera l'ardeur de ses partisans qui ne sentent pas tous l'avantage de mettre en pratique leurs doctrines gouvernementales par des hommes qui ne sont pas sortis de leurs rangs. Vous avez bien raison de la fortifier dans ses idées de conciliation. Peut-être lui sera-t-il difficile de les appliquer : il ne manquera pas de gens qui la pousseront vers la réaction; les chefs de l'armée ne demanderaient pas mieux que d'en finir par un coup de main avec le gouvernement représentatif. La première mesure à laquelle la reine-mère peut se trouver obligée de donner son assentiment serait la suspension des Cortès, comme préliminaire de leur dissolution. Je comprends qu'elle y répugne. Toutefois, hésiter, ajourner son départ aurait de graves inconvénients; l'élan vers elle se ralentirait; plus tard elle serait moins bien venue; c'est la scène à laquelle la reine sa fille a été exposée qui a fait juger à tous sa présence indispensable; si elle en juge autrement, on révoquera en doute ses sentiments maternels, et l'on en conclura qu'elle ne consulte plus que ses convenances. La jeune reine désire ardemment le retour de sa mère. »

J'écrivis à M. de Sainte-Aulaire [1] : « La sollicitude de lord Aberdeen sur le retour actuel de la reine Christine à Madrid m'a vivement préoccupé. Je suis allé la trouver elle-même. J'ai mis sous ses yeux toute la situation. Je lui ai fortement inculqué deux idées : l'une, combien il importe, à sa fille et à elle-même, que la bonne harmonie soit maintenue, entre le cabinet anglais et nous, sur les affaires d'Espagne; l'autre, que, pour y réussir, il faut éviter tout ce qui donnerait à ces affaires, en particulier à celle du mariage de la jeune reine, une

---

[1] Le 23 décembre 1843.

apparence toute française, un air exclusif d'affaire de famille, et prendre soin que tout cela se traite par des mains et sous des couleurs espagnoles. Elle a compris, parfaitement compris. Le roi l'a vue et lui a parlé dans le même sens. Je l'ai revue. Nous avons vu aussi les députés qui lui ont été envoyés pour presser son retour. Elle s'est enfin décidée à l'ajourner. Elle va renvoyer à Madrid les deux messagers; elle répondra qu'elle désire vivement se retrouver auprès de sa fille et au milieu de ses amis, qu'elle ira en Espagne, mais que le moment actuel ne lui paraît pas opportun. Nous n'en sommes pas venus là sans peine, mon cher ami. Je ne sais si la reine Christine est, pour son propre compte, bien impatiente de retourner en Espagne; je lui crois beaucoup moins d'ambition et de goût pour le pouvoir qu'on ne lui en suppose en Angleterre; mais elle est sincèrement et vivement préoccupée de la situation de la reine sa fille; elle désire reprendre la tutelle de sa seconde fille, l'infante doña Fernanda. Ses amis, tout le parti modéré, convaincus que sa présence donnera de la force à leur gouvernement, la pressent de retourner. Le parti progressiste, loin de s'opposer à son retour, s'y montre, au contraire, favorable; il aime mieux avoir à traiter avec la reine Christine qu'avec le général Narvaez. Bresson m'écrivait en date du 16 : — « Le retour de la reine Christine est plutôt accueilli avec faveur par la presse de l'opposition; les populations se porteront avec enthousiasme à sa rencontre. » — C'est à tout cela qu'il faut que la reine Christine renonce, au risque de mécontenter ses amis et de manquer l'occasion de l'un de ces triomphes qui plaisent à l'amour-propre des plus sages et touchent si vivement celui d'une femme. Elle y renonce pourtant; elle ajourne, elle attendra. Elle ait très-bien; mais dites, je vous prie, de ma part, à lord Aberdeen qu'il doit lui en savoir gré. »

Lord Aberdeen ne pouvait être insensible à une bonne conduite et à un bon procédé : « Voici ce qu'il m'a répondu, m'écrivit M. de Sainte-Aulaire[1] : — « De très-puissantes raisons semblent conseiller le départ de la reine Christine. Je ne voudrais certes pas accepter la responsabilité d'un délai. Si le roi et M. Guizot estiment qu'il importe de ne pas perdre un jour, qu'ils agissent en conséquence; je n'entends y mettre aucun obstacle et je ne profère pas une parole de blâme. Mais je ne veux pas non plus donner aujourd'hui mon assentiment; pour différer un peu, j'ai d'autres motifs encore que les difficultés fort grandes de la question. Bulwer m'a écrit de Madrid le 3 janvier. Je suis informé qu'il y a reçu le 4 la dépêche par laquelle je lui demandais son avis sur l'opportunité du retour de la reine Christine en Espagne : me prononcer avant d'avoir reçu cet avis, que j'attends d'heure en heure, ce serait une inconvenance en suite de laquelle je pourrais me trouver placé dans une situation fort gauche (*very awkward.*) » — Lord Aberdeen a ajouté que, d'après les quatre lignes écrites par Bulwer le 3 janvier, il ne

---

[1] Le 13 janvier 1844.

supposait pas qu'il s'élevât de fortes objections contre le voyage de la reine Christine. »

Les objections, en effet, ne furent ni graves ni obstinées : avant de quitter Paris, sir Henri Bulwer s'était entretenu avec la reine Christine et en avait emporté une impression favorable ; il était d'ailleurs trop clairvoyant pour ne pas reconnaître qu'en présence des événements et du mouvement d'opinion qui la rappelaient en Espagne, son retour était inévitable. J'envoyai au roi, dès que j'en reçus communication, la dépêche dans laquelle il exprimait son avis ; le roi me répondit sur-le-champ [1] : « Au moment où j'allais cacheter le billet que je venais de vous écrire, on m'a averti que la reine Christine était chez la reine, et je me suis décidé à lui donner lecture de la dépêche de Bulwer, d'autant plus que je craignais que vous ne pussiez pas le faire demain matin. L'effet en a été excellent, et, en attendant que je vous en conte les détails, je veux vous dire une exclamation faite et répétée avec un accent de sincérité complète : — « Je ne vais pas en Espagne pour y rester ; Dieu m'en garde ! J'y vais d'abord pour revoir mes filles, ce dont je suis plus pressée que de tout. Si je puis être utile à la reine et à l'Espagne, je resterai le temps qu'il faudra, le moins possible. Mais je verrai les choses en arrivant, et il est bien possible que je revienne tout de suite à Paris. »

[1] Le 19 janvier 1844.

Elle partit e 15 février 1844, dans cette judicieuse disposition. Dès qu'elle eut passé les Pyrénées, son voyage à travers l'Espagne fut une ovation continue. Quand le jour de la réaction arrive, les peuples se plaisent à croire qu'ils réparent, par leurs acclamations, leurs erreurs et leurs rigueurs envers d'illustres exilés. La jeune reine, l'infante sa sœur, les ministres, le corps diplomatique attendaient à Aranjuez la reine-mère : « C'est demain qu'elle arrive, m'écrivait M. Bresson[1], nous irons avec la foule à sa rencontre sur la grande route ; la réception officielle n'aura lieu que le lendemain pour le corps diplomatique. La joie de la jeune reine est touchante ; elle ne peut la contenir : hier, elle a écouté très-sérieusement ses ministres pendant qu'ils lui rendaient compte de leurs dispositions pour son entrevue avec la reine Christine, et qu'ils la prévenaient qu'une tente serait dressée près de la route, à l'endroit où la première arrivée attendrait l'autre. Quand ils ont été partis, elle a dit à madame de Santa-Cruz : « Faites tout ce que vous voudrez ; mais quand j'apercevrai la voiture de maman, personne ne m'empêchera de courir au-devant d'elle ; » et, sans donner à la bonne et aimable *camarera mayor* le temps de se reconnaître, elle lui a fait faire deux tours de valse, et l'a déposée haletante sur un sopha. Nous avons eu, ma femme et moi, l'honneur de lui faire notre cour ce matin ; elle nous a reçus avec une effu-

[1] Le 24 mars 1844.

sion qui trahissait les sentiments dont son cœur était plein ; elle m'a demandé des nouvelles du roi son oncle, de la reine sa tante, et elle prêtait l'attention la plus vive aux réponses que je lui faisais. Quand je lui ai dit que l'entrevue de demain était un des spectacles les plus touchants qui pussent être donnés au monde, et un fait qui occupait tous les esprits et serait reproduit par les pinceaux de tous les peintres, son regard s'est animé, et sa physionomie a pris un caractère de dignité et de noble orgueil qui m'a frappé. Sa santé et celle de l'infante sont très-bonnes en ce moment, et leur mère aura grand plaisir à les retrouver si fortifiées et si embellies. »

Quatre jours après, M. Bresson complétait ainsi son récit : « La reine Christine est au milieu de nous. Je ne sais si le plaisir de revoir ses filles compense, pour elle, le chagrin d'avoir quitté sa douce existence de Paris. Je ne le crois pas : son émotion ne m'a pas paru très-vive ; elle a tendrement embrassé ses filles, et bientôt après elle avait l'air préoccupée. Dans l'audience qu'elle a accordée à ma femme, elle lui a parlé avec effusion de son regret de se séparer du roi, de la reine et de la famille royale, qui avaient eu pour elle tant de bontés, et qu'elle aimait si tendrement ; elle lui a dit que, quand elle avait revu l'Espagne, ces mœurs étranges et les attelages de mules, son cœur s'était serré ; puis elle a ajouté : « Enfin je suis bien aise d'être venue pour *les petites;* car pour le reste...; » et les larmes lui sont venues aux yeux. Je ne me suis pas encore trouvé seul avec elle ; elle était avec ses filles quand je lui ai remis les lettres de la reine et de Madame Adélaïde ; quand elle a rappelé que j'avais contribué au jour que nous voyions, je n'ai pas pu bien démêler si c'était un remerciement ou un reproche. En tout cas, sa joie n'est pas sans mélange, et ce n'est pas moi qui en suis surpris. »

La reine Christine de retour à Madrid, les deux grandes questions dont la solution attendait sa présence, la réforme de la constitution espagnole et le mariage de la reine Isabelle, éclatèrent aussitôt et ont rempli pendant trois ans l'histoire de l'Espagne et l'histoire de nos rapports avec elle. Questions d'importance et d'urgence très-inégales, mais qui, l'une et l'autre, préoccupaient si vivement les esprits qu'il était presque également impossible de ne pas se mettre à l'œuvre pour toutes deux. Et, pour aggraver la difficulté, une question plus pressante encore les précédait : quel parti, quel cabinet, quels ministres seraient appelés à réformer la constitution et à marier la jeune reine? A qui appartiendrait le pouvoir qui devait décider de l'avenir monarchique et constitutionnel de l'Espagne?

Le parti radical était en possession. Il avait pris l'initiative du renversement d'Espartero. Sorti de ses rangs, le jeune chef du cabinet, M. Gonzalès Bravo, avait vaillamment soutenu la jeune reine contre M. Olozaga, et se montrait intelligent et hardi au service de la royauté relevée. Quand, à Aranjuez, il se présenta pour la première fois à la reine Christine, « elle l'a fort bien accueilli, m'écrivit M. Bresson ; elle a appelé la reine sa fille et lui a dit : — « Isabelita, souviens-toi toujours des services que Bravo t'a rendus ; tu ne peux t'en souvenir assez ; » — et, se tournant vers lui et le tutoyant comme c'est l'usage des rois et des reines en Espagne : « Il faut que tu restes au pouvoir : tu y es nécessaire longtemps ; si tu n'y restes pas par goût, restes-y par dévouement pour la reine et par amitié pour moi. » Bravo était fort touché de cette entrevue. Il n'a rien caché de sa vie à la reine-mère ; il lui a fait l'aveu de ses antécédents révolutionnaires, de ses torts envers elle ; il lui en a expliqué les causes ; il lui a révélé les embarras même de ses relations de famille, et il l'appelait en quelque sorte à son secours. Cette confiance, il s'en flattait du moins, a été bien accueillie ; il a cru lire, dans le regard de la reine, qu'elle en appréciait la franchise. Je souhaite de tout mon cœur qu'il ne se trompe pas, et que de ce côté l'appui ne lui manque jamais. Cependant il y a, dans l'atmosphère de cette cour renouvelée tout à coup, quelque chose qui ne me semble pas pour lui de bon augure : on dirait qu'il a cessé subitement d'être en harmonie avec cet entourage de grands seigneurs et de grandes dames qui sont venus reprendre leurs places près de la reine, et qu'il ne remplit plus les conditions de son poste ; chacun rend justice à son talent et à son courage, et, au même instant, on cherche à le ramener au niveau de sa naissance et de ses antécédents. Il a l'envie et l'orgueil à combattre; ce sont deux puissants ennemis. »

Ils ne tardèrent pas à se mettre à l'œuvre, et un troisième ennemi, l'ambition souffrante et altérée du parti modéré, joignit ses impatiences à celles de l'envie et de l'orgueil. Pendant six semaines, M. Gonzalès Bravo fut à l'état d'une place assiégée, tantôt près d'être enlevée d'assaut, tantôt en négociation avec les assiégeants pour ne se rendre qu'à moitié et à de bonnes conditions. Le général Narvaez était à la fois le plus pressé des assaillants et le plus enclin à traiter avec M. Bravo dont la hardiesse d'esprit et de cœur en face des grands périls et des grandes aventures avait sa sympathie. Mais les chefs civils du parti modéré, M. Mon entre autres, le plus capable et le plus judicieux, étaient plus exigeants en fait de considération personnelle et de garanties constitutionnelles; ils n'étaient pas disposés à réformer la constitution et à gouverner sans le concours des Cortès et par des coups d'État sous le nom d'ordres royaux. La reine Christine persista d'abord dans sa reconnaissance et ses bonnes dispositions pour M. Gonzalès Bravo; elle avait, quant à la réforme de la constitution dans l'intérêt monarchique, des vues assez arrêtées qu'elle lui communiqua, et qu'il se montra prêt à satisfaire. M. Bresson, fidèle à mes instructions, ne prenait parti pour aucune combinaison exclusive, et gardait sa place entre les hommes importants, témoignant aux uns et aux autres son inquiétude de leurs désaccords : « Ne soyez pas si inquiet, lui dit un jour le général Narvaez; il y a pour l'Espagne une Providence à part, et nous nous en tirerons. — Je ne m'étonne pas, lui répondit M. Bresson, que vous ayez une Providence pour vous seuls ; vous lui donnez assez à faire pour occuper tout son temps. »

Il me tenait exactement au courant de ses inquiétudes, de ses efforts, et je m'empressai de lui venir en aide : « Tout ce que vous me dites est bien grave, lui écrivis-je [1], et aussi étrange que grave. Nous avons, le roi et moi, grand'peine à comprendre comment la reine Christine se laisserait pousser à compliquer et à compromettre une situation simple, claire, et qui doit, si elle est bien conduite, sagement et sans impatience, aboutir à un bon résultat. Maintenir, quant à présent, un ministère qui a déjà tant fait pour la monarchie; préparer, par ses mains, les élections ; obtenir des Cortès modérées qui sanctionneront ce qui aura déjà été fait et qui, de concert avec la reine et un cabinet reconstitué, feront, soit dans les lois, soit dans la constitution même, les changements qui pourraient être encore à faire : voilà la marche naturelle indiquée par le bon sens, par l'expérience, et que nous nous attendions à voir suivre. Au lieu de cela, que me faites-vous entrevoir? Toutes choses remises sur-le-champ en question, en fermentation, la constitution comme le cabinet! La situation exceptionnelle prolongée indéfi-

[1] Le 27 avril 1844.

niment et aggravée par je ne sais combien de nouvelles mesures exceptionnelles! Mon cher comte, ce n'est pas là de la politique; c'est de la routine de révolution, et on ne finit pas les révolutions en faisant comme elles. Nous sommes donc tristes et inquiets. Faites tout ce qui dépendra de vous pour qu'on ne s'engage pas dans cette voie. Parlez au nom du roi, de son gouvernement; qu'on sache bien notre avis ; qu'on sache bien que nous ne nous engagerons point, que nous ne soutiendrons point contre notre avis, au-delà de notre avis. Je n'ai, de si loin, point de conseil spécial à donner ; je ne saurais discuter telle ou telle mesure, telle ou telle démarche ; mais nous avons, sur l'ensemble de la situation, sur la direction et le caractère général de la conduite à tenir, une opinion très-arrêtée, et nous tenons à ce qu'elle soit bien connue de la reine Christine, du cabinet, des chefs importants, militaires ou civils, du parti modéré. Nous ne prétendons nullement les diriger; nous ne ferons rien qui puisse leur nuire ; nous avons le plus grand respect pour leur indépendance et le zèle le plus sincère pour leur cause; mais nous ne prêterons notre appui et nous n'accepterons notre part de responsabilité devant l'Europe que dans le sens et dans les limites de ce qui nous paraît sensé et favorable au rétablissement d'un gouvernement régulier. Or rien n'y est plus contraire que l'esprit de réaction, la mobilité dans la situation des personnes, la prodigalité des mesures exceptionnelles, la précipitation dans les innovations qui ne sont pas absolument indispensables et qui pourraient être accomplies un peu plus tard par les voies régulières. Insistez fortement sur tout cela. Nous voulons agir autant qu'il est en nous pour que la conduite soit bonne, et être bien affranchis de toute responsabilité si elle est mauvaise. J'espère encore qu'elle sera bonne. Vous savez exercer de l'action, et je crois toujours à l'empire du bon sens quand il a un bon représentant. Pourtant, indépendamment de ce que vous m'écrivez, il m'est venu hier, sur les projets du général Narvaez et sur ses menées contre M. Gonzalès Bravo, quelques renseignements qui m'inquiètent fort. »

Quand ma lettre arriva à Madrid, M. Gonzalès Bravo était tombé; il avait, ainsi que tous ses collègues, donné la veille sa démission, en acceptant de bonne grâce l'ambassade de Portugal qu'on lui avait offerte avec un empressement affectueux, et le général Narvaez était en train de former un cabinet pris en entier dans le parti modéré. M. Bresson lut à la reine Christine ma lettre du 27 avril : « Elle ne m'a laissé, m'écrivit-il[1], pénétrer aucune impression; je n'ai pas su, en la quittant, si elle m'avait écouté avec indifférence ou avec conviction; je ne m'attribue donc nullement l'honneur du changement; je crois plutôt qu'on doit le rapporter à M. Pidal. Quoi qu'il en soit, le soir même, la reine Christine demanda au général Narvaez si l'armée resterait fidèle « soit que le gouvernement entreprît par

[1] Le 4 mai 1844.

des décrets royaux la réforme de la constitution, soit que l'on convoquât les Cortès et qu'on s'en remît à leur décision. — Dans l'un et dans l'autre cas, je réponds de l'armée, dit le général. — Alors, reprit la reine, prenons le parti le plus tempéré (*mas templado*); formez votre ministère avec Mon et Mayans. » Narvaez s'inclina, protestant qu'il ne savait qu'obéir. Il renonça sur-le-champ à ses vues, et comme il me l'a dit, à ses convictions, et accepta le programme des modérés. L'état de siége va être levé, les Cortès actuelles dissoutes; les élections se feront d'après les lois existantes; aucun décret organique ne sera rendu; on ne recourra à aucune mesure exceptionnelle; les modifications projetées à la constitution seront soumises à la délibération des Chambres légalement élues, légalement assemblées. Avant cinq mois, la session s'ouvrira; la présence de MM. Mon et Pidal dans le ministère est à ce prix. Ils n'entendent pas imiter les ministres de Charles X : « Je ne veux pas, c'est M. Mon qui parle, qu'un jour, aux Tuileries, votre roi, en me montrant sa nièce, puisse me dire : « C'est vous qui avez fait chasser cette enfant de ses États. » Cette enfant est précoce; elle disait hier, lorsqu'on lui apprit la composition du ministère : « Maman, il faut maintenant penser à la démission de ceux-ci. — Pourquoi, Isabelita? — Parce que Narvaez et Mon ne seront pas longtemps d'accord. »

Quoique singulièrement juste et pénétrante, la prédiction de la jeune reine était un peu précipitée; le nouveau cabinet devait durer quelque temps, et même résoudre, par les voies légales, la première des deux grandes questions qui agitaient l'Espagne, la réforme de la constitution. Il eut pourtant, à peine formé, une crise à subir. Le marquis de Viluma, ambassadeur d'Espagne à Londres, avait été nommé ministre des affaires étrangères. Je l'avais vu à son passage par Paris en se rendant à son poste, et sa conversation, sa personne m'avaient beaucoup plu. C'était un homme plein d'honneur, de courage, de fidélité politique, de dignité morale et investi d'une considération méritée. Par ses opinions générales et ses antécédents, il appartenait à la fraction la plus monarchique du parti modéré, presque au parti de la monarchie pure; et tout en reconnaissant la nécessité du régime constitutionnel, il ne l'acceptait qu'avec inquiétude, et voulait, en le rattachant aux anciennes institutions de l'Espagne, y faire à la royauté la plus large part de pouvoir. En rentrant en Espagne, il se déclara partisan décidé de la réforme de la constitution par décret royal. Il avait médité, préparé, rédigé toutes les mesures, tous les documents que devait entraîner ce grand acte, le manifeste à la nation espagnole, les considérants et le texte de la nouvelle constitution; elle devait être mise immédiatement en vigueur, accompagnée d'une amnistie générale, et le 10 octobre 1844, jour de sa majorité effective, la reine Isabelle devait sanctionner solennellement cet ensemble de mesures, au sein des Cortès élues et réunies en vertu de la loi électorale également réformée. Le général Narvaez partageait les idées et approuvait le plan du marquis de Viluma. C'était aussi, au fond du cœur, le penchant de la reine Christine. MM. Mon et Pidal voulaient, en fait, toutes les réformes que proposait M. de Viluma, que désirait la reine-mère et qu'avait acceptées M. Gonzalès Bravo lui-même ; mais ils croyaient qu'elles pouvaient être accomplies par les voies constitutionnelles, et ils se refusaient au coup d'État. Bien instruit par M. Bresson de cette lutte au sein du cabinet, je lui écrivis[1] : « Je ne connais pas l'Espagne, et je suis fort porté à croire qu'elle ne ressemble à aucun autre pays. Pourtant il y a des maximes de bon sens qu'aucune différence locale ne peut abolir. Or c'en est une incontestable qu'il ne faut faire des coups d'État qu'en présence d'une nécessité impérieuse, évidente, palpable, et qu'il ne faut pas faire par des coups d'État ce qu'on peut tenter d'accomplir, avec chance de succès, par les voies légales. J'ai beau y regarder : la nécessité d'un coup d'État en Espagne, pour rendre la constitution plus monarchique, n'est pas évidente ; et quand je vois des hommes sensés, des hommes très-monarchiques et très-compromis pour la monarchie convaincus qu'on peut atteindre ce but par les moyens constitutionnels, je demeure convaincu à mon tour qu'il est sage de les en croire et de les laisser faire. Les procédés de force sont bien tentants ; ils sont prompts ; ils font honneur au courage,

---

[1] Le 22 juin 1844.

et pour un moment ils réalisent toutes les espérances. Mais après? Je me méfie des victoires qui créent autant d'embarras qu'elles en surmontent. Ceux-là seuls terminent les révolutions qui renoncent aux procédés révolutionnaires. Pour gouverner, pour gouverner réellement et durablement, il faut se résigner aux luttes incessantes, aux lenteurs infinies, aux succès incomplets et toujours contestés. Il ne faut plaindre, comme on dit, ni son temps, ni sa peine. Je ne doute pas que les meilleures Cortès espagnoles ne soient très-difficiles à manier ; je ne doute pas qu'il ne soit très-difficile de leur faire modifier raisonnablement la constitution de 1837. Est-ce impossible ? S'il n'y a pas impossibilité absolue, on fait bien, je crois, de le tenter. Avec les assemblées politiques, il faut faire de deux choses l'une : ou les persuader et agir par elles, ou les mettre évidemment dans leur tort avant d'agir sans elles. Autant donc que je puis avoir un avis, je suis de l'avis de M. Mon, et je désire que la reine en soit.

« En ce qui nous touche, nous, gouvernement français, c'est bien certainement notre politique et la position qu'il nous convient de garder. Tenez-vous-y donc bien. Moi aussi, M. de Viluma m'a plu ; je lui ai trouvé l'esprit et le cœur droits et élevés, et j'aurais volontiers grande confiance en lui. Mais j'ai appris à n'en pas trop croire mon goût pour les personnes. Continuez de bons rapports avec M. de Viluma, s'il se retire ; mais soutenez M. Mon. »

M. de Viluma se retira. La reine Christine, malgré son penchant, persista dans sa sagesse. Le général Narvaez se rangea, non sans regret, mais sans hésitation, à la résolution de la reine Christine. M. Martinez de la Rosa, toujours considérable et influent dans le parti modéré, quitta l'ambassade de Paris pour devenir à Madrid ministre des affaires étrangères. L'expérience donna raison à M. Mon et à sa persévérance constitutionnelle. Les élections accomplies selon la loi existante amenèrent des Cortès très-monarchiques qui, après de longs et libres débats, acceptèrent les modifications proposées par le cabinet. La constitution de 1837 avait été un premier pas hors de la constitution radicale et incohérente de 1812 pour rentrer dans les conditions du gouvernement libre et régulier sous la monarchie. La constitution de 1844, votée par 124 suffrages contre 26, fut un nouveau et grand pas dans la même voie. Elle se rapprocha, sur les points essentiels, de la charte française de 1830, avec cette différence que, tandis que les modifications apportées en 1830 à notre charte de 1814 avaient été favorables au progrès de la liberté, celles que les Cortès espagnoles accomplirent en 1844 dans la constitution de 1837 eurent pour objet de relever et de fortifier la royauté.

Le mariage de la reine Isabelle était une question bien plus compliquée et de plus longue haleine que la réforme de la constitution espagnole. A la fin de 1843, elle n'avait pas fait encore de grands pas. Nous avions hautement déclaré la résolution du roi Louis-Philippe de se refuser au mariage de l'un de ses fils avec la reine d'Espagne. Nous avions sondé les dispositions des cours de Londres, de Vienne, de Berlin, de Naples, de Bruxelles. Une négociation suivie par le duc de Montebello, alors ambassadeur du roi à Naples, avait décidé le roi de Naples à reconnaître la reine Isabelle, et à envoyer à Madrid le prince Carini chargé de profiter, s'il y avait lieu, des chances favorables que notre politique ouvrait aux deux princes ses frères. L'aîné de ces princes, le comte d'Aquila, se refusait formellement à l'union espagnole; mais le plus jeune, le comte de Trapani, était disponible. Nous avions eu, à ce sujet, le roi et moi, de longs entretiens avec la reine Christine avant son départ de Paris, et à la fin elle avait paru accepter cette combinaison. Je suis convaincu qu'elle ne l'acceptait qu'en apparence et pour gagner du temps; elle espérait toujours triompher de la résistance du roi Louis-Philippe, et parvenir au mariage de sa fille avec un prince français. Lord Aberdeen, en causant avec M. de Sainte-Aulaire, avait lui-même mis en avant l'idée du mariage napolitain, mais sans s'engager à le seconder activement. Il avait aussi continué à désavouer l'idée du mariage Coburg, mais toujours préoccupé des désirs de la reine Victoria et du prince Albert, et peu décidé à les combattre ouvertement. En septembre 1843, revenant du château d'Eu en Angleterre par la Belgique, il avait trouvé le roi Léopold très-inquiet que le roi Louis-Philippe ne le soupçonnât d'intriguer en faveur de son neveu, et très-empressé à s'en défendre. Loin de convaincre lord Aberdeen de son indifférence, l'anxiété du roi Léopold avait accru son embarras à se déclarer l'adversaire d'une combinaison qui avait peut-être, dans sa propre cour, de tels appuis. De son côté, le prince de Metternich se montrait vivement opposé à tout mariage napolitain, et travaillait toujours, encore sans succès, à obtenir l'abdication de don Carlos en faveur de son fils l'infant Charles-Louis et à préparer les chances de ce qu'il appelait l'union des droits. En Espagne même enfin, la haine passionnée de l'infante Doña Carlotta pour sa sœur la reine Christine enlevait à ses deux fils, le duc de Cadix et le duc de Séville, tout espoir d'épouser la reine Isabelle : « J'enrage partout, disait cette princesse, chez moi, à la promenade, au théâtre, partout et toujours ; » et son ambition même ne parvenait pas à contenir sa rage. Partout ainsi les dispositions des personnes intéressées ou influentes étaient incertaines, ou obscures, ou inactives; et la question, partout soulevée et débattue, restait pourtant en suspens.

L'arrivée à Madrid d'abord du comte Bresson et, trois mois après, de la reine Christine, mit fin à cet état stationnaire quoique agité. M. Bresson était parti avec l'instruction de travailler au succès du mariage napolitain ; cette combinaison satisfaisait à notre principe quant aux descendants de Philippe V; et par l'union des branches espagnole et italienne de la maison de Bourbon, elle accroissait en Europe l'influence de la France sans l'engager au-delà de l'intérêt national. A peine établi à Madrid, M. Bresson m'écrivit[1] : « Si l'influence de l'Angleterre reste négative, si son ministre ne se joint pas à moi pour seconder, pour conseiller le mariage napolitain ; si on le suppose tiède, indifférent, nous aurons bien de la peine à triompher des répugnances que je vois naître, se répandre, se concerter. Nous n'en triompherons pas surtout si la reine Christine se tient à distance et ne vient pas, sur les lieux, inspirer et discipliner ses partisans. La reconnaissance de Naples n'a pas, à beaucoup près, produit ici l'effet que j'en attendais. Derrière la reconnaissance, on a clairement entrevu le dessein du mariage. Alors le parti modéré s'est demandé ce qu'un prince de seize ans, envoyé par une puissance secondaire, apporterait à l'Espagne de force morale ou matérielle. M. de Casa-Irujo s'est montré contraire à ce mariage, sans restriction. M. Mon, après m'avoir fait avertir la veille par M. de Glücksberg, pour que j'y fusse préparé, qu'il viendrait, au nom de ses amis, faire auprès de moi une dernière tentative pour obtenir un des fils du roi, m'est arrivé rempli de récriminations contre l'abandon où la France avait laissé le parti modéré chaque fois que le pouvoir lui était échu. Dans la circonstance présente, il nous voit, pour nous soustraire à quelques embarras qu'il ne croit pas aussi graves que nous les lui représentons, donnant à l'Espagne un roi qui ne serait qu'une continuation de minorité et d'anarchie, quand elle pourrait recevoir de nous un prince

---

[1] Le 24 décembre 1843.

fort, énergique, éprouvé, formé par les exemples du roi son père, et qui saurait gouverner et subjuguer les factions. J'ai modéré les élans de son imagination ; je lui ai fait voir qu'il se méprenait dans son appréciation des complications qu'attirerait sur la France et sur l'Espagne l'alliance qu'il rêvait; et après plusieurs heures de conversation pendant lesquelles, ne pouvant convaincre sa raison, j'ai cherché à intéresser son ambition et son amour-propre, il m'a paru plus calme, promettant de ne pas s'opposer, même de ne pas s'abstenir comme il le voulait d'abord, et d'empêcher ses amis de se monter la tête et de prendre d'autres engagements, avant d'avoir examiné la question sous toutes ses faces. Mais sa conclusion a été que le mariage napolitain ne serait possible qu'autant que la reine Christine viendrait en personne le suggérer, et que la France et l'Angleterre y donneraient ouvertement leur assentiment. Avant l'arrivée de la reine Christine, la question n'est pas abordable; et après son arrivée, si l'Angleterre n'est pas nettement sur notre ligne, il y aura opposition ardente du parti progressiste et scission dans le parti modéré. »

Quelques semaines avant l'arrivée de la reine Christine à Madrid, un incident inattendu modifia les situations relatives des divers prétendants à la main de la reine sa fille. L'infante doña Carlotta mourut presque subitement d'une rougeole rentrée[1]. Par là disparaissait

[1] Le 29 janvier 1844.

le principal obstacle que la haine passionnée de cette princesse pour sa sœur suscitait aux chances matrimoniales des ducs de Cadix et de Séville ses fils. Nous avions, dès le premier moment, regretté cet obstacle et témoigné pour ces deux princes notre bon vouloir. J'écrivis au comte de Flahault le 16 août 1843 : « Quant au choix entre les descendants de Philippe V, nous n'en faisons nous-mêmes aucun. C'est à l'Espagne de le faire. A tout prendre, le duc de Cadix me paraît le concurrent le plus près du but. Il est espagnol et il a un parti espagnol, bon ou mauvais, fort ou faible, mais réel et actif. » En m'annonçant la mort de l'infante doña Carlotta, M. Bresson me disait : « Plus on réfléchit sur cette mort, plus elle frappe comme un grand événement. L'esprit d'intrigue de cette princesse, son activité, son audace nous préparaient plus d'un embarras dans la question du mariage. Il est difficile d'être moins regrettée qu'elle ne l'est. Cette branche de la maison royale n'aura plus d'autre importance que celle qu'il plaira à la reine Christine de lui octroyer. » Je ne voulus laisser ni à Londres ni à Madrid aucune incertitude sur ma pensée et mes dispositions dans cette circonstance ; j'écrivis à lord Aberdeen[1] : « La combinaison napolitaine nous convient ; vous m'avez toujours dit qu'au point de vue des intérêts anglais elle vous convenait aussi. Mais ne croyez pas que ce soit là pour vous une combinaison exclusive, ni que nous prétendions le moins du monde

[1] Le 12 février 1844.

l'imposer à l'Espagne. Un mari choisi parmi les descendants de Philippe V, c'est là toujours notre seul principe essentiel; et parmi les combinaisons qui rentrent dans ce principe, celle du duc de Cadix ne rencontrerait, de notre part, pas la moindre objection. Elle a des avantages réels; la mort de l'infante sa mère lève bien des obstacles. Ce que je désire, ce qui me paraît indispensable, c'est que cette combinaison ne devienne pas une combinaison anglaise opposée à une autre qui serait la française. Non-seulement nous retomberions par là dans ce déplorable et absurde antagonisme dont nous travaillons à sortir; mais tenez pour certain que la combinaison Cadix en deviendrait plus difficile. Il se peut que nous aboutissions à cette combinaison et qu'elle soit, en définitive, la plus naturelle; mais si elle doit prévaloir, il faut que ce soit comme espagnole, non comme anglaise. Restons, vous et nous, sur le terrain où nous sommes placés, dans l'attitude que nous avons prise, et laissons agir les ressorts espagnols, reine, reine-mère, cabinet, Cortès. Le concours de toutes ces volontés est nécessaire pour arriver à un résultat, et elles auront bien assez de peine à se mettre d'accord. »

Je répondis en même temps au comte Bresson [1] : « La mort de l'infante est, en effet, un vrai événement. J'en tire, sur le mariage, la même conclusion que vous. Ménagez toujours la chance des princes ses fils, sans altérer la position que vous avez prise en arrivant. Le roi croit qu'au fond la disposition de la reine Chris-

---

[1] Le 5 février 1844.

tine restera la même. Elle part le 15 de ce mois. »

« Je suis décidée pour mon frère Trapani, » dit au général Narvaez la reine Christine en arrivant à Aranjuez. « Narvaez, en m'en donnant avis, m'écrivit aussitôt M. Bresson, exprimait l'opinion que, si nous avions eu, lui et moi, raison, il y a trois mois, de temporiser, nous aurions tort aujourd'hui de ne pas hâter la solution, à l'aide de la faveur populaire que la reine Christine avait tout à coup reconquise : — Vous serez content, m'a-t-il dit en me prenant la main : la position de la reine n'est pas ce qu'elle était à la Granja, à Valence, à Barcelone; là, elle avait près d'elle des chefs militaires disposés à la trahir; maintenant elle a près d'elle, en moi, un chef militaire qui n'attend que ses ordres pour les exécuter. » Tous les regards se portèrent dès lors vers la perspective que la décision de la reine Christine semblait ouvrir ; toutes les démarches se dirigèrent vers ce but; le prince Carini et le duc de Rivas, ambassadeurs de Naples à Madrid et de Madrid à Naples, déployèrent leur caractère et leurs instructions : la reine Christine et la reine sa fille devaient aller à Barcelone; on parla d'une visite que pourraient leur faire là la reine-mère de Naples et le comte de Trapani. Il fut aussi question d'un voyage du roi de Naples à Paris avec son jeune frère, pour le montrer à sa royale famille et le préparer au trône qui l'attendait. La question paraissait résolue et la solution près de s'accomplir.

L'humeur du prince de Metternich fut extrême : il redoutait l'agrandissement de la maison royale de

Naples qui devait la rendre plus indépendante en Italie, et plus encore la contagion révolutionnaire qui, selon lui, ne pouvait manquer de se répandre d'Espagne en Italie, et d'y ébranler la domination autrichienne. Depuis quelque temps déjà, dès qu'il avait entrevu la chance du mariage napolitain, il avait repris vivement, à Paris comme à Bourges, son travail en faveur du fils de don Carlos, se montrant même disposé à atténuer la rigueur du principe au nom duquel il soutenait cette combinaison. Le 13 septembre 1843, le roi Louis-Philippe était de retour à Saint-Cloud, après avoir reçu au château d'Eu la visite de la reine d'Angleterre; le comte Appony vint aussitôt lui rendre ses devoirs, et je reproduis ici textuellement la conversation qui s'engagea entre eux, et dont j'ai gardé un exact et complet souvenir :

Le comte Appony. Le roi a eu bien beau temps pendant son séjour au château d'Eu. La reine d'Angleterre a dû bien en jouir.

Le roi. Oui, elle a paru se plaire beaucoup. Elle a été parfaitement aimable.

Le comte Appony. Le roi a connaissance des dépêches du prince de Metternich, que j'ai communiquées à M. Guizot au moment de son départ pour Eu.

Le roi. Sur quoi?

Le comte Appony. Des dépêches au baron de Neumann et à moi sur le mariage de la reine Isabelle avec le fils aîné de don Carlos.

Le roi. Ah, oui! je les ai lues. Vous avez bien raison,

mon cher comte, de dire *le fils de don Carlos*. Bien souvent on dit, nos propres agents disent quelquefois *le prince des Asturies*. Je l'ai vu dans des lettres de M. de Flahault et de Philippe de Chabot. Expression parfaitement fausse. Il n'est point *prince des Asturies*. L'appeler ainsi, c'est dire que son père est roi. Il est l'infant Charles-Louis. C'est de Vienne que ce langage : *prince des Asturies*, est venu. Vous-mêmes pourtant vous n'avez point reconnu don Carlos roi, pas plus qu'Isabelle reine. Vous avez donc bien raison de dire *le fils de don Carlos*. Quant au fond, vous savez, mon cher comte, tout le cas que je fais de l'esprit du prince de Metternich, mon respect pour son grand jugement, sa grande expérience ; mais vraiment, je vous l'ai déjà dit, il a gâté l'affaire en voulant que don Carlos fût roi et que son fils épousât, comme roi, la reine Isabelle. Nous avions fait, moi et mon gouvernement, un tour de force en rendant au fils de don Carlos sa chance, et en l'acceptant comme l'un des descendants de Philippe V. Il fallait prendre la balle au bond et s'unir sur-le-champ à nous. Au lieu de cela, le prince de Metternich a voulu faire bande à part, élever une autre question, un autre drapeau. Je le répète : il a manqué l'occasion et gâté l'affaire.

Le comte Appony. Mais, Sire, nous ne tenons pas absolument à la condition que nous avons exprimée d'abord ; il fallait bien l'exprimer : c'était notre principe ; aujourd'hui nous accepterions le mariage de l'infant avec la reine.

Le roi. L'affaire est gâtée. En Espagne, partout, on sait le principe que vous avez mis en avant ; on sait que nous n'avons pas été d'accord du premier coup ; on s'est prévenu, irrité, préparé.

Le comte Appony. Le prince de Metternich fera une démarche à Madrid pour proposer cette combinaison et dire que la reconnaissance des trois puissances est à ce prix.

Le roi. Prenez-y garde ; votre proposition ne fera pas fortune : toute initiative étrangère sera mal venue en Espagne. Je me garderais bien, moi, d'en prendre aucune. Et l'Autriche n'a pas conservé grand crédit en Espagne. Vous n'avez contenté personne. Vous n'avez reconnu ni Charles V ni la reine Isabelle. Une conduite incertaine ne fortifie pas beaucoup. Il faut qu'une porte soit ouverte ou fermée.

Le comte Appony. La démarche une fois faite, nous comptons sur l'adhésion du roi.

Le roi. A quel titre prenez-vous cette affaire à votre compte ? Pourquoi don Carlos ne s'adresse-t-il pas à moi ? C'est moi surtout que cela regarde. J'y puis plus que personne. Il est étrange qu'à Bourges on me passe sous silence. Quel absurde aveuglement que celui de ces pauvres princes ! Ils n'ont jamais su comprendre ce qui se peut ou non, ni comment on réussit. Mais pourquoi l'Autriche est-elle opposée à un prince napolitain ? Je sais : vous craignez le contact de l'Espagne révolutionnaire avec l'Italie. Illusion, mon cher comte, pure illusion. Pour prévenir la contagion révolutionnaire, il n'y a qu'une chose efficace, une chose pressante :

c'est de mettre un terme aux révolutions en Espagne.
Autrefois, quand la même famille portait les deux couronnes, Naples n'a jamais réellement influé sur l'Espagne, ni l'Espagne sur Naples ; bien au contraire, les deux pays se méfiaient l'un de l'autre. Aujourd'hui, quoiqu'il n'y ait, entre les deux pays, aucun rapport officiel, l'état révolutionnaire de l'Espagne retentit bien plus en Italie que l'Espagne ramenée à l'ordre n'agirait sur Naples qui lui aurait donné un roi. Si un prince napolitain est le meilleur moyen de rétablir en Espagne un ordre légal, un gouvernement régulier, il faut se hâter de le lui donner. Le grand esprit du prince de Metternich doit comprendre cela. Le mal, c'est que la reine Isabelle n'ait pas été reconnue tout de suite par tout le monde. Il faut qu'un trône soit occupé. Un trône vide est un trône brisé. Certainement les branches aînées, les branches légitimes, c'est-à-dire l'ordre légal de succession, ont de grands avantages : je le pense autant que personne. Cela était vrai en France aussi ; mais la branche aînée n'occupait plus, ne pouvait plus occuper le trône. Voilà pourquoi j'ai consenti à l'occuper, pour qu'il y eût un trône. J'aime beaucoup la loi salique; je la regrette infiniment en Espagne ; mais j'aime encore mieux la royauté sans la loi salique que l'anarchie. Voilà ce qui fait le droit de la reine Isabelle et ce qui a fait que je l'ai reconnue, et ce qui règle ma politique en Espagne. Quand la nécessité est là, il faut la voir et l'accepter avec ses conséquences, et ne songer qu'à ramener l'ordre.

Le comte Appony. Le roi pense mal de l'avenir de l'Espagne.

Le roi. J'en conviens : j'ai peu d'espoir que l'ordre revienne et se raffermisse dans ce malheureux pays si désorganisé et si passionné.

Le comte Appony. M. Guizot, si je ne me trompe, voit moins en noir que le roi l'avenir de l'Espagne.

Le roi. C'est vrai; il me l'a dit plusieurs fois. Je souhaite fort me tromper, et que M. Guizot ait raison; mais ce n'est là, entre nous, qu'une question d'avenir et de conjecture; dans le présent, nous sommes parfaitement d'accord sur l'Espagne et sur la conduite à y tenir, moi et M. Guizot. J'approuve tout ce qu'il a pu vous dire à ce sujet, et je suis sûr qu'il en ferait autant de ce que je vous dis.

Les démarches du prince de Metternich à Bourges ne furent pas tout à fait vaines : elles trouvaient en Angleterre, non pas dans le gouvernement, mais dans la haute société de Londres, quelque appui : don Carlos y avait des partisans qui venaient le visiter à Bourges et qui essayaient de le servir. Il chargea l'un d'eux, lord Ranelagh, de remettre à lord Aberdeen une lettre ainsi conçue[1] :

« My Lord,

« Ayant été informé de l'intérêt que vous me portez, ainsi qu'à ma juste cause, je viens vous témoigner

[1] Du 7 mars 1844.

combien j'en suis reconnaissant. Mylord Ranelagh, qui mérite ma confiance, connaît mes sentiments et tout ce que je suis disposé à faire pour l'honneur et la tranquillité de l'Espagne, qui est tout ce que j'ambitionne. Il aura l'honneur de vous répéter tout ce que je lui ai dit à ce sujet. Je me flatte que vous voudrez bien lui accorder votre attention, et que là-dessus, et prenant à cœur les intérêts de ma cause, vous voudrez bien faire tout ce qu'il dépendra de vous pour amener un heureux résultat. »

En m'annonçant[1] cette démarche de don Carlos, M. de Sainte-Aulaire me disait : « Lord Ranelagh a vu lord Aberdeen. Il apporte à Londres des pouvoirs (écrits ou non, je ne sais) de don Carlos qui consent à abdiquer en faveur de son fils. Le mariage avec la reine Isabelle se faisant, on contesterait peu les titulatures. Bien qu'à cet égard aucun engagement ne soit pris, lord Ranelagh paraît n'avoir pas laissé de doute à lord Aberdeen. »

La réponse de lord Aberdeen à don Carlos fut nette et péremptoire : « Votre Altesse Royale, lui dit-il, a été mal informée. Malgré mon grand respect pour Votre Altesse royale et mes égards pour vos intérêts personnels, je n'ai jamais exprimé ni conçu aucune opinion favorable à la cause que Votre Altesse royale a soutenue en Espagne. La succession au trône m'a toujours paru une question dans laquelle aucune

[1] Le 22 mars 1844.

juridiction, aucun contrôle étranger ne pouvait intervenir, et qui appartenait exclusivement à l'Espagne elle-même. J'ai promptement adhéré, comme juste, à la décision prise, à cet égard, par la nation espagnole. Lord Ranelagh m'a dit les sacrifices que Votre Altesse royale est disposée à faire pour le bonheur et la tranquillité de l'Espagne. Quel qu'en soit le résultat, je me permets d'exprimer humblement le sentiment que m'inspirent les motifs patriotiques qui ont fait adopter à Votre Altesse royale cette résolution. »

« Lord Aberdeen a demandé d'abord, me disait de plus M. de Sainte-Aulaire, si don Carlos avait fait parler à vous ou au roi. Lord Ranelagh a dit que non. »

Le refus si positif de toute adhésion de lord Aberdeen ne fut probablement pas étranger au retard de la résolution que lui avait fait annoncer don Carlos ; il ne se décida à abdiquer qu'un peu plus tard[1]; et cette fois il s'empressa d'annoncer, en ces termes, au roi Louis-Philippe l'acte qu'il venait d'accomplir :

« Monsieur mon frère et cousin,

« Je m'empresse d'adresser à Votre Majesté l'acte de mon abdication à la couronne d'Espagne, que je viens de faire en faveur de mon bien-aimé fils le prince des Asturies, ainsi que celui de son acceptation, et dont la teneur suit :

« — Lorsque, à la mort de mon bien-aimé frère et

---

[1] Le 18 mai 1845.

seigneur le roi Ferdinand VII, la divine Providence m'appela au trône d'Espagne, me confiant le salut de la monarchie et la félicité des Espagnols, j'y ai vu un devoir sacré; et pénétré de sentiments d'humanité chrétienne et de confiance en Dieu, j'ai consacré mon existence à cette pénible tâche. Sur la terre étrangère comme dans les camps, dans l'exil comme à la tête de mes fidèles sujets, et jusque dans la solitude de la captivité, la paix de la monarchie a été mon unique vœu, le but de mon activité et de ma persévérance. Partout le bien-être de l'Espagne m'a été cher; j'ai respecté les droits; je n'ai point ambitionné le pouvoir, et partout ma conscience est restée tranquille.

« La voix de cette conscience et le conseil de mes amis m'avertissent aujourd'hui, après tant d'efforts, de tentatives et de souffrances supportées sans succès pour le bonheur de l'Espagne, que la divine Providence ne me réserve pas d'accomplir la tâche dont elle m'avait chargé, et que le moment est venu de transmettre cette tâche à celui que les décrets du ciel y appellent, comme ils m'y avaient appelé.

« En renonçant donc aujourd'hui, pour ma personne, aux droits à la couronne d'Espagne que m'a donnés le décès de mon frère le roi Ferdinand VII, en transmettant ces droits à mon fils aîné, Charles-Louis, prince des Asturies, et en notifiant cette renonciation à la nation espagnole et à l'Europe, dans les seules voies dont je puisse disposer, j'acquitte un devoir de conscience, et je me retire passer le reste de mes jours, éloigné de toute occupation politique, dans la tranquillité domestique et le calme d'une conscience pure, en priant Dieu pour le bonheur et la gloire de ma chère patrie. — Bourges, 18 mai 1845.

« *Signé :* Charles. »

« J'ai pris connaissance, avec une résignation filiale, de la détermination que le roi, mon auguste père et seigneur, m'a fait signifier aujourd'hui; et en acceptant les droits et les devoirs que sa volonté me transmet, je me charge d'une tâche que je remplirai, Dieu aidant, avec les mêmes sentiments et le même dévouement pour le salut de la monarchie et le bonheur de l'Espagne. — Bourges, 18 mai 1845.

« *Signé :* Charles-Louis. »

Rien, à coup sûr, n'était moins propre qu'un tel document à venir en aide aux politiques qui désiraient unir le fils de don Carlos à la reine Isabelle : les principes du parti carliste étaient là aussi crûment maintenus et proclamés qu'ils avaient pu l'être quand ils avaient soulevé en Espagne la guerre civile; don Carlos persistait à se considérer comme roi et seul roi légitime d'Espagne; pas plus en 1843 qu'en 1833, il ne tenait compte ni de l'ancien droit espagnol qui admettait la succession féminine, ni des dernières volontés de son frère Ferdinand VII qui avait remis ce droit en vigueur, ni des votes répétés des Cortès, ni des revers dont les partisans armés de sa cause n'avaient pu se relever. Tous les partis actifs en Espagne, les modérés comme les progressistes, tous les pouvoirs civils ou militaires, nationaux ou municipaux, étaient unanimes à rejeter une combinaison matrimoniale présentée au nom de telles maximes et avec un tel oubli des faits. La reine Christine la repoussait avec terreur : « Elle m'a dit ces propres mots, m'écrivait M. Bresson [1] : — « Je ne crois pas mon beau-frère ni mon neveu capables d'un crime, mais je crois leur parti capable de tout. Mon cœur de mère m'avertit que, dans une telle union, il y aurait, pour ma fille, un danger de tous les instants ; elle serait un obstacle qu'on ferait tôt ou tard disparaître. Je serais tourmentée des plus affreux pressentiments ; je n'aurais plus un moment de tranquillité. » M. Bresson ajoutait [2] : « J'en ai causé avec le duc de Veraguas, descendant de Christophe Colomb, homme de sens, véritable expression de la Grandesse ralliée et modérée, et de ce nombreux parti monarchique inactif qui est le fond de l'Espagne et qui se tient trop à l'écart. Il regarderait ce mariage comme le meilleur s'il était possible ; il croit qu'on pourrait le rendre tel ; si le prétendant avait non-seulement abdiqué, mais reconnu la reine Isabelle, s'il avait fait sa soumission, placé hors de doute le principe de la légitimité de la reine, et que son fils eût seulement alors demandé sa main, à titre d'infant de la branche aînée collatérale, les choses se présenteraient sous un autre aspect. » C'était

[1] Le 11 avril 1844.
[2] Le 14 avril 1844.

là ce que, dans sa conversation du 13 septembre 1843 avec le roi Louis-Philippe, le comte Appony avait paru admettre au nom du prince de Metternich ; mais, en 1845, l'acte d'abdication de don Carlos et le manifeste de son fils l'infant Charles-Louis exclurent toute idée de concessions semblables ; et je retrouve en 1846, dans une lettre du marquis de Villafranca, l'un des plus modérés partisans de don Carlos, au duc de Veraguas [1], les mêmes principes, la même obstination noble et aveugle. Sir Henri Bulwer portait de cette combinaison le même jugement que M. Bresson : « Autour de la cour, écrivait-il à lord Aberdeen [2], il y a une coterie qui met en avant le plan d'un mariage avec le fils de don Carlos ; mais ce serait une bien scabreuse affaire. Cette coterie pense que le trône a besoin d'être fortifié, et que parmi les carlistes seuls on trouverait un grand nombre d'hommes influents qui s'uniraient cordialement, à certaines conditions, pour accroître l'autorité royale. Le fait est que tous les soldats de fortune, comme Narvaez et Concha, et beaucoup d'autres fort disposés peut-être à aller très-loin pour faire de la reine Isabelle un souverain absolu, s'uniraient comme un seul homme contre le projet de donner à don Carlos ou à son fils la moindre dose de pouvoir, par cette seule et simple raison qu'ils élèveraient ainsi, contre eux-mêmes, une nouvelle troupe de rivaux. Tenez pour certain, Mylord, qu'à moins de bien grands change-

---

[1] Du 2 juillet 1846.
[2] Le 3 janvier 1844.

ments dans l'opinion de ce pays, un tel mariage équivaudrait à une nouvelle guerre civile et à une nouvelle série de révolutions. »

Ainsi se resserrait de jour en jour le cercle des prétendants entre lesquels la reine Isabelle avait à choisir. Nous nous refusions au mariage français, et le gouvernement anglais s'y déclarait contraire. Nous faisions la même déclaration à l'égard de tout prince étranger aux descendants de Philippe V, spécialement du prince Léopold de Coburg. Au dire de tous les bons juges de l'état des partis en Espagne, le mariage carliste devenait de plus en plus impossible. Le mariage napolitain ou un mariage purement espagnol, le comte de Trapani ou l'un des deux fils de l'infante doña Carlotta, le duc de Cadix ou le duc de Séville, tels paraissaient donc en 1844, au retour de la reine Christine en Espagne, les seuls concurrents entre lesquels la question du mariage de la reine Isabelle fût à décider.

La négociation engagée en faveur du comte de Trapani fut activement suivie par le comte Bresson à Madrid et par le duc de Montebello à Naples ; c'était la mission qu'ils avaient reçue et dont le succès devait être leur propre succès aussi bien que celui de leur gouvernement. Ils ne négligèrent rien pour obtenir, l'un du gouvernement espagnol, l'autre du roi de Naples, les démarches et les concessions nécessaires pour atteindre notre but. Mais ils rencontraient, l'un à Naples, l'autre à Madrid, des hésitations, des lenteurs, des ajournements qui rendaient vains leurs efforts : le roi de Naples ne voulait prendre aucune résolution, aucune initiative sans qu'il lui fût venu de Madrid quelque ouverture positive et l'assurance du succès; le cabinet espagnol ne voulait s'engager à rien avant que le roi de Naples eût témoigné son désir du mariage en dirigeant ouvertement vers ce but la situation, l'éducation, la vie extérieure et les actes du comte de Trapani : « Je viens enfin d'obtenir du général Narvaez qu'il écrirait au duc de Rivas et qu'il toucherait la question du mariage, m'écrivait M. Bresson[1]; je sors de chez lui; il m'a lu sa lettre et me l'a remise. Je l'envoie à Montebello. Elle est très-bien. Elle dit au duc de Rivas que le moment d'entrer en négociation formelle et de prendre des engagements n'est pas encore venu, et que le gouvernement espagnol doit conserver toute sa liberté et ne consulter que le bonheur de la reine et l'intérêt du pays; mais qu'il n'hésite pas à déclarer que, le jour où Sa Majesté aura fait un choix et le lui aura notifié, il n'omettra, en quelque situation qu'il se trouve, aucun effort pour qu'elle soit satisfaite, et il ne doute pas d'y réussir. Il ajoute que les dispositions bien connues de la reine-mère, les relations de famille et la consanguinité laissent peu de doute que ce choix ne tombe sur le comte de Trapani; qu'il faut donc songer dès aujourd'hui à le produire, à le faire voyager, à le préparer au rôle qui lui est réservé, et à lui concilier les sentiments de la nation espagnole;

---

[1] Le 14 juillet 1844.

que l'éducation qu'il reçoit n'est pas de nature à produire cet effet, et que, si ce jeune prince ne quitte pas la robe de jésuite pour le frac militaire, l'Espagne, qui n'entend pas se soumettre à l'esprit et au régime du cloître, n'accueillera pas favorablement ses prétentions à la main de la jeune reine........ » Trois semaines après[1], M. Bresson me disait : «Hier le général Narvaez m'a fait lire la réponse du duc de Rivas; il dit qu'il a fait usage de la lettre du général, qu'il ne doute pas qu'elle n'ait pour conséquence de retirer des mains des jésuites le comte de Trapani, qu'il en est temps, que le duc de Montebello le seconde de tous ses efforts, mais que le roi Ferdinand est encore retenu dans son incertitude du succès par la crainte exagérée de passer un jour pour dupe et de n'avoir produit qu'un candidat malheureux. Quand le général Narvaez a communiqué cette lettre du duc de Rivas à la reine Christine, elle a fait cette seule remarque : — « Au lieu d'hésiter, si mon frère entendait bien son intérêt, il enverrait Trapani à bord de l'escadre du prince de Joinville. » — Je vous en prie, ajoutait M. Bresson, écrivez tout cela à Montebello, et que le roi Ferdinand entende de sa bouche la vérité sans déguisement. Vos paroles seront d'un tout autre poids que les miennes. Il nous gâte entièrement la position, et bientôt, s'il ne retire son frère de son collége de jésuites, je serai réduit à vous mander qu'il ne lui reste plus de chances. »

---

[1] Les 9 août et 8 septembre 1844.

En communiquant au roi ces lettres de M. Bresson, j'ajoutai [1] : « Le mariage espagnol nous donnera bien de l'embarras; personne ne nous aide, pas même ceux dont nous voulons faire les affaires. Il n'y a pas moyen de tout faire tout seuls, et pour tout le monde. » Le roi me répondit sur-le-champ : « J'ai été tellement assiégé ce matin que ce n'est qu'en ce moment que je viens de lire la lettre particulière de Bresson. Cette lecture m'a fait la même impression qu'à vous, et elle m'a suggéré l'idée d'une démarche sur laquelle j'aurais été bien aise de vous consulter avant de la faire; mais, ne vous ayant pas vu et n'ayant aucun doute que vous ne la trouviez convenable et utile, je vais vous en informer brièvement. Si, contre mon attente, vous y aviez des objections, vous aurez le temps de m'en faire part en me les communiquant avant sept ou huit heures du soir. Je fais dire au duc de Serra Capriola de venir chez moi ce soir, à huit heures et demie. J'aurai dans ma poche une copie en forme d'extrait de la lettre de Bresson. Je me propose non-seulement de la lui faire lire, mais de la lui donner en le chargeant de l'envoyer au roi de Naples, et de lui dire en même temps que je ne crois pas pouvoir lui donner une plus grande marque d'amitié, ni une plus grande preuve de l'intérêt que je porte à sa famille qui est la même que la mienne, que de lui faire connaître franchement combien je suis contrarié de ses hésitations, et combien

---

[1] Le 14 septembre 1844.

je les crois nuisibles à nos intérêts communs, particulièrement aux siens, sans que je puisse découvrir comment ce qu'on lui demande le compromettrait plus que le grand acte qu'il a fait quand il a reconnu la reine Isabelle II. Il faut qu'il ne se dissimule pas qu'en faisant cet acte il a brûlé ses vaisseaux avec la partie adverse, et que tous ces petits ménagements pour elle ne serviront qu'à faire manquer le mariage de son frère, et n'empêcheront pas de croire que ce mariage était le but qu'il se proposait par la reconnaissance de la reine Isabelle. La lettre de Bresson et la composition des Cortès qui doivent se réunir le 10 octobre ne me laissent pas de doute que le mariage de Trapani peut s'arranger aujourd'hui si le roi de Naples veut parler et agir, et surtout retirer son frère de chez les jésuites; mais il faut lui dire que le moment critique est arrivé, le moment de réussir ou de manquer; et je me propose de dire nettement à Serra Capriola que, si le roi de Naples continue à se laisser duper par les intrigues qui s'agitent autour de lui pour faire avorter un mariage dont nous ne nous sommes mêlés que sur ses désirs très-vivement exprimés; s'il ne se décide pas à faire ce sans quoi il est évident qu'il n'y a plus de chances de succès, nous cesserons, sans doute avec un vif regret, mais pourtant positivement, de nous occuper du mariage de son frère; nous n'en parlerons plus, tant à Madrid qu'ailleurs, et nous laisserons le champ libre à une autre combinaison. »

J'écrivis sur-le-champ à M. Bresson : « Voici ce que

le roi m'a répondu hier soir. Je vous envoie une copie textuelle de son billet dont je veux envoyer l'original à Montebello. Montrez-le à qui vous jugerez convenable, si vous jugez qu'il convienne de le montrer à quelqu'un. J'ai tout à fait approuvé ce qu'a fait le roi. Il faut que nous tirions le roi de Naples de son apathie, ou que nous sachions si décidément il n'en veut pas sortir. Il craint deux choses : l'une, d'être pris pour dupe ; l'autre, de voir son frère Trapani, au sortir du couvent, tourner comme ont tourné le comte de Lecce, le prince de Capoue, etc. On a intéressé son amour-propre royal et sa conscience fraternelle. Son amour-propre doit se résigner à quelque risque, et sa conscience peut prendre, en faisant voyager son frère en Europe, des précautions qui la rassurent. Je vous tiendrai au courant de ce qu'amènera cette dernière démarche. »

Elle n'amena rien de nouveau ni de décisif ; le roi de Naples persista dans son irrésolution et son inertie. J'incline à croire qu'outre sa crainte de se brouiller avec les cours de Vienne et de Rome, il doutait un peu de la sincère et ferme résistance du roi Louis-Philippe au mariage de l'un de ses fils avec la reine Isabelle, et il ne voulait pas s'exposer à n'avoir fait, dans ses rapports avec la cour de Madrid, que servir de marchepied à son cousin. Ce doute routinier et inintelligent le trompait singulièrement, car il avait précisément pour effet de rendre des chances à la combinaison que le roi Ferdinand redoutait : « Savez-vous, m'écrivait le comte Bres-

son [1], ce qui résulte déjà de ces hésitations du roi de
Naples? Les partisans du mariage français se raniment,
Narvaez lui-même; il me disait avant-hier : — « Ce mariage peut se traiter, s'accomplir sans que vous vous
en mêliez; laissez-nous seulement faire. Soit, je l'admets : l'Espagne aujourd'hui est plutôt un embarras
qu'un surcroît de force; mais donnez-moi trois ans avec
un des fils de votre roi, et je la reporterai au rang de
puissance du premier ordre; et alors, mesurez de
quelle importance il sera pour la France, pour vos
possessions d'Afrique, de ne faire qu'un avec elle. » —
Je n'entre pas, vous le pensez bien, cher ministre, dans
la discussion de ces diverses assertions : je détourne la
pensée et je combats les espérances. Mais ne doutons
pas d'une conséquence à peu près inévitable de la conduite équivoque du roi de Naples: aucun autre ministère que celui présidé par Narvaez n'osera adopter son
frère; et les ducs de Cadix et de Séville n'ayant de partisans nulle part, et les fils de don Carlos ayant toutes
les portes fermées, la question se posera nettement
entre un prince français et un prince allemand; dans
un entraînement d'irritation contre les vues exclusives
de ses voisins, dans un soubresaut d'indépendance,
l'Espagne nous laissera de côté et prétendra choisir,
pour elle et pour sa reine, quelque prince homme fait,
certain de l'appui de quelque grande puissance, et qui,
par sa personnalité et par ses alliances, lui apportera

---

[1] Les 8 et 21 septembre 1844.

de fortes garanties. Elle ne peut chercher et trouver ce prince qu'en France, en Autriche ou dans le reste de l'Allemagne. En pareil cas, que comptez-vous faire ? Je vous en prie, répondez-moi aussi nettement que je vais vous dire ma façon de penser. Je regarde un prince français comme une glorieuse et déplorable extrémité, un prince allemand comme le coup le plus pénétrant, le plus sensible à l'honneur de la France, et à l'orgueil, à l'existence peut-être de notre dynastie. Entre un prince français et un prince allemand, réduit, adossé à ces termes, je n'hésiterais pas un moment : je ferais choisir un prince français. Ici, cher ministre, mes antécédents me donnent le droit de soumettre respectueusement, au roi et à vous, quelques observations personnelles. En 1831, quand la question s'est posée, en Belgique, entre le duc de Leuchtenberg et le duc de Nemours, je me suis trouvé dans une position identique. Je ne rappellerai pas à Sa Majesté cette conversation que je suis venu chercher à toute bride de Bruxelles, et que j'ai eue avec elle, le maréchal Sébastiani en tiers, le 29 janvier, au point du jour. Les circonstances étaient imminentes, au dedans et au dehors; tout bon serviteur devait payer de sa personne; j'ai pris sur moi une immense responsabilité : j'ai fait élire M. le duc de Nemours, et je n'hésite pas à reconnaître que je l'ai fait sans l'assentiment du roi et de son ministre. C'était très-grave pour ma carrière, pour ma réputation même; j'ai touché à ma ruine; toute la conférence de Londres, M. de Talleyrand y compris, lord Palmerston avec fureur, s'était liguée contre moi. Le roi et le maréchal Sébastiani m'ont soutenu; ils m'ont ouvert une autre route; ils m'ont porté sur un autre théâtre, et je me suis relevé à Berlin, non sans peine, du bord de ce précipice. Mais, cher ministre, je ne pourrais repasser par ce chemin, ni courir de pareils risques; je ne serais plus, aux yeux de tous, qu'un brûlot de duperie ou de tromperie; on m'accuserait avec raison d'avoir joué deux peuples amis. Expliquons-nous donc secrètement, entre nous, mais sans détour; sur quoi puis-je compter? Votre résolution est-elle prise? Êtes-vous préparé à toutes ses suites? Que le roi de Naples se prononce; que nous sachions à quoi nous en tenir, et que nous puissions prendre nos mesures en toute connaissance de cause. Mais si la combinaison napolitaine échoue, si, après avoir tenté, je l'atteste sur l'honneur, tous les efforts pour la faire triompher, je me trouve forcément amené, pour épargner à notre roi et à notre pays une blessure profonde, à faire proclamer un prince français pour époux de la reine, accepterez-vous ce choix et en assurerez-vous, à tout prix, l'accomplissement?

« J'espère, cher ministre, que le roi ne pensera pas, que vous ne penserez pas qu'en vous adressant une question si grave et si précise, je m'écarte du respect que je dois et veux toujours observer. L'imminence du danger a pu seule me conduire à mettre de côté tous les détours et toutes les circonlocutions d'usage. »

Il ajoutait en post-scriptum : « Ainsi que vous le désirez, je me tiens en bons rapports avec la maison de l'infant don Francisco, quoique persuadé que lui et ses fils ne pèsent guère dans la balance. J'y ai été reçu dernièrement à bras ouverts et avec des insinuations par le duc de Cadix. J'envoie de temps en temps ma femme chez les infantes qui se sont prises, pour elle, de tendresse, et dont la gouvernante, madame d'Araña, est son amie. »

Bien loin de me blesser, la franche et hardie question de M. Bresson me plut et redoubla la confiance que je lui portais déjà; je me tins pour assuré que nous avions à Madrid un agent qui, dans un moment critique, n'hésiterait pas à prendre une grande responsabilité, et ne se laisserait prévenir ni arrêter par aucune intrigue, espagnole ou diplomatique. Mais l'ardente imagination de M. Bresson allait plus vite que les événements; le séjour de l'Espagne lui déplaisait, et dans son impatience d'en sortir bientôt par un succès éclatant, il oubliait ce qu'il m'avait écrit peu après son arrivée à Madrid[1] : « Le roi connaît bien l'Espagne; il suffit d'ouvrir les yeux et de regarder pour se convaincre combien la politique de non-intervention était sage et nationale. Je me croirais coupable du crime de lèse-patrie si j'en conseillais jamais une autre. Il n'y aura jamais rien à gagner, il y aura toujours à perdre à prendre l'Espagne à sa charge. Quand on n'en a pas été témoin, on ne peut se représenter un pareil état social.

[1] Le 17 décembre 1843.

Que M. le duc d'Aumale et M. le duc de Montpensier rendent grâce à la haute raison du roi leur père qui leur enlève toute chance d'un pareil établissement ! Pauvres princes! je les plaindrais autant que je me plains moi-même. » C'était bien sérieusement et sincèrement que le roi Louis-Philippe avait résolu, dans l'intérêt de la France, de ne pas accepter, pour l'un de ses fils, la main de la reine d'Espagne, avec les conséquences françaises, espagnoles et européennes de cette union. Cette sage et honnête politique nous imposait la loi d'épuiser toutes les combinaisons, toutes les chances possibles pour éviter l'hypothèse extrême dans laquelle M. Bresson se plaçait et me demandait de me placer sans délai, l'absolue nécessité de choisir entre un prince français et un prince étranger à la France, à ses intérêts en Europe comme à sa race royale. J'avais, dans mon âme, un parti bien pris sur la conduite à tenir dans cette hypothèse; mais le jour n'était pas venu de résoudre, ou seulement de poser une telle question : il y a des choses si difficiles à faire à propos et dans la juste mesure qu'il ne faut jamais les dire aux autres, et à peine à soi-même, tant qu'on n'est pas absolument appelé à les faire. Le jour de l'action obligée a des lumières imprévues. Nous étions loin d'avoir épuisé toutes les chances de succès pour la politique que nous avions adoptée, le maintien de l'alliance franco-espagnole par le maintien, sur le trône d'Espagne, des descendants de Philippe V. Nous venions au contraire d'ouvrir de nouvelles perspectives et de nouvelles voies vers ce but. Dans le cours de l'année 1844, le mariage de M. le duc d'Aumale avec la princesse Marie-Caroline, fille du prince de Salerne, avait été négocié, conclu, accompli à Naples; et les premières paroles avaient été dites, les premiers pas avaient été faits vers le mariage futur de M. le duc de Montpensier avec l'infante doña Fernanda, quand la question du mariage de la reine Isabelle aurait été réglée. Le premier de ces faits prouvait que le roi ne tenait pas en réserve, pour le trône d'Espagne, celui des princes ses fils auquel les Espagnols avaient d'abord pensé, et il nous donnait à Naples, en faveur du comte de Trapani, de nouveaux moyens d'action. Le second nous assurait le bon vouloir de la reine Christine pour notre politique en Espagne, et nous mettait en mesure de prévenir ou de déjouer les menées hostiles dont elle pouvait être l'objet. Je mis M. Bresson parfaitement au courant des démarches déjà faites ou préparées et des espérances que nous étions en droit de concevoir pour la conclusion de notre œuvre; et sans répondre directement à la question qu'il m'avait posée, je lui témoignai, pour l'avenir comme dans le présent, la confiance la plus encourageante[1] : « Je ne puis vous dire quel plaisir et quelle lumière m'apportent vos lettres si fréquentes, si détaillées, si animées. Le roi en jouit et en profite autant que moi. Continuez. Votre tâche est grande et difficile; mais vous êtes au niveau de toutes les tâches. »

[1] Le 30 octobre 1844.

La négociation pour le mariage napolitain fut donc continuée par le comte Bresson à Madrid et par le duc de Montebello à Naples, avec le même zèle et avec des alternatives tantôt de chances d'un succès prochain, tantôt d'obstacles inattendus et d'ajournements indéfinis. Le roi de Naples fit à peu près toutes les concessions, toutes les avances qu'on lui demandait : il retira le comte de Trapani de la maison des jésuites à Rome; le portrait du jeune prince fut envoyé à Madrid et montré à la jeune reine à qui il parut plaire; elle témoigna plus d'une fois son désir de se marier; le prince Carini fut muni de tous les pouvoirs nécessaires pour faire la demande formelle de la main de la reine; les instructions définitives, les documents officiels furent expédiés de Naples à Madrid et renvoyés de Madrid à Naples pour recevoir quelques modifications; des termes furent indiqués, une époque presque déterminée pour la déclaration publique du mariage et la communication aux Cortès prescrite par la constitution réformée. Le roi Louis-Philippe et la reine Marie-Amélie, dans leur correspondance intime avec le roi Ferdinand à Naples et la reine Christine à Madrid, se félicitaient de chaque pas en avant, et venaient en aide au travail de nos agents. Depuis qu'elle avait en perspective le mariage du duc de Montpensier avec l'infante doña Fernanda, et pourvu que ce mariage fût lié à celui de la reine Isabelle avec le comte de Trapani, la reine Christine paraissait décidée en faveur de cette combinaison. Le général Narvaez se déclarait de plus en plus résolu et prêt à l'accomplir, quels qu'en fussent l'impopularité et les obstacles. Mais chaque fois qu'on touchait à l'acte décisif, un incident nouveau survenait qui amenait une nouvelle irrésolution et un nouveau retard. Il semblait qu'il n'y eut plus rien à faire pour en finir, et pourtant on n'en finissait pas.

Cette inertie finale, après tant de démarches et d'apparences royales et diplomatiques, devait avoir et avait en effet des causes puissantes, les unes faciles à reconnaître, les autres soigneusement cachées. Le mariage napolitain était évidemment impopulaire en Espagne; les Espagnols n'y trouvaient rien de ce qui pouvait les servir ou leur plaire, point de satisfaction pour leur orgueil, point de force ajoutée à leur force, point de garantie pour leur nouveau régime constitutionnel. C'était, comme me le disait M. Bresson, une combinaison prudente, qui convenait à la France et qu'on pouvait faire agréer et réussir par les hommes politiques, mais terne, stérile, et qui ne parlait ni aux intérêts des partis, ni à l'imagination du peuple à qui elle était destinée. Elle rencontra une résistance opiniâtre, non-seulement dans le camp radical, mais dans les rangs et jusque dans les rangs élevés du parti modéré; un moment elle parut sur le point de s'accomplir; trente-cinq députés aux Cortès, presque tous amis de MM. Mon et Pidal, rédigèrent aussitôt une sorte de protestation ou remontrance qu'ils se proposaient d'adresser à la reine, et le gouvernement eut grand'peine à empêcher cet éclat. Cette impopularité donnait des armes aux diverses oppositions espagnoles et aux influences étrangères; elle troublait beaucoup lord Aberdeen; il avait approuvé et presque suggéré lui-même le mariage napolitain; il se prêtait ainsi à notre principe en faveur des descendants de Philippe V, et ne voyait, dans son application italienne, aucun inconvénient pour les intérêts anglais; mais il n'avait nul goût à lutter sérieusement, pour cette cause, contre le parti radical espagnol, toujours le client de l'Angleterre, et contre l'opposition déclarée du prince de Metternich; aussi ne nous donnait-il, dans notre travail pour le comte de Trapani, point d'appui actif ni efficace : « Notre position dans cette question est délicate, disait-il; nous reconnaissons l'indépendance de l'Espagne; nous approuvons un descendant de Philippe V, et nous ne pouvons, en bonne foi, nous opposer à un prince de Naples; mais parmi les descendants de Philippe V, je préfèrerais beaucoup, pour beaucoup de raisons, un des fils de l'infant don Francisco, et si ce mariage-là pouvait s'accomplir sans aucun sacrifice de la bonne foi, je le regarderais comme un coup de maître. » Sir Henri Bulwer, dans son attitude et son langage à Madrid, allait dans cette voie bien plus loin que son chef : « Dès les premiers jours de son arrivée, m'écrivait M. Bresson [1], il a un peu divagué avec moi sur la question du mariage; il a passé en revue tous les candidats; il diminuait les chances du prince de Naples;

---

[1] Le 4 janvier 1844.

il en découvrait au fils de don Carlos; il croyait celles du duc de Cadix ou du duc de Séville assez considérables; il disait du prince de Coburg qu'il ne voyait pas pourquoi l'Angleterre le soutiendrait, ni pourquoi la France le repousserait; c'était, à ses yeux, un choix indifférent. Je ne l'ai pas laissé dans le doute sur ce point. » Dans tout le cours de la négociation, et autant qu'il le pouvait faire sans se mettre en contradiction patente avec les instructions loyales bien qu'un peu embarrassées de son chef, sir Henri Bulwer s'appliqua à faire ressortir l'impopularité du mariage napolitain, à en décrier les chances, à en seconder les ajournements; et dans les moments où il se montrait le plus favorable à cette combinaison, il l'acceptait de façon à ce que, si elle échouait, ce ne fût pas un échec pour son gouvernement.

Je ne me faisais point d'illusion sur le peu d'appui qui nous venait du cabinet anglais dans cette affaire, et je ne voulus pas que nos agents à Londres et à Madrid fussent, à cet égard, moins avertis que moi. Quand j'appris que le roi de Naples était allé lui-même à Rome retirer son frère Trapani du couvent des jésuites, et que c'était lui qui pressait pour la conclusion du mariage, j'écrivis au comte de Sainte-Aulaire[1] : « Parlez de tout cela à lord Aberdeen avec le degré de détail et d'intimité que vous jugerez convenable. Je ne veux pas avoir l'air de lui rien cacher, et je n'ai rien

---

[1] Le 5 avril 1845.

du tout à lui cacher ; nous avons, dans cette affaire, constamment marché dans le même chemin, toujours d'accord avec nos premières paroles et fort à découvert. Mais entre nous, l'allure anglaise, sans m'inspirer méfiance, m'a médiocrement satisfait. A Madrid, Bulwer a cherché, sur cette question du mariage, à jeter du trouble dans les esprits, à entr'ouvrir pêle-mêle toutes les portes, à ménager toutes les chances. A Londres, si je suis bien informé, la conversation de lord Aberdeen n'a pas toujours été aussi impartiale, au profit de la combinaison Trapani, que je pouvais m'y attendre d'après ses premières ouvertures. Son ambassadeur ici, lord Cowley, est le seul dont le langage ait été, à ce sujet, parfaitement net et conséquent ; il m'a toujours dit : — « Quand en finissez-vous du mariage Trapani ? finissez-en le plus tôt possible ; nous n'avons nulle objection à cette combinaison ; elle vide une question délicate ; notre seul grand intérêt est qu'elle soit vidée. » — Au fond, c'est là, je crois, la vraie pensée du cabinet anglais, et quand la reine Isabelle aura épousé le comte de Trapani, si elle l'épouse, comme je l'espère, on en sera fort aise au *Foreign-Office*. Mais on veut ménager les susceptibilités de Madrid en fait d'indépendance, les jalousies du prince de Metternich quant à l'Italie, les fantaisies matrimoniales de la maison de Coburg ; et pour vivre en paix avec tout cela, on ne nous aide pas, on nous désavoue et on nous embarrasse même un peu de temps en temps, dans une affaire engagée pourtant, au début, d'un commun accord, et dont, en dernière analyse, on désire comme nous le succès. Voilà l'idée que je me forme, mon cher ami, de ce qui se passe, sur ceci, dans l'esprit de lord Aberdeen. Si j'ai raison, réglez d'après cela votre conversation, en l'instruisant du point où en est aujourd'hui l'affaire. Priez-le de n'en rien dire, car rien n'est conclu à Madrid ; mais je ne veux pas qu'il croie que nous lui avons caché notre progrès. Si j'avais trouvé, de sa part, un concours plus complet et plus actif, je le lui aurais fait suivre jour par jour. »

Le mariage napolitain courait un péril plus grave que les hésitations ou les embarras de lord Aberdeen ; c'était au cœur même de la place et parmi ses défenseurs apparents que cette combinaison manquait d'un solide appui. La reine Christine n'en désirait pas sérieusement le succès. Entre les femmes qui ont régné et gouverné à travers les plus violents orages et les plus périlleux écueils de la vie publique et de la vie privée, la reine Christine est peut-être la seule qui se soit trouvée lancée dans la grande action politique plutôt par situation et nécessité que par ambition et de sa propre volonté. Elle avait plus de goût pour le bonheur que pour le pouvoir, et elle tenait plus aux intérêts et aux agréments de la famille qu'à l'éclat et au travail du trône. Pourtant, quand les événements publics l'ont mise à de rudes épreuves, elle n'a manqué ni de courage, ni de sagesse, ni de bon vouloir intelligent et persévérant. Dans mes relations et mes conversations avec elle, j'ai toujours été frappé de la justesse

de son esprit, de la modération de ses sentiments, et
d'une sagacité impartiale, même envers ses ennemis,
qui semblait aller jusqu'à l'indifférence. Son séjour en
France et ses rapports intimes avec le roi Louis-Philippe, la reine sa tante et toute la famille royale
l'avaient remarquablement éclairée et charmée; elle
s'y était convaincue que, dans l'intérêt de la jeune
reine et de l'infante ses filles comme de la nation espagnole, et dans son intérêt à elle-même, l'union avec la
France, son gouvernement et ses princes était ce qu'il
y avait de plus naturel et de plus désirable. A côté
de cette conviction devenue son sentiment dominant,
s'en était établie une autre : la nécessité, pour sa fille
Isabelle et pour l'Espagne, d'un mariage qui leur assurât un allié puissant, intéressé à leur prospérité et à
leur repos. La France d'abord, l'Angleterre ensuite,
offraient seules à la reine Christine cette perspective
et cette garantie. Le mariage français avant tout, et à
son défaut le mariage Coburg, telle fut dès lors sa vraie
et constante pensée. Quand l'un et l'autre de ces deux
mariages semblaient trop difficiles à accomplir, la
reine Christine se prêtait à des combinaisons et à des
tentatives différentes, mais uniquement par égard pour
de puissants conseils ou pour ses proches parents, avec
doute et froideur, comme on marche dans une voie
dont on ne désire pas atteindre le terme; et quand venait le moment de s'engager définitivement, la reine
Christine saisissait avec empressement tous les moyens
d'ajourner et de revenir à l'espoir de l'une ou de l'au-

tre des deux grandes alliances dont l'une avait toute sa faveur, tandis que l'autre lui offrait un solide appui si la première lui manquait.

A peine rentrée en Espagne, elle reçut en audience particulière la comtesse Bresson : « Vous devez trouver tout ceci bien triste, lui dit-elle avec effusion ; ah ! Paris, le bon air, la vie facile de Paris ! Je ne me suis jamais si bien portée qu'à Paris. Le voyage m'a fatiguée : quand je ne devrais penser qu'à me reposer, il faut me remettre en route ; il le faut ; la santé de ma fille exige les eaux chaudes de Barcelone ; c'est mon devoir. Le mariage, c'est là la grande affaire ! Comment la résoudre ? Pourvu qu'elle se termine pour le bien ! Je suis bien contente d'avoir votre mari près de moi pour m'y aider ; j'ai tant de confiance en lui ! On avait eu raison de m'assurer à Paris qu'il ne chercherait qu'à nous être utile. La France me soutiendra[1]. » Causant un jour avec elle, M. Bresson lui dit en riant[2] : « Le chargé d'affaires de Belgique, à l'ombre du ministre d'Angleterre, glisse de temps en temps l'offre de son Coburg, et M. Bulwer lui-même m'a dit que le roi Léopold y pensait encore ; je lui ai répondu : — Quand lord Ponsonby, il y a treize ans, a essayé de pousser au trône de Belgique le duc de Leuchtenberg, j'ai fait élire en quarante-huit heures le duc de Nemours ; je puis assurer le roi Léopold ou tout autre qu'il ne m'en faut ici que vingt-quatre pour faire proclamer le

[1] M. Bresson à moi, 14 avril 1844.
[2] M. Bresson à moi, 8 janvier et 31 mars 1844.

duc d'Aumale. — Il ne vous faudrait pas tant de temps, lui répondit en souriant aussi la reine Christine, et, si je savais que ce fût le moyen d'arriver à mon but, moi aussi je pousserais le Coburg. » Elle parlait en toute occasion de son affection pour le roi, la reine, toute la famille royale, des bontés qu'ils avaient eues pour elle, et de l'agrément qu'elle avait trouvé dans leur société. M. Mon, dans un entretien intime avec elle, toucha à la question du mariage du duc de Montpensier avec l'infante : « Vous savez bien, lui dit-elle vivement, que les princes français ont toutes mes préférences, particulièrement celui-là qui ressemble le plus peut-être à mon oncle ; mais ne le dites pas à Bresson : dites-lui, pour punir un peu mon oncle de ne pas me le donner pour Isabelita, que je veux marier Luisa avec un Coburg [1]. » Elle faisait entrevoir de temps en temps à ses confidents et à ses amis cette seconde perspective : « C'est bien dommage, dit-elle à M. Gonzalès Bravo, que l'Angleterre se soit montrée si malveillante pour nous : ce jeune prince de Coburg est si bien élevé, si agréable de sa personne ! il eût fait un charmant mari pour ma fille [2]. » Avec M. Bresson lui-même, elle alla un jour plus loin : elle imputait au travail des agents anglais le soulèvement de l'opinion contre le comte de Trapani : « S'ils s'imaginent par là améliorer les chances de leur candidat le prince de Coburg, ils se trompent, dit M. Bresson; notre roi ne permettra jamais,

[1] M. Bresson à moi, 22 novembre 1844.
[2] M. Bresson à moi, 31 mars 1844.

ni à aucun prix, que le trône d'Espagne sorte de la maison de Bourbon. » La reine Christine reprit avec une vivacité et une humeur marquées : « Mon oncle doit parler ainsi ; cependant la volonté de la reine ma fille y sera pour quelque chose : Trapani mis de côté, Montpensier refusé, il ne reste plus de Bourbon, et la reine lassée, vous savez qu'à cet âge on ne calcule pas, pourra bien choisir ailleurs[1]. » J'eus alors lieu de croire et j'ai acquis depuis la certitude que, dès la fin de 1843, pendant que la reine Christine était encore à Paris et lorsque sir Henri Bulwer, près de partir pour son poste de Madrid, était venu prendre congé d'elle, elle lui avait témoigné tout le prix qu'elle attachait au bon vouloir de l'Angleterre pour l'Espagne, et son intention de soutenir le prince de Coburg si, comme elle le craignait, le mariage de sa fille Isabelle avec l'un des fils du roi Louis-Philippe devenait décidément impossible. Enfin quelques paroles de la jeune reine elle-même, expression vive de ses impressions personnelles, me prouvèrent que l'idée et le nom du prince de Coburg la préoccupaient autant que la reine sa mère ; le général Narvaez lui parlait d'un camp de manœuvres qu'il devait former à Alcala, près de Madrid, et où il réunirait de vingt à vingt-cinq mille hommes : « Y viendra-t-il des princes français? lui demanda la jeune reine.— Madame, nous tâcherons d'obtenir cette faveur. — En feras-tu venir d'autres ? — Madame, peut-être. — Un Coburg, par

---

[1] M. Bresson à moi, 7 février 1846.

exemple, » ajouta-t-elle avec malice, et elle attendait que le général nommât le prince napolitain ; mais il se tut et elle ne lui en demanda pas davantage. Elle s'expliqua plus clairement avec lui un autre jour : « Si mon mariage se fait promptement, lui dit-elle, ce sera avec Trapani ; s'il tarde un peu, ce sera avec Coburg ; s'il tarde beaucoup, ce sera avec Montemolin [1]. »

A côté de ces symptômes incohérents des dispositions royales, venaient se placer des indications diplomatiques de même nature : le marquis de Casa Yrujo, duc de Sotomayor, fut nommé ministre d'Espagne en Angleterre : « Il est, m'écrivit M. Bresson [2], l'un des membres du parti modéré qui se révoltent contre les limites qu'on leur a fixées, et qui entendent sortir du cercle qu'on leur a tracé ; il ne vous en fera pas mystère si, à son passage à Paris, vous le pressez un peu de questions : il dit, et bien d'autres avec lui, que, si le roi ne donne pas à l'Espagne un de ses fils, elle prendra, de la main des Anglais, un Coburg, parce qu'il lui faut, à tout prix, l'appui d'une grande puissance. » Après l'arrivée du duc de Sotomayor à Londres, M. de Sainte-Aulaire, sans lui attribuer un langage aussi péremptoire, m'écrivit [3] qu'il s'était montré hostile au mariage napolitain, et que lord Aberdeen, en avertissant notre ambassadeur, avait ajouté : « Vous savez que je suis très-indifférent à cette affaire ; mais, pour Dieu, ne

[1] M. Bresson à moi, 4 et 11 octobre 1845.
[2] Le 28 septembre 1844.
[3] Le 8 avril 1845.

vous y engagez pas trop avant sans autres auxiliaires que la reine Christine et Narvaez. Je crains que vous ne voyiez surgir à l'improviste des obstacles qui vous embarrasseront beaucoup. » Le duc de Sotomayor rendit à Madrid un compte détaillé de ses entretiens avec lord Aberdeen et des ouvertures que lui-même il lui avait faites : « Sa lettre, me manda M. Bresson [1], a excité toute l'attention du conseil : on a débattu, sans toutefois arriver à une conclusion, la question de savoir de quel côté il serait le plus à propos de chercher un appui quand le jour de cette grande solution serait venu; et M. Mon, qui cependant n'est pas napolitain, a coupé court à la discussion en s'écriant brusquement : — « Alors nous romprions avec la France, et ce serait là le plus grand danger. » — Le débat a fini en simple conversation. »

J'irais au-delà de la vérité si je disais que ces fluctuations et ces agitations intérieures dans le gouvernement espagnol, reine-mère, reine, ministres et diplomates, m'inspiraient une inquiétude sérieuse sur la solution définitive de la question. J'avais une double confiance. J'étais convaincu que, malgré ses embarras d'esprit et de cour, et tout en maintenant ses réserves de principe comme ses conseils de prudence, lord Aberdeen, sincère dans son adhésion à notre politique, ne nous susciterait aucun obstacle, et ne se prêterait à aucune combinaison hostile aux descendants de Philippe V. Je

---

[1] Le 8 mars 1845.

me tenais également pour assuré que, malgré leurs boutades spontanées ou calculées, la reine Christine, la jeune reine, le général Narvaez, le cabinet et le parti modéré espagnol avaient, pour l'alliance française, une préférence décidée, et que, pourvu que, de notre côté, nous fussions fidèles à la position que nous avions prise et aux perspectives que nous avions ouvertes, cette préférence déterminerait en définitive leur conduite et l'événement. Tout ce qui s'était passé, dit ou écrit dans le cours des années 1844 et 1845 avait établi en moi cette double conviction.

Ce fut en novembre 1844[1], au plus fort de la négociation engagée pour le mariage napolitain, que je parlai pour la première fois à M. Bresson de la possibilité d'un mariage entre M. le duc de Montpensier et l'infante doña Luisa Fernanda : « Quand la reine Isabelle sera mariée et aura un enfant, lui dis-je, M. le duc de Montpensier sera fort disposé à épouser l'infante doña Fernanda. Il trouve ce mariage très-convenable et très-bon pour lui ; seulement ni le roi ni lui ne veulent d'une politique détournée. Ne prenez pas ceci pour une décision définitive et un engagement diplomatique. Je vous dis la disposition telle qu'elle est, et elle est bonne, fort amicale envers l'Espagne, fort loyale envers tout le monde. » M. Bresson me répondit sur-le-champ[2] : « J'ai laissé entrevoir au général Narvaez que le mariage de l'infante, conçu dans un sens plus popu-

---

[1] Le 26 novembre 1844.
[2] Le 30 novembre 1844.

laire, pourrait venir en aide à celui de la reine, et que les deux alliances pourraient être annoncées le même jour. Il a saisi cette idée avec la vivacité qui le caractérise, et déjà il s'engageait, si Mgr le duc de Montpensier était offert à l'infante, à seconder cette union de tous ses efforts; mais tout à coup, par un retour sur l'engagement qu'il prenait : —« Pourquoi, dit-il, ne pas nous le donner pour la reine? C'est un prince instruit, élevé à la plus grande école, qui porte l'habit militaire; il serait pour nous un roi véritable. A la première nouvelle qu'il nous serait accordé, un frémissement de joie parcourrait toute l'Espagne; tous les cœurs iraient au-devant de lui; ce mariage se ferait de telle façon qu'il ne porterait aucune perturbation dans la politique européenne; on n'entreprend plus légèrement une guerre aujourd'hui, pour une question de dynastie et contre un pays qui est dans son droit. Si l'Espagne n'est pas formidable pour l'attaque, elle l'est encore pour la défense. Nous ne serions pas un embarras pour vous; ce n'est plus comme au temps de Louis XIV et de Philippe V, où vous vous vîtes obligés de conquérir le trône; le fils de votre roi viendrait s'y asseoir à travers les populations accourues et pleines de joie sur son passage. Et alors vous auriez dans l'Espagne une alliée fidèle, rendue par vous au repos, déployant ses ressources, amie de vos amis et ennemie de vos ennemis. Pourquoi donc ne voulez-vous pas m'écouter et me comprendre? »

M. Bresson l'écoutait avec grand plaisir et le comprenait à merveille; mais fidèle à ses instructions, il entra avec lui dans une discussion affectueuse, uniquement appliqué à le ramener vers le but spécial et nouveau qu'il lui présentait. « Quand le général Narvaez parla à la reine Christine de ce projet de mariage du duc de Montpensier avec l'infante : *Por l'amor de Dios*, s'écria la reine, *que no deja escapar este Principe*[1] ; et elle se répandit en témoignages d'affection pour le roi et la reine, toute livrée à la perspective du bonheur qui attendait sa fille au sein d'une famille si unie et si exemplaire[2]. » Le général Narvaez pressa M. Bresson de conclure sur-le-champ un compromis secret pour ce mariage, et M. Bresson eut quelque peine à faire en sorte que la forme et la sanction de l'engagement fussent réglées plus tard, comme nous l'entendrions.

Nous en étions là en septembre 1845 quand la reine Victoria vint au château d'Eu faire au roi Louis-Philippe sa seconde visite. Nous nous entretînmes à fond, le roi et moi, avec lord Aberdeen, du nouveau pas que nous avions fait dans la question espagnole, et peu de jours après le départ de la reine j'écrivis à M. Bresson[3] : « Je suis plus que jamais en train de maintenir, dans cette question, la politique que j'ai exprimée à Paris et que vous avez si bien appliquée à Madrid. Je viens de m'en expliquer complétement avec lord Aberdeen. Je savais très-indirectement, mais certainement, que le

---

[1] Pour l'amour de Dieu, ne laisse pas échapper ce prince.
[2] M. Bresson à moi, 5 avril 1845.
[3] Le 19 septembre 1845.

gouvernement anglais était fort préoccupé de la crainte que notre conduite ne fût pas, au fond, d'accord avec nos paroles, et qu'en déclinant le mariage de la reine d'Espagne avec un fils du roi, nous ne fussions sur le point d'épouser l'infante pour nous emparer, par un détour, de ce trône. Ce serait, de notre part, aussi peu sensé que peu honorable. Quand nous avons adopté, sur cette question, la politique que vous savez, quand nous avons déclaré notre parti pris de ne pas vouloir du trône d'Espagne pour un fils du roi, et en même temps de ne pas admettre que ce trône pût sortir de la maison de Bourbon, nous avons parlé et agi sérieusement et loyalement ; non pour éluder une situation embarrassante, mais pour satisfaire à l'intérêt vrai de la France. Nous suivrons cette politique soit qu'il s'agisse du mariage de la reine Isabelle ou de celui de l'infante doña Fernanda, car la question peut se poser sur l'un comme sur l'autre. Tant qu'à défaut du mariage de la reine et d'enfants issus d'elle, le trône d'Espagne sera aussi suspendu au mariage de l'infante, nous nous conduirons pour ce mariage comme pour celui de la reine elle-même ; nous n'y prétendrons pas pour un fils du roi, et nous n'admettrons pas qu'aucun autre qu'un prince de la maison de Bourbon y puisse être appelé. Ni l'une ni l'autre des deux sœurs ne doit porter dans une autre maison la couronne d'Espagne. Quand la reine Isabelle sera mariée et aura des enfants, le mariage de l'infante aura perdu le caractère qui nous impose, envers l'un et l'autre, la même politique ; et dès lors, quelles que soient les chances inconnues d'un avenir lointain, ce mariage nous convient, et nous ne cachons point notre intention de le rechercher et de le conclure, s'il convient également aux premiers intéressés. J'ai dit cela à lord Aberdeen. Le roi le lui a dit et redit. Il est maintenant bien entendu que telle sera notre conduite. Et elle est trouvée fort sensée, naturelle et loyale. »

Il fut en même temps bien entendu et reconnu, par lord Aberdeen comme par nous, qu'en tenant cette conduite nous comptions qu'aucun prince étranger à la maison de Bourbon ne serait soutenu par le gouvernement anglais comme prétendant à la main de la reine Isabelle ou de l'infante sa sœur. Notre sécurité à cet égard était évidemment la condition de notre renonciation à toute prétention pour les fils du roi.

Arrivée à ce point, la question semblait, sinon résolue, du moins pacifiée et en progrès. La perspective du mariage de l'infante doña Fernanda avec le duc de Montpensier rendait la reine Christine, le cabinet et le parti modéré espagnols plus faciles pour celui de la reine Isabelle avec tel ou tel des descendants de Philippe V. Le comte de Trapani ne devenait pas plus populaire en Espagne; le roi de Naples ne cessait pas d'avoir des doutes sur le succès de son frère et de tenir en suspens toute démarche définitive; mais l'opposition de plusieurs des chefs du parti modéré s'atténuait, et le général Narvaez se montrait plus que jamais résolu à surmonter les obstacles que rencontrait cette combinaison. En même temps les deux fils de l'infant don François de Paule reparaissaient peu à peu sur la scène comme une solution possible ; c'était tantôt le duc de Cadix, tantôt le duc de Séville qui semblaient retrouver des chances ; mais, pour l'un et pour l'autre, l'avenir n'était plus fermé ; les mauvais souvenirs qui avaient pesé sur eux s'éloignaient ; les haines de famille s'étaient refroidies comme les cendres de l'infante leur mère. Nous ne touchions pas encore au but ; bien des questions restaient encore à résoudre et bien des résolutions à prendre ; la reine Christine s'inquiétait de l'incertitude laissée sur l'époque à laquelle le mariage de M. le duc de Montpensier avec l'infante pourrait s'accomplir ; elle demandait à la reine Marie-Amélie sa tante quel était le sens précis de nos paroles quand nous disions qu'il fallait que ce mariage cessât d'avoir le caractère politique qu'on pourrait lui attribuer, et la réponse aussi sincère qu'affectueuse de la reine ne dissipait pas complétement l'inquiétude de sa nièce. Le comte Bresson, de son côté, regardait comme impossible à exprimer formellement la condition qu'avant le mariage de sa sœur la reine Isabelle eût des enfants, tant la fierté et la délicatesse espagnoles, royale et nationale, en seraient blessées. Il y avait encore là des difficultés sérieuses ; mais dans la situation que nous avions prise et dans la complète entente qui paraissait établie entre nous et le cabinet anglais, il y avait aussi un sérieux espoir de les surmonter.

Vers la fin de 1845, après les entretiens et les témoignages de confiance mutuelle entre le roi, lord Aberdeen et moi au château d'Eu, un singulier concours de faits et d'apparences vint obscurcir et compliquer gravement cette question. Le comte de Jarnac, en ce moment chargé d'affaires à Londres, m'écrivit[1] : « J'ai eu occasion de causer avec l'ambassadeur de Russie ; il m'a fait des compliments pour vous et sur les excellentes dispositions de lord Aberdeen. Parlant de l'Espagne, il m'a dit : — On voit bien comment finira cette question du mariage de la reine : elle épousera le jeune prince de Coburg ; l'Angleterre sera contente, vous aussi, et tout le monde avec vous. — Comme bien vous pensez, cher monsieur Guizot, je n'ai nullement répondu de l'appui de la France : — Oh ! m'a dit en riant le baron de Brünnow, lord Aberdeen ne veut pas non plus cette combinaison ; mais elle se fera à son insu. — Comme je ne vois jamais grand intérêt à discuter avec M. de Brünnow les sujets de nos dissentiments possibles avec lord Aberdeen, je me suis borné à dire que, le prince Léopold de Coburg étant à Paris, il n'aurait pas de peine à s'assurer des dispositions réelles de notre cour. Vous jugerez, d'après vos informations générales, de la valeur de ces présomptions plus ou moins sincères du baron de Brünnow. Dans tous les cas, j'en dirai un mot à lord Aberdeen à la première occasion. »

Le jeune prince Léopold de Coburg était alors en

---

[1] Le 2 novembre 1845.

effet à Paris avec son père et sa mère, le duc et la duchesse Ferdinand de Coburg : ils traversaient la France pour se rendre à Londres et de là à Lisbonne où ils devaient passer quelques mois auprès de la reine doña Maria et du roi son mari, frère du prince Léopold. Et en même temps que ce voyage s'accomplissait, M. Bresson m'informait qu'il y avait à Madrid un redoublement de tentatives plus ou moins directes et d'intrigues plus ou moins obscures qui semblaient naître autour de sir Henri Bulwer, et qui pénétraient jusque dans le palais de la jeune reine pour y cultiver les chances du prince de Coburg. J'écrivis sur-le-champ à M. de Jarnac [1] :

« En addition ou en commentaire à ce que vous a dit M. de Brünnow sur le mariage espagnol, je vous envoie tout ce que me mande M. Bresson, en date des 18 et 29 octobre. Maintenant quel est le sens et le lien de tous ces faits? Comment sir Henri Bulwer insinue-t-il à M. Donoso Cortès ce que M. de Brünnow vous prédit, à vous, comme certain? Par quel hasard un M. Buschentall vit-il dans l'intimité de sir Henri Bulwer, et arrive-t-il de Londres quelques jours avant de s'introduire dans le palais de la reine Isabelle pour séduire des femmes de chambre, lui mal parler de sa mère et de son ministre, et lui offrir pour mari un prince de Coburg qui, à ce même moment, passe en effet à Paris et à Londres pour se rendre à Lisbonne, d'où l'on pro-

[1] Le 7 novembre 1845.

met qu'il viendra bientôt à Madrid? Et par quel autre hasard le ministre de l'empereur de Russie à Londres est-il si bien au courant de ce qui intéresse les Coburg en Espagne et si sûr de leur succès, et cela au moment même où l'empereur son maître arrive à Palerme, chez ce roi de Naples dont le frère est le concurrent matrimonial du prince de Coburg? Quelle est, sous toutes ces apparences, la part réelle de chacun de ces souverains, princes et ministres, dans ce travail si vif et si mêlé pour la main de cette jeune reine qui a tant d'envie de se marier et si peu de maris à choisir parmi tant de prétendants? Si vous avez, mon cher Jarnac, une réponse à ces questions, envoyez-la-moi, je vous prie. Je sais tout ce qu'il peut y avoir de mensonge dans les apparences et de bizarrerie insignifiante dans les coïncidences de faits ou de paroles, et je suis peu disposé à croire que, même dans le pays de Figaro, l'intrigue joue un aussi grand rôle qu'elle en a ou qu'elle veut en avoir l'air. Mais convenez qu'il y a, dans tout ceci, quelque chose d'assez singulier et de quoi exercer l'esprit des gens qui voient partout des énigmes et des piéges.

« Laissons là les piéges et les énigmes. Évidemment l'intrigue Coburg est très-active à Madrid. Le foyer en est à Lisbonne. La prochaine arrivée à Lisbonne du prince Léopold va donner à l'intrigue un redoublement d'intensité. Il est parti hier pour Londres avec son père le duc Ferdinand. Ils y passeront huit jours et s'embarqueront à Falmouth ou à Plymouth, sur un bâtiment que leur donne la reine d'Angleterre. Avant quinze jours donc, ils seront à Lisbonne. Avant-hier, à Saint-Cloud, au baptême du duc de Penthièvre, j'ai dîné à côté du prince Léopold. Il m'a tenu un langage fort dégoûté de la Péninsule en général, de ses oscillations révolutionnaires, de toute prétention politique, et m'a parlé de la vie et du bonheur domestique comme de son seul vœu. Mais la veille, à Saint-Cloud aussi, il parlait d'un voyage à cheval, *incognito*, en Espagne et à Madrid. Causez de cela avec lord Aberdeen, à cœur ouvert, comme vous causez de tout. Pour lui comme pour nous, je le sais, la position est délicate; mais quand il s'est agi des chances de mariage de ses fils à Madrid (et vous savez si elles étaient, si elles seraient encore belles), le roi n'est pas resté neutre ni inerte; il a positivement déclaré qu'il refuserait, qu'il ne voulait pas compromettre, même à ce prix, sa politique générale et l'équilibre de l'Europe. Nous avons bien droit d'attendre qu'à Londres on ne soit pas non plus neutre et inerte quand il s'agit d'écarter ce que nous ne pouvons accepter, ce que nous n'accepterons certainement pas. Qu'on ne laisse donc au prince Léopold de Coburg aucune possibilité de se présenter, ni de donner à croire qu'il se présente sous les couleurs et avec l'aveu de l'Angleterre. Que tous les barbouillages subalternes qu'on tente, vous le voyez bien, et qu'on tentera encore à Madrid dans ce sens, soient frappés d'avance de discrédit et d'impuissance. J'ose dire qu'on nous doit cela, et que, si nous ne demandons pas un concours actif pour le candidat qui nous convient, c'est bien le moins qu'on supprime toute apparence de concours, même tacite, pour le candidat qui ne nous convient pas. »

Avant même d'avoir reçu ma lettre, M. de Jarnac s'entretint avec lord Aberdeen et lui répéta les propos de M. de Brünnow en lui demandant si, de son côté, il n'avait rien vu ni rien appris sur les projets des princes de Coburg pour un voyage ou un mariage en Espagne : « Vous savez, lui dit lord Aberdeen, que sur cette question nous sommes parfaitement d'accord. Notre point de départ, nos principes abstraits ne sont peut-être pas les mêmes; mais, dans le fait, je veux, comme vous, un prince de Bourbon sur le trône d'Espagne. C'est là ce que je pense bien sincèrement; c'est ce que je dis, ce que j'écris, ce que je recommande. Maintenant je ne puis empêcher d'autres princes, et des princes de Coburg surtout, d'avoir aussi leurs principes et leurs vues et d'agir en conséquence. — Nous sommes sûrs de la sincérité de vos paroles comme de nous-mêmes, lui répondit M. de Jarnac, et nous savons que nous n'avons à craindre aujourd'hui ni un malentendu, ni un travail ou un jeu séparé, de part ou d'autre. Mais si le prince Léopold vient à Londres pour aller ensuite en Espagne, il est essentiel qu'il sache ici quelle est votre pensée sur ses prétentions possibles à la main de la reine Isabelle. Si, après tout ce qui a été dit et convenu entre vous et nous, nos princes non encore mariés allaient parcourir l'Espagne, y recueillir les suffrages des partisans si nombreux de l'alliance française et faire leur cour à la reine, vous seriez fondés à voir là autre chose qu'une simple visite de famille. Vous ne laisserez donc pas s'établir, sous le patronage apparent de l'Angleterre, une candidature dont le succès vous paraît à vous-même si peu désirable. — Mais, reprit lord Aberdeen, les princes de Coburg ne sont point des princes anglais; je n'ai sur eux aucune action directe, et, en définitive, la reine d'Espagne reste libre d'en choisir un pour époux, s'il lui plaît. » M. de Jarnac rappela alors toutes les raisons, toutes les considérations dont nous nous étions si souvent entretenus, lord Aberdeen et moi, et qui avaient déterminé notre accord sur la question espagnole : « Lord Aberdeen en a reconnu toute la valeur, me dit M. de Jarnac, et il m'a demandé, en terminant, de lui donner quelques extraits de votre correspondance qui définissent bien clairement vos vues sur les candidatures que vous repoussez en Espagne. Vous devinez l'usage qu'il se propose d'en faire, s'il y a lieu. » Il ajoutait en post-scriptum : « J'ai revu ce matin lord Aberdeen; il m'a dit : — Je viens d'être invité à Windsor, sans doute pour y rencontrer les princes de Coburg. Que voulez-vous que je leur dise? que voulez-vous que je dise à la reine? — Je lui ai demandé de ne prendre aucune sorte d'initiative en raison de notre entretien; mais, si on lui parlait d'un voyage en Espagne, de le déconseiller et de rappeler, dans l'intérêt du jeune prince comme de la politique générale, votre déclaration que toute combinaison qui ferait sortir le trône d'Espagne des descendants de Philippe V trouverait la France décidément hostile. »

Invité lui-même à Windsor, M. de Jarnac y retrouva lord Aberdeen qui lui dit aussitôt : « J'ai fait et dit tout ce que vous m'avez demandé, et je crois pouvoir vous répondre qu'il n'est nullement question ici d'appuyer ou d'encourager aucune prétention du prince Léopold. Il peut toujours nous échapper ; mais soyez sûr que, si vous précipitez le mariage de la reine Isabelle avec le comte de Trapani à raison de quelque projet que vous nous prêteriez en faveur du prince Léopold, vous seriez complétement dans l'erreur. Du reste, a-t-il ajouté en me quittant, me disait M. de Jarnac, je vais m'entendre définitivement à ce sujet avec le prince Albert.—De retour de chez le prince, il m'a fait prier de passer chez lui :—Tout est maintenant réglé comme vous le souhaitez, m'a-t-il dit ; vous pouvez désormais tenir pour certain qu'il n'y a à Windsor aucune prétention, aucune vue sur la main de la reine d'Espagne pour le prince Léopold, et que notre cour, comme notre cabinet, déconseillera toute pensée semblable, ainsi que tout voyage en Espagne, sauf peut-être à Gibraltar. Je puis vous répondre, sur ma parole de *gentleman*, que vous n'avez rien à craindre de ce côté ; le prince (Albert) comprend parfaitement notre politique commune, et il s'y ralliera absolument, dans la même mesure que le cabinet lui-même[1]. »

[1] M. de Jarnac à moi, lettres des 2, 5, 10, 11 et 12 novembre 1845.

J'étais alors et je reste aujourd'hui profondément convaincu de la parfaite sincérité du prince et du ministre dans leurs intentions et leurs paroles; mais les princes et les ministres ne savent pas assez combien ceux qui les entourent sont empressés à servir leurs fantaisies présumées, et tout ce que le pouvoir a de peine à prendre pour qu'on fasse ce qu'il prescrit au lieu de le flatter dans ce qui peut lui plaire. Tantôt avec plus, tantôt avec moins de réserve, les menées en faveur du prince de Coburg continuèrent en Espagne : « Il y a bien quelque amendement, m'écrivait M. Bresson ; le secrétaire de la légation anglaise à Lisbonne, qui résidait depuis près d'un an à Madrid en intimité avec tous nos adversaires, M. Southern est retourné à son poste ; Bulwer déclare qu'il n'est pas chargé d'appuyer les prétentions du prince de Coburg ; il a même donné lecture, à une personne qui devait le rapporter à la reine Christine, d'une dépêche de lord Aberdeen qui lui prescrivait de s'en abstenir. Mais depuis l'arrivée de ces princes à Lisbonne, les agents secrets se sont remis à l'œuvre ; M. Gonzalès Bravo écrit qu'à une réception de la cour il a été assailli d'allusions par ses collègues ; au ministre d'Autriche qui lui disait en lui montrant le prince Léopold : — « Voilà le candidat », — il a répondu : — « Il y a des candidats, et non pas un candidat ; — un autre assurait malignement que le bel uniforme du prince réussirait en Espagne : « Pour réussir en Espagne, a dit M. Bravo, il faut porter un uniforme espagnol[1]. » On persistait à annoncer le prochain voyage du prince Léopold de Lisbonne à Gibraltar, de Gibraltar à Cadix et de Cadix...... où ? Ce jeune prince était évidemment, pour les adversaires de la politique française, une arme et une chance qu'ils ne voulaient pas abandonner. Et j'apprenais en même temps de Londres qu'à propos de la question des lois sur les céréales le cabinet de sir Robert Peel était près de se dissoudre, que les ministres avaient donné leur démission, et que le *Foreign-Office* allait probablement repasser des mains de lord Aberdeen dans celles de lord Palmerston.

Je jugeai que le moment était venu de donner à notre politique toute sa portée, et à nos agents des instructions positives sur le cas extrême qui se laissait entrevoir. J'écrivis au comte Bresson[2] : « Voyons sur-le-champ, entre nous, quels seront probablement les embarras de l'avenir, et prévoyons par quelle attitude, par quel langage il faut, dès à présent, nous y préparer.

« La base de notre politique générale envers l'Espagne, spécialement dans la question des mariages de la reine et de l'infante, c'est le ferme dessein de prévenir, entre les deux principaux alliés de l'Espagne, la France et l'Angleterre, le retour de cette rivalité active, de ces luttes acharnées qui ont fait et qui feraient encore tant de mal à l'Espagne d'abord, et aussi à l'Europe..

[1] M. Bresson à moi, les 22 novembre, 1er et 15 décembre 1845.
[2] Le 10 décembre 1845.

« Cette politique est dans l'intérêt de l'Espagne aussi bien que de la France.

« L'Espagne a maintenant deux intérêts supérieurs, dominants, auxquels tous les autres doivent être subordonnés. Un intérêt de politique intérieure, qui est de fonder son gouvernement et son administration, d'assurer au dedans sa tranquillité, sa prospérité et sa force. Un intérêt de politique extérieure, qui est, je n'hésite pas à le dire, de s'unir intimement avec la France, et de reprendre par là son rang en Europe, en conservant son indépendance et son repos.

« Pour le succès de ces deux intérêts, la cessation de toute lutte active et vive entre la France et l'Angleterre, à propos de l'Espagne, est indispensable.

« Notre politique est donc, dans son principe général, espagnole aussi bien que française, et conforme à l'intérêt supérieur et commun des deux pays.

« Quand donc, dans la question spéciale du mariage soit de la reine, soit de l'infante, nous écartons toute combinaison qui remettrait la France et l'Angleterre en lutte vive sur le terrain de l'Espagne, loin que l'Espagne puisse s'en plaindre et s'en choquer, elle doit nous approuver et nous seconder de tout son pouvoir ; car, en cela, nous avons à faire et nous faisons réellement, à l'intérêt supérieur et commun des deux pays, le sacrifice d'intérêts et de penchants qui nous sont très-chers, et que nous suivrions bien volontiers si la grande et saine raison d'État ne nous le déconseillait pas.

« Mais pour que cette politique soit praticable et atteigne son but, il faut qu'elle soit acceptée et pratiquée des deux côtés, par l'Angleterre comme par la France, avec la même modération et la même loyauté.

« Si donc, pendant que nous travaillons à écarter, pour le mariage soit de la reine, soit de l'infante, toute combinaison qui ranimerait la lutte franco-anglaise en Espagne, on n'en faisait pas autant de l'autre côté, si au contraire on préparait ou on laissait se préparer sans obstacle une combinaison contraire au principe proclamé par nous et accepté par le cabinet anglais (le trône d'Espagne ne doit pas sortir des descendants de Philippe V), combinaison qui nous contraindrait à rengager nous-mêmes la lutte que nous voulons assoupir, évidemment nous ne saurions accepter, et décidément nous n'accepterions pas une telle situation.

« Plus j'y regarde, plus je demeure convaincu qu'il y a, en Espagne et autour de l'Espagne, un travail actif et incessant pour amener le mariage d'un prince de Coburg soit avec la reine, soit avec l'infante. Le gouvernement anglais ne travaille pas positivement à ce mariage, mais il ne travaille pas non plus efficacement à l'empêcher; il ne dit pas, à toute combinaison qui ferait arriver un prince de Coburg au trône d'Espagne, un *non* péremptoire, comme nous le disons, nous, pour un prince français.

« Et, de leur côté, la reine Christine et le gouvernement espagnol veulent se servir de la crainte que nous avons d'un mariage Coburg pour s'assurer le mariage

Montpensier, tout en se ménageant la possibilité du mariage Coburg pour le cas où le mariage Montpensier viendrait à manquer.

« Nous ne pouvons, mon cher comte, jouer en ceci un rôle de dupes. Nous continuerons à suivre loyalement notre politique, c'est-à-dire à écarter toute combinaison qui pourrait rallumer le conflit entre la France et l'Angleterre à propos de l'Espagne. Mais si nous nous apercevions que, de l'autre côté, on n'est pas aussi net et aussi décidé que nous; si par exemple, soit par l'inertie du gouvernement anglais, soit par le fait de ses amis en Espagne et autour de l'Espagne, un mariage se préparait, pour la reine ou pour l'infante, qui mît en péril notre principe — les descendants de Philippe V—, et si cette combinaison avait, auprès du gouvernement espagnol, des chances de succès, aussitôt nous nous mettrions en avant sans réserve, et nous demanderions simplement et hautement la préférence pour M. le duc de Montpensier.

« Voilà notre plan de conduite, mon cher comte. Il n'a rien que de parfaitement conséquent et loyal; et en même temps il est efficace pour déjouer, soit d'avance, soit au moment critique, l'intrigue Coburg ou toute autre. Je vous en remets avec confiance l'exécution. Vous êtes ainsi armé pour le présent et pour l'avenir. Vous ne ferez, j'en suis sûr, usage de ces diverses armes qu'en cas de nécessité et au moment opportun. Maintenez notre politique jusqu'au bout, aussi longtemps qu'on ne nous la rendra pas impossible en faisant prévaloir contre nous une combinaison contraire à notre principe qu'on a accepté. Et si vous vous trouviez réduit à cette extrémité, arrêtez cette combinaison à l'aide du moyen que je vous mets entre les mains, et référez-en sur-le-champ à nous, en tenant quelques jours les choses en suspens. »

M. Bresson accueillit avec joie et comprit très-bien mes intentions dans leur vrai sens et leur juste mesure. Je fus, de mon côté, rassuré quant à la durée du ministère anglais; après quelques jours de crise stérile, sir Robert Peel et ses collègues avaient retiré leurs démissions et repris le pouvoir. Mais en Espagne, la situation se compliqua et s'aggrava singulièrement; l'un des descendants de Philippe V, le second fils de l'infant don François de Paule, l'infant don Enrique, duc de Séville, se livra complétement au parti radical, à ses intrigues comme à ses maximes; il adressa à la reine, contre le mariage napolitain, une protestation inconvenante et presque menaçante, perdit ainsi, dans le parti modéré comme à la cour, ses chances de succès, et reçut du gouvernement espagnol un ordre d'exil qui le contraignit à se retirer en France où son attitude envers le roi fut quelque temps équivoque et embarrassée. Le chef du cabinet, le général Narvaez jeta le gouvernement et lui-même dans un trouble violent; rien ne semblait manquer à sa fortune : le parti modéré s'était rallié autour de lui; la reine l'avait fait duc de Valence; il dominait dans le pays et dans l'armée. Ce n'était pas assez pour ses passions; toute contradiction lui était devenue insupportable; on le disait engagé dans d'immenses spéculations que gênait le bon ordre financier de M. Mon : « Poussé par les intrigants qui l'assiégent jusqu'à son chevet avant qu'il ferme et aussitôt qu'il ouvre les yeux, m'écrivait M. Bresson[1], il nous replonge dans une crise ministérielle, sans motif réel aucun, avec une majorité refaite au congrès, avec une presse contenue et un peu intimidée, avec des collègues dévoués et honnêtes gens, sous le vain prétexte que le trône est en péril et qu'on lui refuse les moyens de le sauver. Hier, au baise-main pour l'anniversaire de l'infante, il est venu m'annoncer qu'il était décidé à donner sa démission : — « Je suis découragé, dégoûté, fatigué, me disait-il; un de ces jours je me brûlerai la cervelle. Je vois le danger et ne puis y remédier. Ne pensez pas que je me trompe; j'ai un esprit qui y voit aussi clair que celui de Dieu[2]. » — Si vous avez eu le loisir d'entendre aux *Italiens* le bel opéra de *Nabuchodonosor*, c'est la scène du second acte; il n'y manque que le feu du ciel, et peut-être ne l'attendrons-nous pas longtemps. » La crise éclata bientôt en effet; en vain M. Bresson s'employa très-activement et réussit quelques semaines à la conjurer : « Hier, m'écrivit-il[3], Narvaez a forcé la jeune reine à accepter sa démission; ce n'est pas trop dire. Il a déclaré qu'à aucun prix il

---

[1] Le 21 janvier 1846.
[2] *Yo tengo un intelecto tan claro como el de Dios.*
[3] Le 11 février 1846.

ne continuerait au pouvoir avec ses collègues; il a
prié, protesté, pleuré, menacé de se brûler la cervelle;
et après avoir conduit la reine chez sa mère où il a
renouvelé la même scène, il est sorti, laissant, sans
avoir obtenu leur consentement, sa démission entre
les mains de leurs Majestés. » Et trois jours après[1] :
« Enfin, il est tombé! Cette justice du ciel, que je
vous prédisais quand il prononça au palais ces paroles
impies, l'a frappé; l'orgueil, toujours l'orgueil qui
perd l'homme s'égalant à Dieu. Sa chute a été profonde;
tout à coup le vide s'est fait autour de lui; il a étendu
le bras, et n'a plus rencontré que ces quelques intrigants qui soufflaient à son oreille l'adulation, la calomnie, la méfiance et l'envie. Certes, il l'a bien voulu; il
disait à la reine : — « Madame, on conspire partout contre
moi, même à l'ambassade de France, avec M. Mon qui
y est en ce moment. » — Oui, l'on y conspirait, mais
pour le calmer, pour l'adoucir, pour le rappeler à la
raison, pour réveiller en lui de nobles instincts, pour
l'arracher aux angoisses où il était tombé. Quand il me
vit sortir, sans lui avoir parlé, du bal de M. Weisweiler,
et qu'il disait avec amertume à M. de Vilches qui le répétait à Glücksberg : — « Regardez Bresson; lui aussi,
que j'aimais comme mon frère; cela me brise le cœur;»
— il était temps encore; s'il m'eût arrêté, s'il m'eût
demandé de lui ramener ses collègues, ils seraient revenus; ils auraient oublié ses torts, et il serait debout.

[1] Le 14 février 1846.

Mais, pour le bien de l'État, pour le sien même, pour le sentiment public, cet exemple était nécessaire. »

Les collègues du général Narvaez, ceux-là précisément avec qui il ne voulait pas rester, MM. Mon et Pidal, se retirèrent comme lui, et refusèrent de rester avec son successeur, le marquis de Miraflorès, honnête homme conciliant, qui forma un cabinet conciliant comme lui, mais comme lui inefficace et stérile, bon seulement pour ajourner les questions, et qui tomba au bout d'un mois, par la seule impossibilité de vivre. La situation devenait périlleuse : le général Narvaez se releva et rentra au pouvoir, seul, avec quelques séides ses amis personnels, accepté, comme un homme fort, par les deux reines alarmées, et promettant de conclure en trois mois le mariage napolitain : « Ce que je n'ai que trop prévu et trop prédit est accompli, m'écrivait M. Bresson [1] : on ne décrète pas précisément l'abolition, mais la suspension du gouvernement représentatif; la liberté de la presse est anéantie; les Cortès sont indéfiniment prorogées. Je suis resté entièrement étranger à ces actes : je les pressentais, et mes conseils au duc de Riansarès, et à la reine-mère par son intermédiaire, ont eu pour objet constant de les prévenir. Près du général Narvaez je n'ai tenté aucun effort : depuis qu'il s'est séparé de MM. Mon, Martinez de la Rosa et Pidal, je n'ai eu avec lui aucun entretien d'affaires; je savais d'avance que tout serait inutile. C'est une situation

[1] Le 19 mars 1846.

bien grave; l'intimidation est très-grande, et nous n'avons pas à craindre ici ces mouvements populaires qui vengent les injures et brisent les trônes en trois jours; mais l'action lente de l'opinion se fera sentir, et si elle gagne l'armée, Dieu sait où nous irons. »

Je lui répondis sur-le-champ [1] : « Il n'y a point de direction de détail pour une telle situation : un mot seulement sur les points fixes que je vous recommande : 1° le maintien de l'ordre constitutionnel : c'est notre drapeau. C'est, pour l'Espagne, une nécessité, le seul moyen de gouvernement, même ébréché et mutilé. En s'en séparant, on tombe dans le vide. 2° L'union du parti modéré, la présence au pouvoir des hommes importants du parti modéré. Ce n'est pas trop de tous. Quand ils sont unis, nous travaillons à maintenir leur union. Quand ils sont brouillés, nous travaillons à leur réconciliation. Et nous ne nous brouillons avec aucun, majorité ou minorité, ministres ou non-ministres. Je ne sais comment le général Narvaez reviendra dans la bonne voie. Je ne puis croire qu'il aille jusqu'au bout de la mauvaise. Personne en Espagne ne va au bout de rien, ce me semble. Tenez-vous toujours en mesure de reconnaître les bonnes velléités et de les seconder : une bienveillance constante et toujours prête, sans association de responsabilité. »

M. Bresson n'eut pas de peine à suivre mes instructions; elles convenaient à son penchant autant qu'à sa

[1] Le 25 mars 1846.

raison : il avait du goût pour le général Narvaez, faisait grand cas de sa vigueur politique, voyait en lui un sincère ami de l'alliance franco-espagnole, et croyait que, dans l'avenir comme dans le passé, l'Espagne et sa reine pourraient avoir plus d'une fois besoin de lui. La vivacité des impressions, la violence des passions, l'impétuosité des résolutions, l'incohérence des actions, ces traits caractéristiques des hommes du midi rendent difficiles, parmi eux, les combinaisons longues, l'énergie patiente et l'esprit de suite dont le régime parlementaire a besoin; mais ils n'excluent point la noblesse des caractères, la générosité des sentiments, la supériorité des esprits et tous ces grands instincts de la nature humaine qui ont autant de charme que de puissance. M. Bresson les avait rencontrés souvent dans le général Narvaez et se plaisait à y compter toujours. Il se tint quelque temps à l'écart, évitant les occasions de voir le président du conseil, et ne se rendant même pas à une entrevue diplomatique à laquelle sir Henri Bulwer n'eut garde de manquer. Mais quand le général Narvaez lui fit témoigner par le comte d'Araña sa surprise et son chagrin d'une telle absence, ajoutant qu'il irait lui-même le voir le lendemain s'il pouvait disposer d'un moment, M. Bresson s'empressa de répondre à cet appel : « Je n'avais pas franchi le seuil du cabinet du général, m'écrivit-il [1], que déjà il m'avait serré dans ses bras, et exprimé toute la peine que lui

---

[1] Les 21 et 23 mars 1846.

avait causée l'éloignement où je m'étais tenu de lui depuis six semaines. Cet accueil si amical nous dispensait mutuellement de toute explication ; cependant je lui ai dit que, dans ce qui venait de se passer, mon rôle avait été en grande partie forcé ; qu'il ne devait pas oublier que notre révolution de Juillet avait été une protestation contre des mesures analogues à celles qu'il venait de prendre ; mais que, le fait accompli sans nous, nous n'avions d'autre pensée que de l'aider à gagner la grande et peut-être périlleuse partie qu'il venait d'engager. Il m'a répondu avec une verve, un entraînement et une lucidité très-remarquables, présentant les faits qui ont précédé la crise sous un jour spécieux et tout à son avantage, rendant pleine justice aux qualités, aux talents et aux vertus de MM. Martinez de la Rosa, Mon et Pidal, protestant du regret profond qu'il avait éprouvé à se séparer d'eux, les qualifiant d'hommes éminents et propres chacun à présider le cabinet ; généreux dans ses sentiments, noble dans ses expressions, maître de sa pensée, développant ses plans, prévoyant les difficultés et y parant ; décidé à rendre au pays, après l'avoir organisé et discipliné, sa liberté et sa constitution ; ne demandant que six mois pour faire élire et convoquer les Cortès ; abjurant tout projet de vengeance, tout intérêt, toute rancune ; uniquement préoccupé d'accomplir une œuvre salutaire qui lui mérite l'approbation de la reine et la reconnaissance de l'Espagne. Enfin, c'était mon Narvaez d'autrefois, tel que je l'ai connu et aimé dans les beaux jours de

Barcelone ; un vent funeste avait soufflé sur lui et troublé ses esprits ; M. Martinez de la Rosa peut vous dire à quel point il était, depuis cinq mois, différent de lui-même. Nous le retrouvons tout entier ; ce qu'il y a de grand, de noble dans sa nature reprendra le dessus ; et remis ainsi en équilibre, il est bien supérieur à tous les autres et bien plus capable de nous mener au port. »

L'amitié est facile à l'espérance. M. Bresson s'aperçut bientôt que les faits ne répondaient pas à la sienne : « Le général Narvaez, m'écrivit-il [1], n'a pas longtemps gardé l'équilibre qui paraissait à peu près rétabli dans son esprit ; quand ses passions sont excitées, il ne se connaît plus et ne se gouverne plus. Aux premières marques d'opposition qu'il a rencontrées dans deux de ses collègues, au lieu de prendre des précautions et de les combattre avec des armes courtoises, son langage est devenu violent et il a presque dicté des conditions à la reine. Averti à temps du mauvais effet que produisait au palais cet oubli des convenances, je l'ai mis sur ses gardes ; il n'a pas tenu compte de mes conseils. Alors la reine Christine, ordinairement si réservée et si prudente, a laissé éclater devant moi ses sentiments : — « C'est Espartero, m'a-t-elle dit ; ce sont les mêmes exigences ; il veut arriver au même but. » — De son côté, la jeune reine s'exprimait dans des termes semblables : — « Espartero, disait-elle, gardait du moins

---

[1] Le 5 avril 1846.

avec moi quelques ménagements; celui-ci n'en garde plus aucun. » — Je vis qu'il était perdu, que toute intervention trop positive en sa faveur serait inutile et dangereuse, et je me bornai à adoucir sa chute par quelques bonnes paroles et quelques procédés polis. On a eu envers lui les torts qu'il avait eus envers MM. Martinez de la Rosa et Mon. Aucun homme considérable n'a consenti à s'unir avec lui. Il s'était tué comme homme politique en se séparant des véritables chefs du parti modéré; il ne restait plus que chef militaire pour faire face aux émeutes; le jour où l'on s'est à peu près convaincu que d'autres rempliraient aussi bien cet emploi, on l'a laissé choir. »

L'un des chefs civils du parti modéré, M. Isturiz, fort avant dans la confiance de la reine Christine, fut chargé de former le nouveau cabinet. M. Mon hésitait à y entrer; la reine Christine lui semblait froide : « Accepte, lui glissa-t-elle à l'oreille comme il passait près d'elle, et ne dis pas que c'est moi qui te l'ai conseillé. » « Elle veut gouverner, m'écrivait M. Bresson [1], et elle gouverne, mais elle n'en veut pas les apparences; la responsabilité lui déplaît. » M. Mon accepta, et M. Pidal avec lui; c'était le parti modéré en possession du pouvoir, à la cour comme dans les Cortès. Qu'en fallait-il conclure et que ferait le nouveau cabinet quant au mariage de la reine? Personne n'y voyait clair : « Cette question du mariage, disait le marquis de Mi-

[1] Le 2 mai 1846.

raflorès, tuera encore deux ou trois ministères. » Ce n'était pas sur la seule question du mariage que trois ministères venaient de naître et de mourir en deux mois; le sort incertain du régime constitutionnel, et tantôt l'inhabileté à le pratiquer, tantôt le danger d'y porter atteinte avaient aussi grandement contribué à ces crises; les fautes des hommes y avaient tenu encore plus de place que les difficultés des questions. Quelles qu'en fussent les causes, le trouble était grand dans le gouvernement espagnol et l'avenir très-obscur.

Quand on marche sur un sol mouvant et dans les ténèbres, il faut marquer bien nettement son but et planter de fermes jalons sur la route. En présence de ce qui se passait en Espagne et dans la prévoyance de ce qui pouvait s'y passer, je résolus de prendre, vis-à-vis du gouvernement anglais, à la fois notre associé et notre embarras dans cette affaire, la même attitude décidée et déclarée, pour les cas extrêmes, que j'avais prise en Espagne même, dans mes dernières instructions au comte Bresson, le 10 décembre précédent. J'écrivis à M. de Sainte-Aulaire[1] : « Envoyez-moi Jarnac pour trois jours. J'ai besoin de causer avec lui des affaires d'Espagne. Il vous reportera, à vous et à lord Aberdeen, des choses qu'il serait trop long d'écrire et pour lesquelles rien ne peut suppléer à la conversation. Qu'il ne perde point de temps. Madrid va vite quand il s'y met, et je ne veux pas être pris au dépourvu. »

[1] Le 17 février 1846.

M. de Jarnac arriva sur-le-champ. Nous causâmes à fond avec lui, le roi et moi. Je le mis au courant de tous les *imbroglios*, de toutes les scènes, de toutes les chances de Madrid, et je le renvoyai, le 27 février, à M. de Sainte-Aulaire : « Je lui ai dit et il vous redira tout ce que j'aurais voulu vous dire. Je lui ai remis de plus le *memorandum* ci-joint, qui contient le résumé de la situation, et doit être le thème de vos conversations et des siennes avec lord Aberdeen. Il importe que Jarnac répète à lord Aberdeen le commentaire très-développé que le roi et moi nous lui en avons fait à lui-même. Tout ceci est fort délicat et doit être très-ménagé, mais aussi très-net, car je tiens également à être loyal et à n'être point dupe. »

Memorandum remis le 27 février 1846
à M. le comte de Jarnac.

§ Ier.

Le principe que nous avons soutenu et que le cabinet anglais a accepté comme base de notre politique, quant au mariage de la reine d'Espagne, devient d'une application fort difficile et fort incertaine.

Voici quelle est maintenant la situation des princes descendants de Philippe V, et prétendant ou pouvant prétendre à la main de la reine d'Espagne :

Le prince de Lucques est marié.

Le comte de Trapani est fort compromis :

1º Par l'explosion qui a eu lieu contre lui ;

2º Par la chute du général Narvaez.

Les fils de l'infant don François de Paule sont fort compromis : 1º par leurs fausses démarches ; 2º par leur intimité avec le parti radical et l'antipathie du parti modéré ; 3º par le mauvais vouloir de la reine-mère et de la jeune reine elle-même.

Les fils de don Carlos sont, quant à présent, impossibles : 1º par l'opposition, hautement proclamée, de tous les partis ; 2º par leur exclusion formellement prononcée dans la constitution ; 3º par leurs propres dispositions, toujours fort éloignées de la conduite qui pourrait seule leur rendre quelques chances.

La situation actuelle des descendants de Philippe V, dans la question du mariage de la reine d'Espagne, est donc devenue mauvaise.

§ II.

J'aurais beaucoup à dire sur les causes de ce fait. Je ne relèverai que deux points :

1º Nous avons constamment témoigné, pour tous les descendants de Philippe V sans exception, des dispositions favorables. Nous avons dit et répété à la reine Christine elle-même que les infants, fils de don François de Paule, nous convenaient très-bien. Nous avons fait ce qui était en notre pouvoir pour rendre possibles les infants fils de don Carlos. Si nous avons spécialement demandé le comte de Trapani, c'est que son succès nous a paru plus probable que celui de tout autre, à cause du bon vouloir de la reine Christine et de la jeune reine.

2° Le cabinet anglais ne nous a prêté, pour la combinaison Trapani, aucun concours actif et efficace. Il a gardé une neutralité froide; et son inertie a laissé un libre cours à toutes les hostilités, à toutes les menées, soit des Espagnols, soit même des agents anglais inférieurs, que son concours net et actif aurait contenues.

§ III.

Quelles qu'en soient les causes, le fait que les difficultés du mariage de l'un des descendants de Philippe V avec la reine Isabelle se sont fort aggravées est incontestable.

Et en même temps un travail très-actif se poursuit et redouble en ce moment pour marier le prince Léopold de Coburg, soit à la reine Isabelle, soit à l'infante doña Fernanda.

La cour de Lisbonne est le foyer de ce travail. Les correspondances, les journaux portugais et espagnols le révèlent évidemment.

On affirme que le prince Léopold de Coburg, qui doit être parti le 24 février de Lisbonne pour Cadix, Gibraltar, Alger, Malte et l'Italie, fera, secrètement ou publiquement, un voyage à Madrid. Beaucoup de circonstances rendent cette affirmation vraisemblable.

§ IV.

Nous avons été et nous voulons être très-fidèles à la politique que nous avons adoptée et aux engagements que nous avons pris quant au mariage, soit de la reine Isabelle, soit de l'infante doña Fernanda.

Mais si l'état actuel des choses se prolonge et se développe, nous pouvons arriver brusquement à une situation où nous serons :

1° Placés sous l'empire d'une nécessité absolue pour empêcher que, par le mariage, soit de la reine, soit de l'infante, notre politique reçoive en Espagne un échec que nous n'accepterions pas ;

2° Libres, pour l'un comme pour l'autre mariage, de tout engagement.

C'est ce qui arriverait si le mariage, soit de la reine, soit de l'infante, avec le prince Léopold de Coburg ou avec tout autre prince étranger aux descendants de Philippe V, devenait probable et imminent.

Dans ce cas, nous serions affranchis de tout engagement et libres d'agir immédiatement pour parer le coup en demandant la main, soit de la reine, soit de l'infante, pour M. le duc de Montpensier.

§ V.

Nous désirons sincèrement et vivement que les choses n'en viennent point à cette extrémité.

Nous ne voyons qu'un moyen de la prévenir. C'est que le cabinet anglais s'unisse activement à nous :

1° Pour remettre à flot l'un des descendants de Philippe V, n'importe lequel, le duc de Séville ou le duc de Cadix, aussi bien que le comte de Trapani, et préparer son mariage avec la reine Isabelle ;

2º Pour empêcher, en attendant, le mariage de l'infante soit avec le prince Léopold de Coburg, soit avec tout prince étranger aux descendants de Philippe V.

Nous croyons que, par l'action commune et bien décidée des deux cabinets, ce double but peut être atteint; et nous nous faisons un devoir de loyauté de prévenir le cabinet anglais que, sans cela, nous pourrions nous trouver obligés et libres d'agir comme je viens de l'indiquer.

Dès le surlendemain du retour de M. de Jarnac à Londres [1], M. de Sainte-Aulaire se rendit au *Foreign-Office* et communiqua à lord Aberdeen ce *memorandum*. M. de Jarnac l'en entretint aussi, en lui rapportant les commentaires que le roi et moi nous y avions ajoutés. Lord Aberdeen ne manqua certainement pas d'en parler à sir Robert Peel, et j'acquis plus tard la certitude qu'il en avait également rendu compte à la reine Victoria : « Le roi Léopold, à qui j'en ai fait la question, m'écrivit le roi Louis-Philippe [2], m'a dit qu'il était certain que lord Aberdeen avait communiqué à la reine Victoria le contenu du *memorandum* du 27 février 1846. » Le gouvernement anglais fut donc bien instruit, dès cette époque, de notre pensée sur l'état de la question des mariages espagnols, et de notre résolution pour les cas extrêmes que pouvait amener l'avenir.

Les événements ne tardèrent pas à justifier notre

[1] Le 4 mars 1846.
[2] Le 28 décembre 1846.

prévoyance et à mettre notre résolution à l'épreuve. Le 11 avril 1846, je reçus une lettre du comte de Sainte-Aulaire[1], qui me communiquait confidentiellement, de la part de lord Aberdeen, une longue lettre de sir Henri Bulwer, en date du 28 mars précédent, écrite par conséquent après le retour soudain du général Narvaez au pouvoir et les mesures violentes qui l'avaient accompagné. Ces crises ministérielles répétées, la suspension du régime constitutionnel, l'incertitude de toutes les situations et la difficulté de toutes les questions ainsi aggravées, le péril des résolutions imminentes du cabinet espagnol, toutes ces circonstances avaient vivement préoccupé l'esprit sagace et fécond de sir Henri Bulwer; il les exposait à lord Aberdeen avec une complaisance inquiète, et finissait par lui dire : « En réalité, le compromis auquel ces événements semblent conduire est celui-ci : 1° que la reine d'Espagne épouse un Bourbon étroitement allié au roi de France; 2° que la sœur de la reine d'Espagne épouse un fils du roi de France. L'intimité qui existe aujourd'hui entre les deux couronnes d'Angleterre et de France et l'alliance des deux pays peuvent nous faire accepter cet arrangement comme ne choquant pas, en Angleterre, le sentiment public; mais, à coup sûr, c'est un arrangement qui livre toute la famille royale d'Espagne à l'alliance française. Je ne puis m'empêcher de penser que, si ces affaires-là doivent être réglées en

---

[1] Du 10 avril 1846.

commun par l'Angleterre et la France, ce serait un compromis plus équitable de séparer les deux sœurs, et pendant que nous laisserions la reine d'Espagne ou sa sœur épouser le duc de Montpensier, d'unir en mariage l'infante ou la reine à un prince d'une autre maison, soit de la maison d'Autriche dont l'influence balancerait celle de la France, soit de la maison de Saxe-Coburg qui est liée à notre famille royale. Nous offririons ainsi à la monarchie française tout ce que, s'il vivait, pourrait prétendre Louis XIV ; nous délivrerions l'Espagne de conditions qui l'humilient et feront probablement son malheur ; et au lieu d'infliger, à une nation dont la prospérité nous intéresse vivement, soit une révolution, soit un souverain qu'elle ne supportera qu'avec haine si elle le supporte, et qui ne sera maintenu sur le trône que par la force militaire, s'il y est maintenu, nous placerions, dans cette arène d'aventuriers ambitieux et jaloux, deux princes éclairés et capables qui représenteraient, dans ce pays si longtemps divisé par les factions anglaise et française, l'intimité et l'alliance qui règnent aujourd'hui entre la France et l'Angleterre, et cet esprit de conciliation et de modération intelligente qui, au nord des Pyrénées, anime aujourd'hui l'Europe et fait son bonheur. »

Sir Henri Bulwer disait de plus « qu'il n'avait point d'objection à ce que cette lettre me fût communiquée, quoique les idées qu'il avait déjà exprimées, et même celle-ci, pussent m'inspirer des doutes et des soupçons.

Je mets de côté, disait-il, toute considération de ce genre ; les juges impartiaux confirmeront ce que je dis des faits présents dont je parle sans réserve, et ils condamneront ou sanctionneront mes prédictions pour l'avenir. »

« Lord Aberdeen a ajouté, m'écrivait M. de Sainte-Aulaire, qu'il se trouvait fort en peine parce qu'en vous communiquant cette lettre il avait l'air d'en approuver le contenu ; or, dans la vérité, les idées qui y sont émises lui sont tout à fait nouvelles ; elles se présentent pour la première fois à son esprit ; il ne les a communiquées ni à sir Robert Peel, ni à aucun autre de ses collègues ; et sans vouloir les repousser *a priori*, il est plus éloigné encore de les admettre sans plus ample examen. Hier au soir, j'ai trouvé joint à l'original de la lettre dont je vous envoie copie un billet de lord Aberdeen où je lis : « Je ne veux être aucunement responsable, ni exprimer aucune opinion quant aux idées spéculatives que Bulwer m'a écrites, comme il le fait toujours, sans gêne, et je ne doute pas que, fondées ou non, ses impressions ne soient honnêtes et sincères. »

L'idée de sir Henri Bulwer ne pouvait en aucune façon obtenir notre adhésion : elle dérogeait à notre principe fondamental, car, en mariant les deux princesses espagnoles à des princes de maisons royales absolument séparées, elle exposait le trône d'Espagne à sortir des descendants de Philippe V et de la maison de Bourbon ; elle transportait de plus en Espagne, au sein même de la famille royale espagnole, précisément les causes et les germes de l'ancienne rivalité de la France et de l'Angleterre dans la Péninsule. Elle manquait ainsi doublement le but de notre politique. Ce n'était, à vrai dire, qu'une manière de faire à l'Angleterre sa part, et la grosse part, dans l'héritage de Ferdinand VII. Je n'eus garde d'entrer, au fond, dans la discussion ; j'écrivis simplement à M. de Sainte-Aulaire[1] : « Je n'ai pas répondu à votre lettre du 10 avril, ni à la lettre de Bulwer, du 26 mars, dont elle contenait une copie, parce que je n'avais rien à y répondre. Il n'y avait là aucune proposition, aucune ouverture. Lord Aberdeen n'avait rien approuvé, n'exprimait absolument aucune opinion. C'étaient de pures spéculations de sir Henri Bulwer. Nous avons pris, dans cette affaire du mariage de la reine d'Espagne, une position trop nette, trop décidée pour qu'il nous convienne de discuter des spéculations. Si nous nous y montrions disposés, on ne manquerait pas de dire que nous jouons un jeu, que notre refus du mariage espagnol pour un fils du roi n'est pas sérieux, ni sincère, et que nous saisissons la première occasion de ressaisir cette chance, et de faire rentrer le fils du roi dans cette arène de prétendants où nous avons déclaré qu'il n'entrerait pas. Nous ne voulons pas d'une telle situation. Nous restons fermement et loyalement dans celle que nous avons prise et dans les déclarations que nous

---

[1] Le 26 mai 1846.

avons faites. Nous ne ferons et ne dirons rien qui témoigne le moindre empressement, la moindre intention de nous en écarter et de courir après d'autres combinaisons. »

Lord Aberdeen eut à me faire, quelques semaines plus tard, et avec bien plus de surprise de sa part comme de la mienne, une communication bien plus grave : « Je vous ai écrit le 7 de ce mois, me manda le 21 mai 1846 M. de Sainte-Aulaire, que les chances matrimoniales du prince de Coburg devenaient meilleures à Madrid. En me donnant cette nouvelle pour vous être transmise, lord Aberdeen ajoutait : — « N'en accusez pas Bulwer ; il n'a fait et ne fera rien pour favoriser ce mariage. » — Sous ce dernier rapport, lord Aberdeen s'était trompé ; il m'a confié hier, avec un peu d'embarras, mais avec la sécurité que lui donne la conscience de sa parfaite loyauté, « que le ministère espagnol, d'accord avec les reines, venait d'adresser à Lisbonne, au duc régnant de Saxe-Coburg, un message à l'effet de négocier le mariage du prince Léopold avec la reine Isabelle. Le message a été concerté, ou au moins communiqué au ministre d'Angleterre, qui a donné son approbation. Quand il s'est imprudemment engagé dans cette affaire, Bulwer n'avait pas reçu une lettre du 8 avril qui lui recommandait d'observer la plus stricte neutralité. Mais sa conduite n'en est pas moins condamnable, a ajouté lord Aberdeen ; mes instructions précédentes subsistaient dans toute leur force. Je suis très-mécontent de cette conduite, et je me déclare prêt à faire ce que M. Guizot jugera convenable pour constater que je n'y suis pour rien, et que, dans toute cette affaire, mes actes ont été d'accord avec le langage que je vous ai toujours tenu. »

Je fus, comme je devais l'être, très-touché de ce langage que lord Aberdeen était pleinement en droit de tenir; mais son embarras devait être extrême : sir Henri Bulwer n'avait pas simplement donné son approbation à une démarche du gouvernement espagnol pour proposer à Lisbonne le mariage de la reine Isabelle avec le prince Léopold de Coburg; il avait connu et dirigé cette démarche dans ses détails et à chaque pas. Des conversations intimes, d'abord avec le duc de Riansarès, puis avec M. Isturiz lui-même, l'avaient instruit du dessein de la reine Christine et de ses plus intimes conseillers; il l'avait non-seulement accueilli, mais encouragé, discutant les moyens d'exécution et suggérant ceux qui lui semblaient le plus efficaces. Il s'était même chargé de faire parvenir sûrement à Lisbonne une lettre adressée par la reine Christine elle-même au duc régnant de Saxe-Coburg, et dont M. Isturiz lui avait dit le contenu. Il avait pris grand soin que l'initiative et la couleur extérieure de l'affaire demeurassent espagnoles; il la secondait activement sans garantir le concours de son gouvernement; il recommandait surtout le secret le plus absolu envers le gouvernement français et ses agents, trouvait bon que M. Isturiz gardât le même secret envers ses propres collègues, et se retirait lui-même de Madrid à Aranjuez, pour paraître étranger aux relations personnelles, au mouvement journalier et aux conjectures que ce travail ne pouvait manquer de susciter. La conclusion en devait être ce que, six semaines auparavant, il avait proposé à lord Aberdeen, le partage des deux sœurs entre les deux prétendants, la reine Isabelle pour le prince de Coburg, l'infante doña Fernanda pour le duc de Montpensier. Il ne paraît pas que sir Henri Bulwer eût conçu le moindre doute sur le caractère sérieux et définitif des ouvertures qu'avait faites aux princes de Coburg la cour de Madrid, et auxquelles il s'était empressé de prêter son appui.

Il donnait de son empressement et du secret gardé dans toute l'affaire, notamment envers l'ambassadeur de France, une seule raison : depuis trois mois déjà, une intrigue avait été ourdie, selon lui, entre M. Bresson, le prince Carini et le général Narvaez, pour conclure le mariage de la reine avec le duc de Trapani brusquement, à l'improviste, en dehors des prescriptions constitutionnelles ; et un jour précis, le 15 mai, avait même été fixé pour ce coup de main : « Sans prétendre excuser Bulwer, m'écrivait M. de Sainte-Aulaire, lord Aberdeen m'a dit que sa démarche était une revanche. Bresson avait arrangé pour le 15 mai le mariage Trapani en cachette de son camarade ; celui-ci a voulu lui rendre la monnaie de sa pièce. »

Je répondis à M. de Sainte-Aulaire [1] : « Je ne saurais

[1] Le 26 mai 1846.

vous dire à quel point votre lettre du 21 nous a surpris, le roi et moi. Jarnac m'écrivait de Windsor, le 12 novembre dernier : « Lord Aberdeen m'a quitté hier dans l'après-midi, me disant qu'il allait s'entendre définitivement avec le prince Albert sur notre question espagnole. Il m'a fait prier, à son retour, de passer chez lui : « Tout est maintenant réglé, m'a-t-il dit, absolument comme vous le souhaitez; je puis vous assurer, sur ma parole de *gentleman*, que vous n'avez rien du tout à craindre de ce côté. » — Le 3 mars dernier, Jarnac m'a écrit encore : « Lord Aberdeen est, plus que par le passé, convaincu qu'aucune prétention du prince de Coburg ne serait encouragée, ou même acceptée à Windsor : « Le prince Albert, m'a-t-il dit, ne pourrait plus me parler s'il en était autrement. » — Vous m'avez écrit vous-même le 5 mars : « Il ne peut pas plus être question du prince de Coburg que de moi pour épouser la reine d'Espagne, m'a dit lord Aberdeen : après ce qui s'est passé entre le prince Albert et moi, il est impossible qu'il entre dans une intrigue; il n'oserait me regarder en face. » — Et vous m'apprenez maintenant, d'après ce que vient de vous dire lord Aberdeen, que le ministère espagnol, d'accord avec les reines, vient d'adresser à Lisbonne, au duc régnant de Saxe-Coburg, un message à l'effet de négocier le mariage du prince Léopold avec la reine Isabelle, que ce message a été concerté, ou au moins communiqué au ministre d'Angleterre qui a donné son approbation, etc., etc. Je vous avoue qu'en lisant cela je ne pouvais y croire. Je ne vous ai pas répondu sur-le-champ parce que j'ai voulu m'en entretenir à fond avec le roi et la reine, et y bien penser moi-même avant de rien faire et de rien dire. Je désire que lord Aberdeen sache pourquoi j'ai tardé deux jours à vous exprimer mon sentiment. Il est faux, absolument faux, que Bresson ait arrangé pour le 15 mai le mariage Trapani, conclu en secret et contre les règles constitutionnelles; il n'a jamais été question, pas plus en cachette qu'en public, d'un arrangement ni d'une date semblable. Je n'en avais jamais entendu parler avant ce que vous venez de me mander. Rien n'a été fait, rien n'a été convenu, rien n'a été dit quant au mariage Trapani, au-delà de ce que vous savez comme moi et de ce que lord Aberdeen sait comme vous. Je le prie de rayer, du compte de Bulwer, cette excuse pour la part qu'il a prise et l'appui qu'il a prêté à l'intrigue que vous m'annoncez. »

J'informai sur-le-champ M. Bresson, par le télégraphe, du fait que m'avait loyalement déclaré lord Aberdeen, et en lui envoyant la lettre de M. de Sainte-Aulaire avec ma réponse, j'ajoutai [1]: « La surprise du roi et de la reine a été profonde. Après tout ce qui s'est passé depuis deux ans entre Paris, Madrid et Naples, après toutes les démarches que nous avons faites, tous les engagements que nous avons contractés, selon le désir de la reine Christine et du gouvernement espa-

[1] Le 27 mai 1846.

gnol et de concert avec eux, serait-il possible que tout à coup, sans nous en dire un mot, pendant que tout ce qui a été dit et préparé avec nous subsiste pleinement, la reine Christine et le gouvernement espagnol eussent fait ailleurs, à Lisbonne, d'autres démarches, d'autres ouvertures, offert et préparé un autre mariage? Le procédé serait si étrange que le roi se refuse encore à y croire, et suppose que Bulwer a écrit à lord Aberdeen plus et autre chose que ce qu'il y a réellement. Votre lettre du 19 de ce mois est venue confirmer un peu cette supposition. Vous m'indiquez une intrigue ourdie à côté du gouvernement espagnol et contre lui, là où Bulwer annonce une négociation entamée par le gouvernement lui-même. J'espère que vous avez raison. Mais, en tout cas, éclaircissez ceci avec le cabinet de Madrid et avec la reine Christine elle-même. Faites-leur bien pressentir tout ce que le roi et son gouvernement pourraient être conduits à penser et à faire si ce que Bulwer a écrit à lord Aberdeen était vrai. Plus le roi porte à la reine Christine et à sa fille une sincère affection, plus il serait blessé d'un procédé semblable et de la politique que révélerait ce procédé. Et notre politique à nous, envers l'Espagne, entrerait forcément dans des voies très-différentes de celles où nous avons marché jusqu'à présent, et où nous désirons marcher toujours. J'ai peine à me persuader que la reine Christine qui a l'esprit si juste et si pénétrant, et qui m'a paru si bien comprendre les vrais intérêts de la reine sa fille, de l'Espagne et ses propres intérêts à elle-même, dans l'avenir comme dans le présent, se jette ainsi dans toutes les chances, je dirai sans hésiter dans tous les périls de la situation qu'une telle conduite créerait infailliblement. »

M. Bresson fut un peu moins surpris que nous ne l'avions été, le roi et moi : depuis quelques jours il observait un redoublement d'activité cachée en faveur du prince Léopold de Coburg : « Il me revient de plusieurs côtés, m'écrivait-il[1], que les partisans de ce prince cherchent à accréditer l'opinion que la France fait seulement mine de résister, qu'en définitive elle se soumettrait et, pour me servir de leur expression, qu'elle avalerait cette pilule, comme d'autres. Si cette persuasion s'établit, ce ne sera certes pas ma faute; mes paroles sur ce point ne prêtent pas à l'équivoque. » Il suivait en même temps les traces d'une intrigue ourdie, dans des intérêts financiers autant que dans des vues politiques, pour le renversement du ministère, c'est-à-dire de MM. Mon et Pidal, invariablement opposés au mariage Coburg[2] : « Bulwer a commis une imprudence, m'écrivait-il; il est allé trouver M. Mon, et supposant fort gratuitement que, malade et fatigué, celui-ci avait le projet de se faire nommer ministre à Londres, il lui a offert ses bons offices; Mon, qui est pénétrant et brusque, l'interrompit : — « Qu'est-ce que ceci? Est-ce que vous êtes chargé par la reine ou par

---

[1] Le 17 mai 1846.
[2] Le 24 mai 1846.

Riansarès de me faire cette ouverture? Ne peuvent-ils parler eux-mêmes? Suis-je un obstacle à vos projets? Je ne vous comprends pas. » M. Bresson prit soin de signaler à sir Henri Bulwer lui-même le péril de ce travail; il l'avait eu un jour à dîner chez lui; il lui écrivit le lendemain : « Rappelez-vous ce que je vous ai raconté hier. On veut, les uns bêtement, les autres adroitement, nous pousser, vous et moi, sur la grande question, à des partis extrêmes. Gardons-nous bien de tomber dans le piége. Nous entraînerions nos gouvernements à des moyens extrêmes aussi; ils y sont nécessairement préparés, le cas échéant, et nous le regretterions beaucoup. » — J'ai voulu, me disait-il, le rendre attentif à ses propres démarches, et lui faire sentir que j'étais au courant et qu'il ne me prendrait pas par surprise. Des ministres étrangers, celui qui met dans ce travail le plus de suite, c'est le ministre de Portugal, le baron Renduffe, que j'ai déjà eu pour collègue à Berlin; sa manière de procéder est simple, assez adroite et peu compromettante; il amène la conversation sur le prince de Coburg, loue son esprit, sa bonté, sa tournure; il ne le propose pas, il ne l'offre à personne; mais si on parle du mariage, il dit:—« Mariez votre reine pour l'Espagne, comme nous avons marié la nôtre pour le Portugal; ne vous inquiétez pas des menaces que vous adressent certaines puissances; quand la chose sera faite, elles auront peut-être un peu de mauvaise humeur, et puis elles se résigneront. » — De tout ceci vous conclurez, et avec raison, mon cher ministre, que le parti Coburg est maintenant organisé, qu'il l'est sous l'inspiration et la direction indubitables, sinon patentes, du ministre d'Angleterre, et qu'il est temps d'aviser à nos grands moyens. »

Le lendemain du jour où M. Bresson me donnait toutes ces informations, ma dépêche télégraphique qui lui annonçait le loyal avertissement de lord Aberdeen lui arriva : « Elle est venue ce matin, à cinq heures, me faire bondir hors de mon lit[1]; elle s'accordait trop bien avec mes découvertes depuis dix ou douze jours pour que l'information transmise par mon digne collègue de Londres ne me parût pas vraisemblable. A neuf heures, j'étais chez le duc de Riansarès. Il m'a positivement nié que le cabinet eût fait ou qu'il eût été chargé de faire à Lisbonne aucune démarche de cette nature. Il me parut un peu moins affirmatif quand je lui fis observer que, si ce n'était pas le cabinet précisément, ce pouvait être un de ses membres, M. Isturiz par exemple, ou qui sait? la cour, ou quelqu'un tenant à la cour. Il a maintenu la négation, toujours un peu faiblement sur cette dernière partie de la question. Il m'a raconté en détail deux conseils tenus par la reine en présence de la reine-mère, où la question du mariage de Sa Majesté avec le comte de Trapani avait été posée, et qui avaient eu pour *conclusum* que, dans l'état présent du pays et des esprits, il était impossible, et que plus tard il serait toujours difficile de poursuivre

[1] Le 25 mai 1846.

cette négociation. Il a ajouté que, par suite de cette délibération, il était possible que M. Isturiz eût causé avec M. Bulwer pour s'assurer si l'Espagne était, ou non, libre de marier sa reine avec le prince que sa reine choisirait, et que peut-être on avait pris conseil à Londres dans ce sens, mais qu'il ne pensait pas qu'on fût allé plus loin. Je le priai de m'arranger, pour deux heures de l'après-midi, une entrevue avec la reine-mère, en frac et sans attirer l'attention. De chez lui, je courus chez M. Mon qui, pour le compte du cabinet, me répondit par des dénégations tellement formelles que j'essaierais en vain d'en reproduire toute la force. Il les corrobora de l'assurance que, lui ministre, je n'étais exposé à aucune surprise, et que je pouvais dormir tranquille. En quatre minutes, au galop de mes chevaux, je fus rendu chez M. Isturiz. Mêmes dénégations, mêmes assurances par rapport à la démarche relatée par M. de Sainte-Aulaire; mais une grande et inutile insistance sur l'indépendance de l'Espagne, sur le droit de la reine de choisir sans contrainte le mari qui lui conviendrait; et finalement l'assertion très-remarquable, qui lui a échappé et qu'il a voulu en vain rattraper, que si la reine lui demandait de la marier avec le comte de Trapani, il se retirerait, ne croyant pas pouvoir tenter une œuvre aussi impopulaire et aussi dangereuse, et que si elle lui demandait de la marier avec le prince de Coburg, il l'entreprendrait, en prévenant toutefois d'avance les deux grands alliés de l'Espagne et en observant envers eux tous les égards. »

M. Bresson remit alors sous les yeux de M. Isturiz, avec sa verve puissante, les conséquences infaillibles d'une telle résolution ; embarrassé et troublé : « Voulez-vous, lui demanda M. Isturiz, que nous travaillions ensemble pour marier la reine avec le duc de Montpensier ? — Et l'infante, lui dis-je, avec le comte de Trapani ? — Oui, me répondit-il, l'un et l'autre. — Je n'ai pas pouvoir de vous donner une réponse; est-ce sérieusement que vous m'adressez cette demande ? — Je dois avouer, reprit-il, que je ne suis pas autorisé. » — Je le laissai sur la bonne impression de mes paroles, et je montai chez la reine Christine. Prévenue par le duc de Riansarès, elle n'eut pas à jouer l'étonnement; elle nia simplement, naturellement; il ne serait pas convenable, dit-elle, que la reine d'Espagne allât mendier la main d'aucun prince; non-seulement aucune ouverture n'avait été faite à la maison de Coburg, mais on n'en avait reçu d'elle aucune; il n'y aurait ni surprise, ni manque d'égards, surtout envers le roi son oncle. Pour elle, elle voulait, autant que possible, se décharger de cette responsabilité; et quand la reine sa fille aurait fait connaître sa volonté aux ministres, elle leur laisserait le soin exclusif de la négociation. Mais elle ne devait pas me cacher que le moment d'une résolution approchait, qu'il n'était plus possible de différer, et que, d'un jour à l'autre, la reine se prononcerait. Voilà, mon cher ministre, où nous en sommes. Il y a un moyen de mettre un frein à l'impatience des deux reines : c'est d'arracher à la maison de Coburg un désistement formel ; si elle maintient ses prétentions, vous rentrez dans le droit que vous avez établi, de marier M. le duc de Montpensier avec la reine ou avec l'infante, à votre loisir, et quand vous jugerez que votre politique l'exige. Le comte de Trapani peut servir toujours de pis-aller, soit pour la reine, soit pour l'infante. Le pauvre prince, bien injustement, n'a pas d'autre rôle. J'attends avec grande impatience vos instructions sur tout ceci. »

Quant au prétendu complot tramé, selon sir Henri Bulwer, plusieurs mois auparavant, par M. Bresson, le prince Carini et le général Narvaez, pour marier la reine Isabelle au comte de Trapani le 15 mai, à l'improviste, inconstitutionnellement et à l'aide d'un rassemblement de troupes autour de Madrid, les dénégations de M. Bresson furent non-seulement absolues, mais adressées à M. Bulwer lui-même, qui s'en défendit en disant qu'il avait connu ce projet « par des personnes qui devaient être les plus véridiques et les mieux informées. » Non-seulement le prince Carini, mais les hommes les plus considérables du gouvernement espagnol, MM. Isturiz, Mon, de Viluma joignirent leurs dénégations à celles de M. Bresson. Ils auraient pu, et M. Bresson lui-même aurait pu s'en dispenser : depuis l'époque où le complot supposé avait, disait-on, été conçu, le général Narvaez avait repris seul et en maître l'exercice du pouvoir ; M. Bresson avait été complétement étranger à son rétablissement ; il l'avait même blâmé et s'était quelque temps tenu à l'écart. Au bout de quelques semaines, le général Narvaez était tombé; M. Bresson avait trouvé sa chute naturelle et n'avait rien fait pour le maintenir. C'eût été alors pourtant que le complot, s'il avait existé, aurait dû être accompli, ou du moins tenté : « Si je voulais du mariage Trapani par coups d'État et violences, écrivait, le 15 mai 1846, M. Bresson à M. Désages, je n'aurais qu'à prêter appui à Narvaez dans son impatience d'escalader le pouvoir. Mais ce serait jouer une partie terrible, et risquer une révolution et le trône de la reine. » Le complot allégué comme excuse par sir Henri Bulwer était aussi invraisemblable qu'imaginaire. La diplomatie a ses peurs et ses crédulités, frivoles ou simulées, et le pouvoir judiciaire n'est pas le seul qui prenne quelquefois des boutades et des propos pour des résolutions et des complots.

Sir Henri Bulwer était de ceux qui ont trop d'esprit pour ne pas éprouver le besoin d'avoir eu raison, ou du moins de prouver qu'ils ont eu de bonnes raisons pour ce qu'ils ont fait. Il m'écrivit pour m'expliquer lui-même sa conduite et ses motifs. Je lui répondis[1] : « Je vous remercie des explications que vous avez bien voulu me donner sur ce qui s'est passé naguère entre Madrid, Lisbonne et Londres. Vous avez, si je ne me trompe, cru trop facilement à ce qui n'était pas et ne pouvait pas être. Et dans cette persuasion mal fondée, vous avez, trop facilement aussi, prêté votre concours ou du moins votre aveu à ce qui, sans la parfaite

---

[1] Le 5 juillet 1846.

loyauté de lord Aberdeen, aurait pu amener entre nos deux gouvernements de graves embarras. Voilà, en toute franchise, ce qui me paraît. Nous avons, depuis cinq ans, travaillé et réussi en commun, vous et nous, à écarter ou à surmonter ces embarras, en Espagne comme ailleurs. J'espère que nous y réussirons toujours. Pour mon compte, j'y ferai de mon mieux, car je suis toujours également convaincu que le bon accord entre vous et nous, au travers et au-dessus de toutes les questions spéciales, est la seule bonne politique pour vous, pour nous et pour tout le monde. Je dirais volontiers que c'est aujourd'hui la seule digne d'un homme d'esprit, et je suis sûr que vous êtes de mon avis. »

Lord Aberdeen ne se contenta pas de m'avoir informé de ce qui s'était tramé, à son insu, entre Madrid et Lisbonne; il en témoigna à sir Henri Bulwer son formel mécontentement, en lui rappelant la promesse du gouvernement anglais de ne prendre part à aucune négociation, aucune tentative pour le mariage de la reine d'Espagne avec le prince de Coburg, et en insistant sur les graves conséquences qu'aurait pu avoir la situation fausse et malheureuse dans laquelle il s'était placé, à cet égard, contre les instructions qu'il avait reçues. Sur l'expression de ce blâme, sir Henri Bulwer offrit à lord Aberdeen sa démission; mais les circonstances générales devinrent telles que ni le blâme, ni la démission n'eurent aucune suite. Les faits que je viens de rappeler, cet imbroglio de complications imprévues, d'assertions contradictoires et de menées obscures amenèrent, entre le roi Louis-Philippe et la reine Christine, entre M. Bresson et sir Henri Bulwer, entre les deux diplomates et les ministres espagnols, entre les ministres espagnols eux-mêmes, des plaintes, des récriminations, des explications, des controverses qui auraient pu devenir des événements si un événement bien plus grave n'avait rejeté tous ces incidents dans l'ombre : le 29 juin 1846, après avoir accompli la réforme des lois sur les céréales, le cabinet de sir Robert Peel tomba ; les Whigs, sous la présidence de lord John Russell, succédèrent aux Torys ; lord Palmerston prit, au *Foreign-Office*, la place de lord Aberdeen.

J'écrivis le 6 juillet à lord Aberdeen : « Il faut donc enfin que je vous écrive pour vous dire adieu. Je n'espérais pas, et pourtant j'attendais. C'est pour moi un si vif déplaisir, un regret si profond. On ne se résigne qu'à la dernière extrémité. Vous sortez bien glorieusement. J'ai appris votre bonne fortune de l'Orégon avec la même joie que si elle m'eût concerné personnellement[1]. Vos succès étaient mes succès. Vous partirez probablement bientôt pour Haddo. Moi, je pars dans quelques jours pour le Val-Richer. Que ne pouvons-nous mettre en commun notre repos comme nous avons mis en commun notre travail ! Je suis sûr qu'en

---

[1] Dans les derniers jours de son ministère, il avait mis fin, par un arrangement équitable, à une question, sur les limites du territoire de l'Orégon, qui troublait les rapports et pouvait compromettre la paix entre l'Angleterre et les États-Unis d'Amérique.

loisir et liberté, en nous promenant et en causant sans autre but que notre plaisir, nous nous conviendrions et nous nous plairions mutuellement, aussi bien que nous nous sommes mutuellement entendus et soutenus dans les affaires publiques. Mais on arrange si peu sa vie comme on le voudrait! on jouit si peu de ses amis! On se rencontre, on s'entrevoit un moment; puis on se sépare, et chacun va de son côté, emportant des souvenirs doux qui deviennent bientôt de tristes regrets. Je suis pourtant très-décidé à ce que ceci ne soit pas, entre nous, une séparation. Je vous écrirai; vous m'écrirez, n'est-ce pas? Vous reviendrez en France. Je retournerai en Angleterre. Et puis, qui sait? J'ai la confiance que, souvent encore, n'importe dans quelle situation, nous servirons ensemble la bonne et rare politique que nous avons fait triompher pendant cinq ans. Quoi qu'il arrive, mon cher lord Aberdeen, il faut que nous nous retrouvions quelque part, et que nous nous entretenions de toutes choses plus librement, plus intimement encore que nous ne l'avons jamais fait. Gardez-moi, en attendant, toute votre amitié; c'est bien le moins que je ne perde rien dans la vie privée. Pour moi, je vous aime et vous aimerai toujours de tout mon cœur. »

Mon espérance n'a pas été trompée : après sa chute, et aussi après la mienne, j'ai vécu avec lord Aberdeen dans la même intimité qu'au temps où nous étions chargés, l'un et l'autre, du rôle et des relations de nos deux pays dans la société européenne. Nous nous sommes retrouvés plusieurs fois en France et en Angleterre. J'ai passé quinze jours chez lui en Écosse, à *Haddo-House*, dans les longues et libres conversations de la famille et de la campagne. Il est mort il y a six ans, et depuis sa mort j'ai beaucoup pensé à lui. Plus je l'ai éprouvé et connu, plus il m'a satisfait et attaché. C'était une nature haute et modeste, indépendante et douce, profonde et fine, originale sans affectation, sans exagération, sans prétention. Entré jeune, et au milieu de la grande crise européenne de 1814, dans la vie publique, il avait assisté de bonne heure aux plus grands spectacles de l'ambition, de la puissance et des destinées humaines; il en avait retenu les plus hauts enseignements, l'esprit de modération et d'équité, le respect du droit, le goût de l'ordre, l'amour de la paix. Cette expérience de sa jeunesse était en parfait accord avec les pentes de son esprit et de son caractère : conservateur par position et par instinct, libéral par justice et bienveillance envers les hommes, vrai et fier Anglais, mais d'une fierté sans préjugés et sans jalousie, fidèle aux traditions de son pays, mais étranger aux routines des partis ou du peuple, il était toujours prêt à comprendre les situations, les intérêts, les sentiments des autres, nations ou individus, et à leur faire leur juste part. C'était là une politique singulièrement neuve et hardie; mais lord Aberdeen évitait avec soin les apparences de l'innovation et de la hardiesse; il n'aimait pas le bruit, ne cherchait pas l'éclat, et aspirait au succès du bien, sans grand souci de son propre succès. Il n'était ni enclin ni propre aux fortes luttes parlementaires ; il avait trop de scrupules dans la pensée et trop peu de facilité puissante dans la parole ; il ne tranchait pas les questions par des résolutions promptes et par l'empire de l'éloquence ; il excellait à les dénouer en appelant le temps, le bon sens et le sens moral à l'appui de la vérité. Il aimait la vie publique et les grandes affaires, mais en homme qui met toutes choses à leur vraie place et à leur juste valeur, et qui sait se satisfaire et se complaire dans les plus simples comme dans les plus éclatantes. Il avait connu tout le charme, et aussi toutes les douleurs de la vie domestique ; et bien qu'entouré d'une nombreuse famille qui le respectait chèrement, et secondé en toute occasion par son plus jeune fils Arthur Gordon, devenu son secrétaire et son confident intime, une empreinte de permanente tristesse était restée dans sa physionomie grave et douce. Aux premières rencontres hors du cercle de sa famille, son abord était froid et presque sévère ; mais quand il entr'ouvrait son âme, on y découvrait des trésors de sympathie délicate et d'émotion tendre qui n'excluaient pas le libre jugement d'un observateur difficile et souvent un peu ironique, non-seulement dans les relations indifférentes, mais au sein même des plus affectueuses. Il aimait les hommes avec un profond sentiment de leurs vices et de leurs faiblesses comme de leurs misères, et il respectait la pensée, comme la liberté humaine, avec inquiétude. Il avait l'esprit remarquablement cultivé et orné ; l'antiquité grecque avait été l'étude favorite de sa jeunesse, et il était allé la comprendre et l'admirer au milieu de ses ruines. Rentré dans sa patrie, il était devenu le patron des recherches érudites sur les antiquités nationales; et les lettres, les arts, les sciences, dans leur sphère la plus étendue, furent pour lui, dans tout le cours de sa vie, l'objet d'un vif intérêt. Le grand problème social, plus nettement posé de notre temps qu'il ne l'avait jamais été, consiste à faire pénétrer la morale et la science dans la politique, et à unir, dans le gouvernement des peuples, le respect des lois divines au progrès des lumières humaines. Lord Aberdeen est, de nos jours, l'un des hommes qui ont le plus franchement accepté ce difficile problème, et qui, pour leur part et dans leur sphère d'action, se sont le plus scrupuleusement appliqués à le résoudre. Effort digne de lui, et qui sera l'honneur de sa mémoire comme il a été le travail de sa vie.

En 1855, le prince Albert exprimait en ces termes à l'évêque d'Oxford, M. Wilberforce, sa pensée sur le caractère de lord Aberdeen qu'il avait observé de bien près et dans des situations fort diverses : « Lord Aberdeen est l'homme le plus complétement vertueux que je connaisse. Je crois qu'il a toutes les vertus. Il est très-courageux. Il est parfaitement honnête. Il est scrupuleusement vrai. Il est magnifique dans sa bonté. Il est plein d'indulgence et sait bannir de son esprit le souvenir des torts les plus graves. Il est modeste, jusqu'à l'humilité, dans son opinion de lui-même. Tout ce qu'on peut dire contre lui, c'est qu'il manque d'imagination, ou plutôt qu'il n'en fait point de cas. »

Je me suis permis le mélancolique plaisir d'exprimer ce qu'on n'exprime jamais que bien imparfaitement quand on garde dans son cœur la mémoire d'un homme éminent et d'un ami rare. Je reviens aux mariages espagnols. Dès le printemps de 1846, la perspective de la chute possible du cabinet de sir Robert Peel aggrava fort la question. Amené sans doute par le même pressentiment, lord Palmerston vint, au mois d'avril, avec lady Palmerston, faire un voyage à Paris, et il y passa près de trois semaines : « J'ai la confiance, écrivis-je à M. de Sainte-Aulaire [1], que lord Aberdeen n'a pas besoin que je lui parle et que je vous parle de ce séjour. J'ai dîné samedi avec lord Palmerston chez la princesse de Lieven, hier chez le roi ; aujourd'hui il dîne chez moi. C'est assez. J'ai refusé partout ailleurs. J'ai trop vécu avec lord Palmerston, et nos rapports personnels ont toujours été trop bons pour que je ne sois pas, avec lui, complétement poli. Ni moins ni plus. Il retrouve ici beaucoup d'anciennes connaissances qui le reçoivent poliment. Son langage, à lui, est réservé quant aux affaires d'Angleterre, et très-amical, très-expressif quant à la France. Les journaux et leur public ne s'occupent pas beaucoup de lui. Les gens d'esprit sourient un peu de ce voyage si empressé, et disent qu'il faut qu'il s'en promette un bon effet à Londres, car cela ne le grandit pas beaucoup à Paris. » Quand

[1] Le 14 avril 1846.

je vis que le séjour de lord Palmerston se prolongeait et faisait quelque bruit, je jugeai à propos d'en parler moi-même avec quelque détail à lord Aberdeen; je lui écrivis[1] : « Lord Palmerston repart aujourd'hui pour Londres. Je veux vous dire ce que je pense de son séjour ici, de l'impression qu'il y laisse et de celle que probablement il en remporte. Il est en droit de dire qu'il a été bien reçu. On a vu, dans son voyage, une réparation du passé, un témoignage éclatant du besoin et du désir qu'il ressentait de se montrer bien avec la France. Déjà, au mois de décembre dernier, les incidents de votre crise ministérielle et l'obstacle qu'avaient opposé au retour de lord Palmerston les souvenirs de 1840 avaient flatté l'amour-propre de notre public. Sa venue à Paris, dans le but évident d'effacer ces souvenirs, a été une nouvelle satisfaction. L'animosité s'est calmée. La curiosité et la courtoisie sont venues à sa place. Lord Palmerston n'a rien négligé pour cultiver cette disposition. Il est allé avec empressement au-devant du bon accueil. Il a vu tout le monde. Il a répété à tout le monde qu'il était, autant que personne, ami de la paix, de la France, partisan de l'entente cordiale, et bien décidé à la continuer s'il revenait au pouvoir. Dans une conversation, la seule, à vrai dire, que j'aie eue avec lui, il y a cinq jours, j'ai expliqué comment nous avions, vous et moi, réussi depuis cinq ans à rétablir et à maintenir l'entente cor-

[1] Le 28 avril 1846.

diale. J'ai rappelé les questions très-délicates qui se sont rencontrées sur nos pas : le Maroc, l'Espagne, la Grèce, Taïti, le droit de visite. Pourquoi les avons-nous heureusement traversées ? parce que nous ne nous sommes jamais laissé entraîner à oublier l'intérêt supérieur en présence de tel ou tel intérêt secondaire, parce que nous avons constamment placé notre politique générale de paix et de bonne intelligence au-dessus de toutes les questions spéciales. J'ai tenu à ce que lord Palmerston vît clairement combien l'intimité de nos deux cabinets est vraie et profonde, et quelle en est la base. J'ai la confiance qu'il n'y a eu, dans l'accueil qu'il a reçu du gouvernement du roi, rien de plus que ce que prescrivait la stricte convenance, et rien qui n'ait confirmé, sur nos relations et notre politique, l'impression que j'ai désiré lui donner.

« L'opposition l'a beaucoup recherché et fêté. Peut-être en emporte-t-il l'idée que les Français sont bien légers, bien prompts à passer d'une impression à l'autre, et qu'il n'y a pas grand inconvénient à leur donner des moments d'humeur puisqu'il est si aisé de les en faire revenir. Il se tromperait, car, sous ces impressions mobiles et superficielles, le fond des choses subsiste et ne tarde pas à reparaître. Déjà depuis quelques jours, autour de l'opposition et jusque dans ses rangs, on commence à dire que c'est assez de fêtes, et que probablement lord Palmerston n'est pas lui-même si changé qu'on doive changer si complétement, envers lui, de sentiment et d'attitude. Je crois, à tout prendre, mon cher lord Aberdeen, que, si ce voyage changeait en Angleterre la situation du voyageur, ce serait un effet très-exagéré et fondé sur l'apparence plutôt que sur la réalité des choses : en France, pour les hommes sérieux, lord Palmerston a paru, au fond, toujours le même, avec les mêmes dispositions de caractère et d'esprit ; et pour le public, même de l'opposition, l'accueil qu'on lui a fait ne repose que sur des intérêts momentanés de parti et sur des impressions qui, au moindre choc, s'évanouiraient aussi brusquement qu'elles sont venues, et feraient de nouveau place à des impressions fort contraires. »

Lord Aberdeen me comprit à merveille, et, six semaines plus tard, lorsqu'il se sentit près de la chute officielle de son cabinet, sa sollicitude pour notre politique commune répondit à la mienne : « Je viens de causer avec lui, m'écrivit M. de Sainte-Aulaire [1] ; il a vu hier lord Palmerston et a parcouru avec lui la carte du monde. La France et ses intérêts y tiennent une bonne place. Voici ce qui paraît avoir été dit entre eux sur notre chapitre :

« *Lord Aberdeen.* J'ai considéré comme un intérêt du premier ordre, pour le monde et pour l'Angleterre, le maintien de l'entente cordiale avec la France. J'y ai appliqué tous mes soins. Ils ont constamment réussi, et il n'y a aucun des résultats de mon administration de cinq années auquel j'attache plus de prix.

---

[1] Le 7 juin 1846.

« Assentiment complet de lord Palmerston qui n'a atténué en rien l'importance attachée par son prédécesseur à l'union intime des deux puissances et qui a protesté de son désir de la continuer.

« *Lord Aberdeen.* Si tel est en effet votre désir, n'oubliez pas un instant les conditions qu'il vous impose. Ces conditions sont une attention continuelle à écarter les contestations et à ménager les susceptibilités, un esprit de conciliation et de *forbearance*. Les points de contact entre les deux pays sont si multipliés, leurs intérêts si enchevêtrés les uns dans les autres que chaque quinzaine amène des questions sur lesquelles il serait parfaitement facile de se brouiller si l'on n'avait pas pris *a priori* la résolution de ne pas se brouiller.

« Ici encore assentiment complet de lord Palmerston, mais avec des commentaires qui peuvent donner l'inquiétude que sa pratique ne soit guère conforme à sa théorie : — « Ces gens-là, a-t-il dit en parlant de nous, sont essentiellement envahisseurs, agressifs, provoquants; en toute affaire ils veulent se faire une bonne part aux dépens des autres. Comment bien vivre avec eux à de telles conditions? »

« En sortant des généralités, ajoutait M. de Sainte-Aulaire, j'ai parlé à lord Aberdeen de l'Espagne qui est aujourd'hui, sinon la seule, du moins la plus grosse pierre d'achoppement entre nous; lord Palmerston, au dire de lord Aberdeen, était non pas seulement mal informé, mais dans une ignorance complète de l'état actuel de cette question; c'est hier seulement qu'il a appris la proposition envoyée à Lisbonne au duc de Coburg par la reine Christine et la démarche du duc de Sotomayor auprès de lord Aberdeen. Je me suis étonné que de tels faits fussent restés ignorés d'un homme dans la situation de lord Palmerston; lord Aberdeen m'a réitéré, avec une grande apparence de sincérité, l'affirmation qu'il en était ainsi. En résumé, il m'a dit avoir bon espoir que les bons rapports seraient maintenus : d'abord, parce que lord Palmerston en sent l'importance; puis, parce qu'il sera surveillé de fort près, et au besoin contenu par ses collègues : — « Lord John Russell, m'a-t-il dit, a de la sagesse et de la fermeté, et lord Grey est passionné pour la paix et très-porté pour la France. » — Quatre semaines plus tard, quand la chute du cabinet Tory fut accomplie, M. de Sainte-Aulaire m'écrivit[1] : « Lord Aberdeen m'a dit : — « La seule affaire difficile entre nous est le mariage de la reine d'Espagne. Je vous réponds, sur ce point, de lord John Russell; ses opinions sont les miennes; il ira aussi loin que moi dans les voies de la conciliation. Quant à lord Palmerston, je lui reparlerai, et j'espère le ramener à mes principes dont il était naguère fort éloigné. » — J'ai demandé quels étaient ceux de lord Palmerston et ce qu'il voulait faire en Espagne. J'ai compris que sa politique, quant aux hommes et quant aux choses, était de s'opposer à ce que nous voudrions nous-mêmes, et de lutter en toute occasion

---

[1] Le 2 juillet 1846.

contre l'influence française. Lord Aberdeen condamne fort cet odieux enfantillage, et se flatte que les dispositions de lord Palmerston sont meilleures que par le passé. »

Je ne sais si l'espoir de lord Aberdeen dans le changement de dispositions de lord Palmerston était bien sérieux; pour moi, je ne m'y associai point ; je pris sans hésiter ma résolution définitive, et j'écrivis sur-le-champ à M. Bresson[1] :

« Point de phrases, mon cher comte. Les faits sont pressants et je suis pressé, très-pressé d'aller chercher au Val-Richer un peu de silence, de solitude et de liberté. Je partirai samedi. Je ferai de là les affaires. Je vous envoie la réponse de la reine Christine à la lettre du roi sur les derniers incidents relatifs au mariage, et la réplique du roi qui a voulu éclaircir et vider complétement la question. Remettez sur-le-champ cette réplique en faisant savoir que vous en avez connaissance et copie. Il n'y a après cela, de votre part, plus rien à dire ni à demander à M. Isturiz. La lettre de la reine Christine est triste, douce, évidemment en reculade. Elle remet en scène, comme prétendants à la main de sa fille, les deux fils de don François de Paule. Elle écarte don Enrique comme ne valant rien, politiquement ni personnellement, et elle entr'ouvre la porte pour le duc de Cadix, tout en disant qu'il ne plaît pas à sa fille et qu'elle ne voudrait pas la contraindre.

[1] Le 5 juillet 1846.

Entrez donc sans hésiter dans la voie que le duc de Riansarès nous a ouverte le 28 juin dernier : *le duc de Cadix pour la reine et le duc de Montpensier pour l'infante.* En soi, cette solution nous convient parfaitement; dans l'état actuel des faits, c'est la plus facile, la plus prompte et la plus sûre. Le roi a bien vu et bien sondé l'infant don Enrique. Moi aussi. Ou nous nous trompons fort, ou il est possédé, gouverné, exploité par les émigrés progressistes, Olozaga, Mendizabal, etc. Ils le feront aller à Londres. Il s'y abouchera avec Espartero, probablement avec lord Palmerston. C'est toujours le même parti sous les mêmes patrons, et ces patrons-là entrent aux affaires. Don Enrique est ou sera à eux. Ne l'écartons pas absolument; ne nous retirons pas cette carte. Don Enrique est dans notre principe, car il est un des descendants de Philippe V. S'il finissait par épouser la reine Isabelle, nous finirions bien aussi par reprendre influence sur lui. Ménageons donc toujours sa personne et sa situation. Mais évidemment le duc de Cadix est fort préférable, en soi et pour nous. Poussez donc décidément à lui, et placez le duc de Montpensier à côté de lui. Si la reine Christine le veut, cela se fera. Le veut-elle sérieusement, sincèrement? Vous verrez bien. Glücksberg croit qu'il y a bien du jeu, bien de la feinte dans tout ceci, même dans la démarche faite à Lisbonne pour le mariage Coburg. En poussant au duc de Cadix, prenez soin de la loyauté de notre attitude envers le comte de Trapani. Il faut que ce soit l'impossibilité de son succès, reconnue et déclarée par la reine Christine et le cabinet espagnol, qui nous fasse passer à l'une des autres combinaisons contenues dans notre principe. Plus j'y regarde, plus je trouve que, tenant compte de toutes les circonstances, il est en effet impossible, quant à présent. Il n'y a donc pas à hésiter. Laissez seulement la figure de Trapani toujours sur la scène, si l'Espagne, reine et peuple, veut revenir à lui.

« Le cabinet Whig est formé à l'heure qu'il est. C'est ce qu'il y a de plus gros dans tout ceci. Lord Aberdeen me fait dire que lord John Russell pense et se conduira, sur la question d'Espagne, comme il aurait fait lui-même; mais que, pour lord Palmerston, il craint beaucoup que ce ne soit toujours le même homme, et la même ardeur à lutter contre nous et notre influence. Je m'y attends aussi et je me conduirai en conséquence; ce ne sera pas moi qui livrerai l'Espagne à lord Palmerston. Vous tirerez, à coup sûr, grand parti de son avénement pour agir sur la reine Christine et son mari. Ils auraient beau faire; ils n'auront jamais, dans lord Palmerston, qu'un ennemi, car il ne sera jamais que le patron du parti progressiste, c'est-à-dire de leurs ennemis. J'ai, avec lord Palmerston, cet avantage que s'il survenait, entre nous et Londres, quelque refroidissement, quelque embarras, ce serait à lui, et non à moi, qu'en France, en Angleterre, partout, on en imputerait la faute. Je le lui ai dit à lui-même, il y a trois mois. »

Au début de nos nouveaux rapports avec lord Palmerston, les apparences furent bonnes. M. de Jarnac se trouvait alors chargé d'affaires à Londres pendant le congé de M. de Sainte-Aulaire. Dans sa première visite au *Foreign-Office*[1], lord Palmerston se montra disposé à s'entendre avec nous, comme l'avait fait son prédécesseur. Deux faits cependant me frappèrent dans le compte que me rendit M. de Jarnac de leur entretien. Lord Palmerston ne lui parla point le premier et spontanément des affaires d'Espagne; M. de Jarnac fut obligé de prendre, à cet égard, l'initiative; et lorsqu'il rappela les résolutions mutuelles des deux gouvernements quant au mariage de la reine Isabelle, notamment ce que nous avait promis, tout récemment encore, lord Aberdeen sur la candidature du prince Léopold de Coburg : « Vous comprendrez, lui dit lord Palmerston, que je ne puis encore vous parler au nom du conseil, n'ayant pu encore le saisir de la question. Mais, pour ma part, je puis vous dire que je ne vois aucun intérêt anglais, ni aucun avantage dans le succès du prince de Coburg. Au contraire, cette combinaison, comme je l'ai toujours pensé, serait considérée ici comme française; le prince Léopold n'est point de notre branche des Coburg; il tient de beaucoup plus près à votre famille royale qu'à la nôtre. J'aurais même cru que, pour ce motif, votre gouvernement aurait pu le préférer. Du moment qu'il en est autrement, c'est à l'Espagne à peser sérieusement vos objections, et à la

---

[1] Le 14 juillet 1846.

reine d'Espagne à arrêter son choix sur un de ses cousins espagnols qui doivent convenir à tout le monde. » J'entrevis, à la fois dans cette réserve et dans ce langage, une précaution prise de loin pour éluder nos questions et s'étonner de notre attitude. C'était une de ces finesses diplomatiques que lord Aberdeen s'épargnait et m'épargnait.

Je résolus d'écarter toute finesse, tout ombrage, et de mettre sur-le-champ lord Palmerston dans la nécessité d'agir nettement. Il venait de dire que les deux princes espagnols, fils de l'infant don François de Paule, devaient convenir à tout le monde. J'écrivis à M. de Jarnac[1] : « Votre première conversation avec lord Palmerston me convient. Allons tout de suite jusqu'au bout. Le mariage de la reine d'Espagne est aujourd'hui, entre Londres et nous, la seule question qui soit grosse et qui puisse devenir embarrassante. Coupons court à cet embarras. Vous avez eu toute raison d'affirmer que les fils de l'infant don François de Paule nous conviennent. Ils sont dans notre principe, Bourbons, descendants de Philippe V, et de plus princes espagnols, avantage réel. Nous n'avons et n'avons jamais fait contre eux aucune objection. Nous ne les avons laissés d'abord de côté que parce que la reine Christine, la jeune reine et son gouvernement déclaraient qu'ils n'en voulaient pas. Nous n'avons appuyé la candidature du comte de Trapani que parce que, entre les descen-

---

[1] Le 20 juillet 1846.

dants de Philippe V, il était alors le plus possible, presque le seul possible. La reine Christine le voulait. Cette idée avait valu à la reine d'Espagne la reconnaissance de la cour de Naples. Maintenant le comte de Trapani paraît rencontrer, dans le sentiment populaire espagnol, beaucoup de résistance. Les infants fils de don Carlos, spécialement le comte de Montemolin, sont dans l'esprit et sur les lèvres de bien des gens considérables, en Espagne et hors d'Espagne; ils apporteraient à la reine d'Espagne la reconnaissance des cours du Nord; mais les hommes même les plus favorables à cette combinaison déclarent qu'elle ne serait possible (et même à ce prix ils la regardent comme très-difficile) qu'autant que le comte de Montemolin renoncerait à ses prétentions, reconnaîtrait la reine Isabelle, reprendrait auprès d'elle son rang d'infant d'Espagne, et se présenterait, à ce titre, pour l'épouser. Or le comte de Montemolin n'a fait et ne paraît disposé à rien faire de semblable. Cette combinaison-là non plus n'est donc, quant à présent, pas possible. De Madrid, on nous reparle toujours du duc de Montpensier. On a fait des ouvertures au prince Léopold de Coburg. Nous écartons l'une et l'autre idée, comme nous l'avons fait dès le premier moment. Notre politique est parfaitement franche, constante et conséquente. Nous ne voulons ni placer un prince de France sur le trône d'Espagne, ni y voir monter un prince étranger à la maison de Bourbon. Ces difficultés, ces impossibilités, successivement manifestées et senties, remettent à flot les fils de l'infant don François de Paule. La reine Christine et le cabinet de Madrid semblent un peu moins décidés contre eux. Ils conviennent à l'Angleterre comme à nous. Entrons ensemble, l'Angleterre et nous, dans cette voie qui se rouvre; ordonnons à nos agents à Madrid d'agir en commun au profit de cette combinaison. Que la reine d'Espagne épouse celui des deux infants qu'elle préfèrera. Que la reine sa mère et ses ministres dirigent, comme ils le voudront, son choix sur l'un ou l'autre. L'un et l'autre seront bien venus à Paris et à Londres. Si le cabinet anglais approuve et adopte cette politique, nous sommes prêts à agir, de concert avec lui, pour la mettre efficacement en pratique. »

Le même jour, au moment même où j'adressais à M. de Jarnac cette offre d'entente et de concert actif avec le cabinet anglais pour la combinaison que, six jours auparavant, lord Palmerston avait lui-même proposée, il appelait M. de Jarnac au *Foreign-Office* et lui communiquait confidentiellement les instructions qu'il donnait à sir Henri Bulwer sur les affaires espagnoles. Je reproduis ici les principaux passages de cette dépêche en date du 19 juillet 1846, tels qu'ils furent communiqués, à titre *d'extraits,* par lord Palmerston au parlement anglais, dans la session suivante.

« Deux questions, à ce qu'il semble, attirent, disait-il, surtout en ce moment l'attention de ceux qui prennent intérêt aux affaires d'Espagne. L'une est le mariage de la reine, l'autre est l'état politique du pays.

« Quant à la première question, je n'ai maintenant

point d'instructions à vous donner en addition à celles que vous avez reçues de mon prédécesseur. Le gouvernement anglais n'est point préparé à donner aucun appui actif aux prétentions d'aucun des princes qui sont maintenant candidats à la main de la reine d'Espagne, et il ne se sent appelé à faire aucune objection à aucun d'entre eux.

« Le choix d'un mari pour la reine d'un pays indépendant est évidemment une question dans laquelle les gouvernements des autres pays n'ont aucun titre à intervenir ; à moins qu'il ne soit probable que ce choix pourrait tomber sur quelque prince appartenant si directement à la famille régnante de quelque puissant État étranger qu'il unirait vraisemblablement la politique de son pays adoptif à la politique de son pays natal, d'une façon nuisible à la balance des pouvoirs et dangereuse pour les intérêts des autres États. Mais il n'y a aucune personne de cette sorte parmi celles qu'on nomme comme candidats à la main de la reine d'Espagne ; ces candidats sont réduits à trois, savoir : le prince Léopold de Saxe-Coburg et les deux fils de don François de Paule. Je ne dis rien du comte de Trapani et du comte de Montemolin, parce qu'il paraît n'y avoir point de chance que le choix tombe sur l'un d'eux. Entre les trois candidats ci-dessus mentionnés, le gouvernement de Sa Majesté n'a qu'à exprimer son sincère désir que le choix tombe sur celui qui paraîtra le plus propre à assurer le bonheur de la reine et à seconder la prospérité de la nation espagnole.

« Quant à la seconde des questions ci-dessus mentionnées, l'état politique de l'Espagne, je n'ai, pas plus que sur la première, point d'instructions spéciales à vous donner en ce moment.

« Cet état politique doit être un sujet de préoccupation et de regret profond pour quiconque veut du bien au peuple espagnol. Après une lutte de trente-quatre ans pour la liberté constitutionnelle, l'Espagne se trouve placée sous un système de gouvernement presque aussi arbitraire en pratique, quel qu'il puisse être en théorie, qu'aucun régime qui ait jamais existé à aucune époque antérieure de son histoire.

« Légalement, l'Espagne a un parlement ; mais toute liberté d'élection pour les membres de ce parlement a été supprimée, soit par la force, soit par d'autres moyens ; le parlement n'est pas plus tôt réuni qu'à la première manifestation d'une opinion quelconque en désaccord avec celle du pouvoir exécutif, il est prorogé ou dissous. Selon la loi aussi, il y a liberté de la presse ; mais, par les actes arbitraires du gouvernement, cette liberté a été réduite à la liberté de publier ce qui peut plaire au pouvoir exécutif, et bien peu ou rien de plus.

« Il y a, selon la loi, des tribunaux pour juger les personnes accusées de délits ou de crimes ; mais grand nombre de personnes ont été arrêtées, emprisonnées, bannies, ou quelquefois même exécutées, non-seulement sans condamnation, mais même sans procès.....
..... Ce système de violence et de pouvoir arbitraire

semble avoir, à un certain point, survécu à la chute de son auteur, et n'avoir pas été entièrement abandonné par les hommes plus modérés qui lui ont succédé dans le gouvernement.

« Il faut espérer que les ministres actuels de l'Espagne, ou ceux qui leur succèderont, rentreront, sans perdre de temps, dans les voies de la constitution et de l'obéissance à la loi. Un système de violence arbitraire, comme celui qui a été pratiqué en Espagne, doit amener une résistance déclarée, même lorsque ce système est appliqué par la forte main et la ferme volonté de l'homme qui l'a organisé; mais quand il n'est plus soutenu par l'énergie de son premier auteur, et quand c'est un pouvoir plus faible et moins hardi qui essaye de le maintenir, il ne faut pas beaucoup de sagacité pour prévoir qu'il doit amener une explosion. Quand les ministres de la couronne mettent à néant les lois qui pourvoient à la sûreté du peuple, on ne saurait s'étonner qu'à la fin le peuple cesse de respecter les lois qui pourvoient à la sûreté de la couronne.

« Ce ne fut certainement pas pour soumettre la nation espagnole à une écrasante tyrannie qu'en 1835 la Grande-Bretagne contracta les engagements de la Quadruple-Alliance, et donna, d'après les stipulations de ce traité, l'assistance active qui a si matériellement contribué à expulser d'Espagne don Carlos. Mais le gouvernement de Sa Majesté est si pénétré de l'inconvénient d'intervenir, même par un avis amical, dans les affaires intérieures des États indépendants que je m'abstiens de vous donner pour instruction d'adresser, sur de tels sujets, des représentations quelconques aux ministres espagnols ; mais vous vous garderez de témoigner, dans quelque occasion que ce soit, des sentiments différents de ceux que je viens de vous exprimer ; et quoique vous deviez prendre soin de ne jamais reproduire ces sentiments de manière à exciter, accroître ou encourager le mécontentement public, vous ne devez cacher, à aucune des personnes qui peuvent porter remède aux maux actuels de l'Espagne, que ce sont là les opinions du gouvernement britannique. »

C'est, dans les grandes affaires, un art subalterne, quoique souvent pratiqué par des hommes d'esprit, que l'art qui consiste à dire et à ne pas dire, à donner des instructions enveloppées dans des paroles qui semblent les désavouer, et à se ménager ainsi de fausses ombres pour voiler, aux yeux du commun des hommes, l'effet qu'on veut produire et le dessein qu'on poursuit. La dépêche de Palmerston avait ce caractère, et offrait un singulier mélange d'étourderie présomptueuse, de finesse préméditée et d'embarras. En en recevant la communication, M. de Jarnac en avait, sur-le-champ et avec beaucoup de convenance, témoigné son sentiment; au moment de quitter lord Palmerston : « Parlerai-je, lui dit-il, de notre entretien à mon gouvernement dès aujourd'hui, ou voulez-vous que nous le reprenions bientôt pour voir si votre dépêche ne pourrait pas être elle-même un peu réexaminée (*reconsidered*)? — Cette dépêche? reprit lord Palmerston;

elle a déjà été expédiée à Bulwer. — Déjà ? répondit M. de Jarnac; eh bien, souffrez que je vous le dise franchement : je le regrette très-vivement[1]. »

L'attentat de Joseph-Henri contre le roi et ma réélection à Lisieux retardèrent quelques jours ma réponse à cette communication. Le 30 juillet 1846, j'écrivis à M. de Jarnac : « Votre lettre du 21 et la dépêche du 19 de lord Palmerston à Bulwer m'ont surpris, beaucoup surpris. Non-seulement je ne veux prendre aucune résolution, mais je ne veux pas même arrêter mon opinion sur le sens réel de cette dépêche avant de m'être bien assuré qu'en effet elle a bien, au fond et dans l'intention de l'auteur, celui qu'elle paraît avoir à la première vue et dans l'impression du lecteur.

« Deux choses résultent, ou du moins paraissent résulter de cette dépêche.

« Sur la question du mariage de la reine Isabelle, lord Palmerston ne voit que trois candidats : le prince Léopold de Coburg et les deux fils de l'infant don François de Paule. Il les trouve tous les trois également convenables, et ne fait à aucun des trois, pas plus à l'un qu'à l'autre, aucune objection.

« Quant à l'état politique actuel de l'Espagne et aux hommes qui la gouvernent, lord Palmerston les juge très-sévèrement et prescrit à sir Henri Bulwer, non pas de faire paraître à dessein, mais de ne pas laisser ignorer, dans l'occasion, la sévérité de ce jugement.

---

[1] M. de Jarnac à moi, 21 juillet 1846.

« Sur le premier point, l'attitude et le langage de lord Palmerston sont une profonde altération, un abandon complet du langage et de l'attitude de lord Aberdeen.

« Quand le roi a déclaré qu'il ne chercherait point, je dis plus, qu'il se refuserait positivement à placer un de ses fils sur le trône d'Espagne, mais qu'en revanche il demandait que le trône d'Espagne ne sortît point de la maison de Bourbon et que l'un des descendants de Philippe V y fût placé, lord Aberdeen, sans adopter en principe toutes nos idées sur cette question, a accepté en fait notre plan de conduite. Il a été dit et entendu que les deux gouvernements s'emploieraient à Madrid pour que le choix de la reine se portât sur l'un des descendants de Philippe V. Lorsque quelque autre candidat, en particulier le prince Léopold de Coburg, a été mis en avant, lord Aberdeen a travaillé, loyalement travaillé à l'écarter. Et lorsque tout récemment Bulwer, à Madrid, a donné, sinon son concours, du moins son aveu à une démarche de la reine Christine auprès du duc de Coburg, lord Aberdeen l'en a si fortement blâmé que Bulwer a offert sa démission.

« Certes, mon cher Jarnac, après de telles démarches et de telles paroles, j'ai bien le droit de dire que l'approbation égale, donnée par lord Palmerston à trois candidats parmi lesquels le prince de Coburg est placé le premier, est une profonde altération, un abandon complet du langage et de l'attitude de son prédécesseur.

« Quoique la situation des fils du roi et des princes de Coburg ne soit pas absolument identique, quand le roi a exclu lui-même ses fils de toute prétention à la main de la reine d'Espagne, il a dû compter, il a compté en effet, et il a eu droit de compter sur une certaine mesure de réciprocité. S'il en était autrement, je ne dis pas que le roi changerait sa politique; mais, à coup sûr, il recouvrerait toute sa liberté. Il n'aurait plus à tenir compte que des intérêts de la France et de l'honneur de sa couronne.

« Quant au jugement de lord Palmerston sur le gouvernement espagnol actuel, et à l'attitude qu'il prescrit à Bulwer envers ce gouvernement, j'ai deux observations à faire.

« Les reproches que fait lord Palmerston au gouvernement espagnol actuel et à ses chefs n'ont rien qui s'adresse exclusivement à eux, et qui ne puisse très-légitimement être adressé aussi à leurs prédécesseurs. Vous avez eu raison de demander s'il s'agissait d'Espartero ou de Narvaez. Les violences, les mesures arbitraires, les coups d'État, les infractions à la constitution sont depuis longtemps, en Espagne, le fait de tous les cabinets et de tous les partis ; et si j'étais chargé de faire, sous ce rapport, la comparaison des *progressistes* et des *moderados*, je ne crois pas qu'elle tournât au profit des premiers.

« Mais je ne veux point faire cette comparaison ; je ne crois pas qu'il soit bon de faire aucune comparaison semblable, ni de reprocher, à l'un des partis plutôt qu'à l'autre, des torts qui, pour le moins, leur sont communs à tous deux. Le malheur de l'Espagne a été que la France et l'Angleterre y sont devenues les patrons des divers partis, et se sont laissé engager, ou du moins compromettre dans leurs luttes. Ce qui a été aussi un malheur pour la France et pour l'Angleterre, en Espagne et même hors d'Espagne, car cette association aux rivalités des partis espagnols est devenue, entre nos deux pays et nos deux gouvernements, une source de mésintelligences et d'embarras qui ont été graves, et qui pourraient être encore plus graves. Il importe donc extrêmement que Londres et Paris se tiennent en dehors des partis de Madrid, et que, quel que soit à Madrid le parti dominant, nos deux cabinets, ne voyant en lui que le gouvernement espagnol, prennent auprès de lui la même attitude, exercent sur lui la même influence et lui donnent les mêmes conseils, c'est-à-dire des conseils favorables au maintien et au développement régulier de la monarchie constitutionnelle. Nos deux cabinets étaient, depuis quelque temps, à peu près parvenus à ce résultat. Si lord Palmerston, comme sa dépêche semble l'indiquer, redevient le censeur sévère des *moderados* et le patron des *progressistes*, ici encore il y aura une grande et très-importante déviation de la politique de son prédécesseur, déviation dont les conséquences seront très-mauvaises pour l'Espagne d'abord, et aussi pour la bonne entente entre nos deux pays.

« Cette entente existera-t-elle ou non? Ira-t-elle,

sous le cabinet anglais actuel, s'affermissant ou se perdant? C'est là, mon cher Jarnac, la question que la dépêche de lord Palmerston m'oblige, contre mon bien sincère désir, à me poser à moi-même. Je suis profondément convaincu que l'entente cordiale, l'action commune de nos deux gouvernements est bonne et importante partout, bonne et importante en Espagne encore plus qu'ailleurs, car c'est un terrain plus grand et sur lequel les questions sont plus graves. Je ne me suis point borné à exprimer cette conviction; je l'ai prouvée et mise en action, il y a dix jours, en proposant à lord Palmerston, avant d'avoir aucune connaissance de sa dépêche du 19 de ce mois, le concert et l'action commune entre nous, en faveur des fils de l'infant don François de Paule. Je tiens infiniment à ce concert, à cette action commune; je ferai beaucoup pour les maintenir. Mais enfin il peut y avoir aussi pour la France, en Espagne, une politique isolée; et si l'initiative de la politique isolée était prise à Londres, il faudrait bien qu'à Paris j'en adoptasse aussi la pratique. »

Dans cette nouvelle situation, j'avais à me préoccuper de Madrid encore plus que de Londres, car si la lutte devait recommencer entre Paris et Londres, c'était à Madrid qu'elle devait se livrer et aboutir à la défaite ou au succès. Dès que j'eus reçu la dépêche de lord Palmerston du 19 juillet, j'écrivis à M. Bresson[1]: « Je vous

---

[1] Le 24 juillet 1846.

communique sur-le-champ ce que je reçois à l'instant de Londres. Je vous écrirai avec détail dès que je me serai concerté avec le roi. Deux seules réflexions immédiatement : 1° Le Coburg n'est pas si abandonné qu'on veut le dire; c'est toujours de lui qu'il s'agit et non d'un archiduc d'Autriche. Celui-ci n'est-il qu'une feinte? La reine Christine et M. Isturiz poursuivent-ils l'intrigue Coburg sous le voile de leur retour apparent au duc de Cadix? Si cela est, raison de plus pour nous de poursuivre Cadix et Montpensier. Que ce soit là notre idée fixe. Vous pouvez, je pense, lier toujours ces deux noms sans engagement formel de simultanéité dans la conclusion définitive et en réservant la discussion des articles. 2° Le parti modéré, la reine Christine, M. Isturiz comme M. Mon, ne peuvent se méprendre sur le sens et la portée politique de la dépêche de lord Palmerston. Quoique le général Narvaez y soit seul personnellement désigné, l'attaque est évidemment dirigée contre eux tous, contre tout le gouvernement espagnol depuis 1843. C'est bien le langage du patron des progressistes, d'Espartero, Olozaga, Mendizabal, etc. Faites en sorte que cette situation soit bien comprise. Elle est assez claire. Nous rentrons dans l'ancienne ornière. Ne faisons pas un pas sans mettre cette politique dans son tort, mais ne soyons pas ses dupes. »

M. Bresson ne se fit pas prier pour se mettre vivement à l'œuvre, quelles que fussent les obscurités et les hésitations qu'il y rencontrait encore. Il doutait que la reine Christine secondât efficacement le duc de Cadix, que pourtant elle faisait inviter à venir de Pampelune où il était avec son régiment, passer quelque temps à Madrid. Elle reparlait avec faveur du comte de Trapani et du général Narvaez, qu'il faudrait, disait-elle, rappeler de son exil pour soutenir cette candidature si on la reprenait. « Où en est l'affaire Coburg ? » avait demandé naguère M. Bresson à M. Isturitz qui avait répondu : « Je ne pourrais le dire au juste ; elle est là ; on n'a toujours pas reçu de réponse ; » et quand M. Bresson avait rapporté ce propos à la reine Christine : « Je ne sais pas même où sont les Coburg, lui avait-elle dit ; il n'y a pas de nouvelles d'eux, excepté de Bruxelles où ils ont passé il y a quelques semaines. » Elle témoignait quelquefois un vif désir d'aller passer un mois à Paris « pour tout concerter, disait-elle, avec mon oncle et ma tante ; nous discuterions ce que nous pourrions faire, et jusqu'à quel point nous pourrions aider Trapani au moyen de Montpensier. Je m'imagine souvent que le mariage de l'infante, fait en premier lieu, nous donnerait de grandes facilités. » — « J'ai quelquefois comme un soupçon, ajoutait M. Bresson, que la reine Christine veut s'échapper d'Espagne, laisser à d'autres la responsabilité du mariage de sa fille, soit Trapani, soit Coburg, et n'y revenir qu'après une solution quelconque qui ne pourrait lui être imputée. » — « Que penseriez-vous d'un archiduc d'Autriche ? demanda un jour M. Isturiz à M. Bresson ; — La question resterait pour nous la même ; ce serait toujours l'expulsion de la maison de Bourbon; — Alors donc, le duc de Cadix et le duc de Montpensier, reprit M. Isturiz; vous voulez tout avoir; vous aurez tout. » Dans une récente entrevue, la reine Christine avait dit à M. Mon : « Tu peux dire à Bresson que le mariage de Fernanda avec Montpensier ne se fera pas; — Mais, Madame, quelle raison avez-vous de penser ainsi? — Tu verras; l'Angleterre s'y opposera; — Mais si la France, Madame, ne lui reconnaît pas ce droit d'opposition?—C'est égal; je te prédis qu'il ne se fera pas; quelques minutes après cependant, elle demandait à M. Bresson pourquoi le roi lui refusait M. le duc de Montpensier pour la reine quand il n'y avait aucune crainte de guerre à en concevoir [1].

La dépêche de lord Palmerston, avec sa déclaration d'hostilité contre le parti modéré, vint tomber au milieu de toutes ces incertitudes. M. Bresson m'écrivit [2] : « Mon et Riansarès seuls dînaient aujourd'hui avec moi; ils me quittent ensemble à l'instant. Le premier m'a raconté qu'hier soir la reine-mère lui avait dit, avec une anxiété remarquable : « Engage donc Bresson à s'entendre avec moi pour faire les deux mariages Bourbon le plus tôt possible. Les Anglais et la révolution nous menacent. » Et le lendemain [3] : « Ou il ne faut plus croire à rien sur cette terre, ou la reine Christine, soit par peur, par calcul, ou par affection, nous est entièrement revenue. Je la quitte à l'instant. Elle

---

[1] M. Bresson à moi, 17 juillet, 1 et 4 août 1846.
[2] Le 8 août 1846.
[3] Le 9 août 1846.

m'avait fait inviter à aller la voir. C'est la première fois depuis que je suis en Espagne ; jamais elle n'adresse d'invitation de ce genre ; elle trouve que cela l'engage trop. Elle abandonne la combinaison Trapani ; elle la trouve dangereuse, inexécutable peut-être dans les conjonctures présentes. Elle se rallie franchement à la pensée du mariage de la jeune reine avec le duc de Cadix. Elle y prépare, elle y dispose, elle y rend favorable l'esprit de sa fille. Elle ménage à l'infant des occasions fréquentes de la voir dans l'intimité, à des dîners de famille. Elle s'aidera de la jeune infante, fort occupée de M. le duc de Montpensier, et à qui elle a appris que son mariage ne pouvait se faire que si sa sœur épousait un Bourbon. Enfin elle ne négligera, elle n'omettra rien pour assurer le succès, et déjà elle peut me donner un espoir fondé. Je vous laisse à penser si je l'ai encouragée dans cette voie.

« Elle ne nous demande qu'une concession : c'est d'associer le mariage de M. le duc de Montpensier à celui de M. le duc de Cadix, de manière à fortifier, à relever l'un par l'autre, et à contenir les mécontents, les opposants, par l'éclat du rang de notre prince et par la crainte de la France qui vient derrière lui. Je n'ai point élevé d'objection contre cet arrangement ; j'ai seulement fait observer qu'il y avait des conditions préliminaires indispensables à régler, des éclaircissements à donner, des articles de contrat à stipuler, des apports mutuels à connaître, des questions d'État, de résidence, d'espérance, de succession, à peser et à décider mûrement. Elle en est tombée d'accord. Je lui ai dit que je vous demanderais un projet de contrat; et comme elle me rappelait que l'infante avait un vif désir de voir un portrait de M. le duc de Montpensier, je lui ai promis de m'adresser à vous pour le lui procurer, à condition qu'elle me remettrait en échange celui de Son Altesse royale. Aussitôt que la jeune reine aura dit *oui*, elle veut que tout marche vers la conclusion avec une grande célérité et le plus inviolable secret; elle m'a prié, presque conjuré de ne confier qu'au roi et à vous la conversation que j'avais avec elle. Elle craint que, l'éveil une fois donné, les partis ne se jettent au travers, et que, par l'intrigue du dedans, par l'opposition de l'Angleterre, ce plan ne soit, comme les autres, sourdement miné ou violemment renversé. A tout cela elle ne met de restriction que la volonté de sa fille, qu'elle n'entend pas forcer et à laquelle il faudra se soumettre si elle nous est décidément contraire; mais en vérité elle avait l'air, elle était bien près de m'en répondre. Le duc de Cadix arrive probablement après-demain. La grande épreuve va donc commencer. »

Je persiste à penser qu'à travers toutes les incertitudes et toutes les vicissitudes de sa situation politique et de sa disposition intérieure, la sérieuse intention de la reine Christine avait toujours été de faire faire à l'une de ses filles, à la reine ou à l'infante, l'un des deux grands mariages qui s'offraient pour elles, et d'assurer ainsi, à l'Espagne et à elle-même, l'appui de la France ou de l'Angleterre. En son âme et pour elle-même, elle préférait infiniment le mariage français; peut-être même, quand elle faisait des avances positives pour le mariage Coburg, espérait-elle alarmer assez le roi Louis-Philippe pour en obtenir la solution qu'elle désirait : «Ce sera la faute de mon oncle, disait-elle souvent; que ne me donne-t-il Montpensier pour la reine ! » En tout cas, ce furent l'attitude et la dépêche de lord Palmerston à peine rentré au pouvoir qui surmontèrent le peu de goût de la reine Christine pour les fils de sa sœur doña Carlotta, et déterminèrent sa prompte et franche résolution en faveur des deux mariages Bourbons. Soit légèreté, soit routine dans la vieille politique anglaise, lord Palmerston avait mal jugé de l'état des partis et des esprits en Espagne ; les modérés étaient en possession du gouvernement, non sous la main de leur audacieux chef militaire et avec la perspective des coups d'État ; le général Narvaez était exilé en France ; les chefs civils du parti, et les plus constitutionnels d'entre eux, formaient le cabinet ; la prochaine convocation des Cortès était résolue. C'était dans cette forte et régulière situation que la reine Christine, le cabinet et tout le parti modéré en Espagne se voyaient menacés d'être livrés à leurs constants et ardents ennemis les progressistes révolutionnaires. Ils ne voulurent pas subir cette perspective, et ils se décidèrent enfin nettement pour l'alliance française.

Pendant trois semaines la question fut encore, non pas vraiment indécise, mais très-agitée. La jeune reine tantôt inclinait, tantôt hésitait à se prononcer pour son cousin. Le duc de Cadix avait des moments de doute et presque de découragement sur son succès. Le travail en faveur du mariage Coburg n'était pas complétement abandonné. M. Isturiz avait encore, à ce sujet, des entretiens secrets avec sir Henri Bulwer. Lord Clarendon, lié depuis longtemps avec le président du cabinet espagnol, lui écrivit pour l'alarmer sur les conséquences du mariage du duc de Montpensier avec l'infante. Sir Henri Bulwer fomentait vivement ces alarmes; elles troublaient M. Isturiz dans les moments même où il était le plus décidé à n'en pas tenir compte : « Aussitôt que la reine aura prononcé *oui*, dit-il un jour à M. Bresson, je vous écris pour vous appeler près de moi, et nous faisons l'affaire en un quart d'heure. Enfin je m'embarque dans votre vaisseau, mais avec la conviction que nous aurons la guerre. »

Après avoir gardé pendant plus d'un mois un silence absolu sur la proposition que je lui avais faite le 20 juillet pour l'entente et l'action commune de nos deux gouvernements en faveur de celui des fils de don François de Paule que préféreraient la reine Isabelle et l'Espagne, lord Palmerston me fit communiquer, le 27 août, une dépêche en date du 22, contenant la substance des nouvelles instructions qu'il avait naguère adressées à sir Henri Bulwer; elles portaient expressément « qu'après un examen attentif de la question, le gouvernement de Sa Majesté la reine d'Angleterre pensait que l'infant don Enrique était le seul prince espagnol qui fût propre, par ses qualités personnelles, à devenir le mari de la reine d'Espagne [1]. » Je répondis sur-le-champ que nous ne nous croyions point le droit de désigner ainsi l'un des infants comme le seul mari convenable de la reine d'Espagne. J'avais déjà dit qu'à la reine seule et à son gouvernement il appartenait de choisir, soit entre tous les descendants de Philippe V, soit spécialement entre les fils de don François de Paule. Je ne pouvais que répéter le même langage, et affirmer que celui des deux infants qui conviendrait à la reine Isabelle et à l'Espagne nous conviendrait aussi. Je m'étonnai que lord Palmerston crût devoir désigner, comme le seul prince espagnol propre à épouser la reine, précisément celui qui avait eu, et envers le gouvernement de la reine et envers la reine elle-même, des torts très-graves, et qui était encore, en ce moment, dans un état de demi-rébellion. Quand les instructions de lord Palmerston lui furent communiquées par M. Bulwer, M. Isturiz répondit : « Jamais, du consentement de Leurs Majestés, l'infant don Enrique n'épousera ni la jeune reine ni l'infante, à moins qu'il ne leur soit imposé par une révolution[2] ; » et sir Henri Bulwer écrivit lui-même à lord Palmerston : « Je regrette d'être obligé d'ajouter que toutes les peines que j'ai prises, pour disposer la cour et le président du conseil en faveur d'un mariage de don En-

---

[1] *The only spanish prince who is fit, by his personal qualities, to be the Queen's husband.*

[2] M. Bresson à moi, 14 et 16 août 1846.

rique avec la reine, ont été complétement sans effet [1]. »

En ceci encore, lord Palmerston se laissa dominer par une routine plus opiniâtre que clairvoyante : en présentant exclusivement l'infant don Enrique comme le seul prétendant convenable à la main de la reine Isabelle, il asservissait la politique de l'Angleterre aux passions et aux prétentions du parti radical espagnol, méconnaissant ainsi l'état des faits en Espagne, et préférant le concert avec l'ex-régent Espartero et ses amis à l'entente cordiale avec le roi Louis-Philippe et le cabinet français.

Dès que j'eus reçu cette communication, j'écrivis à M. de Jarnac [2] : « Lord Palmerston déclare (et je trouve ceci excellent) que, dans l'opinion du cabinet anglais, ce qui convient le mieux à l'Espagne et à la reine d'Espagne, c'est le mariage avec un prince espagnol. Mais il ajoute aussitôt que l'infant don Enrique *is the only spanish prince who is fit, by his own personal qualities, to be the Queen's husband.* J'ai copié ces mots : « le seul prince qui soit propre, par ses qualités personnelles, à être le mari de la reine d'Espagne. » Comment pourrions-nous appuyer et tenir ce langage? Nous avons dit à Madrid, à Londres, ici, partout, en tout temps, tout à l'heure encore, que si nous nous croyions obligés de demander que le mari de la reine Isabelle fût choisi parmi les descendants de Philippe V, nous acceptions du reste sans hésiter tous les descendants de Phi-

---

[1] Le 14 août 1846. *Parliamentary Papers* de 1847, pag. 14.
[2] Le 30 août 1846.

lippe V, et que celui d'entre eux qui conviendrait à l'Espagne et à sa reine nous conviendrait aussi. Nous avons spécialement répété sans cesse que les deux infants fils de don François de Paule nous convenaient tout à fait, que c'était à la reine Isabelle à prononcer entre eux, et que nous étions prêts à trouver bon son choix, quel qu'il fût. En vérité, lorsque par la nécessité des choses, par l'empire des intérêts de nos deux pays, nous sommes conduits, à Paris et à Londres, à désirer que le choix de la reine d'Espagne se renferme dans des limites déjà assez étroites, et à écarter, chacun de notre côté, tel ou tel candidat, lorsque, par une série d'incidents et de motifs que je ne rappelle pas, les deux fils de don François de Paule restent à peu près seuls sur la scène, venir déclarer que l'un des deux est *seul* propre à devenir le mari de la reine, c'est pousser trop loin la restriction, l'intervention, la *dictation*. Nous ne croirions pas pouvoir le faire quand même nous n'aurions jamais dit le contraire, et nous le pouvons d'autant moins que nous avons constamment dit le contraire.

« C'est à cause des qualités personnelles de don Enrique que lord Palmerston le déclare seul propre à devenir le mari de la reine. Nous connaissons ces deux princes; nous les avons vus longtemps ici. Nous ne saurions apprécier avec assez de certitude leurs qualités personnelles pour faire, sur l'un ou sur l'autre, une telle déclaration. C'est à la reine d'Espagne, à la reine sa mère, à ses ministres qu'appartient une appréciation semblable, et eux seuls en possèdent les éléments.

« Je sais qu'on a dit, et lord Palmerston vous répète dans sa lettre particulière du 27 que le duc de Cadix déplaît à la reine Isabelle. Si cela est, elle se décidera en conséquence; mais c'est à elle à en décider.

« Quant à l'infant don Enrique, lorsque ce prince a passé naguère à Paris, le roi lui a fortement représenté les inconvénients, pour lui-même, de la conduite qu'il avait tenue, de l'attitude qu'il prenait, et la nécessité pour lui, dans son intérêt comme selon son devoir, de faire acte de soumission et de respect envers la reine, et de rentrer auprès d'elle, à sa cour, dans la position convenable pour un infant. Le roi lui a offert, en présence de M. Martinez de la Rosa, de s'employer lui-même pour le faire rentrer en grâce à Madrid. J'ai écrit à Bresson pour qu'en effet il parlât et agît dans ce sens. Encore faut-il que l'infant le demande lui-même et qu'il se montre, envers la reine Isabelle, déférent, respectueux, soumis. Ce n'est pas du sein de la conspiration et avec le ton de la menace qu'il peut prétendre à sa main. Ce devoir et cette convenance seraient sentis, j'en suis sûr, en Angleterre plus que partout ailleurs.

« J'ai dit tout cela, ou à peu près, à lord Normanby, qui m'a assuré du reste que si, malgré les avis de Bulwer, la reine Isabelle se décidait pour le duc de Cadix, l'Angleterre ne croirait avoir rien à dire. »

Comme je venais d'adresser cette lettre à M. de Jarnac, je reçus de Madrid celle-ci, écrite par M. Bresson le 28 août, à deux heures du matin : « Je vous transmets, par le télégraphe, une grande nouvelle. La jeune reine a donné son consentement à son mariage avec le duc de Cadix. Elle a fait appeler ses ministres pour leur signifier sa volonté. Ils y ont acquiescé avec unanimité et sans discussion. Elle les a informés en même temps qu'elle donnait sa sœur en mariage à M. le duc de Montpensier, qu'elle voulait que ces deux mariages se fissent promptement, et, autant que possible, le même jour. Le conseil se réunit à onze heures pour consulter les précédents et arrêter une formule d'actes provisoires qui seront probablement signés dans la journée. Je suis en mesure pour tout, et au milieu des périls qui nous environnent, je n'épiloguerai pas sur des nuances, tout en réservant les intérêts essentiels et en nous gardant toute latitude possible. M. Mon était là près de moi, il y a une minute, écrivant à M. Martinez de la Rosa. Il est venu me réveiller en sursaut pour m'embrasser. Très-probablement demain paraîtra dans la *Gazette officielle* le décret de convocation des Cortès actuelles, dans l'espace de dix ou douze jours. »

Les Cortès furent en effet convoquées pour le 14 septembre suivant.

Nous touchions au terme. Dans l'attente du résultat que m'annonçait M. Bresson, j'avais appelé momentanément à Paris le duc de Glücksberg et M. de Jarnac pour recevoir d'eux, sur Madrid et sur Londres, toutes les informations que permet la liberté de la conversation, et pour leur donner mes instructions précises sur les questions qui, au dernier moment, pouvaient encore s'élever et exiger une solution immédiate. La plus délicate était celle de la complète simultanéité des deux mariages. La reine Christine et le cabinet espagnol y tenaient absolument. C'était, pour eux, le seul moyen de donner immédiatement et du premier coup, au mariage de la reine Isabelle avec le duc de Cadix, le caractère et la valeur politiques qui pouvaient seuls, dans les Cortès et dans le public espagnol, en assurer le succès. Nous n'avions aucune objection sérieuse à faire à leur vœu, ni aucun scrupule à le satisfaire : par mon *Memorandum* du 27 février précédent, communiqué le 4 mars à lord Aberdeen, nous avions formellement déclaré au gouvernement anglais que « si le mariage, soit de la reine, soit de l'infante, avec le prince Léopold de Coburg ou avec tout autre prince étranger aux descendants de Philippe V, devenait probable et imminent, nous serions, dans ce cas, affranchis de tout engagement et libres d'agir immédiatement pour parer le coup, en demandant la main, soit de la reine, soit de l'infante, pour M. le duc de Montpensier. » La démarche faite par M. Isturiz et la reine Christine elle-même, de concert avec sir Henri Bulwer, auprès du duc de Coburg, et la dépêche par laquelle lord Palmerston, en rentrant au pouvoir, avait mis le prince Léopold de Coburg au premier rang des trois candidats à la main de la reine d'Espagne contre lesquels le gouvernement anglais n'élevait aucune objection : ces deux actes nous plaçaient évidemment dans la situation prévue le 27 février précédent, et nous donnaient plein droit de conclure simultanément les deux mariages. Mais tant d'oscillations avaient eu lieu, tant de brouillards s'étaient élevés dans le cours de cette négociation que nous pouvions craindre qu'au dernier moment une circonstance imprévue, un embarras soudain ne survînt et ne dût modifier notre conduite. Nous avions donc à cœur de conserver, dans cette hypothèse et envers le gouvernement espagnol, notre liberté. En renvoyant le duc de Glücksberg à Madrid, je lui prescrivis de recommander expressément à M. Bresson cette dernière précaution, et de lui donner en même temps la certitude que ma confiance en lui était entière, et qu'en tout cas il serait fermement soutenu.

Le jour même où, à deux heures du matin, il m'avait annoncé le consentement de la reine Isabelle au double mariage, M. Bresson m'écrivit [1] : « Je n'étais pas ce matin au bout de mes peines ; il m'a fallu me débattre toute la journée avec la reine-mère, M. Isturiz et M. Pidal pour faire maintenir, dans la rédaction de l'acte que nous devions signer, les mots *autant que faire se pourra*, qui constituent notre liberté d'action. J'ai dû m'avancer jusqu'à annoncer que je ne signerais pas si cette concession ne m'était pas faite. La reine-mère entendait que la célébration des deux mariages se fît le 20 du mois prochain, et que monseigneur le duc de Montpensier fût ici pour cette époque. J'ai démontré

---

[1] Le 28 août 1846.

que c'était de toute impossibilité, et j'ai déclaré que *déclaration* et *célébration* devaient être suspendues jusqu'après la discussion, la signature et la ratification des articles du contrat. C'est là notre garantie. Malgré toutes ces précautions, le conseil avait introduit, dans le décret de convocation des Cortès qui paraîtra demain, avec la notification du mariage de la reine, celle du mariage de l'infante. J'ai protesté et signifié que, si cela s'accomplissait, j'annulerais demain authentiquement tout ce qui aurait été fait. Au 20 septembre, la reine-mère substitue maintenant le 10 octobre. »

Ces bases convenues, l'acte d'engagement fut ainsi rédigé :

« En la résidence royale de Madrid, le 28 du mois d'août de l'an de grâce 1846 ;

« Entre Son Excellence don Xavier de Isturiz, etc., etc., muni des pleins-pouvoirs de Sa Majesté Catholique, et Son Excellence le comte de Bresson, ambassadeur de France, muni des pleins-pouvoirs du Roi son auguste souverain ;

« Le mariage de Sa Majesté la Reine d'Espagne et de Son Altesse Royale Monseigneur le duc de Cadix ayant été, aujourd'hui même, convenu et signé ;

« Il est stipulé, convenu et arrêté par le présent acte que, de leur propre consentement et du consentement déjà éventuellement accordé de leurs augustes parents, il y aura mariage entre Son Altesse Royale l'Infante doña Maria-Luisa-Fernanda de Bourbon et Son Altesse Royale Monseigneur le prince Antoine-

Marie-Philippe-Louis d'Orléans, duc de Montpensier, fils puîné de Sa Majesté le Roi des Français.

« La discussion des capitulations matrimoniales, des articles du contrat et des questions d'intérêt qui s'y rattachent est réservée ;

« Et lorsque les actes définitifs auront été dûment réglés et approuvés par les hautes parties contractantes, la forme et l'époque de la déclaration de ce mariage et sa célébration seront déterminées de manière à les associer, *autant que faire se pourra*, à la déclaration et à la célébration du mariage de Sa Majesté Catholique avec Son Altesse Royale le duc de Cadix, en la résidence royale de Madrid *et en personnes*.

« En foi de quoi les plénipotentiaires ci-dessus nommés ont signé le présent acte en double original, et l'ont scellé de leurs armes. »

J'écrivis sur-le-champ à M. de Jarnac[1] : « Je vous ai fait envoyer les deux dépêches télégraphiques qui venaient de m'annoncer la résolution de la reine d'Espagne et de son gouvernement sur l'un et l'autre mariage. La question s'est dénouée tout à coup. Si on s'en étonne, dites exactement les choses comme elles sont. Vous vous rappelez le *Memorandum* en cinq paragraphes que je vous remis le 27 février dernier dans votre petite course à Paris, et que M. de Sainte-Aulaire mit textuellement, le 4 mars, sous les yeux de lord Aberdeen. Reportez-vous à cette pièce. Vous vous rap-

---

[1] Le 1ᵉʳ septembre 1846.

pelez aussi qu'au mois de mai dernier nous reçûmes, de Londres comme de Madrid, l'avis certain que le ministère espagnol, d'accord avec les reines, venait d'adresser à Lisbonne, au duc régnant de Coburg, un message à l'effet de négocier le mariage du prince Léopold avec la reine Isabelle : message communiqué au ministre d'Angleterre à Madrid qui avait donné son approbation. Lord Aberdeen, à la vérité, par une lettre particulière du 28 mai qui me fut communiquée, blâma M. Bulwer de la part qu'il avait prise dans cette démarche, et ce blâme était assez vif pour que M. Bulwer crût devoir offrir sa démission. Mais lord Aberdeen sortit des affaires, et le 20 juillet dernier lord Palmerston vous communiqua une dépêche du 19 qu'il venait d'adresser à M. Bulwer, et qui établissait formellement « que les candidats à la main de la reine d'Espagne étaient réduits à trois, savoir : le prince Léopold de Saxe-Coburg et les deux fils de don François de Paule, et qu'à aucun d'entre eux le gouvernement anglais ne se sentait appelé à faire aucune objection. »

« Ainsi le prince Léopold de Coburg, demandé par le ministère espagnol, était en même temps accepté, comme candidat à la main de la reine Isabelle, par le ministère anglais qui n'y faisait aucune objection, et le plaçait même en première ligne entre les trois candidats.

« A coup sûr, c'était bien là évidemment cette chance probable et imminente d'un mariage de la reine d'Espagne avec le prince Léopold de Coburg que nous avions toujours considérée et annoncée comme nous rendant la pleine liberté d'agir immédiatement pour parer le coup en demandant la main, soit de la reine, soit de l'infante, pour M. le duc de Montpensier.

« Nous étions d'autant plus libres que lord Palmerston ne répondait rien aux ouvertures que nous lui faisions dans un autre sens. Le 20 juillet, avant d'avoir aucune connaissance de sa dépêche du 19 à M. Bulwer, je vous avais chargé de l'inviter à agir en commun avec nous à Madrid pour décider la reine d'Espagne et ses ministres à choisir un mari entre les fils de don François de Paule. Le 30 juillet, je vous ai chargé aussi de lui faire connaître toutes mes objections à sa dépêche du 19, l'altération profonde qu'elle apportait dans la situation, et les conséquences que cette altération pourrait avoir. C'est seulement le 28 août que j'ai reçu, par la communication que m'a faite lord Normanby, une réponse de lord Palmerston à mes diverses communications.

« J'aurais manqué à tous mes devoirs si, dans une telle situation et pendant un si long temps, j'étais resté inactif. J'ai fait ce que j'avais annoncé le 27 février dernier. En présence de la candidature, réclamée à Madrid et acceptée à Londres, du prince Léopold de Coburg à la main de la reine Isabelle, j'ai donné à M. Bresson l'ordre de faire tous ses efforts pour décider le mariage de la reine avec l'un des fils de don François de Paule, spécialement avec le duc de Cadix présent en Espagne, et celui de l'infante avec M. le duc de

Montpensier. La reine, sa mère et ses ministres viennent d'accepter cette double union.

« Voilà les faits, mon cher Jarnac. Rappelez-les à lord Palmerston en lui faisant connaître la résolution qui vient d'être prise à Madrid, et dont il est peut-être déjà informé. Je n'ai rien à dire quant au fond même de cette résolution. Des deux mariages auxquels elle se rapporte, l'un est une question politique que la reine d'Espagne et son gouvernement ont droit de résoudre selon la constitution du pays; l'autre est une affaire de famille qui n'appartient qu'à la reine-mère, à ses deux filles et à nous. »

L'humeur de lord Palmerston fut très-vive, non pas plus vive que je ne m'y attendais. Ce qui me frappa surtout dans son langage, et ce qui m'importait le plus à ce moment, ce fut son espoir d'être encore à temps pour empêcher la conclusion définitive du mariage de M. le duc de Montpensier avec l'infante, et son dessein de faire tout ce qui serait en son pouvoir pour y réussir : « C'est là, dit-il à M. de Jarnac, l'acte le plus patent d'ambition et d'agrandissement politique que l'Europe ait vu depuis l'Empire. J'espère que l'on réfléchira à Paris avant de conclure. Il est impossible que les rapports des deux cours et des deux gouvernements n'en soient pas complétement altérés[1]. » Les paroles et l'attitude de sir Henri Bulwer à Madrid répondirent à celles de son chef : « Il a dit hier à M. Donoso-Cortès,

---

[1] M. de Jarnac à moi, 9, 11 et 12 septembre 1846.

m'écrivit M. Bresson, ces mots échappés sans doute à un premier dépit et qu'il regrettera bientôt :— « Nous n'avons rien à dire sur le mariage de la reine ; mais je vous déclare solennellement que nous regardons celui de l'infante comme un acte d'hostilité, et que mon gouvernement n'épargnera rien pour amener en Espagne un bouleversement complet. » — M. Donoso-Cortès ne s'est pas cru autorisé à me rapporter cette étrange et imprudente déclaration avant d'avoir demandé à M. Isturiz et au duc de Riansarès s'il devait le faire. L'un et l'autre l'y ont fort engagé. Il doit aller dire à M. Bulwer que, sans que les relations personnelles en soient atteintes, toute relation politique cesse entre eux, à partir de ce jour. Je dois vous faire observer que M. Donoso-Cortès est considéré, par les membres du corps diplomatique, comme un intermédiaire confidentiel entre la reine-mère et eux[1]. » Les actions, ou, pour parler plus exactement, les tentatives suivirent de près les paroles ; sir Henri Bulwer se mit à l'œuvre pour alarmer et paralyser le cabinet espagnol : tantôt il lui adressait, coup sur coup, des notes dures ou tristes ; tantôt il expédiait aux vaisseaux anglais en station dans les parages de Cadix ou de Gibraltar des courriers qui semblaient leur apporter des ordres de blocus ou d'hostilité, et répandaient ainsi, dans les populations voisines de leur route ou des côtes, une curiosité pleine de trouble ; il essaya d'inquiéter, sur les

---

[1] M. Bresson à moi, 24 août 1846.

conséquences du mariage de M. le duc de Montpensier avec l'infante, le duc de Cadix lui-même ; il exprimait partout, et jusque dans la tribune diplomatique des Cortès, le vœu que ce mariage fût au moins retardé de quelques mois et plus mûrement délibéré. Encouragée par ces démonstrations du ministre d'Angleterre, la presse progressiste travaillait à agiter le pays ; une protestation inconvenante de l'infant don Enrique fut publiée et répandue, sans autre effet que de nuire à son auteur. Enfin, le 23 septembre, sir Henri Bulwer présenta au cabinet espagnol une longue note de lord Palmerston qui, au nom de l'équilibre européen, de l'indépendance de l'Espagne et des services que lui avait rendus l'Angleterre, protestait contre le mariage de l'infante et témoignait l'espoir que le gouvernement espagnol n'irait pas jusqu'au bout de cette voie.

Il y avait peu de tact à mettre ainsi les Espagnols au pied du mur ; en pareil cas, la dignité et le courage ne leur manquent jamais. M. Isturiz répondit catégoriquement que le mariage de l'infante avec M. le duc de Montpensier était un acte accompli, qu'il avait été décidé par la libre et spontanée volonté de la reine, de la reine-mère, de l'infante, et avec l'assentiment unanime du cabinet, que les Cortès venaient d'y donner leur entière adhésion, que l'indépendance de l'Espagne n'en recevrait pas la moindre atteinte, et qu'il espérait que ses relations avec le gouvernement britannique n'en souffriraient pas davantage. Il était pleinement en droit de tenir ce langage : le sénat et le congrès des députés, après des débats où l'opposition s'était manifestée sans gêne comme avec convenance, avaient adopté, l'un à l'unanimité, l'autre à 159 voix contre une, de loyales adresses de félicitation à la reine sur l'un et l'autre mariage[1]. Le pays était tranquille. Le comte de Montemolin, qui s'était naguère évadé de Bourges, avait débarqué en Angleterre et se trouvait à Londres où l'infant don Enrique, disait-on, venait aussi d'arriver de Belgique. Le fameux chef carliste Cabrera y était également attendu, et M. de Jarnac, dans une visite au *Foreign-Office*, y avait aperçu l'ex-régent Espartero qu'on essaya vainement de lui cacher. Tout ce mouvement des mécontents au dehors, toutes ces chances de trouble au dedans n'excitaient en Espagne aucune préoccupation ; les esprits étaient attirés et occupés ailleurs ; le sentiment public se montrait hautement favorable à la résolution royale constitutionnellement acceptée. Le corps diplomatique fut admis à présenter ses félicitations à la jeune reine et à la reine-mère ; sir Henri Bulwer s'y rendit avec ses collègues : « Il a parlé si bas, dit la jeune reine, que je n'ai rien compris à ce qu'il m'a dit ; il n'avait probablement rien d'agréable à me dire ; » et lorsque, en félicitant la reine Christine sur le mariage de la reine sa fille, M. Bulwer ajouta : « Quant à l'autre..... — L'autre, dit la reine Christine en l'interrompant, nous avons décidé de le célébrer le même jour ; » et la conversation en resta là.

[1] Les 18 et 19 septembre 1846.

Le 4 septembre, j'avais écrit par le télégraphe à M. Bresson : « Le roi approuve que le mariage de monseigneur le duc de Montpensier avec l'infante soit célébré le même jour que celui de la reine avec monseigneur le duc de Cadix. Vous pouvez rendre public le fait que vous avez signé, avec M. Isturiz, un engagement pour le mariage de l'infante avec le duc de Montpensier. » Trois jours auparavant, après avoir écrit à M. de Jarnac et avant d'avoir rien reçu de Londres, j'avais fait prier l'ambassadeur d'Angleterre, lord Normanby, de venir me voir, et je lui avais annoncé le double mariage. Il s'attendait un peu au premier; c'était un échec à peu près escompté; non pas au second. Il m'en témoigna, avec convenance et douceur, son vif regret, son vif chagrin : « Cela fera chez nous un bien mauvais effet, non-seulement dans notre gouvernement, mais dans notre public. On y verra une manière indirecte d'assurer le trône d'Espagne à un fils du roi. Nous ne serons pas la seule puissance à avoir de l'humeur; d'autres en auront aussi, et voudront profiter de la nôtre pour nous éloigner de vous et nous rapprocher d'elles. Dieu sait ce qui peut s'en suivre. » Je répondis très-amicalement, mais très-nettement. J'établis notre droit d'agir comme nous avions agi, comme nous avions annoncé que nous agirions; et avec notre droit, la nécessité évidente, urgente, où nous avions été placés, par ce qui se passait à Madrid et à Londres, d'agir comme nous avions agi. Je me montrai très-confiant dans l'avenir, dans le bon sens et l'équité du gouvernement et du public anglais : « On verra bien que nous n'entendons point nous approprier l'Espagne, ni faire tort là aux droits et aux intérêts légitimes de personne. La reine d'Espagne aura des enfants. M. le duc de Montpensier et l'infante vivront en France. Nous n'avons fait que mettre hors de tout péril le principe de notre politique : — Le trône d'Espagne ne doit pas sortir de la maison de Bourbon. — Je l'avais proclamé, je l'ai pratiqué. C'était notre droit et mon devoir. »

Toutes choses définitivement conclues à Madrid, M. le duc de Montpensier et, avec lui, M. le duc d'Aumale partirent de Paris le 28 septembre, et entrèrent en Espagne avec leur suite le 2 octobre. On avait répandu sur leur voyage toute sorte de bruits : ils rencontreraient, disait-on, des manifestations fâcheuses, peut-être même des actes hostiles; M. Bresson démentait fermement ces prédictions sinistres ; le gouvernement espagnol, tout en se montrant plein de confiance, avait pris des mesures vigilantes. Elles se trouvèrent complétement inutiles : sur toute la route, dans les campagnes comme dans les villes, les deux princes furent accueillis avec un empressement bienveillant ; ils étaient un événement, la solution paisible d'une question nationale, une fête, une espérance; leur bonne grâce, leur tournure militaire, leurs manières simples et ouvertes plaisaient à cette population vive et avide d'émotions, quoique peu démonstrative : « Je suis allé hier, 6 octobre, m'écrivit M. Bresson, au-devant de Leurs Altesses royales jusqu'à San-Agustin, à quarante kilomètres environ de Madrid. A une demi-lieue des portes de la capitale, nous avons trouvé des chevaux et des voitures de la cour; on laissait au choix des princes le mode de leur entrée; ils ont décidé de monter à cheval. Le temps était magnifique; nous avons successivement rencontré le corrégidor et la municipalité de Madrid, le capitaine-général, le gouverneur de la place et leur état-major, le ministre de la guerre et un grand nombre de généraux parmi lesquels on remarquait la présence des généraux Concha, Cordova, Ros de Olano, appartenant à l'opposition, et l'absence du général Narvaez revenu depuis quelques jours à Madrid, mais qu'une question de rang et d'étiquette entre le ministre de la guerre et lui avait retenu chez lui, et qui m'en a exprimé ses regrets. C'est en tête de ce cortége, ayant à leur droite le ministre de la guerre et à leur gauche le capitaine-général, que les princes sont entrés à Madrid par la porte de Bilbao où aboutit la route de France. Je m'étais attaché à leurs pas; la tête de mon cheval était entre les croupes des leurs. Toute la population remplissait les rues, était suspendue aux fenêtres; ces balcons, qui garnissent toutes les maisons, mettent en quelque sorte leurs habitants en dehors et animent singulièrement l'aspect des solennités publiques. Partout, sur leur passage, les princes ont été l'objet de témoignages de respect et de sympathie; les hommes se découvraient; les femmes agitaient leurs mouchoirs. Les acclamations ne sont pas dans les habitudes de la population de Madrid; depuis que je réside au milieu d'elle, je n'en ai vu aucun exemple; mais je n'avais pas vu non plus un empressement aussi vif, un assentiment aussi général que celui dont j'ai été témoin hier. Nous avons successivement parcouru les rues de Funcarral et de la Montera, traversé la *Puerta del sol*, suivi les rues Mayor, Ahumada, et nous sommes arrivés à la porte du palais. Dans le trajet, Leurs Altesses royales s'étaient plusieurs fois retournées vers moi pour m'exprimer leur satisfaction d'un accueil auquel elles n'étaient pas préparées par les bruits malveillants et sinistres qui avaient été répandus. Il est certain que pas un dissentiment ne s'est trahi, pas un cri hostile ne s'est fait entendre. Au pied du grand escalier du château, les princes ont trouvé les diverses charges et les chefs de service de la maison royale, plusieurs grands d'Espagne, et au premier repos l'infant don Francisco de Paula et le duc de Cadix qu'ils ont affectueusement embrassés. Ils se sont ainsi dirigés vers la chambre de la reine où Sa Majesté les attendait avec ses augustes mère et sœur. Après leur avoir baisé la main, ils les ont suivies dans les appartements d'habitation, et sont restés avec elles pendant une demi-heure. Le contentement brillait dans les traits de Leurs Majestés et de Leurs Altesses royales. Après la présentation de la suite des princes et de tous les personnages et dames de la cour qui étaient présents, les princes ont été amenés à l'ambassade du roi par les voitures de Sa Majesté. Le repos qui leur a été accordé n'a pas été long; il était cinq heures, et à six heures et demie Leurs Altesses royales étaient invitées à dîner en frac au palais, avec toute leur suite. Elles s'y sont rendues dans les voitures de l'ambassadeur. Jamais je n'ai vu autant de gaieté et de cordialité répandues dans cet intérieur royal; chacun était frappé de l'air de bonheur de la reine Christine ; la jeune reine était aussi plus expressive que de coutume, la jeune infante ravie, et les infants et les infantes don François de Paule très-naturels et bienveillants. A neuf heures et demie, les princes sont revenus chercher un repos dont ils avaient grand besoin à l'ambassade du roi qui était pavoisée, illuminée et entourée d'une foule nombreuse. Enfin, cher ministre, la journée a été excellente, complète; je pourrais m'étendre en descriptions poétiques et je resterais dans la vérité; mais je fuis tout ce qui pourrait ressembler à de l'exagération. Je ne saurais vous énumérer toutes les félicitations qui nous ont été adressées, dans la chambre de la reine, par les grands, les dames du palais et les principaux personnages de l'État. »

Le 10 octobre au soir, le mariage de la reine d'abord, puis celui de l'infante, furent célébrés dans l'intérieur du palais par le patriarche des Indes, archevêque de Grenade; et le lendemain 11, selon l'usage espagnol, la même cérémonie s'accomplit avec grande pompe dans l'église de Notre-Dame d'Atocha, en présence de toute la population de Madrid, accourue sur le passage du cortége royal et dans l'église. Dix jours se passèrent en fêtes intérieures ou publiques, en visites dans Madrid ou aux environs, et le 22 octobre, le duc et la duchesse de Montpensier, que le duc d'Aumale avait précédés la veille, quittèrent Madrid pour rentrer lentement en France : « Je reste tout seul, m'écrivit M. Bresson[1] ; monseigneur le duc et madame la duchesse de Montpensier sont partis ce matin ; la séparation des reines et de l'infante, au bas du grand escalier du palais, a touché tous ceux qui en ont été témoins ; c'était une douleur vraie, jeune, expansive chez ces deux sœurs dont l'enfance s'était écoulée au milieu de tant de vicissitudes et d'épreuves, et qui, pour la première fois, voyaient les apprêts d'un voyage qu'elles ne faisaient pas en commun. M. le duc de Montpensier, par des soins affectueux, par des attentions délicates, cherchait à donner un autre cours à ces pénibles émotions, et quand je l'ai revu à une demi-lieue de Madrid, où j'étais allé l'attendre, déjà les traits de l'infante avaient repris du calme et les larmes tarissaient dans ses yeux. » Le voyage s'accomplit à travers l'Espagne et la France avec le succès le plus populaire ; et, après s'être arrêtés à Burgos, à Bayonne, à Pau et à Bordeaux, le duc et la duchesse de Montpensier arrivèrent le 4 novembre à Saint-Cloud, où le roi, la reine et toute la famille royale les attendaient. J'écrivis le 7 novembre à M. Bresson : « Le succès de la personne est aussi complet que le succès de l'événement. Tout le monde trouve madame la duchesse de Montpensier char-

---

[1] Le 22 octobre 1846.

mante. Je dis tout le monde dans la famille royale, dans le conseil, dans le public, encore peu nombreux, qui a eu l'honneur de la voir. Charmante de visage et de manières, simple et digne, un peu de timidité et point d'embarras. Vous n'avez nul besoin de descriptions ; c'est la première impression qui vous intéresse. Jamais il n'y en a eu de plus favorable. Je voudrais que toute l'Espagne vît et entendît, à commencer par M. Isturiz et M. Mon qui ont pris à l'événement une si grande part. Ils seraient contents. »

Je m'arrête. J'ai retracé avec scrupule le cours et l'issue de cette longue et délicate négociation, accomplie sous le vent si variable d'intérêts et d'incidents si divers. Je n'ai garde de reproduire ici l'histoire des débats dont les mariages espagnols accomplis furent l'objet à Paris et à Londres, entre les deux gouvernements, les deux tribunes et les deux publics. Cette histoire, avec tous ses détails, graves ou frivoles, est consignée dans les journaux français et anglais du temps, dans les discours prononcés au sein des deux parlements, dans les documents publiés par les deux cabinets, dans les écrits polémiques où les questions que soulevait l'événement furent, des deux parts, vivement discutées. La discussion porta essentiellement sur la conduite et les incidents diplomatiques de la négociation, et sur les conséquences du traité d'Utrecht quant aux relations et aux droits, en France et en Espagne, des deux nouvelles branches de la maison de Bourbon et de leurs descendants. J'ai la confiance que plus les événements s'éloigneront et seront impartialement considérés, plus il sera évident que, dans tout leur cours, la politique française a été modérée, prudente, franche, conséquente et scrupuleusement loyale. Je ne veux plus rappeler ici que deux petits faits survenus l'un à Madrid, l'autre à Paris, au moment même du double mariage espagnol et du plus vif dissentiment entre les cabinets français et anglais à ce sujet.

Le 7 octobre, lendemain du jour où les deux princes français étaient arrivés à Madrid, M. Bresson m'écrivit : « Avant-hier, à six heures du soir, M. Bulwer est revenu d'Aranjuez, où il s'était retiré, pour envoyer à M. Isturiz une protestation contre les conséquences du mariage de M. le duc de Montpensier, l'Angleterre se réservant, si la succession espagnole arrivait à l'infante ou à sa descendance, d'agir comme le lui conseilleraient son honneur et ses intérêts. Hier il s'est présenté vers une heure, un peu avant l'entrée des princes, chez M. le président du conseil, et lui a demandé, comme matière de forme et acquit de conscience, si sa protestation de la veille n'avait pas eu pour effet de faire renoncer au mariage. Ayant reçu une réponse négative, il a annoncé qu'il allait en informer son gouvernement, et se retirer de nouveau à Aranjuez, et plus tard à Tolède, si la cour visitait la résidence royale. » Deux jours après, le 9 octobre, les deux princes français reçurent le corps diplomatique ; comme on s'y attendait, sir Henri Bulwer ne s'y rendit

point, ni personne de sa légation ; mais il écrivit à
M. Bresson :

« Mon cher ami,

« Vous pouvez être sûr que, dans toutes autres circonstances, ce n'est pas seulement moi (qui ai des motifs personnels de respect et de reconnaissance envers le roi des Français et son auguste famille) qui me serais empressé de présenter mes hommages aux illustres princes qui sont arrivés ici; toute ma légation aurait eu le même désir. Mais l'occasion de l'arrivée de Leurs Altesses royales, et la conduite que des instructions formelles m'ont obligé de tenir, selon mes prévisions dès le commencement de la question du mariage entre le duc de Montpensier et l'infante, me privent maintenant de l'honneur que j'aurais souhaité, sans changer les sentiments qui seront toujours auprès de mon cœur, et dont je vous prie de transmettre l'expression respectueuse à vos illustres hôtes, tout en acceptant, pour vous-même, celle de ma sincère amitié. »

M. Bresson lui répondit sur-le-champ :

« Mon cher ami,

« Les princes ont parfaitement compris votre absence de la réception diplomatique, et ils ne s'en sont ni formalisés, ni préoccupés. Je leur ai donné lecture de votre lettre; les sentiments qu'elle exprime leur sont très-précieux et très-agréables. Ils m'ont chargé de vous le mander. Vous avez personnellement laissé trop de bons souvenirs en France, vous êtes trop apprécié par le roi et son auguste famille, pour que nous ne soyons pas certains de trouver en vous de la réciprocité. Nous croyons que votre gouvernement s'exagère les conséquences du mariage de monseigneur le duc de Montpensier; nous croyons que bientôt les nuages qui se sont élevés entre nous se dissiperont; mais nous respectons ces convictions, et nous espérons qu'elles se modifieront dans un sens qui nous permette de rentrer dans la plénitude de nos bonnes et anciennes relations. Pour moi, mon cher ami, le vieil et sincère attachement que je vous porte ne se modifiera pas. »

Sir Henri Bulwer s'empressa de lui répondre :

« Mon cher ami,

« Je vous remercie sincèrement de votre aimable lettre, et je suis vivement sensible à ce que Leurs Altesses royales ont eu l'extrême obligeance de vous prier de me communiquer. Ma position ici est fort pénible et désagréable, et je vous trouve fort aimable en voulant me faire croire que la difficulté disparaîtra. Que Dieu le veuille! »

A Paris et de la part de l'ambassadeur d'Angleterre, lord Normanby, le regret fut le même et sa manifestation plus officielle; il m'écrivit le 9 novembre 1846 :

« Monsieur le Ministre,

« J'ai reçu, il y a quelques jours, de l'introducteur des ambassadeurs, l'avis que Son Altesse royale la duchesse de Montpensier recevrait le corps diplomatique aux Tuileries samedi dernier, le 7 de ce mois.

« En accusant réception de cet avis, je témoignai le regret que des circonstances m'empêchassent de saisir cette occasion de présenter mes respects à Son Altesse royale.

« Ma première impression avait été nécessairement de répondre avec empressement à l'invitation de Son Altesse royale, pour marquer le respect que je dois également à tous les membres de la famille royale de France. Mais la position particulière que le gouvernement de Sa Majesté a cru de son devoir de prendre, par rapport au mariage dont cette cérémonie semblait être une célébration directe et immédiate, m'obligea à examiner s'il me serait possible, comme représentant de ma souveraine, de séparer le tribut volontaire de mon profond respect personnel envers Son Altesse royale en qualité de princesse française et envers son illustre époux, de ce qui ne pourrait manquer de paraître aux yeux de tout le monde, en ce moment, une démonstration directe de félicitation au sujet de cet événement même.

« Il me semble que ma présence, dans une occasion qui aurait un pareil caractère, s'accorderait difficilement avec la ligne de conduite décidément suivie par le gouvernement de Sa Majesté, avec le langage qu'il avait été de mon devoir de tenir en conséquence à Votre Excellence, et avec la protestation énergique que j'avais reçu l'ordre de présenter à Votre Excellence contre les conséquences politiques que cet événement pourrait faire naître.

« La dernière preuve de cette manière de voir de la part du gouvernement de Sa Majesté, que je viens d'avoir l'honneur de présenter à Votre Excellence, doit être, en ce moment même, entre les mains du roi des Français. Aussi espéré-je que, si je n'ai point assisté à ce qu'on peut regarder comme une cérémonie de congratulation, mon absence, dans un pareil instant, ne sera point interprétée comme un manquement de ma part à ce que je devrai toujours à Sa Majesté et à toute sa royale famille.

« Permettez-moi de saisir cette occasion pour vous faire observer que LL. AA. RR. le prince de Joinville et le duc de Montpensier s'étant trouvés absents à l'époque de mon arrivée à Paris, je n'ai point eu encore l'honneur d'être présenté à Leurs Altesses royales. Je viens donc prier Votre Excellence d'exposer, dans un moment opportun, mon espérance que les princes ainsi que S. A. R. madame la duchesse de Montpensier voudront bien me procurer, dans quelque prochaine circonstance, l'honneur de leur présenter mes respects. »

Je fis immédiatement ce que lord Normanby désirait, et le *Moniteur* du surlendemain 11 novembre 1846 contint ce paragraphe: « Hier, Son Exc. M. le marquis de Normanby, ambassadeur de S. M. la reine de la Grande-Bretagne, a été reçu successivement, au palais des Tuileries, par LL. AA. RR. monseigneur le prince de Joinville, monseigneur le duc et madame la duchesse de Montpensier, auxquels il n'avait pas encore été présenté. »

Quelques semaines plus tard, les déplaisirs d'un incident personnel vinrent se joindre, pour lord Normanby, à celui de sa situation politique. L'une des dépêches où il avait rendu compte à lord Palmerston de ses entretiens avec moi sur le double mariage espagnol, et ce que je dis de ce compte rendu dans l'un de mes discours à la Chambre des députés, amenèrent, de notre part à l'un et à l'autre, des récriminations et des contradictions qui rendirent nos rapports personnels difficiles. Je maintins ce que j'avais dit. Lord Palmerston soutint son ambassadeur. Le différend fut bientôt public. Une invitation qui me vint, à ce moment même, de l'ambassade d'Angleterre, par une méprise que lord Normanby, qui savait mal le français, appela *le mépris* de son secrétaire, ajouta à l'embarras de la situation le désagrément des manifestations et des propos de salon. Nous ne pouvions plus guère nous voir et nous parler. Lord Normanby alla trouver l'ambassadeur d'Autriche, le comte Appony, lui dit qu'il était décidé à prendre, envers moi, l'initiative d'une démarche de conciliation, et le pria d'intervenir pour mettre un terme à ce différend et rétablir, quant aux affaires, ses relations avec moi. Le comte Appony me fit part de cette démarche et des regrets que lui avait exprimés lord Normanby quant à l'invitation déplacée dont on avait tant parlé. Je me montrai prêt à accepter la satisfaction ainsi offerte, et à déclarer de mon côté que, dans mon discours[1] à la Chambre des députés, je n'avais point eu l'intention d'inculper la bonne foi ni la sincérité et la véracité de l'ambassadeur. Ces préliminaires convenus, nous nous rencontrâmes, lord Normanby et moi, à une heure convenue aussi, chez l'ambassadeur d'Autriche ; nous nous tendîmes mutuellement la main, et nos relations diplomatiques reprirent leur cours naturel.

Voltaire rapporte qu'à la bataille de Fontenoy, quand le régiment des gardes françaises se rencontra sur le champ de bataille avec la colonne anglaise que commandait le duc de Cumberland, lord Charles Hay, capitaine aux gardes anglaises, s'avança en criant : « Messieurs des gardes françaises, tirez ! » A quoi le comte d'Auteroche, lieutenant aux gardes françaises, répondit : « Messieurs les Anglais, nous ne tirons jamais « les premiers ; tirez vous-mêmes[2]. » Dans toutes les luttes humaines, en diplomatie comme à la guerre, la courtoisie est noble et charmante, et en 1846 les deux diplomates anglais, à Madrid et à Paris, faisaient acte de courtoisie dans le langage qu'ils tenaient pour leur propre compte et dans leur soin de rester personnellement en bons termes avec nous, au moment même où politiquement ils nous combattaient avec ardeur. Mais, ou je me trompe fort, ou leur attitude exprimait autre

---

[1] Du 5 février 1847 ; *Recueil de mes discours politiques*, t. V, page 370.
[2] *Siècle de Louis XIV*, page 135, édit. Beuchot.

chose encore que de la courtoisie : ils avaient dans
l'âme, peut-être sans se l'avouer, le sentiment que les
appréhensions de leur gouvernement sur le mariage de
M. le duc de Montpensier avec l'infante étaient excessives et ses paroles trop agressives ; il n'y avait pas
lieu de tant s'alarmer, ni convenance à faire tant de
bruit. D'autant plus qu'aucun acte hostile, aucune mesure comminatoire n'accompagna ce bruit et ces
alarmes. La situation, quoique si vive, resta inerte et
stérile ; non-seulement lord Normanby et sir Henri
Bulwer, mais le cabinet anglais lui-même se montrèrent pressés d'y mettre un terme. Ils eurent raison
de se conduire ainsi ; tout ce qui s'est passé depuis
1846 a donné tort à leurs inquiétudes et à leurs colères ; aucune des conséquences que lord Palmerston
et ses agents avaient annoncées d'avance dans le mariage espagnol ne s'est réalisée. L'indépendance de
l'Espagne est restée entière ; elle n'a été en proie ni à
la guerre civile, ni à l'ambition de ses voisins. La tempête révolutionnaire qui, à Paris et à Naples, a emporté
la maison de Bourbon, ne l'a pas atteinte en Espagne ;
les descendants de Philippe V sont restés en possession
du trône qui leur était contesté ; le duc et la duchesse
de Montpensier, qui auraient continué de vivre en paix
à Paris, auprès du roi Louis-Philippe, s'il avait continué de régner, vivent en paix à Séville, auprès de la
reine d'Espagne qui a des enfants. Les princes de la
maison d'Orléans, jetés par la tempête hors de leur
patrie, ont trouvé en Espagne, auprès de sa reine et

de son gouvernement, l'accueil sympathique que leur nom leur donnait droit d'espérer, sans que les rapports de l'Espagne avec les nouveaux gouvernements de la France, République et Empire, aient eu à en souffrir. L'Espagne subit encore bien des épreuves et bien des tristesses ; mais elles tiennent toutes à l'état intérieur du pays lui-même, nullement aux deux mariages que sa reine et son infante ont contractés il y a vingt ans. Les politiques se trompent aussi souvent sur les maux qu'ils redoutent que sur les succès qu'ils se promettent, et le temps a pour eux des enseignements dont une plus juste appréciation des faits et des hommes au milieu desquels ils agissaient leur eût épargné le déplaisir.

CHAPITRE XLVI

L'ITALIE ET LE PAPE PIE IX.
(1846-1848.)

Pie IX en 1846 et en 1866.—Contraste entre ces deux époques. — Quelle est la part de Pie IX lui-même dans sa destinée?— Mes instructions à M. Rossi pour le conclave de 1846.—Amnistie de Pie IX à son avénement.—Le cardinal Gizzi, secrétaire d'État.—Pie IX réformateur.—Ses premières conversations avec M. Rossi.—Inexpérience et faiblesse politique de la cour de Rome.—La question romaine et la question italienne.—Le cardinal Ferretti, secrétaire d'État.—Occupation de Ferrare par les Autrichiens. — Réformes accomplies à Rome. —Le parti libéral romain modéré et laïque.—Sa bonne attitude en 1847 pour la fête anniversaire de l'amnistie. — Garde civique romaine. — Lettre que m'adresse M. J. Mazzini sur le parti modéré en Italie. — Dépêche du prince de Metternich sur le même sujet. — Complication des questions romaines et des questions italiennes. — Notre politique en Italie. — Lettre du prince de Joinville à cet égard. — Ma réponse.— Mes instructions à nos agents en Italie. — Installation de la *consulta* d'État à Rome.— L'esprit réformateur, l'esprit national et l'esprit révolutionnaire en Italie. — Nos préparatifs pour une expédition destinée à protéger le pape, en janvier 1848.—Chute du cabinet du 29 octobre 1840 et révolution du 24 février 1848.—Crise radicale dans la situation de Pie IX.— Ministère et assassinat de M. Rossi. — Un abîme entre le pape réformateur et le pape révolutionnaire.—Quelle est la part des peuples dans l'insuccès des gouvernements? — Louis XVI et Pie IX. — Lettre de M. Rossi à moi après février 1848.

En 1846, l'avénement du pape Pie IX et les débuts de son règne suscitèrent à Rome, dans toute l'Italie, en France, partout en Europe, un vif enthousiasme. Ses premières paroles, ses premiers actes ouvraient l'avenir romain et catholique à toutes les espérances. A chaque pas du nouveau pontife dans sa voie nouvelle, chaque fois qu'il paraissait en public, la foule accourait et l'accueillait avec les plus expansifs témoignages de satisfaction et de reconnaissance : *Coraggio, Santo-Padre!* s'écriait tout un peuple. Et aux acclamations populaires romaines se joignirent bientôt les acclamations parlementaires européennes : *Courage, Saint-Père!* dit aussi M. Thiers à la tribune française [1].

Entre 1846 et 1866, quel contraste! Quels mécomptes, quelles épreuves, quelles perspectives, depuis 1848, pour ce pontife tant célébré la veille! Il a déjà été chassé une fois de Rome; le sera-t-il de nouveau? S'il reste à Rome, à quel titre et dans quelle situation? Sera-t-il, comme on l'avait espéré, le conciliateur de la papauté avec la société moderne, ou le dernier dépositaire aux mains duquel périront le double caractère et le double pouvoir de la papauté? Quelles questions et quelles chances à la place de tant et de quelles espérances!

Qu'a fait Pie IX pour que sa situation ait subi cette transformation lamentable? Quelle est sa part, à lui-même, dans sa douloureuse destinée?

Il y a deux époques dans cette tragique histoire, et, entre ces deux époques, un abîme.

L'esprit, je ne dirai pas de réforme, mais de modé-

---

[1] Chambre des députés, séance du 4 février 1847.

ration et de conciliation, avait présidé à l'élection de Pie IX. Le sentiment dominant dans le conclave avait été qu'il fallait à la fois détendre et animer la politique trop roide et trop inerte de Grégoire XVI, et donner aux vœux publics quelque espérance. Il y avait aussi quelque désir de faire acte d'indépendance romaine et italienne : « ni un moine, ni un étranger, » disait-on. Ces dispositions déterminèrent la rapidité de l'élection ; le conclave ne dura que trois jours : « Tout le monde nous félicite comme d'un choix conforme à nos vues, m'écrivit M. Rossi[1]. J'ai en effet bon espoir. Ma première entrevue avec le pape a été on ne peut plus cordiale et plus touchante. Elle a frappé le public qui en était témoin. Évidemment le Saint-Père la désirait et l'attendait. Je lui ai dit, en me retirant, que j'espérais avoir bientôt l'honneur de lui présenter mes lettres d'ambassadeur. Il m'a répondu avec effusion : « Je les accueillerai avec la plus vive satisfaction.

« Je dois ajouter pourtant que je ne le connais pas personnellement, puisqu'il n'habitait pas Rome ; mais on m'en dit beaucoup de bien. Il est très-pieux ; mais, laïque jusqu'à trente ans, son éducation a été faite par des prêtres. Il appartient à une école théologique bien connue à Rome, et qui réunit à beaucoup de piété des idées élevées et des sentiments de tolérance. Il est fort aimé dans les Légations et renommé par sa charité. Il a un frère qui se trouva fort compromis dans les affaires

[1] Le 17 juin 1846.

de 1831. *Non ignara mali*, etc. Il n'a pas encore nommé ses ministres. Nous verrons. »

Ce premier jugement de M. Rossi sur le nouvel élu nous donna confiance. Au moment où le conclave allait se réunir, je lui avais écrit[1] : « Je ne me creuserai pas l'esprit à vous parler avec détail et à vous donner des instructions précises sur ce que vous savez mieux que moi. Faites tout ce que vous croirez nécessaire. Usez de tous les moyens que vous croirez utiles. Notre but, notre intérêt, notre politique vous sont parfaitement connus. Qu'on nous donne un pape indépendant, croyant et intelligent. De la nationalité italienne, de la foi catholique, un esprit ouvert et un peu de bon vouloir dans notre sens, voilà ce qu'il nous faut. J'espère que cela peut se trouver. Je suis sûr que c'est là ce que vous chercherez. Nous n'avons jusqu'à présent, quant aux noms propres, aucun préjugé ni aucune préférence. Ce sera à vous de diriger, s'il y a lieu de s'en servir, notre droit d'exclusion, comme tout le reste : tenez-moi bien au courant de toutes choses, et le plus promptement que vous pourrez. »

Le premier acte de Pie IX, l'amnistie proclamée le 16 juillet 1846, répondit au sentiment public; elle était large, sincère et pleine d'émotion. J'écrivis à M. Rossi[2] : « L'impression que cet acte a produite partout, et particulièrement en France, est excellente. Non-seulement on loue le pontife qui a su accomplir du premier coup

[1] Le 8 juin 1846.
[2] Le 5 août 1846.

un si grand bien ; mais on pressent, dans cette mesure et dans la façon dont elle a été prise, le caractère général de tout un gouvernement et de tout un règne. C'est au pape lui-même qu'on en reporte tout le mérite et l'honneur. On veut y voir le prélude et le gage d'autres actes qui, sur d'autres matières, feront aussi à l'opinion sa juste part, sans affaiblir l'autorité. Et les hommes sensés et bien intentionnés ressentent une joie profonde en voyant qu'un pouvoir, qui a si longtemps marché à la tête de la civilisation chrétienne, se montre disposé à accomplir encore cette mission auguste, et à consacrer, en l'épurant et le modérant, ce qu'il y a de raisonnable et de légitime dans l'état et le progrès des sociétés modernes. » Le cardinal Gizzi, tenu pour un homme éclairé, fut nommé secrétaire d'État à la place du cardinal Lambruschini : « Il est à son poste, m'écrivit M. Rossi [1], il m'a paru très-bien, un esprit froid et pratique. On m'assure cependant qu'on l'a déjà effrayé. C'est par la peur qu'on voudrait arrêter le pape et son ministre. On aurait dit au Saint-Père qu'il était regardé comme le chef des libéraux, que les intérêts du saint-siége et de la religion s'en trouveraient compromis. On assure que le pape et le ministre, le ministre surtout, sont ébranlés. Je n'ai rien vu, chez le pape, qui pût me le faire pressentir ; le langage de Gizzi, je le reconnais, pouvait également exprimer la prudence ou la peur. Quoi qu'il en soit, votre dépêche du 5 est arrivée très

---

[1] Le 18 août 1846.

à propos. Elle est excellente. Après l'excitation produite par l'amnistie, se rejeter de l'autre côté, ce serait provoquer les troubles les plus violents. Espérons que le bon sens l'emportera. »

Le 25 août 1846, la fête de saint Louis fut célébrée à Rome, dans l'église française, avec un concours extraordinaire de cardinaux. Dans l'après-midi, le pape y vint, selon l'usage, et fut remarquablement gracieux pour l'ambassadeur. M. Rossi alla le lendemain l'en remercier : « Je suis d'autant plus aise de vous voir, lui dit le pape, que j'ai une faveur à vous demander. J'ai à cœur de satisfaire, autant que je le puis, aux besoins de mes peuples dont la principale richesse consiste dans les produits agricoles. J'espère que vous voudrez bien m'y aider en priant votre gouvernement d'accorder aux navires pontificaux chargés de blé le traitement des nations amies. » — « Je compris, m'écrivit M. Rossi, qu'il y avait là un *quiproquo* provenant de son peu de connaissance de nos lois. Je répondis que Sa Sainteté me trouverait toujours très-empressé de me conformer à ses désirs, mais qu'avant d'écrire je lui demandais la permission de mettre au clair l'état actuel des choses et de le lui faire connaître. Il me remercia et ajouta en souriant qu'il savait, par mes écrits, qu'en me parlant de ces matières dans un sens favorable à la liberté des échanges, il ne mettrait pas l'ambassadeur en opposition avec l'économiste. Il me dit alors que le but constant de ses efforts était le développement du bien-être et de la prospérité de ses États, et en m'indiquant quelques-unes de ses idées comme pour en avoir mon avis, il ajouta : — « C'est là ce que je puis et dois faire. Un pape ne doit pas se jeter dans les utopies. Croiriez-vous qu'il y a des gens qui parlent même d'une ligue italienne dont le pape serait le chef? Comme si la chose était possible! Comme si les grandes puissances étaient disposées à le permettre! Ce sont là des chimères. — Aussi, répondis-je, Votre Sainteté a autre chose à faire que de s'en occuper. Elle a tracé de sa main la route qu'elle doit suivre, et qui aboutira aux meilleurs résultats; mettre fin aux abus qui, je le crains, sont nombreux, et introduire partout la régularité et l'ordre, c'est là, ce me semble, la pensée du Saint-Père. —Vous avez raison, c'est là ma résolution bien arrêtée; il faut, avant tout, rétablir nos finances; mais j'ai besoin d'un peu de temps. — Nul n'attend de Votre Sainteté des mesures précipitées; l'essentiel est qu'on sache qu'elle s'en occupe activement. La confiance du public lui est entièrement acquise; il attendra avec reconnaissance et respect; tous mes renseignements me le prouvent. — Je suis bien aise de ce que vous me dites. Tenez : les Suisses ne plaisent pas et coûtent cher; mais puis-je les licencier à l'instant même? — Pour cela aussi, il faut du temps; on ne peut pas se priver d'une force avant d'avoir organisé celle qui doit la remplacer. — C'est cela même et je m'en occuperai; dans ce moment, c'est sur nos finances que se fixe mon attention. — Je le conçois, et les éléments de prospérité que recèle son pays sont tels que Votre Sainteté ne manquera pas le but. Mais puisque Votre Sainteté veut bien m'honorer de cet entretien, je prendrai la liberté de lui rappeler ce qu'Elle sait mieux que moi, que le produit des impôts, des mêmes impôts, s'accroît d'une manière surprenante par le retour de la confiance et de l'activité publique. La confiance redeviendra active lorsqu'on verra que Votre Sainteté fait une guerre incessante aux abus, et qu'Elle veut réformer à la fois l'administration proprement dite et l'administration de la justice. — Oh! tenez pour certain que, dès qu'un abus me sera prouvé, je ferai un exemple. — Deux ou trois exemples corrigeront des centaines d'employés. — Pour la justice aussi, je crois que vous avez raison, et qu'il y a bien des complications et des longueurs dans notre procédure criminelle. » — Il mit alors en avant quelques idées ; mais comme elles ne me paraissaient pas assez mûries, et que la discussion en aurait été longue et délicate, je préférai ne pas l'aborder dans ce moment, et je me rejetai dans les généralités en lui disant que le Saint-Père ne manquerait pas d'occasions d'appliquer son ardent amour du bien ; ne voulant pourtant pas laisser finir l'entretien sans toucher un mot des affaires spirituelles, je lui dis qu'encouragé par la bonté du Saint-Père, je voulais lui rendre confiance pour confiance. Voici mon apologue. Je lui racontai que le nouveau ministre de Prusse, M. d'Usedom, avec qui je suis très-bien, m'étant allé voir à Frascati, nous avions beaucoup parlé de Sa Sainteté et des actes du nouveau pontificat, et qu'après avoir applaudi à tout le bien que le Saint-Père avait déjà accompli dans l'ordre temporel, mon interlocuteur m'avait demandé ce que je préjugeais de sa direction dans les affaires spirituelles. A quoi, dis-je au pape, j'ai répondu en riant : — « Votre Excellence, qui vient du pays de la philosophie, sait mieux que moi que la raison humaine est une, et que lorsqu'elle est sage et prudente sur un ordre d'idées, il n'y a pas motif de croire qu'elle sera imprudente et folle sur un autre. Quant à moi, je suis convaincu que les gouvernements n'auront qu'à se louer de la direction que Pie IX donnera aux affaires de l'Église. — Je vous remercie, Monsieur l'ambassadeur, m'a dit le pape ; vous m'avez rendu justice ; je ne cherche que l'harmonie et la paix. Seulement vous savez qu'il est des limites que nous ne pouvons pas franchir. — C'est précisément ce que j'ai fait remarquer au ministre de Prusse. Pour nous, lui ai-je dit, qui sommes catholiques, nous sommes certains de ne jamais rien demander qui puisse blesser la conscience du pape ; quant à vous autres hérétiques, ai-je ajouté en souriant, le cas pourrait être différent. » — Le pape s'est mis à rire et m'a demandé avec empressement ce que M. d'Usedom m'avait répondu : — « Il m'a répondu, de la meilleure grâce du monde, qu'eux aussi ils connaissaient ce qu'ils devaient respecter dans leurs négociations avec Rome, et qu'on pouvait être sans inquiétude à cet égard. — Dans ce cas, ai-je dit, soyez certain que vous trouverez ici l'accueil que vous pouvez désirer. » — Le pape m'a remercié de nouveau de la confiance que j'avais cherché à inspirer, et m'a répété que mes prévisions ne seraient pas démenties. Je lui demandai alors une faveur pour un prêtre français, ce qu'il m'accorda avec le plus gracieux empressement, et l'entretien se termina. »

Dans cet entretien spontané, le pape avait touché à tout, aux affaires temporelles du saint-siége et aux spirituelles, à la chance de sa présidence d'une ligue italienne et à ses relations avec les puissances étrangères, à sa garde suisse et à une garde civique, aux finances et au commerce, aux abus administratifs et aux réformes judiciaires. Le surlendemain, le cardinal Gizzi communiqua à M. Rossi une circulaire qu'il venait d'adresser aux gouverneurs des provinces pour la fondation d'une école consacrée à l'éducation des jeunes gens pauvres et pour les progrès de l'instruction populaire. Évidemment l'esprit de Pie IX était en mouvement sur tous les sujets, abordait toutes les questions, entr'ouvrait toutes les voies de réforme, tantôt avec une confiance naïve, tantôt avec une inquiétude un peu officielle; et en même temps qu'il se montrait ainsi en sympathie avec les désirs de son temps et de son peuple, il témoignait, pour le gouvernement français et son représentant à Rome, une disposition communicative qui attestait la sincérité de ses penchants réformateurs.

Mais entre l'intention et l'action, la distance est grande et la route difficile; le pape ne tarda pas à rencontrer les obstacles et M. Rossi à déplorer les hésitations : « La lutte recommence, m'écrivait-il dès le 28 juin 1846, entre la vieille et la jeune Italie; le parti des vieux accuse les jeunes de perdre le pays par leurs faiblesses... Trop de lenteur de la part du gouvernement irrite les uns, encourage les autres, et rend la situation délicate. Je l'ai dit crûment au pape. Il paraît l'avoir compris ; mais l'idée d'agir sans déplaire à personne est une chimère dont il aura quelque peine à se défaire..... Les intentions et les vues sont toujours excellentes ; je voudrais être certain que les connaissances positives et le courage ne feront pas défaut..... Ce qu'il se propose de faire est bien et sera suffisant si c'est fait promptement et nettement ; mais on ne sait pas même ici faire valoir le bien qu'on fait; on aime à le faire, pour ainsi dire, en cachette, et on en perd ainsi le principal effet, l'effet d'opinion. Le cardinal Gizzi ne peut se débarrasser, dans ses actes, de ces formes surannées qui sont ridicules aujourd'hui ; c'est par une circulaire de quatre pages, fort embrouillée, qu'il a supprimé deux mauvais tribunaux..... On touche à tout; on se décide *in petto ;* on persévère dans ses résolutions ; mais on n'agit pas. Ce n'est pas l'idéal du gouvernement, c'est le gouvernement à l'état d'idée..... La popularité du pape est presque entière ; je crains seulement qu'il n'en abuse, croyant pouvoir s'y endormir comme sur un lit de roses..... Le pays attend, mais avec une impatience résolue. La fête donnée au pape le jour de l'an s'est passée avec un ordre parfait, mais parfait au point qu'il ressemble déjà à une organisation..... En attendant, le mouvement des esprits s'accroît à vue d'œil; les écrits, les journaux se multiplient ; les réunions, les assemblées aussi, et elles s'organisent. La légalité est respectée, mais le sang commence à circuler rapidement dans ce corps qui était, il y a un an, calme et froid comme un mort..... Le peuple et ses meneurs ont l'habileté et l'à-propos qui manquent au gouvernement..... Le parti modéré et libéral d'un côté et le parti radical de l'autre s'organisent ; et en présence d'un gouvernement qui ne sait rien organiser ni rien conclure, les deux partis font cause commune. Ils se seraient séparés et le parti radical n'aurait été qu'une tentative impuissante si le gouvernement, par des mesures franches et promptes, avait su rallier le premier et en faire un parti de conservateurs zélés et satisfaits. Il y a eu bien du temps perdu, et ce qui aurait suffi il y a quelques mois ne suffirait plus aujourd'hui. Mais, après tout, on serait encore à temps si le pape parvenait enfin à s'aider d'un gouvernement actif, loyal, intelligent, énergique. Le cardinal Gizzi se retire, et on ne sait pas encore d'une manière certaine quel sera son successeur. On dit que le cardinal Ferretti, qu'on attend d'un jour à l'autre, fait des objections [1]. »

Deux choses manquaient à la cour de Rome pour qu'un tel gouvernement s'y formât aussi promptement et aussi complétement qu'il l'aurait fallu : l'expérience et la hardiesse. Au contraire de son ancienne et puissante histoire, cette cour, depuis la fin du XVIIe et pen-

[1] M. Rossi à moi, les 28 juin et 18 décembre 1846, 8 et 18 janvier, 8 février, 8, 18 et 20 avril, 3 et 26 juin, 8 et 13 juillet 1847.

dant le xviii͏̎ siècle, s'était montrée plus préoccupée de
vivre que d'agir, et plus habile à éluder les périls ou les
nécessités de sa situation qu'à y satisfaire. Presque uniquement
appliquée à se tenir en dehors du grand courant
de la civilisation européenne, elle était devenue
routinière et timide. Un moment, au milieu des tempêtes
et sous les coups de la révolution française, elle
avait retrouvé, grâce à la vertu de Pie VI et de Pie VII
et à l'habileté digne du cardinal Consalvi, quelques
traits de son intelligente grandeur; le Concordat de
1801 et la résistance invincible du pape détrôné au
despote tout-puissant qu'il avait sacré étaient de grands
faits et de grands exemples; mais au sein de la sécurité
trompeuse que lui inspira la Restauration européenne
et française, la cour de Rome retomba dans son ornière
tantôt de réaction, tantôt d'inaction; parce qu'elle n'était
plus aux prises avec le torrent révolutionnaire,
elle oublia qu'elle était en présence de l'esprit de liberté
et de progrès qui, en dépit de la Sainte-Alliance, des
congrès et des conspirations ou des révolutions avortées,
prévalait de plus en plus en Europe. La prépondérance
laïque, la publicité générale, la discussion continue,
l'activité industrielle, commerciale, intellectuelle,
internationale, tout ce régime aussi puissant que nouveau,
Rome l'ignorait autant qu'elle le redoutait; elle
n'avait appris ni à vivre en contact avec lui, ni à traiter
avec lui, ni même à le bien comprendre et à lui parler
une langue analogue au nouveau tour des esprits et
propre à agir sur eux; elle restait stationnaire et étran-

gère au public moderne dans ses phrases encore plus que dans ses principes. C'était de cet état d'isolement et d'inertie que Pie IX entreprenait de faire sortir la papauté.

Encore s'il n'avait eu à se préoccuper que des affaires et des questions romaines, temporelles ou spirituelles ! Quoique déjà bien grandes, les difficultés ne dépassaient pas son pouvoir. Mais on reconnut bientôt et le pape reconnut bientôt lui-même qu'il était en présence d'intérêts et de problèmes bien plus vastes et bien au-delà de sa portée ; il fut bientôt évident que ce n'était pas seulement du régime intérieur des États romains, mais du sort territorial et politique de l'Italie tout entière qu'il s'agissait. La domination autrichienne pesait encore sur tous les États italiens, partout l'appui du parti stationnaire et de plus en plus antipathique au sentiment public. L'idée de l'unité nationale, monarchique ou républicaine apparaissait et montait sur l'horizon. A peine entré dans la carrière des réformes romaines, Pie IX vit s'ouvrir devant lui la perspective des guerres et des révolutions italiennes.

C'était là sans doute, pour lui, un grand sujet d'inquiétude, mais aussi un puissant motif de vider promptement, dans ses propres États, les questions de réforme, et de se mettre ainsi, après avoir donné l'exemple, en mesure de marquer lui-même la limite. J'écrivis à M. Rossi[1] : « Dites très-nettement, et partout où besoin

---

[1] Le 7 mai 1847, et le 10 septembre 1846.

sera, ce que nous sommes, au dehors comme au dedans, en Italie comme ailleurs. Nous sommes des conservateurs décidés. C'est la mission première et naturelle des gouvernements. Nous sommes des conservateurs d'autant plus décidés que nous succédons, chez nous, à une série de révolutions, et que nous nous sentons plus spécialement chargés de rétablir chez nous l'ordre, la durée, le respect des lois, des pouvoirs, des principes, des traditions, de tout ce qui assure la vie régulière et longue des sociétés. Mais en même temps que nous sommes des conservateurs décidés, nous sommes décidés aussi à être des conservateurs sensés et intelligents. Or nous croyons que c'est, pour les gouvernements les plus conservateurs, une nécessité et un devoir de reconnaître et d'accomplir sans hésiter les changements que provoquent les besoins sociaux nés du nouvel état des faits et des esprits, et qui ne sauraient être refusés sans amener, entre la société et son gouvernement, et au sein de la société elle-même, d'abord un profond malaise, puis une lutte continue, et tôt ou tard une explosion très-périlleuse. Le gouvernement pontifical, en apportant dans sa conduite la prudence nécessaire, prendra soin aussi, nous en sommes convaincus, d'entretenir et de mettre à profit cette première impression publique si vive et si favorable qu'ont excitée ses premiers actes. Les vœux d'une population qui a longtemps souffert sont, à beaucoup d'égards, chimériques, et il serait impossible de les satisfaire; mais il faut aussi prévoir que, si les améliorations réelles, efficaces, graduelles, ne commençaient pas avec certitude, l'opinion publique se lasserait, et, de confiante qu'elle est aujourd'hui, deviendrait ombrageuse et exigeante, en proportion de ce qu'elle regarderait comme des mécomptes. Reconnaître, d'un œil pénétrant, la limite qui sépare, en fait de changements et de progrès, le nécessaire du chimérique, le praticable de l'impossible, le salutaire du périlleux ; poser d'une main ferme cette limite et ne laisser au public aucun doute qu'on ne se laissera pas pousser au delà, voilà ce que font et à quels signes se reconnaissent les vrais et grands chefs de gouvernement, ceux en qui se rencontrent, comme le disait M. Royer-Collard sur le tombeau de Casimir Périer, « ces instincts sublimes qui sont la portion divine de « l'art de gouverner. » C'est évidemment l'œuvre qu'entreprend le pape, et j'espère qu'il y réussira, car il me paraît doué de ces instincts que la Providence ne donne qu'à ceux qu'elle charge d'une telle mission. Il peut compter sur tout notre appui. Nous ferons tout ce qui dépendra de nous, tout ce qu'il désirera de nous pour le seconder dans sa tâche. »

L'arrivée à Rome du cardinal Ferretti, le nouveau secrétaire d'État appelé à remplacer le cardinal Gizzi et ami particulier du pape, était, pour la politique plus complète et plus active que nous recommandions, une circonstance favorable : « Ce n'est pas un grand esprit, m'écrivit M. Rossi[1] ; mais il a du courage et du dé-

---

[1] Le 18 juillet 1847.

vouement; il pourrait être pour Pie IX une sorte de Casimir Périer. Il nous écoutera, je crois; il me l'a dit avec effusion, et il n'est pas homme à simuler; il a le défaut contraire. D'ailleurs le pape disait l'autre soir à un de mes amis qu'après tout c'était sur la France qu'il devait s'appuyer, et qu'il n'avait qu'à se louer du gouvernement du roi et de son ambassadeur : — « Cependant, ajoutait-il en souriant, j'aurais un service à leur demander et je crains qu'on ne me trouve indiscret; je ne voudrais pas non plus un refus. » — Il lui dit alors qu'il avait besoin de quelques milliers de fusils pour sa garde civique; qu'à la vérité il pourrait les avoir soit de Naples et de Turin, soit de l'Autriche, mais qu'il ne s'en souciait pas, que cela donnerait lieu à des commentaires fort divers et fort absurdes, qu'il éviterait tout cela en les tirant de France. — « Et puis, disait-il, comme je ne suis pas en fonds, je suis convaincu que le gouvernement français me donnerait un petit délai pour le paiement. » — Il le pria de me sonder à cet égard. Je répondis qu'à la vérité je ne connaissais rien à cette nature d'affaires, mais que le pape pouvait être certain de deux choses : l'une, que l'ambassadeur, sur la demande du Saint-Père, écrirait avec empressement et avec zèle; l'autre, qu'à moins d'une impossibilité à moi inconnue, le gouvernement du roi serait heureux de pouvoir seconder les vues du pape. Il s'agit, je présume, de sept ou huit mille fusils, et, pour le paiement, de quelques mois de délai. Je crois que, si la chose est possible, cela serait décisif pour nous ici. Je n'ai pas besoin de vous en dire davantage, vous voyez tout. Je ne sais si le pape m'en parlera demain. »

M. Rossi vit en effet le pape le lendemain, et l'audience tombait au milieu de nouvelles graves. Très-préoccupé du mouvement italien, le prince de Metternich avait dit au nonce du pape à Vienne que l'Autriche n'interviendrait pas sans être appelée, mais que d'autres pourraient intervenir; que dès lors elle devait prendre des précautions pour la défense de ses intérêts en Italie ; que le moins qu'elle pourrait faire serait d'envoyer un corps de vingt-cinq mille hommes à sa frontière, vers les États pontificaux. « Ces troupes en effet, tout ou partie[1], sont déjà à leurs postes. Piccarolo, Occhiobello, Polesella et autres petits bourgs en sont encombrés. La garnison de la citadelle de Ferrare a été renforcée au point que le commandant autrichien a déclaré au gouvernement pontifical qu'il n'avait pas de place pour loger toutes ses troupes dans le fort; et, par ce motif ou sous ce prétexte, il a demandé à pouvoir caserner mille hommes dans la ville avec vingt-neuf officiers. Ici on était à chercher (sans le trouver!) un exemplaire de la convention passée, dit-on, dans le temps, au sujet de Ferrare, avec l'Autriche. Je crois qu'on écrit aujourd'hui au légat de Ferrare de vérifier, lui, si la demande est conforme aux stipulations, et, si elle ne l'est pas, de protester. Il est évident que si les

---

[1] M. Rossi à moi, le 20 juillet 1847.

Autrichiens s'établissent dans la ville, ce fait sera regardé, non-seulement dans les États du pape, mais dans toute l'Italie, comme une invasion. Quel en sera l'effet dans l'état des esprits? Sera-ce l'abattement ou l'irritation? C'est une appréciation difficile. Quant aux États du pape, si le reste de l'Italie ne bouge pas, des troubles partiels me paraissent plus à craindre qu'une insurrection générale : il faudrait, je crois, pour cela, l'initiative à Rome, et cette initiative, le pape, par son autorité morale, peut encore la prévenir.

« Je l'ai vu hier matin. Il ne connaissait pas encore la demande du commandant autrichien de Ferrare; du moins il ne m'en a pas parlé, bien que l'entretien fût intime. En me parlant des coupables folies des opposants à ses réformes : — « Je leur ai fait sentir, me disait-il, combien ils s'aveuglent : s'ils amènent les Autrichiens, il faudra bien que les Français arrivent. Nous entrerons en *conférence*. L'Angleterre aussi voudra y mettre son mot, et nous serons obligés de faire, sous la férule (*la sforza*) de l'Europe, plus de changements et de réformes que nous n'en ferions agissant spontanément et avec dignité. » — Je lui dis sans détours qu'il fallait justifier ce raisonnement par des faits immédiats et décisifs, qu'il n'y avait pas une heure à perdre, que son gouvernement s'était abandonné, que l'anarchie pouvait éclater sanglante d'un instant à l'autre, que sans doute l'influence morale du pape lui-même était encore grande, mais qu'il ne fallait abuser de rien ; qu'il fallait sur-le-champ, d'un côté nommer et convoquer les délégués des provinces, de l'autre fonder un véritable ministère ; que désormais il me paraissait impossible de ne pas y introduire au moins deux laïques ; que cela ne changeait rien à l'essence du gouvernement pontifical, de même que, dans certains pays, on trouve tout simple qu'une femme soit impératrice ou reine, bien que personne ne voulût y accepter une femme pour ministre de la guerre ou des finances. J'ajoutai qu'au surplus je ne pouvais que lui répéter que nous n'avions point de mesures à lui dicter, qu'à sa haute sagesse seule il appartenait de décider, que seulement je le suppliais de ne pas perdre un temps dont chaque minute était précieuse pour la dignité, l'honneur, l'avenir du saint-siége, et je lui fis connaître votre dernière dépêche. — « M. Guizot sera un peu inquiet, me dit le pape. — Il ne l'était pas encore, Saint-Père ; ce qui prouve à Votre Sainteté que je ne me suis pas pressé d'alarmer mon gouvernement. Mais je dois, avant tout, ne pas trahir la confiance dont le roi m'honore, et je ne puis induire mon gouvernement en erreur ; je ne cache pas à Votre Sainteté que j'ai dû lui faire connaître, avec une scrupuleuse exactitude, l'état des choses. »

« Le pape fut très-touché de la dépêche, des sentiments du roi, des conseils bienveillants de son gouvernement ; il m'en parla avec effusion. Il me remercia de tout ce que je lui avais dit ; il m'assura, avec plus d'énergie et de résolution dans ses paroles que je ne lui en connaissais jusqu'ici, qu'il y avait en effet des choses qu'il fallait faire sur-le-champ, entre autres les deux que j'avais indiquées ; que rien ne s'opposait à l'introduction de deux laïques dans le ministère, qu'il y avait même des précédents, dont un dans sa propre famille. Il entra dans d'autres détails pratiques sans intérêt pour vous, mais qui prouvaient qu'il comprenait les nécessités du moment et les enseignements que le roi et son gouvernement avaient donnés au monde entier.

« Il me parla ensuite des sept ou huit mille fusils, d'un calibre léger, dont il a besoin pour sa garde civique, et il me demanda de vous en écrire confidentiellement, inofficiellement, pour savoir si vous seriez disposé à faire avec lui un petit bout de convention pour cette fourniture. Il tient beaucoup à la faire avec nous ; le refus lui serait un vif chagrin ; veuillez me répondre quelque chose d'ostensible.

« Enfin, en me parlant du complot contre-révolutionnaire dont toute la ville est préoccupée, et dont elle est persuadée au point que ceux qui en doutent passent pour des imbéciles ou pour des complices, le pape me dit qu'il était peu enclin à croire à de telles machinations, mais qu'après tout il était nécessaire que la vérité fût connue, et qu'il avait, le matin même, donné l'ordre de commencer une enquête judiciaire. — « Et cela, lui dis-je, mettra fin à des arrestations et perquisitions arbitraires qui déshonorent un gouvernement et sont une preuve d'anarchie ; aujourd'hui on arrête, demain on peut massacrer. » — Il en convint, et à cette occasion je lui fis sentir la nécessité de régler immédiatement l'action de la garde civique, et de la soumettre, en tout et pour tout, à l'autorité civile. Il me remercia et me dit qu'on s'en occupait activement. Bref, il me parut que le cardinal Ferretti lui avait déjà infusé un peu de vigueur.

« Mais hier soir, de six heures à minuit, une scène, à la vérité plus ridicule encore que fâcheuse, se passait près de *Santo Andrea delle Fratte*. On crut apercevoir un certain Minardi, espion fameux de la police grégorienne, et qu'on tient pour l'un des principaux agents du terrible complot qui monte toutes les têtes. On se met à lui donner la chasse sur les toits, de maison en maison. Enfin on se persuade qu'il s'est réfugié dans un petit oratoire, dans un lieu saint : on court, on s'assemble, on le veut à tout prix. On était là à vociférer depuis plusieurs heures; mais nul n'osait violer l'enceinte du lieu sacré. A dix heures, je voulus voir de mes yeux et entendre de mes oreilles ce qui en était; j'y fus à pied, confondu dans la foule : c'était une farce. Quelques centaines de personnes, dont les deux tiers des femmes, de paisibles passants, des prêtres, des curieux comme moi. Si le gouvernement avait envoyé tout bonnement une centaine de gardes civiques, au petit pas, l'arme au bras, avec un magistrat en tête, disant tout simplement : « Retirez-vous, Messieurs, » dans dix minutes la place aurait été évacuée et le rassemblement dissipé. Au lieu de cela, on l'a laissé criailler des heures entières, et enfin on a voulu lui persuader que l'homme n'y était pas. — « Il y est ; nous l'avons vu ; s'il n'y est pas, ouvrez donc la porte de l'oratoire. » — Le gouverneur ayant échoué, on invente d'envoyer le père Ventura sermonner ce peuple. J'y étais. C'était une comédie qu'on ne peut voir qu'à Rome. Premier sermon dans l'église de Saint-André. On accourt, on écoute, on applaudit. — « Vive Jésus-Christ ! Vive le pape ! Vive le peuple romain ! Vive le père Ventura ! Mais il nous faut l'homme. » — Arrive le permis du cardinal-vicaire pour l'entrée de la force publique dans le lieu d'asile. Arrivent enfin (c'était onze heures) des troupes et une voiture. Il est entendu que le père Ventura prendra l'homme dans son carrosse et le mènera en prison ; le peuple se contentera de le voir et de le siffler. On pénètre dans l'asile ; le peuple haletant attend la sortie. Tout à coup on voit le père Ventura grimpé sur je ne sais quoi, pérorant, gesticulant, et je saisis ces paroles : — « Je vous assure qu'il n'y est pas. — Oui, il y est. — Mais s'il y était, je vous l'ai dit, je l'aurais pris par le bras, mis en voiture avec moi pour le remettre à la justice, et vous l'auriez respecté. — Oui, oui, mais il y est. — Quoi ? vous oubliez que je suis prêtre (*sacerdote*) ? un prêtre voudrait-il vous tromper et mentir ? — Ah ! ah ! le coquin se sera sauvé par derrière. » — Ventura reprend la parole. — « Vive le père Ventura ! — Eh bien ! mes enfants, allons-nous-en et accompagnez-moi chez moi. » — Ainsi fut fait et bonsoir. Voilà ce peuple devant lequel ce gouvernement s'est abandonné. J'ai voulu vous ennuyer de ce détail parce qu'il me paraît caractéristique, et que je tiens à ce que vous connaissiez le fond des choses.

« En attendant, le découragement était hier au Quirinal. Un intime du cardinal Ferretti était chez moi ce matin, à huit heures. Je l'ai remonté et lui ai fait sentir qu'il était honteux de s'abandonner de la sorte, que c'était se perdre dans des embarras qui étaient à peine des difficultés, qu'il n'y a pas un de nous qui, maître ici des affaires pendant quinze jours, ne rendît au pape un État parfaitement réglé. Il est allé remonter le cardinal, et nous sommes convenus que, s'il ne me faisait pas dire d'aller moi-même chez le secrétaire d'État, c'était preuve qu'il avait réussi, qu'on agissait et que tout allait bien. Il est quatre heures. Je n'ai pas reçu d'avis. J'en conclus qu'on agit, et je fais partir ma lettre. »

On agit en effet. A travers ces faiblesses et ces gaucheries, malgré tant d'hésitation et d'inexpérience, les sincères intentions du pape, le courage du cardinal Ferretti, les conseils donnés par M. Rossi avec autant de mesure que de franchise, l'appui persévérant du gouvernement français portaient leurs fruits. Nous envoyâmes au pape, aux conditions qui lui convenaient, les fusils qu'il désirait. La garde civique fut organisée. Un décret organisa également le conseil des ministres, régla les attributions des divers départements, leur action spéciale et leur délibération commune. Le budget romain de 1846 fut publié. Un autre décret rendit à la ville de Rome une organisation municipale efficace. La presse, sans être affranchie de la censure, obtint plus de liberté pratique et quelques garanties contre l'arbitraire administratif et secret. Les améliorations de l'ordre matériel ou purement moral se joignaient à ces progrès de l'ordre politique. Les chemins de fer étaient décrétés. Les tarifs de douane libéralement modifiés. L'Université de Bologne était restaurée et enrichie de nouveaux cours. Des salles d'asile (*asili infantili*) s'ouvraient dans les principales villes. On pressait le travail des commissions chargées d'examiner les questions et de redresser les abus de l'ordre judiciaire. De toutes les réformes méditées à Rome, me disait à Paris M. Lasagni, grand jurisconsulte, romain de naissance, et l'un des magistrats les plus éminents de notre cour de cassation, c'étaient là les plus importantes et les plus praticables, les plus urgentes et les moins compromettantes. Enfin un *motu proprio* du pape ordonna qu'une assemblée de notables appelés des provinces, et choisis pour la première fois par le pape, sur une triple présentation des provinces mêmes, se réunirait à Rome le 15 novembre, s'occuperait de l'accomplissement définitif des réformes commencées ou préparées, et donnerait son avis sur les grandes affaires temporelles de l'État.

Dans tout ce mouvement progressif et réformateur, l'influence des libéraux modérés et laïques était de plus en plus active et prépondérante: « Je leur ai toujours conseillé et je leur conseille toujours, m'écrivait M. Rossi[1],

---

[1] Les 30 juillet et 8 août 1847.

de ne pas se séparer du gouvernement et de ne pas se mêler avec les radicaux. Jusqu'ici ils ont joué la partie avec un calme, une adresse, une clairvoyance admirables. Ils savent bien, eux, ce qu'ils veulent, et ils savent aussi le dissimuler, convaincus que les embarras et les difficultés iront croissant, et que le pape à la fin sera obligé de chercher capacité et force là où ces mérites sont réellement. Le pape n'a rien à craindre; mais les prélats! N'est-ce pas curieux de voir comment la vieille habileté sacerdotale a fini par passer du clergé dans les laïques? Mais le premier a perdu ce que les seconds ont gagné : c'est un maître qui n'a pas seulement communiqué sa science ; il l'a donnée. »

Quelques jours avant de donner aux libéraux laïques romains cet éloge, M. Rossi les avait vus à l'épreuve dans une circonstance délicate, et leur conduite avait justifié son espérance. « Dans ma dépêche du 28 juin dernier, m'écrivait-il le 18 juillet 1847, j'avais l'honneur de faire observer à Votre Excellence que, s'il y avait un jour difficile à passer ici, c'était le 17 juillet, jour anniversaire de l'amnistie proclamée par le pape à son avénement. Il se préparait de grandes fêtes ; le pape les avait autorisées. Mais dès le 14 juillet, des bruits sinistres commencèrent à se répandre, et l'alarme devint bientôt générale. Les uns affirmaient que les rétrogrades avaient organisé un complot qui devait éclater d'une manière sanglante au milieu de la fête. On désignait les conspirateurs ; on affichait partout leurs noms ; on les accusait d'avoir séduit une partie des troupes pontificales, d'avoir armé de stylets un grand nombre d'hommes, dont plusieurs arrivés, disait-on, de la Romagne, et de vouloir provoquer un tumulte pour faire alors main basse sur les libéraux.

« D'autres au contraire accusaient les chefs du parti progressiste d'avoir organisé la fête dans un but révolutionnaire, et de vouloir, ce jour-là, soulever les masses contre les amis de l'ordre et le gouvernement établi.

« A coup sûr, Votre Excellence n'attend pas que je lui dise au juste ce qu'il pouvait y avoir de vrai dans ces accusations réciproques. Elle connaît trop les mensonges, soit stupides, soit calculés, des partis.

« Ce qui est vrai, c'est qu'il y a, dans les deux camps, des têtes exaltées, et quelques hommes sans principes et capables de tout.

« Il est également vrai que l'inertie du gouvernement encourageait les rétrogrades et exaspérait les progressistes. Ceux-ci du moins ne cachaient pas leurs sentiments ; ils en faisaient part tous les jours au public par des imprimés clandestins que la police ne savait pas arrêter et que le public dévorait.

« Enfin il est certain que l'alarme était générale et profonde. Dans cet état de choses, dans cet ébranlement des esprits, il aurait suffi, le jour de la fête, d'un cri imprudent ou perfide, d'un accident quelconque, pour faire éclater, même sans projet et sans complot, un grand désordre et peut-être de grands malheurs.

« Le moment était, à mes yeux, décisif, non-seulement pour le présent, mais pour l'avenir. La fête avait été permise par le pape lui-même. Le peuple le savait. La secrétairerie d'État, qui est ici tout le gouvernement, était dans l'interrègne ministériel; le cardinal Gizzi s'était retiré et son successeur, le cardinal Ferretti, n'avait pas encore pris possession. La police s'était annulée. La force publique, comme il arrive toujours quand le pouvoir s'abandonne, flottait incertaine et se demandait où était, pour elle, le chemin du devoir. Les hommes modérés et influents, les conservateurs pouvaient seuls intervenir utilement et prévenir un désordre. C'était le moment de voir s'ils étaient intelligents, fermes, résolus, ou s'ils voulaient, comme dans d'autres pays, se borner, les bras croisés, à de vaines lamentations, et livrer leur pays aux factions. Ils ont agi; ils ont agi spontanément, promptement, habilement. La haute noblesse romaine s'est, dans cette circonstance délicate, montrée active et capable. Je me plais à citer Rospigliosi, Rignano, Aldobrandini, Borghese, Piombino, etc., etc.

« Il fallait que le pape suspendît la fête sans se dépopulariser. Le duc de Rignano rédigea à la hâte une pétition disant que la garde civique, récemment instituée et ayant le désir d'y assister, suppliait Sa Sainteté de retarder la fête jusqu'à ce que cette garde pût être organisée. La pétition fut couverte sur-le-champ de signatures nombreuses et des noms les plus respectables.

« Il fallait, pour prévenir un choc, persuader aussi

les chefs des divers partis populaires. Ces messieurs les ont franchement abordés, et à la vérité, non sans efforts, ils les ont tous ramenés. Tous ont signé. Le soir même, le duc de Rignano présenta la pétition au pape, et lui amena en même temps un des chefs populaires les plus habiles et les plus influents. Le pape adhéra, et le matin suivant fut publiée la notification pour le renvoi de la fête.

« Ce n'était pas tout. A tort ou à raison, on craignait pour le soir même des désordres, des attaques personnelles. Comme je le disais, on avait affiché la liste des prétendus conspirateurs rétrogrades, ce qui devenait en quelque sorte une liste de proscription. On signalait ces malheureux à la fureur populaire. On pouvait craindre aussi que la queue du parti progressiste ne fût pas aussi persuadée que les chefs, et qu'irritée de la suspension de la fête, elle ne se livrât à quelques excès. Dans l'état des choses, il faut bien le reconnaître, il n'y avait de ressource que dans la garde civique. Le soir même, on est parvenu à en mettre provisoirement sur pied une partie. Chaque quartier (*rione*) a eu ses postes et son corps de garde improvisés. Les seigneurs romains ont prêté des locaux dans leurs vastes palais. Les gardes ont répondu à l'appel avec empressement; et pour quiconque connaît cette population, sa goguenardise, son esprit mordant et sarcastique, il est évident qu'elle se croyait menacée d'un danger prochain, par cela seul qu'elle a pris fort au sérieux et accueilli avec reconnaissance et respect une garde improvisée, sans instruction, sans uniforme, qui, dans toute autre circonstance, aurait été le sujet d'innombrables épigrammes. Parmi les commandants de bataillon se trouvent, entre autres, le prince Corsini, malgré ses quatre-vingts ans qu'il porte, il est vrai, admirablement, le prince de Piombino, le plus riche seigneur de Rome, le prince Aldobrandini, le prince Doria, D. Carlo Torlonia, etc., etc. Le pape a nommé hier le duc de Rignano chef de l'état-major général. C'est aussi un excellent choix.

« Nous devons, il faut le dire, à cette mesure improvisée la parfaite tranquillité de ces derniers jours. La journée du 17 s'est passée sans la moindre tentative de désordre.

« Mais toute médaille a son revers. Par une conséquence facile à prévoir de tous les faits que je viens d'indiquer, toute la police s'est trouvée, ces jours-ci, concentrée de fait dans les douze corps de garde. C'est là qu'arrivaient les dénonciations et les plaintes ; c'est là qu'on accourait pour faire du zèle. De là quelques arrestations, je crois, fort à la légère, non-seulement d'hommes accusés de vol, mais de suspects politiques, des visites domiciliaires, des saisies de papiers. Ce matin encore, le capitaine Muzzarelli, un des douze qu'on avait signalés au peuple comme auteurs d'un complot contre-révolutionnaire, ayant eu l'imprudence de se montrer au public, la garde civique l'a arrêté. Elle a bien fait dans le cas particulier ; c'était le seul moyen de le sauver.

« Ces faits n'ont pas, j'en conviens, une grande gravité : les personnes arrêtées sont bientôt relâchées, les chefs de la garde civique sont tous des hommes respectables, et leur autorité n'est nullement méconnue ; le peuple lui-même entend facilement raison et ne s'obstine pas dans ses erreurs. Toujours est-il qu'il y a eu un déplacement de pouvoir, que ce qui ne doit être qu'auxiliaire est devenu principal ; et de là à devenir pouvoir dirigeant, il n'y aurait pas loin si le fait se prolongeait.

« On avait rendu suspects au peuple, comme soldés par la contre-révolution, les carabiniers et les grenadiers des troupes pontificales. Hier, il y a eu explication et réconciliation entre eux et les chefs populaires. C'est très-bien ; mais si on commençait réellement à descendre la pente, cela pourrait vouloir dire que les troupes marcheraient au besoin avec la révolution.

« J'espère encore que ce dernier mot est trop gros pour la situation et que nous ne serons pas forcés de nous en servir.

« Cependant j'ai cru devoir m'en servir hier *ad terrorem*. Je me rendis à la secrétairerie d'État. Je trouvai le sous-secrétaire d'État, Mgr Corboli, assez ému. Je lui dis sans détour que je ne voulais pas revenir sur le passé, ni rechercher s'il n'eût pas été facile de prévenir ce qui arrivait ; qu'alors on avait devant soi des mois, qu'on n'avait plus aujourd'hui que des jours, des heures peut-être ; que la révolution était commencée, qu'il ne s'agissait plus de la prévenir, mais de la gouverner, de la circonscrire, de l'arrêter; que, si l'on y apportait les mêmes lenteurs, de bénigne qu'elle était, elle s'envenimerait bientôt; qu'ils devaient se persuader qu'en fait de révolution nous en savions plus qu'eux, et qu'ils devaient croire à des experts qui sont en même temps leurs amis sincères et désintéressés; qu'il fallait absolument faire, sans le moindre délai, deux choses : réaliser les promesses et fonder un gouvernement réel et solide, en d'autres termes apaiser l'opinion qui n'est pas encore pervertie, et réprimer toute tentative de désordre. — « Le parti conservateur existe, dis-je; il s'est montré actif, intelligent, dévoué. »— Corboli convint pleinement dans ces idées, et il m'indiqua, comme la mesure la plus urgente et la plus décisive, l'appel des délégués des provinces. — « Soit, dis-je; je crois la mesure fort bonne si elle est bien conduite, s'il y a en même temps un gouvernement actif et qui sache rallier autour de lui les forces du pays. Mais, encore une fois, la perte d'un jour peut être un mal irréparable. »

« Quelques minutes après, le nouveau secrétaire d'État, le cardinal Ferretti, s'installait au Quirinal. Je l'ai vu ce matin. J'ai été fort content de lui. Il s'est montré pénétré de l'urgence de la situation; et en reprenant les deux points que j'avais signalés à Mgr Corboli, il m'a dit, quant au premier, qu'il espérait pouvoir publier demain la liste des délégués choisis, et indiquer l'époque de la convocation. Ce sera, j'en conviens, un grand pas pour calmer les esprits. Quant au second point, il m'a dit qu'il avait déterminé Grassellini[1] à se retirer, et nommé Mgr Morandi progouverneur de Rome. C'est aussi une bonne mesure ; mais, seule, elle serait insuffisante. En attendant, il est juste de reconnaître qu'on ne pouvait pas faire plus en quelques heures. »

Je me félicitai et je félicitai M. Rossi des progrès qu'il me signalait ainsi comme déjà accomplis ou qu'il me faisait entrevoir : « C'est avec une satisfaction très-réelle, lui dis-je[2], que nous voyons le gouvernement de Sa Sainteté adopter une ligne de conduite claire et décidée qui, par cela même qu'elle ne laisse aucun doute sur ses intentions et qu'elle doit satisfaire les amis des réformes modérées, lui donnera la force nécessaire pour triompher des entraînements comme des résistances des partis extrêmes. Les derniers événements dont vous me rendez compte ont révélé à Rome, non-seulement l'existence, mais l'ascendant pratique d'une opinion à la fois sagement libérale et fermement conservatrice, telle que, dans d'autres pays, une longue expérience et de cruelles agitations ont à peine suffi à la former. En continuant à s'appuyer sur cette opinion, le saint-siége surmontera, nous l'espérons, les difficultés graves et nombreuses qu'il est destiné à rencontrer dans son œuvre progressive de réformes régulières et habilement mesurées. »

Mais au milieu de ma satisfaction et de mon espé-

[1] Gouverneur de Rome sous Grégoire XVI.
[2] Le 28 juillet 1847.

rance, je ne me dissimulais pas les obstacles que devaient susciter à l'œuvre ainsi entreprise, précisément la formation et les premiers succès de ce parti modéré qui pouvait seul l'accomplir. Il prenait la place et déjouait les desseins des deux partis extrêmes qui, dans Rome et dans toute l'Italie, se disputaient l'empire et l'avenir, le parti stationnaire et le parti révolutionnaire, résolus, l'un à maintenir opiniâtrément le passé et le présent italiens, l'autre à changer complétement, n'importe à quel prix, l'état territorial et politique de l'Italie. Deux incidents me révélèrent, dans toute sa gravité, la double lutte imminente que les faits généraux me faisaient pressentir.

Le 18 janvier 1848, je lus dans le *National* une longue lettre que m'adressait de Londres, par la voie de ce journal, le plus célèbre représentant des révolutionnaires républicains italiens, M. Joseph Mazzini. Lettre sincère et éloquente, pleine de sentiments élevés qu'évidemment l'auteur croyait tous légitimes et moraux, quoique, au fond et serrés de près, la plupart ne le fussent point; écrite d'ailleurs avec une grande convenance envers moi, et dans le droit d'une polémique sérieuse. Je n'ai garde d'entrer dans la discussion de la politique qu'exprimait cette lettre avec une passion franche, quoique avec plus d'une réticence. J'en reproduis le sens et le résumé dans les termes mêmes de l'auteur : « Il n'existe pas de parti modéré en Italie, me disait M. Mazzini; les quelques hommes que vous avez encouragés, soutenus, ralliés, et que vous voudriez aujourd'hui ériger en parti, ne sont que des individus épars, divisés entre eux, et dépassés depuis longtemps par les nobles et bons instincts populaires. Il existe en Italie une foule d'hommes prêts à mourir pour l'unité du peuple italien; il n'en existe pas un seul qui soit prêt à se sacrifier pour les théories de M. Balbo ou de M. Orioli. » Ainsi, non-seulement l'indépendance des États italiens envers l'étranger, mais l'unité de l'État italien érigée en droit suprême et unique, au-dessus et au mépris de tout autre droit, et poursuivie à tout prix par la révolution et la guerre, telle était l'idée exclusive proclamée par M. Mazzini; et la république italienne une et indivisible apparaissait comme le but définitif de cette idée, au nom de laquelle tout parti modéré en Italie était nié et rejeté comme une faiblesse et une chimère.

Six semaines avant que cette lettre parût dans le *National*, le comte Apponyi était venu me communiquer, à propos des affaires d'Italie, une lettre particulière [1] du prince de Metternich, dont il me laissa copie et dont je reproduis textuellement les passages essentiels et caractéristiques.

« M. Guizot vous a dit, écrivait le chancelier d'Autriche à son ambassadeur : — « M. le prince de Metternich ne croit pas encore au succès du juste milieu. Je crois, moi, à ce succès; je défends cette politique, je travaille pour ce triomphe. Le prince se prononce au contraire pour la résistance absolue, pour le *statu quo*.

---

[1] En date du 31 octobre 1847.

Cela n'est pas étonnant; il est né dans cette école, il a toujours marché à la tête de ce système. Je crois que continuer à marcher dans cette voie est maintenant impossible; on ne saurait plus réussir dans celle de la répression. » —

« Je ne crois pas en effet au succès du juste milieu dans la phase dans laquelle se trouvent les situations romaine et toscane. Je n'hésite pas à établir en thèse que, si le régime du juste milieu peut être le produit d'une révolution, ce n'est pas dans les premières périodes qu'il peut se faire jour. L'État de l'Église et la Toscane sont-ils en train de se réformer, ou avancent-ils sur la pente de la révolution? La question et toute la question, pour moi, est là.

« Je sens que, pour asseoir mon opinion sur la situation, il me faut définir, d'une manière précise, ce qui, à mes yeux, a la valeur d'une révolution. Je regarde comme étant en révolution tout État dans lequel le pouvoir a, de fait, passé d'entre les mains de l'autorité légale dans celles d'un autre pouvoir, et je ne mets pas en doute que ce déplacement n'ait eu lieu dans les États romain et toscan. Les deux autorités légales pourront-elles se ressaisir du pouvoir? Ceci est une autre question que j'abandonne à la décision du sort. Habitué à me placer de préférence en face des mauvaises chances et à accepter comme bienvenus les événements favorables, c'est sur le danger que je fixe mes regards, et c'est dès lors également à lui que s'applique mon raisonnement.

« Le régime du juste milieu ne peut, selon ma pleine conviction, point se faire jour à l'entrée d'une révolution. A la sortie, il aura la valeur d'un compromis, soit entre les partis, soit entre l'autorité alors existante et les partis effrayés de la situation. La position change quand les expériences sont faites; alors l'inertie, cet élément qui exerce un si grand pouvoir sur les masses, rentre dans son droit; la lassitude fait appel à la raison publique; les intérêts nouveaux veulent, de leur côté, sauvegarder leurs conquêtes, et le compromis acquiert la valeur d'un bienfait.

« Si je ne connaissais d'avance le prononcé de M. Guizot, je lui demanderais s'il admet que les produits de la révolution de juillet eussent pu, à l'aide d'efforts quelconques, se frayer une voie pratique entre 1789 et 1793. Je vais même plus loin. Napoléon aurait-il, lors de son arrivée au pouvoir, pu gouverner la France dans les voies du juste milieu? Quelles que soient les différences entre les positions italiennes et celles dans lesquelles s'est trouvée la France dans les diverses phases qu'elle a parcourues, je n'admets pas, en 1847, le triomphe du juste milieu dans les États du centre de l'Italie. Je ne l'admets pas davantage que je ne saurais reconnaître, dans le cri de : « Vive Pie IX ! » et dans celui de : «Vive Léopold II!», l'expression de sentiments religieux et monarchiques, ni même une tendance vers le maintien de l'ordre public.

« M. Guizot croit que je suis pour la résistance absolue et le *statu quo*.

« La résistance est un fait soumis à des conditions. La résistance politique peut être ou active ou passive. Active, elle place la force matérielle sur la première ligne de l'action; passive, cette force trouve sa place dans la réserve. M. Guizot a fait mention de la ligne de conduite que nous avons suivie dans les circonstances dans lesquelles se sont trouvées quelques parties de l'Italie en 1820 et 1821. Il peut me suffire de rapprocher cette manière de procéder, alors et en 1831, de celle que nous observons en face des événements du jour, pour prouver que le mot *absolu* n'est, pour le moins, point applicable au mode de notre résistance. Nous faisons, en règle commune, une différence entre l'action que réclame le mouvement qui porte le caractère d'une *révolte* et celle qui est applicable à une *révolution*. Les *révoltes* ont un corps avec lequel il est possible d'engager une lutte. Les *révolutions*, par contre, ont beaucoup de commun avec les spectres, et nous savons, pour régler notre conduite, attendre que les spectres se revêtent d'un corps.

« Il ne me reste plus qu'un mot à vous dire.

« M. Guizot vous a parlé de l'école dans laquelle j'aurais été élevé, et je comprends qu'il accorde à cette école de l'influence sur le système à la tête duquel j'ai toujours marché. Ce n'est sans doute pas sur ce fait que M. Guizot se trompe; c'est sur « l'école » qu'il est dans l'erreur.

« L'école dans laquelle j'ai été élevé est celle de la révolution. J'ai passé les premières années de la révolution en France, et je me suis trouvé placé sous la conduite directe d'un gouverneur qui, en 1792, a joué le rôle de président *d'un comité de dix* nommé par les Marseillais pour faire et surveiller la journée du 10 août, et lequel, en 1793, a été l'un des juges au tribunal révolutionnaire près duquel un moine défroqué, Euloge Schneider, a rempli les fonctions d'accusateur public. Ma jeunesse s'est ainsi passée au milieu de la révolution, et le reste de ma vie s'est écoulé en luttes avec les révolutions. Telle a été l'école à laquelle j'ai été élevé, et elle ressemble bien peu à celle de laquelle (avec un grand fond de vraisemblance) M. Guizot me croit sans doute sorti. La marche de mon esprit, j'ai le droit de le dire, s'est formée d'elle-même et sous l'influence des événements auxquels, depuis l'année 1794, j'ai été appelé à prendre une part active; elle a été le produit d'une grande indépendance d'esprit et du calme qui forme la base de mon caractère.

« Je résume cet exposé succinct, que M. Guizot trouvera empreint d'une indubitable franchise, par l'expression de ma conviction que si, entre sa pensée et la mienne, il y a de la différence, il faut en chercher la cause dans l'influence qu'exercent, sur les hommes d'État les plus indépendants de caractère, la situation des pays qu'ils représentent et les conditions sous lesquelles ces pays et leurs individualités sont placés. »

Au fond, ces deux lettres ne m'apprenaient rien que je ne susse : dès l'avénement de Pie IX, il m'avait été évident que le parti libéral modéré, qui se formait autour du pape réformateur, aurait pour adversaires le parti stationnaire et le parti révolutionnaire ardents, l'un et l'autre, à nier sa force et à entraver son succès. Le langage du prince de Metternich et de M. Mazzini ne faisait que déclarer cette double hostilité et lui prêter l'appui de noms éminents. Des deux parts les actes correspondirent aux paroles : mais entre ceux du parti stationnaire et ceux du parti révolutionnaire, la différence fut grande ; l'attitude du gouvernement autrichien, tête et bras du parti stationnaire, fut essentiellement défensive : au premier moment, il se laissa aller à un peu de précipitation et d'étalage ; l'occupation de Ferrare[1] eut ce caractère ; mais, avec sa pénétration accoutumée, M. de Metternich reconnut bientôt qu'il était en présence, non d'une révolte passagère, mais d'une révolution naissante : « Il se peut, me dit de sa part le comte Appony, que nous ayons été un peu brusques ; il faut prendre garde d'irriter quand on ne veut qu'imposer. » La conduite du cabinet de Vienne devint prudente et patiente : sur la vive protestation du pape, que nous appuyâmes à Vienne, sans bruit, mais avec insistance, l'occupation de Ferrare cessa[2], et les choses y rentrèrent dans le *statu quo* antérieur. Aux termes d'un traité spécial et sur la demande expresse du duc de Modène menacé par une émeute, quelques soldats autrichiens entrèrent à Modène, en très-petit nombre et évidemment hors d'état comme sans dessein de rien

[1] Le 16 août 1847.
[2] Le 23 décembre 1847.

tenter au delà. Même dans les mesures de précaution qu'il prenait pour la sûreté de ses propres États, le gouvernement autrichien se montrait réservé et soigneux de ne pas alarmer l'indépendance de ses voisins. Il importait de le confirmer dans cette disposition modérée, je pourrais dire modeste; j'écrivis à M. Rossi[1] :
« Ou l'Autriche désire ou elle ne désire pas un prétexte pour une levée de boucliers; si elle le désire, il faut bien se garder de le lui fournir; si elle ne le désire pas, il faut l'entretenir dans sa bonne disposition en traitant avec elle comme avec un pouvoir qui ne demande pas mieux que de laisser ses voisins tranquilles chez eux si on ne trouble pas sa tranquillité chez lui. Ne négligez rien pour contenir Rome dans cette politique, la seule efficace pour le succès aussi bien que la plus sûre. L'Italie a déjà perdu plus d'une fois ses affaires en plaçant ses espérances dans une conflagration européenne. Elle les perdrait encore. Qu'elle s'établisse au contraire sur le terrain de l'ordre européen, des droits des gouvernements indépendants, du respect des traités. Ainsi seulement elle aura chance de faire réussir ce qu'elle peut faire aujourd'hui; et le succès de ce qu'elle peut faire aujourd'hui est l'unique moyen de préparer le succès de ce qu'elle pourra faire un jour, je ne sais quoi, je ne sais comment, je ne sais quand; mais certainement pas aujourd'hui.

« C'est vous dire combien il importe de contenir ces

---

[1] Le 26 août 1847.

affaires-ci dans les limites d'une question *romaine*, et d'empêcher qu'on n'en fasse une question *italienne*. J'en sais toute la difficulté. Vos dépêches expliquent parfaitement l'existence simultanée des deux questions et leur connexité. Mais employez tout votre esprit, tout votre bon sens, toute votre persévérance, toute votre patience, toute votre influence à faire comprendre au parti national italien qu'il est de sa politique, de sa nécessité actuelle, de se présenter et d'agir fractionnairement, comme romain, toscan, napolitain, etc., et de ne point poser une question générale qui deviendrait inévitablement une question révolutionnaire. »

Loin d'éviter cet écueil, le parti révolutionnaire s'y jeta à corps perdu; il souleva, je devrais dire il étala toutes les questions dont l'Italie pouvait être l'objet : non-seulement la question de l'indépendance italienne, c'est-à-dire l'expulsion de l'Autriche de tout le sol italien, mais aussi la question de la liberté politique dans tous les États italiens ; non-seulement la question de la liberté politique dans tous les États italiens, mais la question de l'unité politique comme de l'unité territoriale de l'Italie, c'est-à-dire la chute des divers États italiens et de leurs princes, pour faire de toute l'Italie un seul État sous un seul gouvernement. Et derrière l'unité politique de l'Italie apparaissait l'unité républicaine, vrai but et secret travail, dirai-je de la tête ou de la queue du parti? Ses acclamations à l'honneur tantôt du pape Pie IX, tantôt du grand-duc Léopold II, tantôt du roi Charles-Albert, cachaient mal son espoir de trouver, dans ces princes et dans leurs concessions, autant de degrés pour monter tôt ou tard au sommet de ses espérances. Plus ou moins clairement soulevées toutes à la fois, ces questions étaient très-diversement accueillies par le grand public italien ; l'expulsion de l'Autriche et la complète indépendance de l'Italie étaient, sauf quelques intérêts de cour et de courtisans, le vœu unanime de la Péninsule. Bien moins général, le désir de la liberté et du progrès politique était pourtant répandu et réel, surtout dans les classes moyennes et dans les esprits cultivés. L'abolition des divers États italiens et leur absorption dans un seul et unique État étaient, pour de savants politiques, une combinaison qui leur semblait nécessaire contre l'étranger, pour tel ou tel prince ou ministre un élan d'ambition audacieuse, et cette perspective suscitait, dans une partie des masses populaires, un sentiment d'orgueil national, dans d'autres une répulsion instinctive et de loyaux ou patriotiques regrets. Enfin Rome enlevée à la papauté pour devenir, comme tant d'autres villes, la capitale d'un prince comme tant d'autres princes, c'était l'Église catholique bouleversée dans sa constitution historique et jetée dans le plus ténébreux avenir. Et pas une de ces questions n'était de celles qui se peuvent résoudre par la liberté et la discussion au sein de la paix ; elles étaient toutes des questions de guerre et de révolution.

Au milieu de cette fermentation de jour en jour plus générale et plus ardente, le pape, malgré sa popularité persistante, ressentait de vives alarmes. Il voyait avancer et monter vers lui, tantôt la domination étrangère, tantôt l'exigence populaire. Qui le soutiendrait contre l'un et l'autre ennemi? Qui le défendrait de l'un et l'autre péril? Il ne pouvait ni ne voulait accepter la protection de l'Autriche. Pouvait-il compter sur celle de la France? Le cardinal Ferretti témoignait un jour à M. Rossi sa sollicitude à cet égard : « Quand, à la fin de la conversation, je lui ai dit, m'écrivait M. Rossi[1], que, le cas échéant, vous ne manqueriez pas à vos amis, il s'est jeté à mon cou et m'a vivement embrassé en me disant : « Merci, cher ambassadeur; en tout et toujours, confiance pour confiance, je vous le promets. » Quelques jours après, le pape, donnant audience à M. Rossi, lui parla de notre escadre qui stationnait dans les eaux de Naples, sous le commandement du prince de Joinville : « Ce serait, m'a-t-il dit[2], un service à me rendre, que de la faire paraître, de temps à autre, sur les côtes de mes États. »

M. le prince de Joinville avait pressenti ce vœu : « Il m'a envoyé hier de Naples un aspirant, m'écrit M. Rossi[3], avec une lettre dans laquelle il me demande 1º si, dans l'état des choses en Italie, je pense que la présence de l'escadre à Naples ait ou n'ait pas d'inconvénient; 2º s'ils peuvent nous être de quelque utilité en paraissant sur le littoral des États romains. J'ai répondu

[1] Le 30 juillet 1847.
[2] Le 10 août 1847.
[3] Le 30 juillet 1847.

ce matin à Son Altesse royale par la lettre dont je vous envoie copie :

« Monseigneur,

« A l'agitation de ces derniers jours a succédé dans ce pays une sorte de tranquillité. L'honneur en revient au parti modéré qui a su se montrer, s'organiser, s'armer, tant bien que mal, avec toute l'énergie, la promptitude et l'ensemble que n'avait pas le gouvernement. Celui-ci, grâce à cette manifestation et à cet appui, commence maintenant à reprendre les rênes; et il lui serait facile de se placer au milieu d'un parti conservateur nombreux, éclairé, dévoué, s'il savait enfin suivre les conseils d'ordre et de progrès que nous ne cessons de lui donner depuis un an. La tranquillité est à ce prix. J'espère qu'il le fera. J'y fais et y ferai tous mes efforts. Le nouveau secrétaire d'État est actif et énergique. Il a déjà pris de bonnes mesures; mais le plus essentiel reste à faire.

« L'armée autrichienne, aux frontières des États pontificaux, a été renforcée; la garnison autrichienne de Ferrare aussi. Dans cette situation, mon opinion personnelle est que la présence d'une escadre française sur les côtes de l'Italie méridionale est d'un excellent effet. Peu importe le lieu du mouillage entre la Spezzia et Naples, pourvu qu'on sache qu'elle est dans ces parages et que nous pourrions l'appeler dans quelques heures. Cela seul contient les partis extrêmes qui n'ignorent pas que la politique du gouvernement du roi est une politique d'ordre et de progrès à la fois. Cela encourage le parti modéré, rassure le gouvernement pontifical contre toute sorte de dangers réels ou supposés et nous donne une attitude qui me paraît tout à fait d'accord avec nos intérêts et notre dignité. »

J'entreprenais, précisément à cette époque, de faire cesser, par la voie de la négociation, l'occupation autrichienne de Ferrare. J'avais l'espoir d'y réussir et j'y réussis en effet. Il importait fort que rien ne vînt aggraver la difficulté de ce succès nécessaire à l'indépendance des États italiens et au maintien de la paix. Quand la négociation fut près de son terme, l'ordre fut envoyé à M. le prince de Joinville de reprendre, avec notre escadre, sa station sur la côte occidentale d'Italie et dans le voisinage de l'État romain. Mais dans cet intervalle, le parti révolutionnaire avait poursuivi son œuvre; parce que nous agissions sans bruit, il nous avait accusés de ne rien faire, d'abandonner la cause de l'indépendance et du progrès en Italie, de nous lier même avec l'Autriche en récompense de son silence sur les mariages espagnols, et de n'avoir fait rester notre escadre devant Naples que pour protéger l'absolutisme contre les tentatives libérales. Facile à intimider et à décourager, le parti libéral modéré avait trop écouté ces calomnies, et témoigné lui-même non-seulement de l'humeur, mais des doutes sur la fermeté de notre appui. Lord Palmerston s'était empressé de mettre à profit ces dispositions et de se donner, par le langage de ses agents et l'apparition d'une escadre anglaise, l'attitude de protecteur de la liberté italienne. Arrivé devant Livourne, à bord du *Titan,* M. le prince de Joinville rendit compte au ministre de la marine de ce nouvel état des faits et des esprits; il paraissait croire lui-même que, depuis l'événement de Ferrare, nous étions restés silencieux et inactifs, et il demanda de nouvelles instructions en indiquant les mesures qui lui semblaient nécessaires pour sortir d'une situation dont la prolongation rendait, selon lui, le séjour de l'escadre française sur la côte d'Italie plus embarrassant qu'efficace.

J'avais à cœur de détruire, dans l'esprit de ce prince capable et résolu, l'impression de regret et de blâme que lui avait donnée une connaissance incomplète et inexacte de nos actes récents en Italie. Je lui écrivis sur-le-champ[1] :

« Monseigneur,

« Le duc de Montebello m'a communiqué vos lettres des 25 et 28 octobre. Je remercie Votre Altesse royale de sa franchise. C'est ainsi seulement qu'on peut savoir la vérité; et comme Votre Altesse royale a besoin de la savoir autant que moi, je me permettrai d'user avec elle de la même franchise.

« Je mets sous les yeux de Votre Altesse royale quelques-unes des nombreuses dépêches et lettres particulières que, depuis le commencement des affaires d'Ita-

---

[1] Le 7 novembre 1847.

lie, j'ai adressées aux agents du roi à Rome, Florence, Naples, Turin, Vienne et ailleurs. Ces dépêches ont été, officiellement ou officieusement, communiquées aux gouvernements intéressés. Elles résument et caractérisent notre politique.

« Vous le voyez, Monseigneur, nous ne sommes point restés inactifs. Nous n'avons point gardé le silence. Nous ne nous sommes point unis aux souverains absolus. Nous ne nous sommes point liés secrètement avec l'Autriche. Nous avons hautement, toujours et partout, conseillé et soutenu les réformes modérées, le progrès intelligent et régulier, la politique vraiment libérale et pratique qui s'attache au seul bien possible et aux seuls moyens efficaces pour réaliser le seul bien possible.

« Que cette politique n'ait pas aujourd'hui, en Italie, la faveur populaire, je ne m'en étonne point. Les Italiens voudraient tout autre chose. Ils voudraient que la France mît à leur disposition ses armées, ses trésors, son gouvernement, pour faire ce qu'ils ne peuvent pas faire eux-mêmes, ce qu'ils ne tenteraient pas sérieusement, pour chasser les Autrichiens d'Italie et établir, en Italie, sous telle ou telle forme, l'unité nationale et le gouvernement représentatif.

« Tenez pour certain, Monseigneur, que c'est là ce qui est au fond de tous les esprits italiens, des sensés comme des fous, de ceux qui ne le disent pas comme de ceux qui le disent, de ceux qui le croient impossible comme de ceux qui le croient possible. C'est là ce qui détermine en Italie, non pas toutes les actions, tant s'en faut, mais les sentiments de bonne ou de mauvaise humeur, de sympathie ou de colère.

« Ce vœu général des Italiens est-il bon ou mauvais en soi, possible à réaliser un jour ou à jamais impossible? Je n'examine pas cela. Je ne fais ni de la philosophie, ni de l'histoire, ni de la prophétie. Je fais de la politique pratique et actuelle. Dans ces limites, je dis très-positivement que nous ne devons pas, que nous ne pouvons pas entreprendre, pour le compte de l'Italie, ce que, très-sagement et très-moralement à mon avis, nous n'avons pas voulu entreprendre pour le compte de la France, c'est-à-dire le remaniement territorial et politique de l'Europe, en prenant pour point d'appui et pour allié l'esprit de guerre et de révolution.

« L'indépendance des États et des souverains italiens à l'égard de toute puissance étrangère, le libre et tranquille accomplissement, dans chaque État italien, des réformes que le souverain et le pays jugeront, de concert, nécessaires et praticables, voilà toute notre politique en Italie, la seule qui convienne à la France, la seule bonne, je n'hésite pas à le dire, pour l'Italie elle-même, malgré l'humeur qu'elle ressent de ce que nous ne nous mettons pas à son service pour en sortir.

« Cette politique, Monseigneur, je me suis appliqué, je m'applique à la faire prévaloir par les moyens réguliers et efficaces, en traitant de gouvernement à gouvernement, sans répandre chaque matin devant le public, pour son amusement et pour la satisfaction de ma vanité, mes démarches, mes idées, mes raisons, mes espérances. Je cherche le succès et non pas le bruit. Quand je me suis mêlé de l'affaire de Ferrare, je me suis bien gardé d'aller, dès le premier moment, crier sur les toits le plein droit du pape et le crime de l'Autriche. J'aurais fait plaisir aux Italiens, mais j'aurais fort gâté l'affaire même. J'ai travaillé, sans bruit et poliment, à convaincre l'Autriche qu'il fallait finir cette affaire, s'en entendre avec le pape, rentrer dans le *statu quo*, et empêcher que l'étincelle de Ferrare n'allumât l'incendie de l'Italie. Je ne désespère pas d'y réussir; et si j'y réussis, ce sera parce que j'aurai traité la question par les bons procédés, de gouvernement à gouvernement, et en me tenant bien en dehors des clameurs des journaux.

« Je ne m'inquiète pas, Monseigneur, de la bouffée de popularité que l'Angleterre promène en ce moment en Italie, popularité vaine et vanilleuse. L'Angleterre donne aujourd'hui aux Italiens les paroles et les apparences qui leur plaisent ; elle ne leur donnera rien de plus, et il faudra bien qu'ils s'en aperçoivent eux-mêmes.

« Monseigneur, l'expérience m'a appris que la bonne politique n'était pas populaire en commençant, longtemps peut-être, et qu'elle le devenait un peu plus chaque jour, à mesure que la lumière se faisait sur les choses et dans l'esprit des hommes. Je sais supporter l'impopularité qui passera et attendre la popularité qui durera. Je comprends l'humeur des Italiens et je leur pardonne de tout mon cœur. Il y a de grandes tristesses dans leur destinée. Mais soyez sûr que nous faisons, de la seule manière possible, les seules bonnes affaires aujourd'hui possibles pour eux ; que c'est, pour nous, la seule bonne politique, et que, si nous réussissons malgré eux, ils nous en devront beaucoup de reconnaissance, et qu'ils finiront par s'en douter.

« Pardon de ce volume, Monseigneur, mais je tenais à répondre pleinement à votre pensée. Je prie Votre Altesse royale d'agréer, etc. »

Huit jours plus tard, au moment où le prince de Joinville recevait ma lettre, la *Consulta* des délégués des provinces se réunissait à Rome, et cinq semaines après les Autrichiens évacuaient la ville de Ferrare. La politique pacifiquement réformatrice obtenait ainsi un double succès : le pape rentrait dans la pleine indépendance de ses États, et une assemblée de notables laïques venait, pour la première fois, prendre part à son gouvernement.

« Lundi dernier, 15 de ce mois, m'écrivit M. Rossi[1], a eu lieu l'installation solennelle de la *Consulta* d'État. Ce jour, impatiemment attendu, a été signalé par plusieurs circonstances remarquables. Le public avait préparé à la *Consulta* une réception solennelle. Les princes romains s'étaient entendus pour mettre à la disposition de chacun des députés une de leurs voitures d'apparat et leurs gens de livrée. C'est dans ces équipages que les

[1] Le 18 novembre 1847.

membres de la *Consulte* devaient se rendre au Quirinal, où ils allaient recevoir la bénédiction du pape, au Vatican, lieu désigné de leurs séances. Des citoyens appartenant à chacune des légations ou délégations représentées se proposaient d'escorter la voiture de leur député en portant devant lui la bannière de leur ville natale. Le but de ces dispositions, destinées à donner à la *Consulte d'État* l'importance et les caractères extérieurs d'un corps souverain, n'échappait point au gouvernement qui cependant, après avoir fait subir quelques modifications au programme de la fête, se décida, non-seulement à l'autoriser, mais à le rendre officiel, en lui donnant la forme d'une notification faite par le sénateur de Rome. Dans la journée du dimanche, le secrétaire d'État fut informé qu'on avait l'intention, à l'exemple de ce qui s'était fait, je crois, à Florence, de faire paraître, à la suite du cortége, des députations et des bannières de tous les États, non-seulement d'Italie, mais d'Europe. Craignant, non sans quelque raison, que cette démonstration ne donnât lieu à quelques désordres, il réussit à s'y opposer. Je reçus, à une heure avancée de la soirée, une lettre très-pressée du cardinal Ferretti qui me priait d'employer mon influence pour empêcher nos nationaux de prendre part à aucune démarche de ce genre ; ce qui me fut d'autant plus aisé que les Français établis à Rome ne montraient, je dois rendre justice à leur bon sens, aucun empressement de donner suite à ce singulier projet. Il fut moins facile d'y déterminer les sujets, et même, dit-on, les représentants de quelques autres puissances appartenant à l'Italie. Il fallut que, le lendemain, le cardinal Ferretti intervînt lui-même sur le lieu où le cortége se préparait, dans le voisinage du Quirinal, et fît enfermer dans un corps de garde plusieurs bannières qu'on avait déjà apportées.

« A neuf heures, les députés furent reçus par le pape qui leur tint le discours dont Votre Excellence trouvera l'analyse dans le *Diario di Roma*. Ceux qui y ont assisté s'accordent à dire que le Saint-Père paraissait très-animé en le prononçant, et qu'il insista très-fortement sur les deux points capitaux, le rôle purement consultatif de la nouvelle assemblée et la ferme résolution de son gouvernement de résister aux perturbateurs. On dit même qu'il prononça le mot d'*ingratitude* qui n'est pas reproduit dans le texte imprimé.

« Il est à remarquer d'ailleurs que ni ce mot, ni aucune des autres paroles sévères que le pape fit entendre n'étaient directement adressés aux députés, comme il a eu soin de l'assurer lui-même. Peut-être, dans sa pensée, étaient-elles destinées à tomber sur quelques personnes qui accompagnaient les députés, et qui sont connues pour la vivacité de leurs opinions.

« Aussitôt après le discours terminé, les députés se séparèrent pour monter chacun dans la voiture qui lui était destinée. Ils traversèrent ainsi toute la ville, ne cessant pas, pendant un trajet de plus de deux heures, de rencontrer une foule immense. Soit que la nouvelle du discours du pape, promptement répandue, eût troublé l'esprit public, soit que l'enthousiasme le plus ardent finisse par se lasser de tant de démonstrations successives, peu de cris se firent entendre sur leur passage. Arrivés à Saint-Pierre, ils entendirent la messe et entrèrent sur-le-champ en séance. »

« Ce seront là, à mon sens, ajoutait, dans une lettre particulière, M. Rossi, les funérailles du pouvoir politique temporel du clergé à Rome. L'étiquette restera plus ou moins, mais le contenu du vase sera autre; il y aura encore des cardinaux, des prélats employés dans le gouvernement romain, mais le pouvoir sera ailleurs. L'essentiel pour nous, c'est qu'il n'y ait pas de révolution proprement dite, de révolution sur la place publique. Je persiste à espérer qu'il n'y en aura pas. Même ceux qui nous ont trouvés trop réservés ont compris que la voie pacifique était la voie la plus sûre. Aussi revient-on peu à peu à nous, précisément à cause de la réserve digne et sérieuse que nous y avons mise. Le pape, qu'il ait ou non exactement mesuré le chemin qu'il a parcouru, est parfaitement tranquille. Il a dit à une personne de ma connaissance que le public avait été induit en erreur, que le gouvernement pontifical n'avait qu'à se louer du gouvernement français, que nous nous étions parfaitement conduits à son égard, que nous avions fait tout ce que nous pouvions faire. « Mais les souverains, a-t-il ajouté, aiment peu Pie IX. Ils craignent que je n'amène des révolutions. Ils se trompent. Ils ne connaissent pas ce pays-ci. »

Quelque satisfait qu'il fût de la réunion et des dispositions de la *Consulta d'État*, M. Rossi ne se faisait point d'illusion sur ce qui restait à faire et sur les obstacles à surmonter pour que la réforme entreprise par Pie IX dans le gouvernement romain fût efficace et prévînt les révolutions : « Je vis hier le cardinal Ferretti, m'écrivit-il [1] : — « Avouez, m'a-t-il dit, que cette fois nous avons bien conduit notre affaire. — J'en conviens, et je vous en félicite. — Et le discours du pape, qu'en dites-vous ? — Que le pape se fût élevé contre les utopies, qu'il se fût montré résolu à repousser les perturbateurs, de quelque part qu'ils viennent, rien de mieux; mais le discours paraît impliquer l'idée de la conservation absolue du gouvernement temporel dans les mains du clergé, ne laissant aux laïques d'autre rôle que celui de donneurs d'avis. C'est trop peu. Cela était peut-être possible il y a un an; les têtes n'étaient pas montées; les espérances étaient modestes; le reste de l'Italie n'était pas encore réveillé. Aujourd'hui c'est autre chose. Il n'y a plus d'illusion possible. Votre situation est nettement dessinée. Les radicaux frappent à votre porte. Il faut leur tenir tête. Vous seuls, clergé, vous ne le pouvez pas; il vous faut le concours des laïques, de tout ce qu'il y a, parmi eux, de sensé, de puissant, de modéré. Pour les rallier, il faut les satisfaire. La garde civique et la *Consulta* sont des moyens, ce n'est pas le but. Refuser toute part dans l'administration proprement dite à des hommes qu'on vient de rendre

---

[1] Les 18 novembre et 12 décembre 1847.

plus forts serait un contre-sens. Il y a plus d'un an que je le dis et que je le répète : si vous ne vous fortifiez pas en appelant des laïques aux fonctions qui ne touchent en rien aux choses de la religion et de l'Église, tout deviendra impossible pour vous et tout deviendra possible aux radicaux. Vous jetteriez la *Consulta* dans leurs bras.—Vous avez raison, dit le cardinal ; je m'en suis déjà aperçu ; on a peur des radicaux. — Dites *peur* et *besoin*. Les timides redoutent la faiblesse du gouvernement ; les ambitieux cherchent un levier contre le boulevard clérical. Un cabinet mixte et bien composé rassurerait les timides et satisferait les ambitieux. Par la portion laïque du ministère, vous pourrez agir sur la *Consulta* et vous y faire une bonne et forte majorité qui agira à son tour sur l'opinion publique. — C'est juste, et le pape l'a compris. Je vous le dis, mais dans le plus profond secret ; il paraîtra bientôt un autre *motu proprio* selon vos idées ; il portera que le secrétaire d'État sera toujours un cardinal ou un prélat. Vous ne désapprouvez pas ? — Non, certes, les affaires étrangères à Rome sont trop souvent des matières ecclésiastiques ou mixtes. — Mais pour l'intérieur, les finances, la guerre, et il sera dit que les ministres pourront être soit ecclésiastiques soit laïques. — A la bonne heure, pourvu qu'en fait vous appeliez tout de suite deux ou trois laïques dans le cabinet. Agissez par la *Consulta*, mon cher cardinal ; je vous y aiderai de mon côté, autant que cela se peut du dehors. — Bravo ! aidez-nous, et j'espère que tout ira bien. — Oui, si vous savez d'un côté vous fortifier, et de l'autre regarder en face les radicaux. Tout est là. Que peut craindre le pape en marchant d'un pas ferme dans la voie de l'ordre et du progrès régulier? En tout cas, l'Europe serait pour lui : avant tous, plus que tous, la France. Ne l'oubliez pas ; que le pape ne se trompe pas sur ses véritables amis. »

Le lendemain même de cet entretien avec le secrétaire d'État, M. Rossi vit le pape : « Je lui tins, m'écrivit-il[1], *mutatis mutandis*, le discours que j'avais tenu à Ferretti. Je m'attachai surtout à lui faire bien saisir la situation. J'insistai à plusieurs reprises sur la nécessité, sur l'urgence d'accroître ses forces de gouvernement et de dominer l'opinion par l'introduction de l'élément laïque dans certaines parties de l'administration supérieure. Je lui montrai que c'était là un fil conducteur indispensable entre lui et la *Consulta*. Son goût n'y est pas ; il en reconnaît cependant la nécessité. — « C'est vrai, me dit-il, ces Messieurs se méfient d'une administration tout ecclésiastique. — Non-seulement ils s'en méfient, Saint-Père ; ils s'en irritent. Pour les affaires purement temporelles, on ne peut plus faire du clergé et des laïques deux castes ; il faut désormais mêler et transiger. — Vous me l'avez toujours dit. Que voulez-vous ? Le premier *motu proprio* sur le conseil des ministres me fut remis quand j'étais souffrant. Je laissai faire. Il n'est pas bon. Je l'ai repris en

---

[1] Le 14 décembre 1847.

sous-œuvre. Le nouveau paraîtra bientôt. Les départements seront mieux séparés. Les ministres seront de vrais ministres. Je dirai que la guerre pourra appartenir à un laïque ou à un ecclésiastique. — Ce sera quelque chose; mais que Votre Sainteté me permette de le dire, ce n'est pas assez; il faudrait encore deux portefeuilles au moins ouverts aux laïques : l'intérieur, les finances, la police, les travaux publics, que sais-je? ceux que Votre Sainteté voudra. — Je comprends; je verrai, j'y ferai de mon mieux. Je suis moi-même fort novice, fort peu expert dans ces matières. »

Quelques semaines après, M. Rossi eut une nouvelle audience du pape : « Je l'avais déjà tellement pressé, m'écrivit-il [1], sur les affaires de ce pays-ci, et en particulier sur l'introduction de quelques laïques dans le conseil des ministres, que j'étais décidé hier à le laisser tranquille. Il entra lui-même en matière. Il avait décidé, par le nouveau *motu proprio* dont il m'avait parlé (du 30 décembre 1847), que le département de la guerre pourrait être confié à un laïque, et il l'a donné en effet au général Gabrielli; il avait prescrit de plus que, sur les vingt-quatre auditeurs attachés au conseil des ministres, il y aurait toujours douze laïques: *Ebbene, signor conte*, me dit-il avec un gracieux sourire et une aimable coquetterie d'expression, *l'elemento è introdotto*. — Il faut vous dire que je m'étais souvent servi de ce gallicisme, *l'elemento laïco*. Vous devinez ma ré-

---

[1] Le 18 janvier 1848.

ponse. Mais le compliment fut accompagné d'une respectueuse insistance pour l'introduction de deux autres laïques. Nous examinâmes à fond la situation, et non-seulement le pape convint que c'était là le seul moyen d'isoler les agitateurs et de leur ôter influence et suite, mais que si, malgré cela, le malheur voulait qu'ils tentassent quelque désordre, un pouvoir laïque pouvait seul le réprimer efficacement et sans se mettre en lutte avec l'opinion publique. — « Vous avez raison, me dit le pape ; ce rôle de sévérité ne convient plus aux ecclésiastiques ; il paraîtrait odieux. — C'est clair, répliquai-je ; mais un seul homme ne suffit pas ; seul, il se décourage et le poids de la responsabilité lui est trop lourd. Au pape et au clergé la puissance morale ; au prince et à ses alliés laïques la force matérielle. J'espère encore que la première suffira ; mais elle suffira surtout si on sait bien qu'au besoin la seconde ne manquerait pas. Il faut au moins trois ministres laïques : *Tres*, dis-je en riant, *faciunt capitulum.* »

« J'eus le plaisir de trouver le pape tout à fait dans nos idées. Les autres fois, il était convaincu ; mais je sentais qu'il n'était pas persuadé, que ses répugnances de prêtre subsistaient. S'il persévère dans ses nouvelles résolutions, tout peut encore être sauvé ici. C'est ce que je lui dis lorsqu'il me demanda s'il était encore temps : — « Que Votre Sainteté, lui dis-je, considère la situation. Son État est au centre de l'Italie. Si l'ordre y est maintenu, il pourrait y avoir, au pis-aller, une question napolitaine, ou toscane, ou sarde, mais point de question italienne. S'il y avait bouleversement ici, la clef de la voûte serait brisée; ce serait le chaos. L'exemple de Rome, qui retient aujourd'hui, précipiterait alors toutes choses. D'ici peut sortir un grand bien, mais aussi, je dois le dire, un mal incalculable. Votre Sainteté a réveillé l'Italie. C'est une gloire, mais à la condition de ne pas tenter l'impossible. Quoi! l'Italie peut se réorganiser sans que personne, même les plus malveillants, aient un mot à lui dire; et on voudrait tout compromettre, tout perdre par la sotte prétention de réaliser aujourd'hui ce qui, aujourd'hui, n'est évidemment qu'un rêve! Sera-ce toujours un rêve? Je n'en sais rien. Je laisse l'avenir à Dieu et à nos successeurs. Le proverbe français est juste : « à chaque jour suffit sa peine. »

« Nous nous trouvâmes parfaitement d'accord; et, je le répète, je trouvai chez le pape une netteté de vues et une spontanéité d'adhésion qui me charmèrent et me donnent bon espoir. »

M. Rossi mettait ainsi en pratique, aussi fermement que sensément, la politique que le gouvernement du roi avait adoptée envers l'Italie comme pour la France elle-même. Le respect du droit public européen, le respect de l'indépendance des divers États et de leur régime intérieur, des réformes et non des révolutions, le progrès social et libéral au sein de la paix, telle était cette politique Quelques mois avant les dernières nouvelles qu'à l'ouverture de l'année 1848 m'en donnait

M. Rossi, je l'avais résumée dans une courte circulaire adressée[1] aux représentants du roi près les divers États européens, et ainsi conçue :

« Monsieur,

« Une fermentation grave éclate et se propage en Italie. Il importe que les vues qui dirigent dans cette circonstance la politique du gouvernement du roi vous soient bien connues et règlent votre attitude et votre langage.

« Le maintien de la paix et le respect des traités sont toujours les bases de cette politique. Nous regardons ces bases comme également essentielles au bonheur des peuples et à la sécurité des gouvernements, aux intérêts moraux et aux intérêts matériels des sociétés, aux progrès de la civilisation et à la stabilité de l'ordre européen. Nous nous sommes conduits d'après ces principes dans les affaires de notre propre pays. Nous y serons fidèles dans les questions qui touchent à des pays étrangers.

« L'indépendance des États et de leurs gouvernements a, pour nous, la même importance et est l'objet d'un égal respect. C'est la base fondamentale du droit international que chaque État règle, par lui-même et comme il l'entend, ses lois et ses affaires intérieures. Ce droit est la garantie de l'existence des États faibles, de l'équilibre et de la paix entre les grands États. En

---

[1] Le 17 septembre 1847.

le respectant nous-mêmes, nous sommes fondés à demander qu'il soit respecté de tous.

« Pour la valeur intrinsèque comme pour le succès durable des réformes nécessaires dans l'intérieur des États, il importe, aujourd'hui plus que jamais, qu'elles s'accomplissent régulièrement, progressivement, de concert entre les gouvernements et les peuples, par leur action commune et mesurée, non par l'explosion d'une force unique et déréglée. C'est en ce sens que seront toujours dirigés, soit auprès des gouvernements, soit auprès des peuples, nos conseils et nos efforts.

« Ce qui s'est passé jusqu'ici dans les États romains prouve que, là aussi, les principes que je viens de rappeler sont reconnus et mis en pratique. C'est en se pressant autour de son souverain, en évitant toute précipitation désordonnée, tout mouvement tumultueux que la population romaine travaille à s'assurer les réformes dont elle a besoin. Les hommes considérables et éclairés, qui vivent au sein de cette population, s'appliquent à la diriger vers son but par les voies de l'ordre et par l'action du gouvernement. Le pape, de son côté, dans la grande œuvre de réforme qu'il a entreprise, déploie un profond sentiment de sa dignité comme chef de l'Église catholique, de ses droits comme souverain, et se montre également décidé à les maintenir au dedans comme au dehors de ses États. Nous avons la confiance qu'il rencontrera, auprès de tous les gouvernements européens, le respect et l'appui qui lui sont dus ; et le gouvernement du roi, pour son compte, s'empressera, en toute occasion, de le seconder selon le mode et dans la mesure qui s'accorderont avec les convenances dont le pape lui-même est le meilleur juge.

« Les exemples si augustes du pape, la conduite si intelligente de ses sujets exerceront sans doute en Italie, sur les princes et sur les peuples, une salutaire influence, et contribueront puissamment à maintenir, dans les limites du droit incontestable et du succès possible, le mouvement qui s'y manifeste. C'est le seul moyen d'en assurer les bons résultats et de prévenir de grands malheurs et d'amères déceptions. La politique du gouvernement du roi agira constamment et partout dans ce même dessein.

« Vous pouvez donner à M..... communication de cette dépêche. »

Trois mois après sa date, quand la session des Chambres s'ouvrit à Paris[1], les événements avaient, en Italie, suivi rapidement leur cours. En Toscane, en Piémont, dans le royaume de Naples comme à Rome, l'esprit de réforme s'était développé, déjà fécond en résultats salutaires, gages d'un avenir laborieux, mais sensé et progressif. Plus ou moins inquiets de l'œuvre difficile à laquelle ils étaient appelés, les gouvernements italiens en reconnaissaient la nécessité et s'y prêtaient, non-seulement par des concessions aux vœux

---

[1] Le 28 décembre 1847.

publics, mais en mettant à la tête de l'administration des hommes éclairés et sincèrement réformateurs. Aucune intervention étrangère n'était venue troubler ce travail intérieur des États italiens ; leur indépendance était respectée ; l'Autriche elle-même assistait à cette grande épreuve, pleine d'alarme et se préparant à la défense, mais évitant toute agression et ne voulant pas prendre l'initiative de la lutte. Elle avait motif de se méfier et de se préparer; c'était évidemment contre elle et sa domination sur le sol italien que fermentait toute l'Italie ; en Piémont les manifestations populaires, en Sicile l'insurrection en armes proclamaient la haine et réclamaient l'expulsion de l'étranger ; toutes les espérances qui, de près ou de loin, pouvaient se rattacher à celle-là se manifestaient confusément et demandaient aussi leurs satisfactions. L'esprit national grandissait derrière l'esprit réformateur. L'esprit révolutionnaire grondait derrière l'esprit national.

Il fallait pourvoir aux chances de cette situation compliquée et obscure. Il fallait déployer hautement le caractère de notre politique et lui assurer des moyens d'action. C'était évidemment à Rome qu'était le foyer des événements et des périls italiens. C'était en prenant position à Rome que nous pouvions soutenir l'influence à la fois réformatrice et anti-révolutionnaire de Pie IX, en garantissant sa sécurité et la paix de l'Église catholique. Sur ma proposition, le roi et son conseil résolurent que, si le pape menacé, soit du dehors, soit au dedans, réclamait notre appui, nous le lui donnerions efficacement. Des régiments furent désignés, un commandant fut choisi pour cette expédition éventuelle. 2,500 hommes furent tenus disponibles à Toulon, et 2,500 à Port-Vendres, prêts à s'embarquer, au premier signal, pour Civita-Vecchia. J'eus avec le général Aupick, officier aussi intelligent que brave, deux longs entretiens qui me donnèrent l'assurance qu'il comprenait bien notre pensée et saurait y conformer sa conduite. Le 27 janvier 1848, toutes ces mesures étaient prises et annoncées à M. Rossi qui était autorisé, s'il le jugeait utile et convenable, à les annoncer au gouvernement romain.

Le 23 février suivant, le cabinet du 29 octobre 1840 n'existait plus, et le lendemain 24 la monarchie de 1830 était tombée.

La catastrophe ne fut pas moins grave à Rome qu'à Paris. Elle ouvrit l'abîme qui coupe le règne de Pie IX en deux époques vouées, l'une aux réformes et aux progrès, l'autre aux révolutions et aux problèmes.

Je tiens pour certain, par les faits publics comme par les actes et les documents que je viens de rappeler, que, de 1846 à 1848, le pape Pie IX entreprit généreusement et sérieusement, bien qu'avec timidité, inexpérience et incohérence, de résoudre la question posée devant lui et à la portée de son pouvoir, la réforme des abus et des vices du gouvernement des États romains. Pleine de scrupules et de doutes, mais aussi d'équité et de sympathie humaine, l'âme de Pie IX s'adonna à cette œuvre; il la croyait bonne aussi bien que nécessaire, et il en souhaitait le succès, non sans inquiétude, mais avec sincérité.

Je tiens également pour certain que, de 1846 à 1848, malgré ses lenteurs et ses lacunes, le travail réformateur de Pie IX fut efficace. Dans toutes les parties de l'ordre civil, d'importantes améliorations furent introduites, des institutions vivantes furent créées. Dans les provinces et dans les villes, le régime municipal reprit quelque chose de son ancienne liberté. La population fut appelée à prendre part elle-même au soin de ses intérêts et au maintien de l'ordre public. Les rapports de la société civile avec la société ecclésiastique furent modifiés; les laïques entrèrent dans le gouvernement; un grand conseil d'État, auquel le principe de l'élection n'était pas étranger, se réunit autour du pape et de ses ministres. Le pouvoir pontifical acceptait de plus en plus l'influence du parti libéral modéré qui le soutenait en le réglant. Contesté et incomplet, le progrès était réel; ce qu'on faisait chaque jour était un pas vers ce qui manquait.

Devant l'ouragan de 1848, tout ce travail cessa, toute cette œuvre tomba. La question de la réforme du gouvernement civil des États romains disparut devant les terribles questions générales qui éclatèrent à la fois. Question extérieure, l'expulsion des Autrichiens. Questions intérieures, l'unité ou la confédération italienne, la monarchie constitutionnelle ou la république. Questions religieuses, l'abolition du pouvoir temporel de la papauté; Rome capitale, non plus de l'Église catholique, mais de l'Italie; la transformation des rapports de l'Église avec l'État. Pour toute l'Italie, au dehors la guerre, au dedans la révolution.

Je n'ai garde d'entrer dans cette tragique histoire. Je ne juge pas l'état présent de l'Italie. Je ne sonde pas son avenir. Je le crois chargé de ténèbres et d'orages dans les ténèbres; mais je ne prétends pas plus à le deviner qu'à le gouverner. J'avais à cœur de retracer ce que furent et ce que firent, de 1846 à 1848, dans les affaires romaines et italiennes, le pape Pie IX et le gouvernement du roi Louis-Philippe. Je ne veux plus que mettre ces faits en regard de ceux qui les ont remplacés depuis 1848 jusqu'à ce jour, et faire entrevoir ce que révèle le contraste qui éclate entre les deux époques.

La révolution de Février changea de fond en comble la position du pape Pie IX en Italie et dans ses propres États. Il y perdit à la fois l'encouragement et les prudents conseils, le point d'appui et le point d'arrêt que lui donnait le gouvernement français dans le travail de réforme et de progrès qu'il avait entrepris. Il fut livré, avec son inexpérience politique et ses seules forces, au torrent des événements qui l'assaillaient de toutes parts, et à la lutte que le parti stationnaire et le parti révolutionnaire engageaient autour de lui. Italien de cœur, mais pacifique par devoir, entraîné par son peuple, l'un des premiers parmi les princes italiens, dans la guerre à l'Autriche, Pie IX tenta loyalement de l'arrêter en en extirpant la cause; le 3 mai 1848, il écrivit à l'empereur d'Autriche : « Qu'il ne soit pas désagréable à Votre Majesté que nous fassions appel à sa piété et à sa religion, l'exhortant avec une affection paternelle à retirer ses armes d'une guerre qui, sans pouvoir reconquérir à l'empire l'esprit des Lombards et des Vénitiens, traîne à sa suite un funeste cortége de malheurs qu'Elle-même déteste certainement. Qu'il ne soit point désagréable à la généreuse nation allemande que nous l'invitions à déposer les armes et à convertir en utiles relations d'amical voisinage une domination qui ne serait ni noble, ni heureuse puisqu'elle ne reposerait que sur le fer. » Et huit jours après, le cardinal Antonelli écrivait à M. Farini, chargé d'affaires de la cour de Rome au camp du roi Charles-Albert : « Vous pensez que Sa Sainteté pourrait aujourd'hui très-opportunément interposer sa médiation comme prince de paix, dans le sens de l'établissement de la nationalité italienne. Aujourd'hui Sa Sainteté m'a autorisé à vous donner communication, sous la réserve du plus grand secret, d'une lettre que, ces jours passés, elle a écrite, en ce sens, à S. M. l'empereur d'Autriche. Vous pourrez voir que cette pensée n'a point échappé à la sagesse de Sa Sainteté, et à l'amour qu'elle nourrit pour l'Italie. Si elle voyait les esprits disposés à des accommodements de paix raisonnables, dans le but d'assurer la nationalité italienne, vous pouvez penser si elle serait disposée à s'y employer efficacement, au prix même de quelque ennui personnel que ce fût. »

Il s'agit bientôt pour Pie IX de tout autre chose que

d'ennuis personnels; bientôt la guerre et l'insurrection envahirent Rome et toute l'Italie. Pour leur échapper, pour tenter encore un effort en faveur de l'indépendance et de la pacification italienne, le pape appela M. Rossi à son aide. M. Rossi paya de sa vie son courageux dévouement[1]; l'assassinat du plus éminent des libéraux italiens inaugura la république romaine. Le pape détrôné s'enfuit à Gaëte. Fidèle aux traditions et à l'honneur de la France, le gouvernement français, encore républicain, bientôt impérial, reprit le chef de l'Église catholique sous sa protection et le ramena dans Rome. Pie IX y retrouva le parti stationnaire et le parti révolutionnaire, l'un vainqueur alarmé et irrité, l'autre vaincu obstiné et reprenant dans l'esprit national italien son point d'appui. L'ambition piémontaise se mit à l'œuvre pour exploiter les fautes de l'un et les passions de l'autre. La France prêta sa force et sa gloire à l'ambition piémontaise et à l'unité italienne en même temps qu'à la sécurité du pape dans Rome, mais en annonçant qu'elle ne se chargeait pas de l'y garantir toujours. Je ne discute pas la politique. Je ne raconte pas l'histoire. Je retrace la situation telle que les événements l'ont faite. Qu'a fait, dans cette situation, Pie IX lui-même? Quel a été, sous la pression des exigences et des périls qu'elle lui imposait, le fait saillant, le trait caractéristique de son attitude dans cette seconde époque de son règne?

---

[1] Le 15 novembre 1848.

On ne lui demandait plus de corriger les vices du gouvernement des États romains et de seconder l'indépendance de l'Italie. On le sommait de renoncer à tout pouvoir temporel, dans Rome comme dans le reste de ses États, c'est-à-dire de sacrifier à l'unité italienne la constitution et l'histoire de l'Église catholique. A cela, Pie IX a répondu qu'il ne le pouvait pas. Il avait accepté la situation et la mission de pape réformateur. Il a repoussé celle de pape révolutionnaire. Là en est maintenant, pour lui, la question.

C'est, pour un peuple, dans les grandes crises d'innovation, une bonne fortune rare de se trouver en présence d'un prince sympathique et honnête, touché du vœu et du bien public, et préoccupé de son devoir au moins autant que de son pouvoir. Ce ne sont point là, bien s'en faut, les seules qualités nécessaires pour le gouvernement des nations; l'esprit supérieur et la volonté forte y ont quelquefois suffi ; la bonté et l'honnêteté seules, jamais. Ainsi en décident les vices et les passions des hommes. Mais quand il arrive que les qualités morales, les bonnes intentions et la sincérité des princes ne suffisent pas, il faut que les peuples, et surtout ceux qui veulent être libres, ne se fassent pas illusion : c'est en eux-mêmes surtout que le mal réside ; c'est à leurs propres erreurs, à leurs propres fautes, à leurs mauvaises ou aveugles passions, bien plus qu'à l'insuffisance et aux faiblesses de leurs princes, qu'ils doivent s'en prendre de l'insuccès de leurs efforts et des revers de leur destinée. Avec un prince bienveillant, modéré et sincère, un peuple intelligent, sensé et persévérant finit toujours par exercer sur ses affaires une influence efficace, et par obtenir la satisfaction de ses vœux légitimes. Deux fois, de notre temps, cette bonne chance s'est rencontrée et a été manquée. Le roi Louis XVI et le pape Pie IX ont été sans doute, en fait de lumières et d'énergie politiques, des souverains bien inégaux à leur difficile situation ; mais ils ont été en même temps d'honnêtes et bienveillants souverains, étrangers à l'égoïsme et aux entêtements de l'orgueil royal. Si, par leur intelligence et leur action politique, les peuples qui aspiraient à être libres, et même souverains, avaient suffi, de leur côté, à leur part dans la tâche du gouvernement, à coup sûr les événements auraient pris un autre tour, et le but essentiel de l'élan national aurait été atteint plus sûrement et à bien moins grand et moins triste prix.

Je sais que, dans le patriotique espoir d'atteindre un grand but et d'accomplir un grand bien, des hommes éminents et sincères se sont lancés et se lanceront plus d'une fois encore dans les orages et les ténèbres des révolutions poursuivies par la violence anarchique ou guerrière. Je les comprends, et, s'ils sont désintéressés, je les honore ; mais je ne les approuve et ne les admire point. Pour mon compte, plus j'ai avancé dans la vie publique et touché au sort des peuples, plus j'ai été résolu à ne pas charger mon âme de la responsabilité et mon nom du souvenir de cet amas imprévu de maux, de crimes, de fautes, de douleurs, de folies et de hontes que les emportements et les guerres révolutionnaires attirent infailliblement, non-seulement sur la génération qui les subit, mais sur plusieurs de celles qui les suivent. C'est un rude compte à dresser que celui des révolutions et des guerres, et elles ont grand besoin de réussir dans ce qu'elles ont de légitime et de salutaire pour avoir droit de demander qu'on ne leur reproche pas ce qu'elles ont coûté. A mon sens, elles n'ont valu jusqu'ici à l'Italie qu'un bienfait, seul incontestable et qui sera, je l'espère, définitif : l'expulsion de l'étranger et l'indépendance du sol italien. C'est un grand bienfait. Trop grand peut-être, tel du moins qu'il s'est accompli, pour être accueilli de bonne grâce et avec toute la reconnaissance qui lui est due. Il y a des succès que, pour en être assuré et fier, un peuple a besoin de se devoir à lui-même, et en en conquérant la gloire aussi bien qu'en en recueillant le fruit. Je crains que l'Italie n'ait entrepris une œuvre au-dessus de sa force naturelle et durable, et qu'en la poursuivant elle n'ait porté atteinte à des droits et à des intérêts très-vivaces et dignes de plus de respect. Ses exigences et ses coups envers la Papauté et l'Église catholique jettent un épais nuage et un péril immense sur son avenir. Je lui souhaite sincèrement de les dissiper et de justifier, par un sage emploi de sa fortune nouvelle, les faveurs qu'elle a reçues... dirai-je de Dieu ou des hommes? Le temps en décidera.

Je n'ai plus que quelques mots à ajouter sur un fait qui m'est personnel.

Après la chute de la monarchie de 1830 et dans ma retraite en Angleterre, je ne reçus de M. Rossi aucune lettre, aucune nouvelle. Je m'étonnai silencieusement et tristement. Il n'était pas de ceux de qui j'attendais la peur et l'oubli. Plus de neuf ans après, je reçus du prince Albert de Broglie, que la révolution de 1848 avait trouvé premier secrétaire de l'ambassade de France à Rome, la lettre suivante en date du 30 novembre 1857 :

« Cher Monsieur Guizot,

« Vous rappelez-vous la surprise très-légitime que vous avez éprouvée il y a dix ans, en ne recevant, après le désastre de 1848, rien de l'ambassade de Rome, ni secrétaire ni ambassadeur, ni pour le roi ni pour vous? Vous rappelez-vous aussi que je vous dis un peu plus tard que nous avions remis, M. Rossi et moi, des lettres à la duchesse de Dalberg, alors à Rome, en la priant de vous les faire parvenir par l'entremise de sa fille lady Granville, et qu'information faite, la duchesse convint qu'elle avait reçu la commission, en disant qu'elle ne savait ce qui l'avait empêchée de s'en acquitter ?

« Voici aujourd'hui lady Granville qui me renvoie ces mêmes lettres retrouvées, après dix ans, dans des comptes qu'elle n'avait pas ouverts. Notre excès de précaution nous a joué ce tour. Il est certain que ces papiers étaient bien cachés. J'ai pensé que la lettre écrite par M. Rossi dans ces tristes circonstances avait la valeur d'un autographe que vous seriez bien aise de posséder. Je vous envoie donc celle-ci, et je garde, ou plutôt je brûle la mienne. »

M. Rossi m'écrivait le 6 avril 1848 :

« Cher ami, je ne viens pas vous dire avec quel vif et tendre intérêt je pensais à vous et aux vôtres, en apprenant la péripétie qui a éclaté sur la France comme un coup de foudre. Notre vieille amitié vous l'a déjà dit. Vous n'êtes pas de ceux qui ont besoin de paroles pour comprendre un sentiment et du courage d'autrui pour soutenir un revers. On me dit que vos filles sont auprès de vous; mais je ne sais où se trouvent votre fils Guillaume et madame votre mère. Quel spectacle lui était encore réservé ! Mais, je le sais, elle est la femme forte par excellence. Rappelez-moi, je vous prie, au bon souvenir de tous. J'y tiens plus que jamais.

Je voudrais aussi que vous pussiez porter jusqu'au roi, à la reine et à toute la famille royale l'hommage de mon respect et de tous les sentiments qu'ils me connaissent. Ma gratitude ne se mesure pas à la puissance et à la prospérité des personnes qui y ont droit.

« Je ne vous parle pas de la France; nous n'en recevons ici les nouvelles que fort tard et, je crois, fort mal.

« L'Italie est profondément agitée. C'est la question nationale qui l'emporte et domine toutes les autres. L'élan est général, irrésistible. Les gouvernements italiens qui ne le seconderaient pas y périraient. Mais on se tromperait si on croyait que l'Italie est communiste et radicale. Les radicaux n'y exercent une influence que parce qu'ils ont eu l'adresse de se mettre à la tête du parti national et de cacher toute autre vue. Par eux-mêmes, ils ne sont encore ni nombreux ni acceptés du pays. Ils le deviendraient probablement si le parti national, qui est le pays tout entier, rencontrait une longue et vigoureuse résistance, et s'il était entraîné par désespoir à des mesures violentes. Si l'Autriche faisait demain, pour la Lombardie et la Vénétie, ce que le roi de Prusse a fait pour le duché de Posen, je crois que la Péninsule pourrait être conservée à la cause de la monarchie et de la liberté régulière. La république proclamée à Venise n'est pas une imitation de Paris, mais une réminiscence vénitienne. C'est, comme le fait de Sicile, une boutade de l'esprit municipal, qui est fort affaibli en Italie, mais est loin d'y être éteint. Si la paix leur arrivait promptement, il donnerait aux Italiens pas mal d'embarras et de querelles. Si la guerre se prolonge, la fusion s'opérera, surtout dans les camps, au feu du radicalisme et dans son creuset.

« Je reste provisoirement à Rome ; mon fils Aldéran, qui a quitté immédiatement la sous-préfecture d'Orange, est à Marseille avec ma femme. Je vais les appeler à Rome. Grand Dieu ! serions-nous donc menacés de devenir un grand canton de Vaud, ou bien pis, un Saint-Domingue ? »

La tardive découverte de cette lettre me fut un vrai soulagement ; elle me délivra du triste mécompte qui s'attachait, pour moi, à la mémoire de M. Rossi. Mémoire glorieuse, au double titre de la vie et de la mort. Il avait l'âme noble comme l'esprit grand, et il a eu cette rare destinée de déployer l'élévation de son âme comme la supériorité de son esprit sur les théâtres et sous les coups du sort les plus divers, à Bologne, à Genève, à Paris, à Rome, dans la mauvaise et dans la haute fortune, défendant partout ce qui était à ses yeux, avec raison selon moi, le droit et l'intérêt de la vérité, de la justice, de la liberté. Tantôt les proscriptions, tantôt l'appel et l'appui d'amis puissants l'ont fait changer de patrie ; il n'a jamais changé de foi ni de cause. Et partout où il a vécu, il a grandi ; nulle part autant qu'à son dernier jour et à sa dernière heure, quand il a bravé et trouvé la mort au service de la papauté penchant vers l'abîme. Il eût probablement souri lui-même si, quinze ou vingt ans auparavant, on lui eût dit qu'il mourrait premier ministre du pouvoir pontifical, et chargé de le soutenir en le réformant ; là ne le portaient pas les tendances et les vraisemblances de sa pensée et de sa vie ; mais il avait été trop éprouvé et trop ballotté par la tempête pour avoir la prétention de la surmonter, et il se laissait aller aux événements avec une sorte d'impartialité de spectateur, se contentant de suffire, en tout cas, à son devoir et à son honneur. C'était une nature à la fois ardente et indolente, chaude au dedans, froide au dehors, capable d'enthousiasme sans illusion et de dévouement sans passion. Il était en même temps très-sociable et très-réservé, prudent avec dignité et supérieur dans l'art de plaire sans fausse et faible complaisance. Habile à exploiter les forces d'une intelligence admirablement prompte et juste, plus féconde qu'originale, toujours ouverte sans être mobile, constante dans les idées et souple dans les affaires, il excellait à saisir le point où pouvaient se rencontrer les esprits et les partis modérés quoique divers, et à leur persuader de s'y réunir. C'était l'œuvre qu'il tentait encore une fois, et dans les circonstances les plus grandes comme les plus difficiles, quand le poignard des assassins vint le frapper sur l'escalier même de l'assemblée devant laquelle il allait exposer ses patriotiques desseins. On dit qu'à quatre-vingt-deux ans, en apprenant la mort du maréchal de Berwick emporté, devant Philipsbourg, par un boulet de canon, le maréchal de Villars s'écria : « J'avais toujours bien dit que cet homme-là était plus heureux que moi. » La mort de M. Rossi peut inspirer la même envie, et il était digne du même bonheur.

CHAPITRE XLVII

LA SUISSE ET LE SONDERBUND.

(1840-1848.)

Sentiments du roi Louis-Philippe sur la Suisse. — Leur fondement historique. — Napoléon Ier et l'acte de médiation de 1803. — Le congrès de Vienne et le pacte fédéral de 1815. — Les révolutions cantonnales de 1830. — En 1832, la révision du pacte fédéral échoue. — Ma situation personnelle envers la Suisse. — Lutte des conservateurs et des radicaux suisses. — Abolition des couvents et confiscation de leurs biens dans le canton d'Argovie. — Appel des jésuites pour l'instruction publique dans le canton de Lucerne. — Première expédition des corps francs contre Lucerne. — Hésitation et inertie de la Diète helvétique. — Notre attitude diplomatique envers la Suisse. — Seconde expédition des corps francs contre le canton de Lucerne. — Installation des jésuites à Lucerne. — Révolutions radicales dans les cantons de Vaud et de Berne. — Assassinat de M. Jacob Leu, d'Ébersol. — Formation du Sonderbund, ligue des cantons catholiques. — M. de Boislecomte, ambassadeur de France en Suisse. — Ses conversations avec M. Ochsenbein, président de la Diète. — Révolution radicale dans le canton de Genève. — Nos relations avec les cours de Vienne, de Berlin et de Pétersbourg sur les affaires de Suisse. — Mon insistance pour que nous nous entendions aussi avec l'Angleterre. — Le duc de Broglie ambassadeur à Londres. — Ses conversations avec lord Palmerston. — Négociations sur un projet de note identique et de médiation à présenter par les cinq puissances à la Diète helvétique et au Sonderbund. — La guerre civile éclate en Suisse. — M. Peel chargé d'affaires d'Angleterre en Suisse. — Défaite du Sonderbund. — Présentation tardive de la note identique des cinq puissances. — Vues des cours de Vienne et de Berlin. — Le comte de Colloredo et le général Radowitz à Paris. — Notre attitude envers eux. — Résumé de nos vues et de nos actes envers la Suisse à cette époque.

Toutes les fois qu'il était question de la Suisse, et avant même que ses affaires nous fussent devenues un grave embarras, le roi Louis-Philippe ne m'en parlait jamais qu'avec un mélange de vraie bienveillance et de vraie inquiétude : « Beau pays, me disait-il, et bon peuple! vaillant, laborieux, économe; un fond de traditions et d'habitudes fortes et honnêtes. Mais ils sont bien malades; l'esprit radical les travaille; ils ne se contentent pas d'être libres et tranquilles; ils ont des ambitions de grand État, des fantaisies systématiques de nouveau gouvernement. Dans mes jours de mauvaise fortune, j'ai trouvé chez eux la meilleure hospitalité : tout en en jouissant, je voyais, bien à regret, fermenter parmi eux des idées, des passions, des projets de révolution analogue à la nôtre, et qui ne pouvaient manquer d'attirer sur eux, d'abord la guerre civile, puis la guerre étrangère. Et le pire, c'est qu'une fois lancés dans les crises révolutionnaires, les Suisses sont trop divers et ne sont pas assez forts pour en sortir par eux-mêmes et pour refaire à eux seuls leur organisation d'État et leur gouvernement; il faut que le rétablissement de l'ordre intérieur leur vienne du dehors. Triste remède que l'intervention étrangère, même quand, pour le moment, elle sauve; le fardeau devient bientôt insupportable pour le sauveur comme pour le sauvé; les peuples n'aiment pas longtemps leur sauveur, pas plus que Martine n'aime le voisin qui vient la protéger contre le bâton de Sganarelle. Gardons-nous d'intervenir, mon cher ministre, en Suisse comme en Espagne; empêchons que d'autres n'interviennent; c'est déjà un assez grand service; que chaque peuple fasse lui-même ses affaires et porte son fardeau en usant de son droit. »

Depuis l'ouverture du xix⁰ siècle, les faits ont donné raison, en Suisse, à la pensée du roi Louis-Philippe. Séduits par l'exemple et emportés dans la tempête de la révolution française, les Suisses ont voulu avoir aussi la république une et indivisible; l'unité de l'État et du pouvoir républicain est devenue la passion du parti radical. C'était méconnaître étrangement la géographie et l'histoire. Entre ces petites populations, diverses de race, de langue, d'habitudes et d'intérêts quotidiens, séparées par leurs montagnes, leurs glaces et leurs lacs, l'indépendance commune et défensive contre l'ambition de leurs voisins était le seul principe naturel d'union, et la confédération le seul régime naturel et efficace pour la garantie de l'indépendance. Les Suisses avaient dû à ce régime leurs victoires vers l'orient sur l'Autriche, vers l'occident sur la Bourgogne, et, après ces victoires, leur importance au milieu des rivalités de leurs grands voisins. La confédération des cantons avait survécu même aux dissensions intérieures et aux guerres religieuses du xvi⁰ siècle. Le régime unitaire ne peut s'établir et ne s'est établi nulle part que par le triomphe d'une force très-supérieure, venue du dehors ou née au dedans, qui dompte et soumet les forces rivales. Malgré leur inégalité, aucun des cantons suisses ne possédait, au-dessus de ses confédérés, une telle force et ne pouvait accomplir une telle œuvre ; la confédération était nécessaire pour repousser les conquérants extérieurs, et nul conquérant intérieur n'était possible. La république une et indivisible était, en Suisse, un plagiat politique, une manie révolutionnaire, suscitée par le désir et le besoin de réformer les abus de l'ancien régime, mais aussi contraire à la nature des faits qu'à l'indépendance des cantons, et dont, au bout de quatre ans, la Suisse, après en avoir reçu tous les maux de la guerre civile et de la guerre étrangère, avait grande hâte de sortir.

Mais il est plus aisé de faire l'anarchie que d'en sortir, et si les vieux gouvernements tués par les révolutions ne peuvent ressusciter, les révolutions ont grand'peine à enfanter les gouvernements nouveaux dont les sociétés ne peuvent se passer. Et cet enfantement n'est nulle part plus difficile que dans les petits États, où les passions et les intérêts locaux et individuels tiennent plus de place et exercent plus d'influence. Pour se pacifier et se reconstituer après son essai de la république une et indivisible, la Suisse eut besoin d'une sagesse et d'une force étrangère. Napoléon, alors premier consul, les lui apporta ; il dit aux Suisses : « Vous vous êtes disputés trois ans sans vous entendre. Si l'on vous abandonne plus longtemps à vous-mêmes, vous vous tuerez trois ans sans vous entendre davantage. Votre histoire prouve d'ailleurs que vos guerres intestines n'ont jamais pu se terminer que par l'intervention amicale de la France. Il est vrai que j'avais pris le parti de ne me mêler en rien de vos affaires ; j'avais vu constamment vos différents gouvernements me demander des conseils et ne pas les suivre, et quelquefois abuser de mon nom selon leurs intérêts et leurs passions. Mais je ne puis ni ne dois rester insensible aux malheurs auxquels vous êtes en proie; je reviens sur ma résolution. Je serai le médiateur de vos différends; mais ma résolution sera efficace, telle qu'il convient au grand peuple au nom duquel je parle [1]. »

Napoléon disait vrai, et il agit comme il avait parlé : Signé le 20 février 1803, et bel exemple d'une politique sensée, honnête et ferme, l'acte de médiation fut efficace. Il constitua la Confédération helvétique en rétablissant l'indépendance des cantons et de leurs gouvernements intérieurs. Il réforma les grands vices de l'ancien régime et consacra les bons résultats de la crise révolutionnaire en affranchissant les populations sujettes qui formèrent des cantons indépendants, et en abolissant les priviléges de classes, de religions ou de personnes. La Suisse a dû à l'acte de médiation douze années d'ordre et de progrès.

A la chute de Napoléon, elle retomba dans le trouble intérieur et l'avenir précaire. Compromise et désolée par les guerres de ses grands voisins, son plus pressant intérêt était d'être mise à l'abri de ce péril; la paix sur son territoire était, pour elle, l'indispensable condition de l'indépendance. Elle ne pouvait se l'assurer par elle-même ni apporter avec sécurité, dans sa constitution territoriale et fédérale, les changements qu'ap-

---

[1] M. Thiers, *Histoire du Consulat et de l'Empire*, t. IV, p. 239.

pelait le nouvel état de l'Europe. Elle reçut de la puissance européenne alors dominante, le Congrès de Vienne, la garantie de sa neutralité, l'accession de trois nouveaux cantons à la Confédération helvétique, l'apaisement de quelques-unes de ses difficultés intérieures; et le pacte fédéral de 1815, ainsi consacré par l'Europe, prit la place de l'acte de médiation de 1803. Le 27 mai 1815, la diète extraordinaire réunie à Zurich exprima officiellement « la gratitude éternelle de la nation suisse envers les hautes puissances qui lui rendent, avec une démarcation plus favorable, d'anciennes frontières importantes, réunissent trois nouveaux cantons à son alliance, et promettent solennellement de reconnaître et garantir la neutralité perpétuelle que l'intérêt général de l'Europe réclame en faveur du corps helvétique. Elle témoigne les mêmes sentiments de reconnaissance pour la bienveillance soutenue avec laquelle les augustes souverains se sont occupés de la conciliation des différends qui s'étaient élevés entre les cantons[1]. »

La révolution de 1830 en France ramena en Suisse une fermentation plus contenue que n'avait été celle de 1798, mais de même nature. A la suite de la restauration européenne de 1815, le vieil esprit aristocratique, reprenant dans plusieurs cantons une part de son empire, avait exploité à son profit le pacte fédéral et réveillé, par ses prétentions et ses abus, son adversaire naturel,

[1] *Actes du Congrès de Vienne*, page 228.

l'esprit d'abord libéral, bientôt radical. La république une et indivisible ne reparut point ; mais plusieurs révolutions cantonales s'accomplirent, empreintes d'un vif caractère démocratique, et le désir d'une réforme dans le pacte fédéral se prononça hautement. Donner à l'opinion générale du pays plus d'efficacité et à son pouvoir central plus de force dans les affaires de sa compétence, tout en maintenant le régime de la confédération et l'indépendance des cantons dans leurs affaires intérieures, tel était le but avoué et légitime de la réforme réclamée. Préparé de 1831 à 1833 par une commission qui réunissait les hommes les plus éclairés de la Suisse, et discuté dans deux diètes extraordinaires, ce travail, dont M. Rossi fut le rapporteur, n'aboutit à aucun résultat : la Suisse ne sut pas accomplir par elle-même les innovations dont elle sentait le besoin, et, devant cet échec de l'esprit réformateur et légal, l'esprit radical et révolutionnaire rentra dans l'arène, ardent à faire triompher le régime unitaire, sans oser pourtant substituer de nouveau la république une et indivisible à la confédération.

Aucune intervention étrangère n'avait gêné la Suisse dans ses mouvements intérieurs et son travail de réforme. Dès 1830 et à plusieurs reprises, le gouvernement français avait déclaré que sur ses frontières, en Suisse comme en Belgique et en Piémont, il n'admettrait de la part des autres puissances aucune intervention sans intervenir lui-même, au risque des conséquences. A la faveur de cette déclaration, les révolutions dans le gouvernement de plusieurs cantons suisses et les délibérations des diètes helvétiques pour la révision du pacte fédéral s'étaient accomplies sans que, du dehors, aucun obstacle vînt les entraver. Mais, en même temps, le gouvernement français avait exprimé à la Suisse ses doutes sur l'opportunité immédiate de cette révision, et il avait fortement insisté sur la nécessité de ne porter aucune atteinte aux bases essentielles du pacte fédéral, principe et condition de la neutralité que l'Europe avait garantie à la Suisse. Les divers cabinets français de 1830 à 1840, le général Sébastiani, le duc de Broglie, l'amiral de Rigny, M. Thiers, dans leurs instructions diplomatiques, avaient tenu le même langage et adressé à la Suisse les mêmes conseils. La Suisse ne les avait pas toujours accueillis avec justice et convenance : la susceptibilité fière en fait d'indépendance nationale est naturelle et respectable chez les petits peuples comme chez les grands ; mais ni chez les petits ni chez les grands, elle n'autorise à méconnaître le droit public et l'amitié vraie. Les réfugiés politiques italiens, polonais, belges, français, qui avaient échoué chez eux dans leurs entreprises d'insurrection ou de conspiration, abondaient en Suisse, et poursuivaient de là, comme d'un asile inviolable, leurs desseins révolutionnaires. Excité et fortifié par eux, le parti radical suisse devenait de plus en plus agressif ; le parti modéré se montrait embarrassé et timide. Plus d'une fois les attaques et les menaces des uns, l'hésitation et la faiblesse des autres altérèrent et furent sur le point de compromettre gravement les relations de la Suisse avec ses voisins, même avec la France. On s'étonnerait aujourd'hui, on sourirait peut-être si je rappelais ici quelques traits des violences d'attitude et de langage dont le gouvernement français fut l'objet en Suisse à cette époque ; mais, à travers ces querelles et ces embarras de voisinage, la politique française envers la Suisse resta toujours la même, amicale autant que sincère dans ses conseils, et attentive à respecter elle-même comme à maintenir en Europe la neutralité et l'indépendance de la Confédération.

Dès mon entrée au ministère des affaires étrangères, j'eus un vif sentiment des devoirs et des difficultés de cette situation : elle était peut-être plus délicate pour moi que pour tout autre : j'avais été élevé en Suisse ; j'en avais emporté d'affectueux souvenirs ; j'y conservais des amis personnels ; je portais à la Suisse, après les années de jeunesse et d'étude que j'y avais passées, la même bienveillance que le roi Louis-Philippe après l'hospitalité qu'il y avait reçue. Je suivais avec sollicitude les agitations de son état intérieur. En 1844, notre ambassadeur auprès de la Confédération, le comte de Pontois m'écrivait qu'un changement favorable s'opérait, dans certains cantons, au profit des principes conservateurs : « Je m'en félicite, lui répondis-je[1] ; j'hésite pourtant à le faire sans réserve ; car je

---

[1] Le 17 juillet 1844.

ne saurais oublier ce qu'il y a de mobile dans la politique des cantons suisses, et parfois de soudain dans les revirements qui en signalent l'instabilité, selon qu'au milieu de la lutte continuelle des partis, le pouvoir ou l'influence revient à telles ou telles idées et à tels ou tels hommes. Les nombreuses réactions de ce genre que nous avons vues depuis quinze ans sont de nature à conseiller beaucoup de réserve à cet égard. »

Des événements récents justifiaient mon inquiétude. A peu d'intervalle l'un de l'autre, deux mouvements révolutionnaires, l'un d'absolutisme, l'autre de radicalisme, éclatèrent en Suisse, l'un dans le canton du Valais, l'autre dans celui d'Argovie. Dans le Valais, le parti catholique, maître du pouvoir après un court accès de guerre civile, ordonna la révision de la constitution cantonnale et décréta : « que la religion catholique romaine aurait seule un culte, et que le culte protestant ne serait plus toléré, même en chambre close. » Trois ans auparavant, le canton d'Argovie avait aussi révisé et modifié sa constitution : mécontents du résultat, les catholiques, nombreux quoiqu'en minorité dans ce canton, essayèrent de résister ; leur insurrection fut aisément réprimée, et aussitôt, sans se soucier de l'article 12 du pacte fédéral[1], le grand conseil d'Argovie décréta l'abolition de tous les couvents

---

[1] Cet article porte : « L'existence des couvents et chapitres et la conservation de leurs propriétés, en tant qu'elle dépend des gouvernements des cantons, sont garanties. Ces biens sont sujets aux impôts et contributions publiques, comme toute autre propriété particulière.

du canton et la confiscation de leurs biens : « Ces moines sont si adroits, dit à notre ambassadeur l'un des principaux radicaux argoviens, qu'en justice on n'aurait pu rien prouver contre eux. » Plusieurs des couvents d'Argovie étaient fort riches; la valeur des biens du couvent de Muri s'élevait, dit-on, à sept millions de francs.

Appelé à régler, en présence de ces faits, l'attitude et le langage de notre ambassadeur en Suisse, je n'avais aucun embarras à exprimer mon sentiment sur les violences fanatiques des catholiques valaisans; j'écrivis à M. de Pontois[1] : « Je regrette infiniment les idées d'intolérance qui ont prévalu dans la révision de la constitution du Valais; l'opinion publique les réprouverait partout; et quant au Valais en particulier, leur application ne saurait être propre qu'à y créer un nouveau genre de discorde. Les institutions ne sont bonnes qu'à la condition de garantir tous les droits et tous les intérêts. Je souhaite bien sincèrement que la tranquillité se raffermisse de plus en plus dans le Valais; mais quelque affaibli que soit maintenant le parti radical, il me serait difficile de ne pas redouter tôt ou tard de fâcheuses réactions si l'on persévère dans les voies où l'on est entré. » Envers le canton d'Argovie et son abolition des couvents en confisquant leurs biens, notre situation n'était pas si simple. Quand des mesures de cette sorte ont reçu leur exécution, quand le temps les

---

[1] Le 30 septembre 1844.

a confirmées et soustraites à toute réaction directe en en dispersant les résultats au sein de la société civile, c'est pour les gouvernements un devoir comme une nécessité de les accepter à titre de faits accomplis et de les mettre hors de toute contestation. Mais quand on considère de tels actes de loin, à cette lumière tranquille que le temps répand sur les faits et fait pénétrer dans les âmes, il est impossible de ne pas y voir de graves atteintes portées à la liberté et à la propriété, dans les accès du despotisme révolutionnaire. Que la liberté de réunion et d'association aboutisse à des associations charitables, ou religieuses, ou industrielles, ou savantes; que la propriété soit aux mains d'associations ou d'individus, et qu'elle leur ait été acquise par eux-mêmes ou transmise par la libre volonté d'autrui; que ces diverses manifestations de la liberté et ces diverses formes de la propriété puissent être, de la part de l'État, l'objet de certaines conditions ou garanties spéciales; elles n'en conservent pas moins leur originaire et grand caractère; les principes naturels et les droits essentiels de la liberté et de la propriété n'en restent pas moins engagés dans leur cause; l'abolition des associations religieuses et la confiscation de leurs biens n'en sont pas moins des violations flagrantes de ces principes et de ces droits. Quand le tremblement de terre a renversé une ville, on reconnaît les vices de son ancien état; on la rebâtit plus saine et plus belle; mais on n'érige pas le tremblement de terre en architecte public; on ne cherche pas dans ses coups destructeurs les lois de la construction et de l'existence des cités.

Même quand elles sont contestées et violées, ces vérités élémentaires ne s'éteignent pas complétement dans l'âme des hommes : telle était en Suisse, même au milieu de la fermentation révolutionnaire, la perplexité des esprits sur ces graves questions de propriété et de liberté, que, lorsque sept cantons catholiques réclamèrent devant la Diète fédérale contre l'abolition et la spoliation des couvents ordonnée par le canton d'Argovie, cette assemblée hésita longtemps, soit à condamner, soit à approuver la mesure. On essaya de négocier avec le canton radical qui mettait la Diète dans ce triste embarras, et le grand conseil d'Argovie lui-même, tout à la fois opiniâtre et embarrassé, consentit au rétablissement de trois couvents de femmes, en maintenant l'abolition des couvents d'hommes et la confiscation de leurs biens. C'était trop peu pour panser la blessure qu'avaient reçue le pacte fédéral et la Confédération : les modérés de la Suisse n'étaient pas assez fermes pour protéger efficacement le droit, ni les radicaux d'Argovie assez osés pour proclamer et pratiquer sans réserve le principe de leurs violences : la Diète ne sut que laisser tomber la question en laissant subsister le mal ; les animosités religieuses se joignirent aux rivalités politiques, et les catholiques se virent en Suisse aux prises avec les protestants, comme les conservateurs avec les radicaux.

Une nouvelle question, sinon plus grave, du moins

plus vive que celle des couvents, vint étendre et passionner encore plus la lutte : le grand conseil de Lucerne résolut d'appeler les jésuites et de leur confier, dans le canton, l'instruction publique. En principe, il pouvait et devait se croire en droit de prendre une telle mesure ; la liberté d'enseignement était l'une de celles que réclamait partout en Europe le parti radical ; les partisans des jésuites pouvaient l'invoquer aussi bien que leurs adversaires, et, dans un canton catholique, leur appel à ce titre n'avait rien d'étrange ; toutes les questions relatives à l'instruction publique étaient essentiellement et avaient toujours été considérées comme appartenant à l'administration cantonale. Les faits étaient en Suisse, à cet égard, en accord avec les principes : dans les cantons du Valais et de Fribourg, les jésuites avaient des établissements d'éducation formellement reconnus et acceptés. Dans le canton de Zurich, le parti radical venait d'exercer, en sens contraire, le même droit; il avait appelé à la chaire d'histoire et de doctrine chrétienne le professeur Strauss, célèbre par son hostilité contre l'histoire évangélique et le dogme chrétien. Le scandale fut grand dans le canton ; un mouvement populaire éclata, et le docteur Strauss ne put venir professer effectivement à Zurich ; mais, nommé à vie, il n'en resta pas moins en possession de sa chaire et, sous des noms moins compromis que le sien, ses idées envahirent l'enseignement public zurichois, sans que le droit de le régler ainsi fût contesté au gouvernement cantonnal. Les sentiments et les actes divers qui prévalaient dans les divers cantons se provoquaient mutuellement; l'abolition et la confiscation des couvents dans le canton d'Argovie avaient puissamment contribué à déterminer l'appel des jésuites à Lucerne; même dans ce dernier canton, les jésuites ne manquaient pas d'adversaires qui, sous le nom de corps francs, se soulevèrent vers la fin de 1844 contre le gouvernement local. Ils furent aisément et promptement réprimés : la foi et la cause catholiques étaient en immense majorité dans ce canton. Leur victoire suscita, dans les cantons protestants, chez les hommes passionnés une violente irritation, chez les prudents une grande inquiétude. Un mouvement révolutionnaire éclata dans le canton de Vaud et mit le gouvernement de ce canton entre les mains des radicaux : ils ne se contentèrent pas de dominer sur leur propre territoire; ils résolurent d'aller soutenir la cause radicale là même où elle était en minorité et venait d'être vaincue : en mars et en avril 1845, de nouveaux et nombreux corps francs se formèrent dans les cantons de Vaud, de Berne, d'Argovie, de Soleure, et se portèrent en armes contre le canton de Lucerne qui s'était mis en énergique défense. Ceux-là aussi furent défaits et dispersés; plusieurs de leurs chefs demeurèrent prisonniers, et, dans l'orgueilleuse joie de sa victoire, le gouvernement de Lucerne ordonna l'exécution effective de la mesure qui avait suscité la guerre civile : les jésuites prirent possession, à Lucerne, de l'établissement qui leur était confié.

Nous n'étions pas restés spectateurs indifférents de tels troubles chez un peuple ami et sur notre frontière. Dès que j'appris l'insurrection des premiers corps francs dans le canton même de Lucerne, j'en témoignai au comte de Pontois mon inquiétude [1] : « Le gouvernement de Lucerne a triomphé et avec lui la cause de l'ordre; nous avons été heureux de l'apprendre. Mais il est fâcheux que l'appel des jésuites ait été la cause ou l'occasion des événements qui ont troublé la paix de ce canton. Au point de vue général de la Suisse, j'avais pressenti le danger d'une telle mesure : elle ne pouvait paraître qu'une sorte de défi jeté par l'opinion catholique et conservatrice à l'opinion protestante et radicale. L'incendie heureusement éteint à Lucerne aurait pu, s'il s'était prolongé, embraser toute la Suisse en donnant carrière à des interventions opposées, ainsi qu'a dû le faire craindre l'attitude de Berne et des autres cantons radicaux; une guerre civile risquait ainsi d'éclater au sein de la Confédération, et d'attirer, sur son existence même, d'incalculables périls. » Six semaines plus tard, les chances de guerre civile étaient devenues des faits; j'écrivis sur-le-champ à M. de Pontois [2] : « Ce qui se passe en Suisse ajoute chaque jour aux inquiétudes qu'inspirait déjà la situation critique de ce pays. La révolution qui vient de triompher à Lausanne, et devant laquelle le gou-

---

[1] Les 26 décembre 1844 et 3 mars 1845.
[2] Les 19 février et 3 mars 1845.

vernement légal a été forcé d'abdiquer, a surtout cela de fâcheux qu'elle a été accomplie par l'intervention oppressive des corps francs. On écrit de Genève que le parti radical en prépare une semblable dans cette ville par les mêmes moyens, et que, de tous côtés, des bandes organisées sans l'aveu des gouvernements sont prêtes à seconder les violences du parti qui prétend imposer sa volonté aux grands conseils des cantons et à la Diète elle-même. Un tel état de choses ne saurait être toléré, car il ne tend à rien moins qu'à la destruction du pacte fédéral et au renversement de la souveraineté cantonnale, pour substituer à son action légitime et régulière l'action désordonnée de la force brutale, le despotisme des masses à la liberté, l'anarchie et les horreurs de la guerre civile au règne paisible des institutions protectrices de l'ordre social. Je ne parle pas, Monsieur le comte, de tout ce qu'une pareille situation aurait d'irrégulier et d'alarmant au point de vue européen, ni par conséquent des devoirs qu'elle imposerait aux puissances intéressées à la conservation de la tranquillité de la Confédération suisse. Leur attention est déjà éveillée sur la situation de ce pays et par la gravité des périls qui le menacent. Il n'est, à cet égard, point de remède plus pressant, point de mesure plus impérieusement urgente que la suppression des corps francs et l'adoption de moyens énergiques pour en prévenir le renouvellement. C'est donc avec les plus vives instances, c'est avec le profond sentiment de la grandeur du mal, c'est au nom des plus chers intérêts de la

Suisse que nous adjurons le Directoire fédéral, la diète, tous les hommes influents qui veulent le bien de leur patrie, de ne pas perdre de temps pour travailler à extirper de son sein cette cause funeste de dissolution et de ruine. Vous êtes autorisé à donner lecture de cette dépêche à M. le président du Directoire fédéral, et même à lui en laisser copie. »

C'était là, à coup sûr, un langage aussi affectueux que sincère. J'avais à cœur d'éveiller en Suisse un vif sentiment du droit et du devoir fédéral, du mal et du péril national. La diplomatie est souvent sèche et froide, au risque d'être vaine : elle parle souvent pour avoir parlé plutôt que pour agir, et elle est plus préoccupée de satisfaire aux convenances de la situation qu'elle veut garder que de poursuivre réellement le succès de la cause qu'elle soutient. Je ne fais nul cas de cette routine superficielle et stérile : il y a des temps pour attendre et des temps pour agir ; quand c'est le temps d'attendre, il faut attendre patiemment ; quand c'est le temps d'agir, il faut agir efficacement ; et, quand on a l'honneur de représenter un grand gouvernement et un grand peuple, rien ne simplifie et ne fortifie autant la politique que de l'exprimer et de la pratiquer, non par manière d'acquit et pour l'apparence, mais sérieusement et pour l'effet. Je ne me dissimulais pas que la franchise de mes avertissements pourrait fournir aux radicaux suisses des prétextes pour prétendre que nous portions atteinte à l'indépendance de leur patrie et pour alarmer, à ce titre, la susceptibilité nationale ;

ils n'eurent garde en effet d'y manquer, au sein de la diète comme dans leurs appels quotidiens à l'émotion populaire. Mais j'aimais mieux subir cet inconvénient que ne pas tenter un effort sérieux pour prêter, à la bonne cause en Suisse, un appui sérieux aussi et conforme à l'intérêt comme aux maximes de la politique française.

En même temps que je signalais à la Suisse les périls où la poussaient les radicaux, je n'étais pas moins attentif à ceux que soulevaient les passions catholiques. J'appelai sur ce point la sollicitude de la cour de Rome. La question y avait déjà été portée, et le pape avait répondu comme on devait s'y attendre : « Que me demande-t-on ? Le canton de Lucerne est dans son droit quand il appelle les jésuites pour des établissements d'instruction publique ; c'est le vœu de la grande majorité de sa population. Ils ont déjà été appelés et ils sont établis dans d'autres cantons. S'il y a une lutte religieuse à soutenir et des périls à courir, ils y sont prêts et c'est leur devoir de ne pas s'y soustraire. Je ne puis interdire à une congrégation catholique de se rendre, pour remplir sa mission naturelle, là où une population catholique l'appelle, et dans un pays où jusqu'ici elle a été admise. » Le pape aussi était dans son droit en tenant ce langage ; mais, à côté du droit et en le maintenant, la cour de Rome avait coutume de tenir aussi compte de la prudence ; j'écrivis à M. Rossi[1] : « Je ne suis pas content de ce qui

---

[1] Le 6 juin 1845.

me revient de Lucerne. On s'y échauffe. Le mauvais accueil, presque les mauvais traitements que les Lucernois en voyage reçoivent dans les cantons de Berne, Argovie, Soleure, etc., raniment l'irritation. L'idée court à Lucerne d'installer soudainement les jésuites, pour qu'à l'ouverture prochaine de la diète, ce soit un fait accompli. Le provincial de Fribourg est venu examiner les bâtiments destinés à ses pères, pour faire commencer les réparations. La diète sera grosse et tout y tient à un fil. Que le canton de Genève lâche pied, il y aura majorité contre les jésuites. Le sort de Loyola en Suisse dépend en ce moment de Calvin. Il est impossible que Rome ne trouve pas là de quoi penser. »

Dès que j'appris que l'idée qui courait à Lucerne avait en effet été mise en pratique et que les jésuites venaient d'y être installés, j'écrivis au comte de Pontois[1] : « Le gouvernement du roi a appris avec un profond sentiment de regret et d'inquiétude un événement qui, dans l'état actuel de l'opinion et des partis en Suisse, peut avoir de si dangereuses conséquences pour la tranquillité de la confédération. Les précautions militaires que les magistrats de Lucerne ont cru devoir adopter pour assurer l'exécution de cette mesure prouvent assez qu'ils ne s'en dissimulaient ni la gravité ni le péril; et dès lors on éprouve un pénible étonnement en les voyant affronter et provoquer en quelque sorte, sans nécessité, des compli-

[1] Le 9 juillet 1845.

cations comme celles qu'il n'est que trop naturel de prévoir après ce qui s'est passé et en présence de ce qui existe. Personne assurément ne respecte plus que nous le principe et les droits de la souveraineté cantonnale; toutefois nous croyons, nous avons toujours cru qu'à côté de ces droits il y a, pour chaque canton, des devoirs non moins sacrés et non moins évidents; nous croyons qu'essentiellement intéressé au maintien de la paix générale et au bien-être de la commune patrie, chaque canton doit éviter tout ce qui serait de nature à la précipiter dans des voies de perturbation et de guerre civile, dût-il en coûter quelque chose à des sentiments, même à des droits dont, en pareil cas, un patriotisme généreux autant qu'éclairé n'hésite pas à faire le sacrifice à l'intérêt de la confédération tout entière. En résumé, Monsieur le comte, nous regardons comme aussi dangereuse qu'intempestive la résolution en vertu de laquelle le gouvernement de Lucerne a donné suite à son décret d'appel des jésuites. Nous aurions vivement désiré qu'il fût possible de la prévenir; nous avons tenté, dans ce but, tout ce qui dépendait de nous. Nous souhaitons sincèrement que les pressentiments trop légitimes que fait naître un tel événement ne se réalisent point; mais nous pouvons du moins nous rendre le témoignage que nous n'avons pas été les derniers à signaler le danger, et qu'il n'a pas dépendu de nous qu'il fût conjuré. »

Les conséquences suivirent de près l'acte. En janvier 1846, une révolution éclata dans le canton de

Berne et, malgré la résistance non-seulement des conservateurs, mais de quelques chefs radicaux plus modérés que leur cortége, elle mit le pouvoir aux mains des plus ardents. Au mois d'octobre suivant, le même événement s'accomplit dans le canton de Genève, plus violemment encore dans les procédés et les effets. L'esprit révolutionnaire et unitaire était en agression hardie dans la plupart des cantons. Un crime odieux vint souiller son progrès et porter au comble l'irritation comme les alarmes de ses adversaires : le chef rustique, honnête et respecté du peuple catholique dans le canton de Lucerne, M. Jacob Leu d'Ebersol, fut traîtreusement assassiné dans son lit. Au souffle de l'indignation populaire et devant la guerre civile en perspective, le parti menacé résolut de se mettre en défense et de s'organiser : sous le nom de *Sonderbund* (alliance particulière), les sept cantons essentiellement catholiques, Lucerne, Uri, Schwytz, Unterwalden, Zug, Fribourg et le Valais, s'unirent en confédération particulière, « s'engageant à se défendre mutuellement aussitôt que l'un d'entre eux serait attaqué dans son territoire ou dans ses droits de souveraineté, conformément au pacte fédéral du 7 août 1815 et aux anciennes alliances. » Quoique toujours considérées comme exceptionnelles et regrettables, ces sortes d'alliances formées dans un but spécial entre certains cantons, au sein de la confédération générale, n'étaient pas sans exemple, et sans exemple récent, dans l'histoire de la Suisse : dès 1832, les cantons où prévalait l'esprit d'innovation s'étaient unis par un concordat de garantie mutuelle, et les sept cantons opposés avaient institué à Sarnen, dans le canton d'Unterwalden, une conférence chargée de veiller à leurs intérêts et à leur action commune. En présence de ces associations particulières, la Diète helvétique, ordinaire ou extraordinaire, avait grand'peine à vider les questions portées devant elle et à maintenir l'ombre de l'autorité centrale et de la paix publique; à mesure que les événements et les forces mutuelles des partis se développaient, les radicaux dominaient de plus en plus dans la diète,. surmontaient les hésitations ou les scrupules des modérés, et acquéraient ainsi l'ascendant comme la situation d'un gouvernement national et légal aux prises avec une minorité séditieuse. Au printemps de 1847, les choses en étaient venues à ce point, et le chef du parti radical dans le canton de Berne, naguère chef des corps francs battus par Lucerne, M. Ochsenbein était élu président de la diète près de se réunir. L'esprit qu'il devait porter dans le gouvernement se manifesta sans réserve dans ses relations diplomatiques comme dans ses actes publics : M. de Boislecomte, qui avait succédé, comme ambassadeur de France en Suisse, à M. de Pontois, eut de lui, le 4 juin, une première audience ; après les démonstrations officielles, « une longue conversation s'engagea entre nous, m'écrivit-il [1]; et au thème sur lequel M. Ochsenbein l'établit, je pus reconnaître l'assu-

[1] Le 4 juin 1847.

rance qu'avaient prise les radicaux. — « Nous n'avons en Suisse, me dit-il, qu'une affaire, mais il faut qu'elle ait sa fin. La grande majorité des habitants veut la dissolution du Sonderbund et l'expulsion des jésuites de toute la Suisse. Il faut que cette volonté de la majorité soit satisfaite. — Mais c'est la guerre civile, lui dis-je. — On doit préférer un mal moindre que la présence des jésuites en Suisse. — Vous parlez bien tranquillement de la guerre civile. — Que voulez-vous? Une fois engagée, il faut que la question soit vidée ; il faut que le pacte fédéral soit observé. — Mais le pacte fédéral ne prononce pas l'expulsion des jésuites; il me semble, au contraire, qu'il garantit l'existence des couvents, au nombre desquels était alors l'établissement des jésuites dans le Valais. — Le pacte dit que la diète doit pourvoir à la sûreté de la Suisse : les jésuites compromettent cette sûreté ; la majorité prononcera leur expulsion. — Probablement la minorité n'obéira pas, et elle opposera une résistance qu'elle aussi elle appellera légale, puisqu'elle soutiendra que la majorité attaque son indépendance. Vous entreprenez une rude tâche. Vous allez retrouver les descendants des premiers Suisses; ils vous combattront comme leurs ancêtres ont combattu leurs oppresseurs dont vous prenez en ce moment le rôle. Vous allez combattre les convictions politiques et religieuses les plus profondes. Et avec quoi? —Moi aussi, j'ai vu des convictions sincères et profondes; j'ai vu dans les corps francs des pères de famille qui avaient tout quitté et allaient se faire tuer pour une idée. Au reste, il n'y aura peut-être pas de guerre du tout; il est fort possible qu'une fois se voyant condamnés par la majorité, ils se soumettent. S'ils ne le font pas, il faudra bien que la guerre décide. »

« Il perçait, dans les paroles de M. Ochsenbein, un désir évident d'une revanche contre les Lucernois vainqueurs des corps francs, et je reconnaissais avec surprise combien il avait peu de sentiment de la valeur morale de son action qui reste encore, à ses yeux, *juste sans être légale*, et dont il parle presque sans aucun embarras. Je lui exprimai vivement le profond sentiment d'affliction et de répugnance avec lequel je le voyais accepter si résolument le parti de la guerre civile. — « Ne sommes-nous pas en guerre? me dit-il; eh bien! il vaut mieux en finir une bonne fois : que les armes prononcent et nous donnent enfin la paix. — Qui vous empêcherait d'avoir la paix en Suisse dès ce moment? Laissez chacun vivre comme il lui plaît; respectez l'indépendance de chaque canton et vous aurez la paix. — Cette paix n'est pas possible : quand nous aurons détruit le Sonderbund et expulsé les jésuites, alors il y aura en Suisse une paix véritable. — Tenez, monsieur Ochsenbein, voulez-vous que je vous dise ce qui m'effraye quand vous parlez? C'est que ce n'est pas vous qui parlez. Je vous l'assure : j'aurais confiance en M. Funk, en vous, en tout ce qui est gouvernement; mais vous êtes poussé par d'autres, vous servez d'instrument à des projets et d'interprète à des sentiments qui ne sont pas les vôtres. Que voulez-vous que nous pensions quand nous considérons ce que veulent ceux qui vous poussent? Ils veulent l'unité de la Suisse et substituer une grande république unitaire à la Suisse des traités, à la Suisse fédérale, à laquelle seule l'Europe a conféré le bienfait de la neutralité. — Nous avons le droit de réformer notre pacte comme bon nous semble. — Ceci n'est pas le pacte, c'est le traité, et c'est là ce qui m'effraye. Avec l'ascendant que vous laissez prendre à votre club de l'*Ours*, on ne peut plus compter sur rien. Ne les voilà-t-il pas maintenant qui ont trouvé une théorie toute nouvelle? Ils voient qu'ils auront, dans la diète, douze voix pour le principe contre le Sonderbund, mais qu'ils ne les auront pas pour l'exécution du principe par la guerre ; eh bien ! ils soutiennent que, dès que le principe est prononcé, l'exécution appartient au *vorort;* et après avoir hautement proclamé le règne de la majorité, ils se passeront d'elle du moment où elle se refusera à servir leurs projets. Ils vous pressent en ce moment d'adopter leur nouveau principe. » — Je savais que, lundi dernier, ce principe avait été en effet posé dans le club de l'*Ours*, et accepté par M. Ochsenbein. Je m'arrêtai un instant pour lui laisser le temps de répondre. — « Ils vous pressent, lui dis-je, ils vous forceront. — Les choses n'en viendront pas là, reprit-il; le peuple forçait le dernier gouvernement parce qu'il voyait que ce gouvernement avait une conduite double, comme il l'a eue dans l'affaire des corps francs. Avec nous, il n'y a pas de contrainte à craindre : le peuple a confiance ; il sait que nous sommes de bonne foi et dévoués à sa cause; aussi les voies légales nous suffisent. Mais nous reconnaîtrons pour voie légale tout ce que décidera la majorité. Dès lors, il ne peut y avoir proprement en Suisse de guerre civile, car, si vous la prenez dans le système fédéral, la guerre de la minorité contre la majorité n'est qu'une rébellion, et, dans le système cantonnal, il n'y a que des guerres d'État. »

Il était impossible de mettre plus complétement de côté les droits de la minorité, l'indépendance intérieure des cantons, le pacte fédéral, les conditions morales de la neutralité garantie à la Suisse par l'Europe, la liberté d'association, la liberté d'enseignement; on portait à toutes ces libertés la plus rude atteinte, au seul nom de la volonté et de la force de la majorité, même dans les questions d'éducation religieuse qui appartiennent essentiellement aux droits de la conscience et de la famille.

En présence d'un tel langage et de telles résolutions, la sollicitude des grandes puissances intéressées à la tranquillité de la Suisse et garantes de sa neutralité était grande. Je viens de dire dans quelle mesure j'avais, dès le premier moment, exprimé aux deux partis qui divisaient la confédération notre sentiment et nos conseils; quand je vis approcher la seconde attaque des corps francs levés dans les cantons radicaux contre le canton de Lucerne, je voulus m'assurer de la disposition des autres cabinets et leur faire connaître en même temps la nôtre. Comme prince et protecteur extérieur du canton de Neuchâtel, le roi de Prusse était le plus directement engagé dans la question ; j'écrivis au marquis de Dalmatie, alors notre ministre à Berlin [1] : « Si la guerre civile commence révolutionnairement en Suisse, nous ne devons, je crois, rien faire, ni même nous montrer disposés à rien faire avant que le mal se soit fait rudement sentir aux Suisses. Toute action extérieure qui devancerait le sentiment profond du mal et le désir sérieux du remède nuirait au lieu de servir. En aucun cas, aucune intervention matérielle isolée de l'une des puissances ne saurait être admise ; et, quant à une intervention matérielle collective des puissances, deux choses sont désirables : l'une, qu'on puisse toujours l'éviter, car elle serait très-embarrassante ; l'autre, que si elle doit jamais avoir lieu, elle n'ait lieu que par une nécessité évidente, sur le vœu, je dirai même sur la provocation d'une partie de la Suisse recourant à la médiation de l'Europe pour échapper à la guerre civile et à l'anarchie. Nous n'avons donc, quant à présent, qu'à attendre ; mais en attendant, nous avons besoin, je crois, de nous bien entendre sur cette situation et sur les diverses éventualités possibles ; car il ne faut pas que, si la nécessité de quelque action ou de quelque manifestation commune arrive, nous soyons pris au dépourvu. Parlez de ceci confidentiellement au baron de Bülow. Je n'ai pour mon compte aucune idée ar-

---

[1] Le 23 mars 1845.

rêtée, aucun plan à proposer ; mais je désirerais savoir ce que pense, des chances de cet avenir suisse, le cabinet de Berlin. »

J'adressai aux cabinets de Vienne et de Pétersbourg la même question avec les mêmes observations préalables, et j'envoyai au comte de Sainte-Aulaire copie de ma lettre au marquis de Dalmatie, en le chargeant de la communiquer à lord Aberdeen.

Le prince de Metternich ne se borna pas à accueillir avec empressement l'idée de l'entente à établir entre les puissances garantes de la neutralité helvétique ; il ne se contenta même pas de poser en principe que « si la diète, en empiétant sur les droits légitimes et de souveraineté des cantons, donnait le signal d'une guerre civile et de religion, les puissances rempliraient un véritable devoir de conscience envers elles-mêmes et d'amitié envers la Suisse en tâchant, par des déclarations franches, uniformes et faites en temps utile, de prévenir d'aussi graves malheurs ; » il nous proposa immédiatement l'adoption et le texte de cette dernière mesure : « Si M. Guizot, écrivit-il au comte Appony [1], vous demandait de connaître le canevas sur lequel, d'après notre opinion, de pareilles déclarations devraient être rédigées, vous lui répondriez que le formulaire suivant :

« Les cinq puissances regarderaient l'anéantissement du pacte de 1815, soit que cet anéantissement

[1] Le 20 mai 1845.

eût lieu d'une manière patente, soit qu'il s'effectuât à l'égide d'un arrêté de la Diète, outrepassant évidemment les attributions que le pacte assigne à l'autorité fédérale, comme un fait annulant les garanties que les actes du congrès de Vienne ont accordées à la Suisse ; — et cela, sans préjuger les mesures ultérieures que l'intérêt du maintien de l'ordre et de la paix en Europe pourrait forcer les puissances de prendre : » que ce formulaire, dis-je, nous paraîtrait suffire aux exigences du cas.

« De pareilles déclarations, étant toutes conçues sur le même modèle, serviraient à constater de nouveau, aux yeux des Suisses, l'accord qui règne entre les puissances pour ce qui regarde les affaires de leur patrie. Elles leur feraient connaître les conséquences immédiates, et pressentir celles ultérieures, plus sérieuses encore, que pourrait avoir pour eux l'abandon des principes sur lesquels leur position politique en Europe est fondée. »

C'était évidemment aller plus vite et plus loin que je ne le croyais opportun et que je ne l'avais indiqué ; la déclaration immédiatement proposée par M. de Metternich annonçait d'avance l'intervention si la Suisse ne se rendait pas immédiatement à nos représentations. J'écrivis à M. Eugène Périer[1], en ce moment chargé d'affaires à Vienne, pendant un congé de M. de Flahault : « Il n'y a lieu, je pense, quant à présent, à aucune

[1] Le 22 mai 1845.

action, à aucune manifestation collective et *unitaire*, si je puis ainsi parler, des grandes puissances envers la Suisse. Ce qui leur importe, c'est de se concerter sur tout ce qui peut arriver en Suisse, de manière à se former une résolution commune et à faire tenir par leurs représentants en Suisse une attitude prompte, identique et simultanée. Si des faits nouveaux et plus graves provoquaient les puissances à plus d'action et à une autre forme d'action, elles seraient là pour y pourvoir. Je me demande si, dans un système d'entente ainsi défini et limité, nous aurions, au moment actuel et tout d'abord, quelque initiative à prendre, quelque démarche à faire envers la Suisse. J'en doute. La diète ordinaire va se réunir en juillet. Les questions qui agitent la Suisse y reparaîtront et y amèneront Dieu sait quoi, qui amènera peut-être, pour les puissances, la nécessité de quelque manifestation, de quelque démarche concertée. Le prince de Metternich est, j'en suis sûr, aussi décidé que moi à ménager extrêmement la susceptibilité des Suisses en fait d'indépendance et de dignité nationale; elle leur est commune à tous, aux catholiques comme aux protestants, aux conservateurs comme aux radicaux, et toute influence qui blesse en eux ce sentiment se perd à l'instant, et nuit au lieu de servir. Pour qu'une action extérieure soit utile et efficace, il faut qu'elle soit évidemment nécessaire, provoquée par les faits, et invoquée, sinon à haute voix, du moins au fond du cœur, par tous les hommes modérés. Sous cette réserve, je reconnais que cette nécessité peut se présenter bientôt, et que, si elle se présente, il n'y faudra pas manquer. »

Comme nous en étions là, lord Cowley vint me communiquer une dépêche de lord Aberdeen qui semblait adhérer à la proposition que lui avait fait faire, comme à nous, le prince de Metternich. J'écrivis sur-le-champ à M. de Sainte-Aulaire [1] : « J'ai à faire quelques observations qui, je l'espère, frapperont un peu lord Aberdeen. Le résultat de cette proposition, si nous la convertissions en une démarche concertée, simultanée et actuelle des cinq puissances, serait, je pense : 1° *En principe,* de nous attribuer, à nous, puissances étrangères, le droit d'interpréter le pacte fédéral, en déclarant nous-mêmes que la question des jésuites n'est point du tout une question fédérale, et que la diète n'a nul droit de s'en occuper, ce qui me paraît excessif; 2° *En fait,* de blesser, dans tous les Suisses, conservateurs ou radicaux, le sentiment de l'indépendance nationale, et d'amener, dans la diète prochaine, un résultat contraire à celui que nous désirons. Il n'a manqué, vous le savez, dans la dernière diète, que la voix de Genève, pour former une majorité contre les jésuites et le Sonderbund : c'est-à-dire, comme je l'écrivais il y a trois jours à Rossi, que le sort de Loyola en Suisse dépend en ce moment de la sagesse de Calvin. Convenez que la sagesse de Calvin est bien à ménager. Dites tout cela, je vous prie, à lord Aberdeen, et demandez-

[1] Le 9 juin 1845.

lui s'il ne croit pas à propos de se tenir un peu sur la réserve. »

La réponse de lord Aberdeen ne se fit pas attendre : « Lord Cowley a mal compris ses instructions, me répondit sur-le-champ M. de Sainte-Aulaire[1], s'il y a vu l'intention de s'engager, avec le prince de Metternich, dans une campagne en faveur des jésuites. Rien de plus contraire à la pensée de lord Aberdeen. Il a adhéré aux bases de l'entente que le prince de Metternich a formulées en trois articles, et que vous avez vous-même approuvées; il n'a pas entendu aller plus loin. Et même, dans les conversations qu'il a eues avec le comte de Dietrichstein[2], il a signalé explicitement la question des jésuites comme ne devant être touchée qu'avec une extrême réserve. Pour sa part, « il verrait avec un extrême regret que la diète expulsât les jésuites; mais il n'est pas préparé à déclarer *a priori* que cet acte serait le renversement du pacte fédéral. » Probablement lord Cowley aura causé avec le comte Appony après avoir reçu sa dépêche, et ils l'auront interprétée en commun dans le sens autrichien. Mais lord Aberdeen m'a promis de lui écrire pour le contenir dans de justes bornes. En attendant, tenez pour certain qu'on ne vous poussera pas, d'ici, plus loin que vous ne voulez aller. »

Quand les événements eurent marché en Suisse selon leur pente, quand les révolutions radicales de Berne et

[1] Le 11 juin 1845.
[2] Alors ambassadeur d'Autriche à Londres.

de Genève firent pressentir comme très-probable et prochaine la formation, dans la diète, d'une majorité décidée à accomplir par la guerre civile l'expulsion des jésuites et la dissolution du Sonderbund, le prince de Metternich fit un pas de plus; il nous proposa[1] de donner à nos représentants en Suisse l'ordre de ne plus résider à Berne même, auprès du nouveau Directoire fédéral, et de déclarer en même temps, par des notes séparées mais identiques, « que les puissances, constamment disposées à entretenir avec la Confédération helvétique les relations les plus franches d'amitié et de voisinage, ne sauraient cependant vouer ces sentiments qu'au gouvernement central de la confédération qui asseoira sa marche sur la base sur laquelle cette même autorité est fondée, c'est-à-dire sur le pacte qui, en 1815, a constitué la Suisse en corps politique et de nation. »

Au moment même où le prince de Metternich nous adressait ces propositions, et avant de les avoir reçues, j'écrivais au comte de Flahault pour lui faire connaître avec précision nos propres vues, en le chargeant de les communiquer à M. de Metternich : « Depuis longtemps, lui disais-je[2], je pense mal de l'état et de l'avenir de la Suisse, comme de l'état et de l'avenir de toute société livrée aux idées et aux passions radicales. De plus, je ne vois pas dans la Suisse elle-même un prin-

---

[1] Par des dépêches des 11 et 16 octobre 1846, que le comte Appony me communiqua le 25 octobre.
[2] Le 22 octobre 1846.

cipe de réaction suffisant pour que cette société, par sa propre force, rebrousse chemin, et porte à son mal un remède efficace. Il y a sans nul doute, en Suisse, un grand nombre d'hommes sensés, honnêtes, éclairés, qui voient ce mal, le déplorent, et voudraient le combattre. Mais ont-ils le degré de prévoyance et d'énergie nécessaire pour une telle lutte? Et quand même ils l'auraient, trouveraient-ils autour d'eux, parviendraient-ils à se créer eux-mêmes les moyens de concert et d'action commune dont ils auraient besoin pour ressaisir et exercer le pouvoir sur une population que les idées et les passions radicales tiennent en fermentation et en dissolution permanente? J'en doute beaucoup.

« Si la Suisse n'est pas en état de se sauver et de se réorganiser elle-même, l'Europe peut-elle et doit-elle s'en charger? L'intervention étrangère accomplira-t-elle en Suisse l'œuvre à laquelle ne suffisent pas la sagesse et l'action du pays lui-même?

« Je mets de côté, pour un moment, les difficultés extérieures et européennes d'une telle intervention. Je ne considère que les difficultés intérieures et suisses. Elles sont immenses.

« M. de Metternich, j'en suis sûr, le pense comme moi : la pacification durable de la Suisse, sa reconstitution en un Etat régulier et tranquille au milieu de l'Europe, ne peut être le résultat du triomphe d'un parti sur l'autre, ni d'un ascendant factice et momentané donné par la force étrangère, soit aux radicaux sur les catholiques, soit aux catholiques sur les radicaux. Ce ne peut être qu'une œuvre de transaction entre les prétentions extrêmes. Par conséquent il y faudra toujours, et nécessairement, l'assentiment, l'appui, la bonne volonté des hommes honnêtes et sensés, des conservateurs épars dans toute la Suisse, de cette masse intermédiaire modérée qui n'est peut-être ni assez prévoyante, ni assez énergique, ni assez forte pour sauver et reconstituer elle-même son pays, mais sans l'adhésion et le concours de laquelle l'Europe elle-même, avec toute sa force, ne pourrait sauver et reconstituer la Suisse.

« Or, c'est le caractère des sociétés démocratiques, même dans leurs meilleurs éléments, qu'elles ne reconnaissent leur mal qu'après en avoir beaucoup souffert, et n'acceptent le remède qu'à la dernière extrémité et lorsqu'il le faut absolument, sous peine de périr. A bien plus forte raison, lorsque le remède doit venir du dehors et que les hommes ont à reconnaître à la fois leurs fautes et leur impuissance.

« Il n'y a pas moyen de douter que l'intervention étrangère n'excite en Suisse la plus forte répulsion. Le sentiment de l'indépendance nationale y est général et énergique. Le mot est puissant, même sur les Suisses qui détestent et redoutent le plus ce qui se passe en ce moment chez eux. Pour que l'intervention étrangère y fût supportée, il faudrait que la nécessité en fût évidente, absolue. Elle ne deviendra telle que lorsque les maux de l'anarchie et de la guerre civile seront, en Suisse, non pas seulement une perspective entrevue, une crainte sentie par quelques-uns, mais des faits réels, matériels, pesant depuis quelque temps sur tous. Un cri s'élèvera peut-être alors de toutes parts pour invoquer la guérison. Mais si l'intervention se montrait auparavant, le cri qui s'élèverait serait celui de la résistance. Beaucoup d'honnêtes gens et de conservateurs le pousseraient comme les radicaux, les uns par un sincère sentiment de nationalité, les autres par pusillanimité et contagion. Et les difficultés de l'intervention en seraient infiniment aggravées, avec infiniment moins de chances de succès pour le travail de réorganisation qui en serait le but.

« Je vais plus loin : je suppose ces difficultés préliminaires surmontées, la nécessité de l'intervention évidente et admise. Je suppose l'Europe d'accord en présence de la Suisse résignée, comme le malade se résigne devant une opération très-douloureuse. La résistance des hommes ainsi écartée, que d'obstacles encore et quels graves obstacles dans les choses mêmes, dans l'état intérieur et profond de cette société à reconstituer ! Les haines religieuses ressuscitées au sein des jalousies cantonnales toujours aussi vives; les théories et les passions novatrices aux prises avec les traditions et les sentiments historiques ; les prétentions despotiques de l'esprit révolutionnaire et unitaire en présence des plus intraitables habitudes d'indépendance locale; la destruction des influences qui étaient les moyens moraux des anciens gouvernements et l'absence de moyens matériels pour les gouvernements nouveaux : voilà avec quels éléments l'Europe serait obligée de traiter pour accomplir en Suisse son œuvre de pacification et de reconstruction politique !

« Car je pars toujours de cette base, admise, j'en suis sûr, par M. de Metternich autant que par moi, qu'il s'agit uniquement de pacifier et de reconstituer la Suisse, qu'aucune idée de conquête et de démembrement ne vient à l'esprit de personne, qu'aucune puissance ne peut chercher là ni recevoir de là aucun accroissement de territoire, aucun avantage particulier.

« Évidemment, en présence de tels obstacles, avec de si mauvais instruments d'action et des chances si incertaines de succès, la sagesse européenne doit dire: « Mon Dieu, éloignez de moi ce calice ! » Et si le calice doit jamais nous être imposé, si quelque jour, pour la sécurité des États voisins, pour faire cesser en Europe un intolérable scandale, nous devons être réduits à la nécessité d'intervenir en Suisse et de nous mêler de sa réorganisation, il faut surtout, il faut absolument, dans l'intérêt même de l'entreprise, que cette nécessité soit évidente, pressante, que notre action soit réclamée, et que, bien loin de rechercher ou seulement d'accepter volontiers l'intervention, nous ayons fait, au vu et au su de tout le monde, tout ce qui aura été en notre pouvoir pour en épargner à la Suisse la douleur et à l'Europe le fardeau.

« Si je croyais qu'aujourd'hui une intervention diplomatique fortement prononcée, des manifestations explicites et comminatoires pussent arrêter en Suisse l'anarchie croissante, prévenir la guerre civile imminente, et faire naître dans ce pays le premier mouvement de réaction nécessaire à son salut, je m'empresserais de les conseiller et d'y concourir. Mais j'avoue que je ne l'espère pas : le mal me paraît trop général et trop profond pour pouvoir être réprimé dans son cours par des paroles, même très-sages et très-puissantes ; je crains beaucoup qu'aucun remède efficace n'y puisse être apporté du dehors avant qu'au dedans d'amères souffrances n'aient mis les Suisses en disposition d'en sentir et d'en accepter la nécessité. Il y a, dans les maladies des sociétés comme dans celles des individus, des jours marqués pour la guérison, pour l'emploi de tel ou tel moyen de guérison ; si l'on se trompe sur ces jours opportuns, si on emploie des remèdes dont l'heure n'est pas venue, non-seulement on use ces remèdes sans fruit, mais on exaspère le mal au lieu de le guérir. Tel serait aujourd'hui en Suisse, si je ne me trompe, l'effet de menaces diplomatiques positives et publiques : elles ne suffiraient pas pour arrêter l'esprit révolutionnaire ; et, dans leur insuffisance, ou bien elles demeureraient tout à fait vaines, ou bien elles nous forceraient à l'emploi immédiat et prématuré de l'intervention matérielle. »

Quant à l'intervention matérielle même, le prince de Metternich paraissait adopter mon avis, car dans sa dépêche du 11 octobre 1846 où il nous proposait une prompte intervention diplomatique, il n'indiquait, comme causes irrésistibles de l'intervention matérielle, que « la prolongation indéfinie de la guerre civile et d'un état de complète anarchie en Suisse, ou bien la défaite totale du parti conservateur et l'établissement violent d'un gouvernement radical unitaire. » Mais quand l'accession du canton de Saint-Gall aux cantons radicaux eut rendu certaine la formation, dans la Diète helvétique, d'une majorité décidée ou entraînée aux mesures extrêmes, quand cette diète fut près de se réunir et d'ordonner les préparatifs de la guerre civile, M. de Metternich devint plus pressé et plus pressant ; il nous proposa[1] de déclarer que « les puissances ne souffriraient pas que la souveraineté cantonnale fût violentée, et que l'état de paix matérielle dont la Suisse jouissait encore fût troublé par une prise d'armes, de quelque côté qu'elle eût lieu. » Il demandait que les puissances donnassent à leurs représentants en Suisse l'ordre éventuel de présenter à la diète, dans ces termes, des notes identiques, « au moment où les délibérations sur la dissolution du Sonderbund et l'expulsion des jésuites seraient mises à l'ordre du jour, et avant qu'un *conclusum* de la diète leur eût donné le sceau d'une apparente légalité. » Il était, disait-il, convaincu qu'une telle déclaration des puissances arrêterait la diète et que tout finirait là.

L'état de la Suisse n'était pas, à cette époque, la seule ni la plus sérieuse préoccupation du cabinet de Vienne.

[1] Par une dépêche que le comte Appony vint me communiquer le 15 juin 1847.

La question italienne s'élevait, pour lui, au-dessus de toutes les autres. Non-seulement l'influence, mais, dans un avenir plus ou moins prochain, les possessions autrichiennes en Italie étaient menacées. Pour avoir, du côté des Apennins, la pensée et les mains libres, M. de Metternich avait besoin que le poids de la lutte contre les radicaux des Alpes ne tombât pas sur lui seul, et que les autres puissances, la France surtout, fussent assez engagées et embarrassées dans les affaires de Suisse pour ne pas porter sur celles d'Italie toute leur attention. C'était là, au fond, le vrai motif de l'insistance inquiète et impatiente du prince de Metternich pour notre prompte et compromettante intervention : « L'Italie absorbe la politique de l'Autriche, » m'écrivait avec sagacité M. de Boislecomte.

Nous ne nous prêtâmes point à ce désir; nous nous refusâmes à la déclaration immédiate, collective et menaçante que M. de Metternich nous demandait d'adresser à la Suisse[1] : « Nous n'avons pas, écrivis-je à M. de Flahault, la même confiance que lui dans le succès de cette démarche; nous croyons bien plutôt que la diète, dominée par le parti radical et par les susceptibilités froissées de l'amour-propre national, passerait outre à l'exécution de ses résolutions. Les puissances se trouveraient irrévocablement et immédiatement entraînées à une intervention armée. Nous avons, dès le mois d'octobre dernier, signalé les périls et écarté

[1] Le 25 juin 1847.

l'idée d'une telle politique. Si les maux de la guerre civile et de l'anarchie avaient pesé sur la Suisse, si une douloureuse expérience avait éclairé, dans le parti radical même, beaucoup d'esprits maintenant égarés, et rendu en même temps de la force au parti modéré maintenant découragé, si la voix publique s'élevait au sein de la Suisse pour s'adresser à l'Europe comme seule capable d'y rétablir l'ordre et la paix, alors seulement l'action directe des puissances pourrait être efficace et salutaire. Le gouvernement du roi persiste aujourd'hui dans la conviction qui l'animait au mois d'octobre dernier, et rien de ce qui est naguère arrivé en Suisse ne lui paraît encore de nature à l'en faire changer. »

Mais en persistant dans notre attitude expectante, je pensai qu'elle ne devait pas être inerte ni silencieuse, et que le moment était venu d'en marquer avec précision le caractère et les motifs. La Diète helvétique était sur le point de se réunir; le canton de Zurich, qui jusque-là s'était montré favorable aux modérés, venait d'incliner vers les radicaux, et vers l'exécution immédiate, par la force, des résolutions que pourrait voter la diète pour la dissolution du Sonderbund et l'expulsion des jésuites. Par deux dépêches, l'une confidentielle, l'autre destinée à devenir publique, j'adressai le 2 juillet 1847, à M. de Boislecomte, les instructions suivantes :

« J'ai approuvé, dans leur ensemble, votre attitude et votre langage dans vos rapports avec M. Ochsenbein, lorsqu'il a été appelé à la présidence du *vorort* et de la diète. Le vote récent des instructions données à la députation chargée de représenter le canton de Zurich dans la diète qui va s'assembler est un fait grave. Il est fort à regretter que le grand conseil de Zurich n'ait pas adopté dans sa teneur le projet de M. Furrer, qui tendait à ce que cette députation ne fût autorisée qu'à prendre *ad referendum* toute proposition de passer à l'exécution immédiate, et par la force, des résolutions que la diète aurait votées pour la dissolution du Sonderbund et l'expulsion des jésuites. La situation que l'on se flattait de maîtriser jusqu'à un certain point, à l'aide de Zurich, est ainsi devenue, par le fait de Zurich même, plus délicate encore qu'elle ne l'était naguère.

« J'ai lu avec une grande attention le compte que vous me rendez des idées officieusement échangées entre vous et vos collègues sur les moyens de pacifier la Suisse, notamment ce qui se rapporte à la possibilité d'une médiation des grandes puissances, à l'aide de laquelle on apporterait, dans la constitution fédérale de ce pays, les modifications indiquées par l'expérience. Je suis loin de penser que cette idée d'une offre de médiation européenne soit sans valeur et doive être absolument repoussée; mais je crois que, si elle était mise immédiatement en pratique, elle n'échapperait pas à la plupart des inconvénients et des conséquences d'une intervention proprement dite, et qu'elle risquerait d'engager les médiateurs dans un dédale de complications peut-être inextricables. Selon M. de Metternich, le meilleur moyen de prévenir la guerre civile en Suisse serait « que les puissances déclarassent à la confédération qu'elles ne souffriront pas que la souveraineté cantonnale soit violentée, et que l'état de paix matérielle dont la Suisse jouit encore en ce moment soit troublé par une prise d'armes, de quelque côté qu'elle ait lieu. Nous ne saurions partager l'espoir qu'une telle déclaration prévînt la guerre civile ; et si elle ne la prévenait pas, elle entraînerait nécessairement et immédiatement l'intervention armée, avec toutes ses conséquences. Nous n'admettons point d'intervention, ni de démarche qui y conduise nécessairement, aussi longtemps que les éventualités indiquées dans ma lettre au comte de Flahault, du 22 octobre 1846, ne se seront pas réalisées ; mais nous nous faisons dès aujourd'hui un devoir de donner à la Suisse tous les conseils et tous les avertissements propres à contenir les passions qui sont près d'y éclater. Je vous transmets, dans cette vue, une autre dépêche, dont je vous laisse le soin de faire, selon l'opportunité, l'usage qui vous paraîtra convenable. »

Ma seconde dépêche, qui s'adressait surtout à la Suisse elle-même, était ainsi conçue :

« Monsieur le comte,

« La situation de la Suisse devient de plus en plus alarmante. La diète qui va s'ouvrir peut se trouver entraînée à des résolutions dont les conséquences possibles et presque inévitables inquiètent profondément les amis sincères de la Suisse, les amis éclairés de l'ordre et de la paix en Suisse. Le gouvernement du roi croirait manquer à un devoir sacré si, dans de telles conjonctures, il ne faisait pas entendre à un peuple ami, menacé d'une perturbation dangereuse, des conseils dictés par une longue expérience des mouvements politiques et par un attachement vrai aux intérêts bien entendus de la confédération.

« L'esprit de parti s'est efforcé de dénaturer nos intentions et de jeter du doute sur les motifs qui inspirent notre langage. Vous n'avez rien négligé pour dissiper ces erreurs. Moi-même je m'en suis expliqué naguère publiquement[1], avec une franchise qui devrait convaincre tout esprit accessible à la vérité. On persiste néanmoins, soit aveuglement, soit dessein prémédité, à prendre ou à donner le change sur notre politique et nos vues. On prétend que ne pas reconnaître à la diète fédérale le droit d'imposer à la minorité des cantons la volonté de la majorité, c'est porter atteinte au principe de l'indépendance des peuples. Pour faire sentir toute la fausseté de cette assertion, il suffit de rappeler qu'aux termes de son pacte constitutionnel, aussi bien qu'en vertu de toute son histoire, la Suisse n'est pas un État unitaire, mais bien une confédération d'États qui, en déléguant à une diète générale certains pouvoirs reconnus nécessaires dans l'intérêt

---

[1] A la Chambre des députés, dans la séance du 24 juin 1847. *Recueil de mes discours politiques de* 1819 *à* 1848 (t. V, p. 468).

commun, se sont réservé, surtout par rapport à leur régime intérieur, les droits essentiels de la souveraineté. Telle est la Suisse que les traités ont reconnue, et c'est en raison de cette organisation de la Suisse que les traités ont été conclus. Si la diète, cédant à de funestes excitations, voulait attenter aux droits qui sont la base et du pacte fédéral et des traités ; si, sous prétexte de veiller à la sûreté de la confédération, elle prétendait prescrire ou interdire aux gouvernements cantonnaux toute mesure qu'il lui plairait de considérer comme pouvant affecter un jour cette sûreté, évidemment une interprétation aussi exorbitante du pacte ne serait autre chose qu'un premier pas vers la destruction de l'existence individuelle des cantons, c'est-à-dire vers l'abolition du pacte même, et par conséquent vers l'annulation des traités conclus en raison du pacte. En protestant contre une pareille entreprise, les puissances alliées de la Suisse, loin d'attenter à l'indépendance des États dont la confédération se compose, donneraient un éclatant témoignage du respect que cette indépendance leur inspire, et de leur fidélité aux traités qui l'ont consacrée.

« Et ces considérations, parfaitement légitimes dans l'hypothèse d'une résolution prise avec une apparente régularité par la majorité de la diète, deviendraient encore bien plus fortes et plus puissantes si c'était au nom d'une minorité, ou par des moyens irréguliers et violents, tels qu'un nouvel armement de corps francs, qu'on essayait de violer l'indépendance cantonnale.

« Le gouvernement du roi agit donc selon le droit aussi bien que selon une sage politique, en s'efforçant, par des représentations aussi amicales que pressantes, de prévenir une lutte déplorable entre des États libres auxquels il porte une égale affection, et en déclarant qu'il se réserve une pleine liberté d'examen et d'appréciation quant à l'attitude qu'il aurait à prendre et à la conduite qu'il aurait à tenir dans le cas où cette lutte viendrait à éclater. Nous n'empiétons par là en aucune façon sur l'indépendance et l'autonomie de la Suisse ; nous ne fournissons aucun prétexte spécieux aux reproches d'ingérence illégitime et de prépotence étrangère. Sans doute toute nation a le droit de modifier sa constitution intérieure ; mais abolir en Suisse les bases constitutives de la confédération, les abolir malgré la résistance d'un ou de plusieurs des cantons confédérés, ce ne serait pas l'acte d'un peuple modifiant librement ses institutions ; ce serait l'asservissement d'États indépendants, contraints de passer sous le joug d'alliés plus puissants ; ce serait la réunion forcée de plusieurs États en un seul. Certes les gouvernements qui jusqu'à présent ont traité avec la Suisse comme avec une confédération d'États distincts et indépendants seraient autorisés, par tous les principes de droit public, à ne pas reconnaître ce nouvel ordre de choses avant d'en avoir mûrement pesé, dans leur propre intérêt, la légitimité et la convenance.

« Il est d'ailleurs, Monsieur le comte, une autre considération essentielle que la Suisse ne devrait jamais perdre de vue dans ses rapports avec les puissances étrangères. L'Europe, en lui accordant par le traité de Vienne, avec une extension considérable de territoire, le précieux privilége de la neutralité, et en liant la jouissance de ces avantages à l'existence d'un système fédératif, a voulu surtout assurer la tranquillité d'un pays dont la paix intérieure est, pour elle, un intérêt de premier ordre. La position de la Suisse est telle qu'elle ne peut être livrée à l'anarchie ou à des troubles prolongés sans que plusieurs des principaux États du continent n'en ressentent le dangereux contre-coup. Si la Suisse se plaçait en dehors des conditions qu'elle a acceptées; si elle devenait, pour ses voisins, un foyer d'agitations et de propagande révolutionnaire qui compromît leur repos, ils seraient certainement en droit de se croire déliés eux-mêmes de leurs engagements.

« Je vous laisse juge, Monsieur le comte, de l'usage que vous pourrez avoir à faire de la présente dépêche, inspirée par le seul et profond désir que le bonheur intérieur de la Suisse et sa situation en Europe n'aient pas à subir de dangereuses épreuves ni de funestes altérations. »

Indépendamment des considérations générales qui m'y déterminaient, une circonstance personnelle m'avait fait vivement sentir combien ces instructions étaient nécessaires et urgentes. Un mois à peine après son installation comme notre ambassadeur en Suisse, M. de Boislecomte m'avait écrit[1] : « Il me semble

[1] Le 6 janvier 1847.

qu'à Paris nous étions partis de la conviction qu'il ne pouvait rien se passer en Suisse tant que les neiges occuperaient le sol. Nous n'avions pas compté sur le désœuvrement des gens durant cette saison et sur la plus grande fréquentation des cabarets : deux préparations merveilleuses à ces échauffourées par lesquelles on commence ici les guerres civiles, ou l'on fait les révolutions.

« Il y a de plus : d'un côté, la violente tentation des radicaux de saisir quelque occasion qui les rende maîtres du tiers de la Suisse qui leur manque ; de l'autre, les dispositions du Sonderbund, où l'on commence à trouver tout à fait intolérable une situation qui ruine les populations par un état permanent de guerre et qui les exaspère au-delà de toute expression par l'attente, chaque matin, d'une attaque qui vienne les surprendre.

« Entre deux partis ainsi posés, il est certain qu'on peut recevoir, à chaque instant, la nouvelle ou la menace de quelque événement.

« Il me semblerait donc très-utile que, dès ce moment, vous réglassiez, d'une part avec l'Autriche et de l'autre avec notre ministère de la guerre, l'action éventuelle d'une intervention.

« Lorsque vous le ferez, je réclamerai, avant toutes choses, une disposition : que le commandant du corps qui opérera et restera ensuite soit mis sous la direction absolue de l'ambassade, et que cela lui soit énoncé dans les termes les plus clairs, de manière à ne laisser ni incertitude ni hésitation possible. Une fois en Suisse, il ne peut y avoir, pour tout ce qui est français, qu'une seule direction ; tout le reste nous jette dans l'anarchie, et nous venons la combattre, non la faire. En 1824, j'étais à Madrid simple chargé d'affaires ; je n'avais que vingt-sept ans, et le lieutenant-général Digeon, qui commandait à 40,000 hommes, avait ordre de suivre en tout mes directions pour rester, partir, se mouvoir, occuper ou évacuer une place.

« Je pars de la base que l'intervention est toute convenue en cas d'une guerre civile. Je vous propose ensuite le parti que je crois le plus efficace pour l'éviter; car, quelque nécessaire que les sentiments de simple humanité la puissent rendre, quelque bien qu'elle soit conduite, elle est sujette à de bien grands inconvénients. Il est fort désirable que tout cela ne traîne pas trop en longueur; car, en attendant, je me trouve suivre de fait, si ce n'est de principe et de consentement, le mouvement des trois cours du Nord, ce qui peut vous créer d'autres embarras. »

Ainsi notre propre ambassadeur en Suisse était lui-même entraîné sur la pente de l'intervention armée, la regardait comme toute convenue en cas de guerre civile, et se préoccupait surtout de bien assurer le rôle prépondérant qu'il aurait à y jouer. Lorsque, quelques mois auparavant, j'avais proposé au roi de confier à M. de Boislecomte cette ambassade, un double motif m'avait déterminé : je le savais catholique sérieux et sincère en même temps que diplomate éclairé ; et, comme ministre de France à La Haye, il s'était conduit avec habileté et mesure dans un pays et auprès d'un gouvernement essentiellement protestants. Je le présumais très-propre à sa nouvelle mission. Je ne savais pas à quel point il avait l'imagination vive et prompte, ni quel empire les convictions et les penchants religieux pouvaient exercer sur son jugement. Dès que sa lettre m'eut révélé sa disposition, je lui écrivis [1] : « Je n'ai que le temps de vous répéter, par la poste, la dépêche télégraphique que je viens de vous adresser par Strasbourg. Venez sur-le-champ à Paris, et, en laissant M. de Reinhardt chargé d'affaires, donnez-lui pour instructions de rester dans un complet *statu quo*. Je ne veux arrêter mon avis ni prendre aucun parti avant d'avoir causé à fond avec vous. » Sur ces seules paroles il comprit mon inquiétude et sa cause, et, même avant de partir, il se hâta de s'expliquer pour me rassurer [2] : « Lorsque je vous écris, je vous expose avec le plus complet abandon toutes mes impressions, sans craindre de les laisser aller tout leur cours; si l'expression en est trop forte, vous me reprenez et je n'en vois que mieux la nuance que vous voulez que j'observe; mais je suis bien loin, dans mon langage avec d'autres, de rien admettre de cet abandon; je me suis toujours renfermé ici dans des expressions solennelles et obscures qui disaient beaucoup moins à l'oreille qu'à l'imagination. Chacun comprenait ce que

---

[1] Le 10 janvier 1847.
[2] Les 13 et 24 janvier 1847.

je voulais ; mais je ne vous engageais qu'à l'éventualité d'une démarche grave quelconque et qui pouvait, selon votre convenance, être aussi bien satisfaite par une note, ou même par le silence, que par une démonstration militaire. Je vous arriverai presque en même temps que ma lettre. Je compte passer par Lucerne. Il me semble assez juste, après avoir donné cinq jours à Berne et vingt-cinq à Zurich, d'en donner deux à la troisième ville fédérale, et, après avoir causé un mois avec des radicaux, de causer deux jours avec des conservateurs et des catholiques. »

Dès qu'il arriva à Paris, je m'entretins à fond avec lui ; je lui remis fortement sous les yeux le principe fondamental de notre politique : l'ajournement de toute idée d'intervention étrangère en Suisse jusqu'au moment où les souffrances et les impuissances de la guerre civile et de l'anarchie en auraient fait sentir à la Suisse elle-même l'opportunité. J'insistai de plus sur l'importance qu'il y avait pour la question même, et spécialement pour nous, à nous concerter avec le cabinet anglais aussi bien qu'avec les trois cours du continent, et à le faire entrer dans notre commun effort de médiation pacifique. J'avais commencé ce travail d'entente avec lord Aberdeen, et, bien qu'il fût devenu plus difficile, j'étais résolu à le continuer avec lord Palmerston. M. de Metternich mit un moment en question la nécessité d'inviter l'Angleterre à se joindre aux démarches des puissances continentales envers la Suisse ; il aurait bien mieux aimé que la France se trouvât seule, dans cette affaire, en présence des trois cours du Nord, espérant qu'il lui serait ainsi plus facile de nous entraîner dans sa politique. Mais j'écartai formellement cette insinuation : « Je crois, écrivis-je à M. de Flahault[1], que non-seulement il convient, mais qu'il importe de s'entendre aussi avec l'Angleterre dans cette délicate circonstance, et de provoquer sur les affaires de Suisse, comme cela a été fait précédemment, son examen et ses résolutions sur tous les points. » Le roi tint à M. de Boislecomte le même langage que moi, et je le renvoyai à son poste, bien pénétré de nos intentions et bien décidé à s'y conformer, car, en même temps qu'il était susceptible de préoccupation et d'entraînement dans son propre sens, c'était un agent scrupuleusement fidèle, loyal et discipliné.

M. de Sainte-Aulaire, souffrant et fatigué, avait demandé et obtenu sa retraite de toute activité diplomatique. Le duc de Broglie lui avait succédé dans l'ambassade de Londres. Il était bien instruit des affaires de la Suisse, et lui portait, comme moi, la sollicitude la plus bienveillante. Arrivé à Londres, le 1ᵉʳ juillet 1847, il eut, dès le 4, une longue entrevue avec lord Palmerston, et la question suisse fut la première dont il l'entretint : « Je lui ai lu, m'écrivit-il[2], votre dépêche du 30 à Boislecomte, et aussi la dépêche adressée le 25 juin à Flahault. Il a fort attentivement écouté ces

---

[1] Le 5 juillet 1847.
[2] Le 25 janvier 1847.

deux pièces, et voici à peu près le dialogue qui s'est établi entre nous.

« *Le duc de Broglie.* Que vous semble de tout ceci ? — *Lord Palmerston.* Cela me paraît fort sage. — Mais seriez-vous disposé à vous associer à nous dans le langage que nous voulons adresser à la diète?—Analysons un peu la question. De quoi peut-on menacer la Diète helvétique? (Et là-dessus il a parcouru rapidement l'acte du congrès de Vienne.) On ne peut la menacer que d'une seule chose, de lui retirer la garantie de neutralité ; et cela dans un seul cas, celui où la division de la Suisse en vingt-deux cantons disparaîtrait pour faire place à une république unitaire. Ce cas n'existe encore que dans les appréhensions de M. de Metternich, et cette menace n'est pas de nature à effrayer beaucoup des gens qui se promettraient de bouleverser toute l'Europe. Que faire ? — Mais vous voyez que M. de Metternich entend les menacer de tout autre chose, et que ses propositions conduisent tout droit à une intervention armée ; c'est cette nécessité que nous cherchons à éviter ; nous n'en admettons la pensée que dans un avenir lointain, et sous l'empire de circonstances qui peut-être ne se présenteront jamais : par exemple, si la Suisse devenait pour ses voisins un foyer d'insurrection, une sorte de citadelle du sein de laquelle sortiraient tour à tour une jeune France, une jeune Italie, une jeune Allemagne, venant attaquer à main armée les contrées limitrophes; ou bien encore dans le cas où la guerre civile aurait longtemps ravagé ce malheureux pays, et où tous les gens sensés, tous les amis de l'humanité, toutes les populations nous appelleraient au secours. Mais notre volonté n'est ici qu'une volonté individuelle; si M. de Metternich persiste dans ses résolutions, s'il menace, et si, la diète ne tenant aucun compte de ses menaces, il fait entrer une armée autrichienne dans le Tessin, si la Sardaigne en fait autant dans le Valais, si Bade et le Wurtemberg en font autant dans les cantons de Bade et de Schaffouse, nous serons bien obligés d'agir de notre côté. Encore un coup, c'est pour prévenir un tel événement que nous désirons, s'il se peut, le concours de l'Angleterre. Voyez, réfléchissez-y.

« Lord Palmerston a réfléchi quelques instants; puis il a repris en s'interrompant de phrase en phrase :

— Essayons de nous rendre compte de l'état des choses et de ce qui va arriver. Où en est-on ? — La diète se réunit le 6 de ce mois; douze cantons voteront l'expulsion des jésuites et la dissolution de la ligue catholique. Il est douteux que la même majorité se réunisse sur les moyens d'exécution; mais le directoire fédéral ayant à sa tête le chef des corps francs, il est à craindre qu'appuyé sur une décision de la diète quant au principe, il ne prenne sur lui de passer outre à l'exécution, soit en organisant des corps de volontaires qui envahiront les cantons catholiques, soit en employant les milices fédérales qui se montreraient bien disposées. Les cantons catholiques résisteront, et la guerre civile commencera. — Ne pourriez-vous pas

déterminer le pape à retirer les jésuites de la Suisse ?
— Ce serait l'objet d'une négociation lente, difficile, et
probablement sans dénouement. Vous voyez d'ailleurs
qu'il n'y a pas un instant à perdre. — M. de Metternich
ne pourrait-il pas déterminer les cantons catholiques
à dissoudre leur ligue ? elle est interdite par le pacte
fédéral. — M. de Metternich ne le leur demandera pas ;
il le leur demanderait vainement ; le Sonderbund n'est
point un pacte écrit, un traité d'alliance ; c'est un concert de fait contre une attaque imminente ; la ligue
existe parce que le canton de Lucerne a été attaqué
par les corps francs sans être défendu par le gouvernement fédéral ; parce que, l'année dernière, il en a
été de même du canton de Fribourg ; parce que les
arrêtés de la diète relativement aux corps francs sont
restés de simples feuilles de papier ; parce que le chef
des corps francs est le chef du directoire fédéral. Demander aux cantons catholiques de poser les armes, ce
serait leur demander de se rendre à discrétion. D'ailleurs, le temps presse ; il s'agit de ce qu'on fera demain. — Mais que faire ? a redemandé lord Palmerston. — Ce qu'il faut avant tout, c'est de déterminer M. de Metternich, et avec lui la Sardaigne, les
petites puissances allemandes, et, selon toute apparence, la Prusse et la Russie qui n'ont que des paroles
et non des soldats à envoyer ici, à les détourner, dis-je,
de prendre vis-à-vis de la diète une attitude menaçante ;
c'est de faire adopter à M. de Metternich un langage mesuré et une conduite qui ne compromette pas l'avenir.

Nous le pouvons probablement si nous lui donnons l'espérance de réunir toute l'Europe, y compris la France et l'Angleterre, dans une démarche identique; si nous concertons un langage commun, il sacrifiera à cet avantage ses velléités belliqueuses; mais si l'Angleterre se tient à l'écart, il persistera, il ne trouvera plus assez de profit à subordonner son langage au nôtre, et il aura raison à certains égards; devant toute l'Europe réunie, la diète hésitera; devant l'Europe divisée, elle se sentira en pleine confiance. Voyez, en effet, ce qui va arriver si chacun suit sa pente naturelle : les puissances allemandes et italiennes menaceront; la France tiendra un langage sévère, sans être directement comminatoire; l'Angleterre se croisera les bras. Dès lors, les radicaux suisses penseront et diront que tout ceci n'est qu'une vaine fantasmagorie, qu'ils ont pour eux l'Angleterre, que dans l'état présent des esprits en France, le gouvernement français a les mains liées, que les puissances allemandes ne pourront exécuter leurs menaces en présence de l'Angleterre hostile et de la France mécontente. Rien n'arrêtera les radicaux suisses. Si, au contraire, nous nous présentons à M. de Metternich avec l'intention commune de tenir le langage indiqué dans la dépêche adressée par M. Guizot à M. de Flahault, il reviendra probablement aux sentiments qu'il professait lui-même, il y a six mois; puis, si toutes les puissances, sans exception, tiennent le même langage à la diète, elle y regardera à deux fois avant de passer outre, surtout si ce langage lui est tenu par l'Angleterre, sur qui elle compte en ce moment. Encore un coup, pensez-y.

« Lord Palmerston s'est tu quelques instants.

— Que dois-je dire à mon gouvernement? ai-je repris après ce silence.

— Vous voyez, m'a-t-il dit avec quelque hésitation, combien toute idée qui mène à l'intervention, de près ou de loin, est odieuse à ce pays-ci. Jugez vous-même, par ce qui s'est passé relativement au Portugal, de l'accueil que recevrait, dans le parlement et dans toute l'Angleterre, une démarche du gouvernement anglais dont le but serait d'engager plus ou moins notre nation dans des affaires, dans des événements qui nous sont aussi étrangers que les affaires et les événements de la Suisse.

— Dois-je entendre par là que vous vous refusez à toute espèce de concours?

— Pas absolument; mais il faudrait que le langage adressé à la diète fût amical, bien général, bien exempt de toute signification comminatoire.

— Il faut pourtant qu'il signifie quelque chose : point de menaces, à la bonne heure; quelque ménagement dans le blâme, soit encore; mais enfin, si l'on parle, il faut que ce soit pour être entendu; il faut que le résultat soit, pour la diète suisse, une inquiétude indéfinie, mais sérieuse et réelle, que la voix ait l'air prophétique, que l'avenir soit menaçant si le langage actuel ne l'est pas.

« Lord Palmerston s'est encore tu quelques instants.

— Mylord, lui ai-je dit en finissant, suis-je autorisé à dire à mon gouvernement que, dans le cas où il vous communiquerait les instructions qu'il donnera à notre ambassadeur en Suisse, vous les prendriez en sérieuse considération, et que vous examineriez jusqu'à quel point il vous serait possible d'y conformer vos propres instructions?

— Oh oui, très-certainement. »

Quatre jours après, pour sonder définitivement les intentions de lord Palmerston, le duc de Broglie lui demanda et en reçut immédiatement un second rendez-vous : « J'en sors en ce moment, m'écrivit-il[1], et voici le résultat à peu près inespéré de notre entrevue.

« Je lui ai lu d'abord vos dernières instructions du 2 de ce mois à M. de Boislecomte. Il les a fort attentivement écoutées, et m'a fait relire les passages les plus importants. Dès que j'ai cessé de lire, il a pris lui-même la parole, et m'a dit que ces instructions lui paraissaient parfaitement sages et qu'il n'y voyait rien à reprendre. Sur la question que je lui ai faite relativement à celles que nous désirions de lui, il m'a dit qu'avant de répondre définitivement, il fallait qu'il en parlât à ses collègues; qu'il s'en était déjà entretenu avec lord Lansdowne et M. Labouchère, qui voyaient les choses comme lui, mais qu'il était nécessaire d'en parler aux autres; que, quant à lui, il ne voyait point

[1] Le 7 juillet 1847.

d'objection à donner, à sa légation en Suisse, des instructions analogues ; il m'a même fait, de vive voix, une analyse assez fidèle de la pièce qu'il venait d'entendre, afin de me prouver qu'il l'avait bien comprise ; il m'a indiqué dans quel sens ses instructions seraient rédigées. Le ton en sera certainement assez adouci : — « Vous pouvez, m'a-t-il dit, parler plus haut que nous ; le voisinage vous en donne le droit ; mais nous pouvons cependant dire à peu près la même chose. » — Comme il semblait désirer une copie de la pièce que je lui avais communiquée, j'ai pris sur moi de la lui promettre ; nous en serons d'autant plus sûrs que la marche des idées sera la même si le ton est un peu pâli ; ce qui me paraît important, c'est que l'attitude de la légation anglaise change ; qu'au lieu de faire bande à part, elle vienne se ranger sous le drapeau général ; la différence de langage sera fâcheuse toujours, mais moins que le silence. »

J'étais très-convaincu que la différence de langage entre le cabinet anglais et nous serait grande ; mais son refus de se joindre à nous eût été, en Suisse, d'un bien plus mauvais effet, et la différence de langage entre nous et l'Angleterre nous fortifiait auprès des cabinets du continent au lieu de nous affaiblir. J'entrai donc avec empressement, bien qu'avec doute du succès, dans la voie de l'entente à cinq, et, le 4 novembre 1847, j'annonçai aux cabinets de Londres, Vienne, Berlin et Pétersbourg que je leur communiquerais incessamment un projet de note identique à adresser par les cinq puissances à la Suisse. Le duc de Broglie avait eu grande raison de dire à lord Palmerston que le temps pressait; toutes les tentatives de conciliation offertes par les cantons catholiques aux radicaux furent repoussées; parvenus, de révolution en révolution, à la majorité dans la diète, les radicaux étaient résolus à imposer, par la force, leur volonté à la minorité; et ce même jour, 4 novembre, la diète décréta l'exécution par les armes de sa décision du 20 juillet précédent pour la dissolution du Sonderbund et l'expulsion des jésuites de toute la Suisse. J'envoyai immédiatement à Londres, Vienne, Berlin et Pétersbourg[1] mon projet de note identique ainsi conçu :

« Le soussigné a reçu de son gouvernement l'ordre de faire à M. le président de la Diète helvétique et à M. le président du conseil de guerre du Sonderbund la communication suivante.

« Tant qu'il a été possible d'espérer que les dissensions qui divisaient la Suisse s'arrêteraient devant la redoutable perspective de la guerre civile, et qu'une transaction équitable, émanant des parties elles-mêmes, viendrait rétablir l'harmonie fédérale entre les vingt-deux cantons, le gouvernement du roi s'est abstenu de toute démarche qui pût avoir un caractère quelconque d'ingérence dans les affaires de la confédération. Il a évité avec soin tout ce qui eût pu, en excitant hors de saison des susceptibilités nationales qu'il a toujours à

---

[1] Les 7 et 8 novembre 1847.

cœur de ménager, contrarier la réconciliation spontanée qu'il appelait de tous ses vœux; et il s'est borné à des conseils, à des avertissements que lui commandaient à la fois et sa vieille amitié pour la Suisse et ses devoirs comme partie contractante aux traités qui ont constitué l'ordre européen dont la confédération est un des éléments essentiels.

« Ces avertissements, ces conseils ont échoué; toutes les tentatives conciliantes d'origine exclusivement suisse ont été également sans résultat; la guerre civile est déclarée; une partie de la confédération a pris les armes contre l'autre; douze cantons et deux demi-cantons sont d'un côté; sept sont de l'autre; deux cantons ont déclaré leur volonté de rester neutres. La confédération, à vrai dire, n'existe plus que de nom. Dans cet état de choses, le gouvernement du roi a compris que de nouveaux devoirs lui étaient imposés. Les puissances signataires des traités ne peuvent en effet demeurer indifférentes à la destruction imminente d'une œuvre aussi étroitement liée à leurs propres intérêts.

« Ces puissances ne se sont pas bornées, en 1815, à reconnaître la Confédération helvétique; elles ont encore activement travaillé et efficacement concouru à sa formation. Le projet de pacte a été préparé à Zurich, de concert avec leurs délégués; il a été achevé à Vienne de concert avec une commission du congrès. La diète a déclaré depuis, dans un document officiel, que, sans l'appui que l'Europe lui avait prêté, elle n'aurait jamais pu surmonter les obstacles qu'elle rencontrait dans la division des esprits et l'opposition des intérêts. Plusieurs cantons, notamment ceux de Schwytz et d'Unterwalden, inquiets sur le maintien de leur souveraineté cantonnale et sur la protection de leur foi religieuse, se refusaient à entrer dans la confédération. C'est sur la parole des grandes puissances et à leur invitation pressante que ces cantons ont cédé.

« Il y a plus : pour donner à la Suisse une véritable frontière définitive, pour établir entre les cantons une contiguïté qui n'existait pas, les grandes puissances lui ont concédé gratuitement des territoires considérables. C'est ainsi que le district de Versoix a été détaché de la France pour établir la contiguïté entre le canton de Genève et celui de Vaud, et que, par le traité de Turin, les communes de Savoie qui bordent le lac Léman, entre le Valais et le territoire de Genève, ont été réunies à cette dernière république. D'autres concessions du même genre ont encore eu lieu.

« Enfin les grandes puissances ont garanti à la Confédération helvétique un état de neutralité perpétuelle, et placé ainsi à l'abri de toute agression son indépendance et son intégrité territoriale. Elles ont été déterminées à ces actes de bienveillance par l'espérance d'assurer la tranquillité de l'Europe en plaçant, entre plusieurs des monarchies militaires du continent, un État pacifique par destination. C'est ce qui se trouve positivement exprimé dans le rapport fait au congrès de Vienne le 16 janvier 1815, et inséré au dixième protocole des actes de ce congrès.

« En présence de pareils précédents, ces puissances ont le droit évident d'examiner si la confédération dont elles ont entendu favoriser la formation et la durée par tant et de telles concessions existe encore, et si les conditions auxquelles elles ont attaché ces concessions sont toujours remplies. Il est malheureusement impossible de se dissimuler que la guerre déplorable qui éclate aujourd'hui a porté une atteinte grave à toutes les conditions d'existence de la Suisse ; et si les puissances ne considéraient que la rigueur du droit, elles pourraient, dès à présent, regarder la confédération comme dissoute, et se déclarer elles-mêmes déliées des engagements qu'elles ont contractés envers elle.

« Néanmoins, comme les principes et les intérêts qui ont présidé en 1815 à la constitution de la Suisse sont encore dans toute leur force, le gouvernement du roi, de concert avec les cabinets d'Autriche, de Grande-Bretagne, de Prusse et de Russie, a résolu de tenter un dernier effort pour arrêter l'effusion du sang et empêcher la dissolution violente de la confédération. Deux questions principales divisent aujourd'hui la Suisse : l'une est religieuse, l'autre politique. La question religieuse est toute catholique : le gouvernement du roi, se ralliant à une ouverture faite dans les derniers temps en Suisse même, invite les parties belligérantes à la déférer, d'un commun accord, à l'arbitrage du pape. Quant à la question politique, c'est-à-dire à tout ce qui touche aux rapports des vingt-deux cantons souverains avec la confédération, les cinq grandes puissances offrent leur médiation.

« Si cette proposition était acceptée, les hostilités seraient immédiatement suspendues ; on établirait, sur un point voisin du théâtre des événements, un centre de réunion et de délibération en commun sur les affaires de Suisse où les cinq puissances seraient représentées. Les vingt-deux cantons seraient invités à envoyer des délégués à cette conférence dans laquelle on examinerait de concert : 1º les moyens de conciliation dans la crise actuelle ; 2º les modifications à apporter dans l'organisation de la confédération pour que cette crise ne puisse pas recommencer.

« Le gouvernement du roi, toujours pénétré de la plus vive affection pour la Suisse, fait ici appel à tous les cantons ; il les engage tous à faire leurs efforts pour faire accueillir par les parties belligérantes cette démarche suprême qui peut mettre un terme à la guerre, en sauvant l'indépendance et l'unité de la Suisse, et en lui conservant tous les avantages dont l'Europe a voulu les doter. Si ses représentations n'étaient pas écoutées, si une lutte sanglante, qui révolte à la fois la politique et l'humanité, continuait malgré ses efforts, il se verrait contraint de ne plus consulter que ses devoirs comme membre de la grande famille européenne et les intérêts de la France elle-même; et il aviserait. »

Les cabinets de Berlin et de Vienne adhérèrent immédiatement à ce projet[1] : le premier, avec une com-

---

[1] Le marquis de Dalmatie à moi, 10 novembre 1847; le comte de Flahault à moi, 11 novembre 1847.

plète approbation des principes et du langage; le prince de Metternich, avec des expressions de regret qu'on n'allât pas plus loin et en annonçant qu'il proposerait à mon projet quelques modifications, mais en en acceptant pleinement le fond et le caractère. La réponse du cabinet de Saint-Pétersbourg ne pouvait arriver que plus tard; mais l'Autriche et la Prusse répondaient de son assentiment, et le duc de Broglie m'écrivait de Londres[1] : « J'ai communiqué avant-hier votre dépêche à M. de Brunnow; il l'a trouvée fort bonne : — C'est, m'a-t-il dit, une position bien prise; il faut menacer un peu si vous voulez être écouté. — Du reste, il tient que sa cour fera ce que fera l'Autriche, ni plus, ni moins, ni autrement. Il parlera dans notre sens. »

Il n'en fut pas de même à Londres. Avant même d'avoir reçu mon projet de note identique et sur l'annonce de ce qu'il serait probablement, lord Palmerston, dans un long entretien avec le duc de Broglie, avait élevé toute sorte d'objections, de difficultés, de moyens dilatoires que le duc de Broglie avait combattus pied à pied, en plaçant, à chaque pas, la question sous son vrai et grand jour : « J'ai trouvé, m'écrivit-il[2], lord Palmerston très-récalcitrant, très-décidé au début; je crois l'avoir laissé perplexe et dans une grande anxiété. J'ai fini en lui disant : — « Si nous avions les intentions que vos journaux nous supposent, nous aurions une belle occasion de prendre notre revanche de votre traité

---

[1] Le 9 novembre 1847.
[2] Le 6 novembre 1847.

du 15 juillet 1840, et de nous mettre ici quatre contre un. Mais nous n'avons pas de telles intentions ; et quant à moi, je pense que toute séparation entre la France et l'Angleterre est un si grand mal pour les deux pays, et en définitive un si grand danger pour la paix du monde, que je ne voudrais pas avoir négligé le moindre effort pour le conjurer. »

Trois jours plus tard, l'affaire fit un pas de plus : « J'ai reçu votre lettre du 7 et le projet de note identique, m'écrivit le duc de Broglie[1] ; lord Palmerston est à Windsor et n'en revient que demain. Je le lui envoie par un messager. Je n'ai point encore de ses nouvelles, et quelle que soit votre juste impatience, je ne crois pas qu'il faille se montrer pressé. Il faut le laisser devant la perspective d'un engagement à quatre, conclu sans lui et par sa faute. C'est là ce qui peut le décider. Voici maintenant où en est l'affaire. Lord Palmerston a eu, sur ce sujet, un entretien avec lord John Russell, le jour même de mon entrevue. Le fond de la proposition leur convient assez ; ils sont effrayés des radicaux. Ils soupçonnent néanmoins un piége dans cette proposition. Cela a pour but, disent-ils, ou de leur faire perdre le terrain intermédiaire sur lequel le gouvernement anglais est placé, et de le faire passer à la queue, derrière nous, dans le camp du Sonderbund, ou de nous laisser toute liberté d'intervenir en Suisse ; sous prétexte qu'ils ont tout refusé. Bref, on fera un contre-

---

[1] Le 9 novembre 1847.

projet de note, et on me le communiquera pour vous le transmettre. »

Neuf jours après seulement, le 18 novembre, lord Normanby vint me communiquer, de la part du cabinet anglais, un contre-projet de note identique ainsi conçu :

« Le soussigné, chargé d'affaires, etc., etc., a reçu l'ordre de son gouvernement de faire au directoire de la diète suisse et au président du conseil de guerre du Sonderbund la communication suivante.

« Le gouvernement britannique, animé du plus vif désir de voir toutes les parties de l'Europe continuer à jouir des bienfaits de la paix, inspiré par les sentiments les plus sincères d'amitié pour la nation suisse, et fidèle aux engagements que la Grande-Bretagne, comme l'une des puissances signataires du traité de Vienne de 1815, a contractés envers la confédération suisse, a vu avec le plus profond regret le commencement de la guerre civile entre les cantons qui composent cette confédération. Désirant faire ses efforts et employer ses bons offices dans le but d'aplanir les différends qui ont été la source de ces hostilités, il s'est mis en communication, à ce sujet, avec les gouvernements d'Autriche, de France, de Prusse et de Russie ; et trouvant ces gouvernements animés des mêmes sentiments et mus par les mêmes motifs, il a résolu, de concert avec ses alliés, de faire une offre collective de la médiation des cinq puissances, dans le but de rétablir la paix et la concorde entre les cantons dont se compose la confédération suisse. Le soussigné est en conséquence chargé d'offrir la médiation de la Grande-Bretagne pour cet objet, et conjointement avec celle des quatre autres puissances.

« Si, comme l'espère le gouvernement britannique, cette offre est acceptée, une suspension immédiate des hostilités aura lieu entre les parties belligérantes, et continuera jusqu'à la conclusion définitive des négociations qui s'en suivront.

« Dans ce cas, il sera en outre nécessaire d'établir immédiatement une conférence composée d'un représentant de chacune des cinq puissances, ainsi que d'un représentant de la diète et d'un représentant du Sonderbund. Cette conférence se réunira à Londres.

« La base sur laquelle on propose d'opérer une réconciliation entre la diète et le Sonderbund consiste à faire disparaître les griefs que met en avant chacune des parties.

Ces griefs paraissent être, d'une part l'établissement des jésuites en Suisse et la formation de la ligue séparée du Sonderbund; de l'autre part, la crainte des agressions des corps francs et le dessein attribué à la diète de détruire ou de violer la souveraineté séparée des différents cantons.

« Voici donc les conditions que le gouvernement britannique proposerait pour le rétablissement de la paix en Suisse :

« D'abord les jésuites seraient retirés du territoire de la confédération, moyennant une juste et suffisante indemnité pour toutes les propriétés en terres et maisons qu'ils auraient à abandonner ;

« En second lieu, la diète renoncerait à toutes intentions hostiles à l'égard des sept cantons et les garantirait d'agression de la part des corps francs. Elle confirmerait en outre les déclarations qu'elle a souvent faites de sa détermination de respecter le principe de la souveraineté séparée des cantons confédérés, qui forme la base du pacte fédéral;

« Troisièmement, les sept cantons du Sonderbund dissoudraient alors formellement et réellement leur ligue séparée;

« Quatrièmement et enfin, les deux parties licencieraient leurs forces respectives et reprendraient leur attitude ordinaire et pacifique.

« Le soussigné est chargé d'exprimer le vif espoir du gouvernement britannique que cette équitable proposition sera accueillie avec empressement par les deux parties belligérantes; il est chargé en outre de demander, de la diète et du Sonderbund, une prompte réponse. »

C'était là, à coup sûr, une offre de médiation peu impartiale et probablement vaine. Elle tranchait, contre les cantons catholiques, la principale question, en posant d'abord l'entière expulsion des jésuites comme base de la médiation; et la note était précédée d'un long exposé des motifs qui non-seulement faisait à l'une des parties belligérantes cette concession capitale, mais la justifiait en principe, sans tenir compte, sans faire seulement mention de l'indépendance des cantons dans leur gouvernement intérieur, ni de la liberté d'association religieuse, ni de la liberté d'enseignement, ni du pacte fédéral, ni des droits de la minorité en présence de la majorité. Le duc de Broglie, à qui lord Palmerston donna connaissance de son projet au moment même où il chargeait lord Normanby de me le communiquer, fut si frappé, à la première lecture, de la différence des deux notes qu'il indiqua sur-le-champ à lord Palmerston plusieurs modifications qui lui paraissaient indispensables, notamment dans le paragraphe relatif aux jésuites. En me rendant compte [1] de son entretien avec lord Palmerston à ce sujet, il terminait ainsi sa dépêche : « En résumé, nous sommes, je crois, placés dans ce dilemme : ou l'action à cinq, par voie de persuasion exclusivement, toute menace disparaissant momentanément, sauf à renaître si la médiation échoue ; ou l'action à quatre, par voie de menace exclusivement, toute persuasion étant de pure forme. Lequel des deux partis sera le plus efficace ? Je n'oserais le dire ; cela dépend de bien des hommes et de bien des événements. J'attendrai vos instructions. »

Je soumis immédiatement au roi, dans son conseil, toutes ces pièces et les questions qu'elles soulevaient, et dès le lendemain [2], d'un avis unanime, je répondis au duc de Broglie :

« J'ai reçu la dépêche que vous m'avez fait l'honneur de m'écrire avant hier 16 de ce mois, et lord Normanby m'a donné communication de la dépêche, en

[1] Le 16 novembre 1847.
[2] Le 19 novembre 1847.

date du même jour, par laquelle lord Palmerston explique les sentiments du cabinet de Londres sur notre proposition de médiation dans les affaires suisses, ainsi que du contre-projet rédigé par le principal secrétaire d'État de S. M. Britannique pour la note identique à adresser par les puissances médiatrices aux parties belligérantes. Désirant sincèrement le concours du gouvernement anglais à notre proposition de médiation, pour assurer la prompte et entière efficacité de cette démarche d'humanité et de paix, le gouvernement du roi pense comme vous, monsieur le duc, que le nouveau projet que lord Palmerston vient de nous faire communiquer doit être pris en considération. Il regarde en même temps comme très-justes et importantes les observations que vous avez déjà présentées à lord Palmerston sur quelques parties de ce projet. Les puissances médiatrices ne sauraient évidemment intervenir auprès du saint-siége pour obtenir le rappel des jésuites sans avoir la certitude que les cantons du Sonderbund consentent à cette démarche et se soumettront à la décision du pape, comme ils en ont du reste déjà manifesté l'intention. Il nous paraît également évident que l'engagement général des douze cantons qu'ils ne veulent attenter, ni en droit, ni en fait, à la souveraineté cantonnale, ne saurait suffire pour dissiper les inquiétudes des cantons du Sonderbund et leur donner les garanties dont ils ont besoin; il sera nécessaire de déclarer explicitement que, conformément au droit actuellement existant, aucune modification ne saurait être introduite dans le pacte fédéral sans le consentement formel et unanime de toutes les parties intéressées, c'est-à-dire des vingt-deux cantons formant la confédération helvétique. Je vois avec plaisir, par votre dépêche, que, sur ces deux points, lord Palmerston s'est montré disposé à admettre vos observations.

« Les motifs qui vous font penser qu'il ne convient pas d'attacher, au refus de notre médiation par l'une ou l'autre des parties belligérantes suisses, la menace d'une intervention, me paraissent fondés ; mais il doit être bien entendu que cette question reste complétement en dehors de la médiation, et que tous les droits qui peuvent appartenir à chacune des puissances médiatrices, en raison de ses intérêts et des circonstances, demeurent entiers et réservés.

« Quant au siége des conférences, le gouvernement du roi ne fera, pour son compte, aucune objection à ce que, selon le vœu du gouvernement britannique, il soit établi à Londres ; mais je ne saurais présumer quelles seront, à ce sujet, les dispositions des autres cours continentales. Le gouvernement du roi, uniquement préoccupé du désir de placer les conférences dans un lieu rapproché des événements et des puissances qui y sont le plus directement intéressées, a proposé une ville du grand-duché de Bade, et cette proposition a été agréée à Berlin et à Vienne. M. le baron d'Arnim est venu me dire hier que son gouvernement désirerait que les conférences fussent établies à Neufchâtel. C'est là un point qui pourra être réglé ultérieurement et sur lequel le gouvernement du roi, complétement étranger à toute pensée personnelle, acceptera sans difficulté ce qui conviendra aux cours engagées avec lui dans l'œuvre de cette médiation dont le succès importe tant au rétablissement de la paix en Suisse, à la sécurité de l'ordre et à la satisfaction du sentiment moral en Europe.

« Je vous invite, monsieur le duc, à entretenir dans ce sens lord Palmerston, et à presser de toutes vos instances une prompte conclusion. La nécessité de réunir, sur un nouveau projet de note identique, l'avis et l'adhésion des autres cours du continent entraînera déjà un fâcheux retard. »

Le duc de Broglie ne perdit pas une minute pour exécuter ces instructions. Il m'écrivit le 20 novembre 1847 : « J'ai reçu dans la nuit du 19 au 20 votre lettre du 18. Ce matin, de bonne heure, j'ai écrit à lord Palmerston pour lui demander un rendez-vous. Il m'a reçu à midi. Je lui ai exposé sur-le-champ les intentions du gouvernement du roi : — Bien qu'il existe, lui ai-je dit, quelques différences dans le point de vue sous lequel le gouvernement britannique d'une part et le gouvernement français de l'autre envisagent les affaires de Suisse, bien que le gouvernement britannique se montre moins sévère que nous à l'égard de la diète helvétique, il ne nous paraît pas que cette différence puisse faire obstacle à l'accord des deux gouvernements, puisqu'ils arrivent, en définitive, à des conclusions à peu près identiques. Une médiation, l'arbitrage du saint-siége dans la question des jésuites, le maintien de la souveraineté cantonnale, des garanties contre les corps francs, telles sont, pour le gouvernement britannique comme pour le gouvernement français, les conditions de la pacification de la Suisse. Cela étant, l'action commune est possible, et il ne reste plus qu'à s'entendre clairement sur la nature et les limites de ces conditions.

« J'ai rappelé alors à lord Palmerston ce que j'avais eu l'honneur de lui faire observer dans notre dernier entretien, en ce qui concerne les deux premières bases de pacification indiquées dans le projet de note qu'il nous a communiqué.

« — Il doit être bien entendu, lui ai-je dit, que le rappel des jésuites ne peut être légitimement imposé aux cantons du Sonderbund que par le saint-siége. S'il l'était par la diète, la souveraineté de ces cantons ne serait pas respectée; les médiateurs n'auraient, non plus, aucun droit de l'exiger. Mais il est juste et naturel que ce soient les cantons catholiques qui provoquent cette décision, et non pas les cantons protestants; le saint-siége prononcera dans l'intérêt de la religion et de la paix. »
— En conséquence, j'ai proposé, pour prévenir toute incertitude, de substituer au paragraphe correspondant de la note de lord Palmerston la rédaction suivante :

« — Que les sept cantons du Sonderbund s'adresseront au saint-siége pour lui demander s'il ne convient pas, dans l'intérêt de la paix et de la religion, d'interdire à l'ordre des jésuites tout établissement sur le territoire de la confédération helvétique. »

« Lord Palmerston n'y a trouvé aucune difficulté, en réservant toutefois le consentement de S. M. Britannique et du cabinet.

« Il doit être bien entendu, lui ai-je dit, que la première de toutes les garanties contre toute atteinte à venir à la souveraineté des cantons doit être l'engagement pris par la diète d'observer le pacte fédéral et de n'y rien changer sans le consentement de tous les confédérés. Le pacte fédéral est un traité entre vingt-deux États souverains, indépendants l'un de l'autre au moment où ils l'ont signé, engagés l'un envers l'autre dans les limites du pacte ; il ne peut dépendre d'aucune des parties contractantes de changer unilatéralement la condition des autres. En conséquence, j'ai proposé de substituer au troisième paragraphe correspondant du projet de note anglais la rédaction suivante :

« — Que la diète, confirmant ses déclarations précédentes, prendra l'engagement : 1° de ne porter aucune atteinte à l'indépendance ni à la souveraineté des cantons, telle qu'elle est garantie par le pacte fédéral ; 2° d'accorder, à l'avenir, une protection efficace aux cantons qui seraient menacés par une invasion de corps francs ; 3° et de n'admettre, s'il y a lieu, dans le pacte fédéral, aucun article nouveau sans l'assentiment de tous les membres de la confédération.

« Lord Palmerston n'y a vu non plus aucune difficulté, toujours sous la même réserve.

« Enfin, ai-je ajouté, dans la dépêche communiquée à mon gouvernement par lord Normanby, il se rencontre des réflexions auxquelles nous adhérons pleinement. Le gouvernement britannique établit *qu'en cas de refus de la médiation, soit par l'une, soit par l'autre des parties belligérantes, soit par toutes deux, ce refus ne doit être considéré par aucune des cinq puissances comme un motif d'intervention armée dans les affaires de la Suisse.* Rien de plus juste et de plus naturel ; mais il doit être en même temps bien entendu que *chacune des cinq puissances demeure à cet égard dans ses droits actuels, et conserve entièrement sa liberté d'action.*

« Lord Palmerston a trouvé l'observation parfaitement fondée.

« Dès lors, ai-je repris, mon gouvernement ne voit, en ce qui le concerne personnellement, aucun obstacle à l'accord entre les cinq puissances tel qu'il est proposé par le gouvernement britannique. Il accepte la désignation de Londres comme siège de la conférence, et il emploiera tous ses efforts pour faire partager son sentiment aux cours de Berlin, de Vienne et de Pétersbourg ; il espère y réussir sans pouvoir en répondre ; il est néanmoins prévenu que M. le prince de Metternich, tout en adhérant à la proposition du gouvernement français, a annoncé qu'il demanderait des modifications à la rédaction de la note française. Ce n'est qu'après avoir reçu les observations de M. le prince de Metternich et les avoir pesées avec toute l'attention qu'elles méritent, que la rédaction de la note, qui doit devenir commune entre les cinq puissances, pourra être définitivement arrêtée.

« D'ici là cependant, mon gouvernement pense qu'il ne serait pas impossible, en se fondant sur l'espérance légitime d'un accord complet entre les cinq puissances, de tenter une démarche préliminaire dans le but d'arrêter l'effusion du sang. Il pense qu'on pourrait prévenir les parties belligérantes que la médiation des cinq puissances va leur être offerte, et leur demander de suspendre en attendant les hostilités. Il espère que les ministres des trois cours continentales prendraient sur eux de donner leur adhésion à cette démarche.

« Lord Palmerston m'a fait observer que le succès de cette démarche auprès des douze cantons, qui forment la majorité dans la diète, dépendrait de la presque certitude qu'on pourrait leur donner du succès de la médiation dans l'affaire des jésuites : — Sans cela, m'a-t-il dit, ils ne renonceront point à leurs avantages, et ne laisseront point à leurs adversaires le temps et les moyens d'organiser leur défense. — Nous avons cherché alors comment on pourrait leur donner cette presque certitude en respectant les conditions mêmes de la médiation telles qu'elles sont posées dans la note du gouvernement britannique et expliquées dans la présente dépêche. Il nous a paru que les cinq puissances, par l'entremise de leurs ministres à Paris, pourraient faire une démarche spontanée auprès du saint-siége pour prévenir le pape Pie IX de la demande qui lui sera probablement adressée, et qu'en donnant simultanément connaissance aux parties belligérantes de cette démarche et de la médiation projetée, on obtiendrait probablement le but désiré. En effet, si, sur le fondement de cette démarche, le Sonderbund consent à la suspension d'armes, il aura implicitement consenti à s'en rapporter à la décision du saint-siége dans l'affaire des jésuites, et les douze cantons auront à peu près la certitude d'obtenir, sans coup férir, ce qu'ils poursuivent au prix de leur sang et de celui de leurs confédérés. La moitié de l'œuvre de médiation sera à peu près faite.

« Restait à préparer la rédaction de la note préliminaire. Lord Palmerston a bien voulu me confier ce travail; mais l'heure du courrier ne me permettant pas de m'y livrer aujourd'hui, je ferai en sorte de l'avoir terminé demain, et si lord Palmerston en est satisfait, je vous l'expédierai par un courrier extraordinaire.

« Afin d'éviter tout malentendu dans une affaire si pressante, si compliquée, et où cependant, attendu l'éloignement des cinq cours médiatrices, tant de choses restent encore en suspens, je donnerai lecture de la présente dépêche à lord Palmerston, et s'il y consent, je lui en laisserai copie.

« *Sept heures du soir.* Je sors de chez lord Palmerston. Il n'a fait aucune objection à la teneur de cette dépêche, et il a gardé la copie. »

L'adhésion du cabinet anglais aux modifications proposées par le duc de Broglie dans le contre-projet de note identique de lord Palmerston arrivait à propos pour atténuer le mouvement de méfiance et de colère qu'avait suscité ce projet dans les cabinets de Vienne et de Berlin : « J'ai vu M. de Canitz peu après la réception du travail de lord Palmerston, m'écrivait le marquis de Dalmatie [1], et je l'ai trouvé sous l'impression que ces propositions étaient complétement insuffisantes, n'offrant aucune espèce de garanties, si ce n'est même dérisoires. Il m'a lu ce qu'il était occupé à écrire à M. de Radowitz, parti la veille au soir pour Vienne; il lui communique cette impression. .... Il attend, non-seulement avec la plus grande impatience mais avec anxiété, votre réponse à lord Palmerston. Le cabinet de Berlin, qui naguère encore était tellement rapproché de l'Angleterre, en est bien loin aujourd'hui. On dit tout haut maintenant que lord Palmerston est le représentant du principe révolutionnaire, et que toute la cause du principe conservateur est remise aux mains du gouvernement du roi. »

A Vienne l'humeur était encore plus forte. Le prince de Metternich regardait de plus en plus les affaires de Suisse comme intimement liées aux affaires d'Italie, et mettait chaque jour plus d'importance à la répression des radicaux au pied des Alpes pour être en mesure de résister au mouvement qui éclatait sur toute la ligne des Apennins. Les communications que m'apportait de sa part le comte Appony prouvaient que mon attitude et mon langage ne lui suffisaient guère, et qu'il était plutôt résigné que satisfait.

[1] Le 22 novembre 1847.

Cependant, la situation était si pressante et notre concours si indispensable aux cabinets de Vienne et de Berlin, que je ne désespérai pas de leur faire accepter le nouveau projet de note identique tel que l'avait fait modifier le duc de Broglie, quoiqu'il fût bien moins net et moins efficace que notre première proposition. Dès que j'eus reçu ses dépêches des 20 et 22 novembre, je me mis à l'œuvre, et le 24 au soir je lui écrivis : « J'ai rendu compte au roi en son conseil des modifications que, conformément à mes instructions du 19 de ce mois, vous avez proposées au projet de note présenté le 16 par le gouvernement britannique, et qui ont été admises par lord Palmerston. J'ai en même temps informé le roi et son conseil des difficultés que rencontrait l'adoption d'une note préliminaire qui avait d'abord paru pouvoir être immédiatement adressée par les cinq puissances aux parties belligérantes pour les engager à une suspension d'armes, en attendant que les bases de la médiation fussent définitivement arrêtées. Frappé de ces difficultés, et désirant ne point perdre de temps dans l'œuvre de pacification qu'il poursuit, le gouvernement du roi a résolu d'écarter cette idée d'une démarche préliminaire, et de presser l'adoption du projet définitif de note identique modifié ainsi qu'il a été convenu le 20 entre vous et lord Palmerston. Le roi m'a en conséquence autorisé à m'entendre, à ce sujet, avec les représentants à Paris des cours d'Autriche, de Prusse et de Russie, et j'ai la satisfaction de vous annoncer que, moyennant les modifications ci-dessus rappelées, le projet de note identique, contenant l'offre et les bases de la médiation des cinq puissances en Suisse, a été adopté par M. l'ambassadeur d'Autriche et M. le ministre de Prusse qui se sont engagés, dès que ce projet aurait reçu l'approbation définitive du gouvernement britannique, à le transmettre, comme nous, aux représentants de leurs cours auprès de la Confédération helvétique, afin que ceux-ci eussent à le remettre, simultanément avec l'ambassadeur de France et le chargé d'affaires d'Angleterre, au président de la diète et au président du conseil de guerre du Sonderbund.

« M. le chargé d'affaires de Russie n'ayant encore reçu aucune instruction de sa cour sur cette affaire, n'a pu s'engager à faire immédiatement la même démarche ; mais il a exprimé son approbation de la résolution adoptée par ses collègues, et il pense que sa cour adhérera à la marche suivie par les cours de Vienne et de Berlin.

« Je vous renvoie donc, M. le duc, le projet modifié de note identique maintenant revêtu de l'adhésion des représentants des cours d'Autriche et de Prusse comme de la nôtre, et qui recevra très-probablement bientôt celle de la cour de Russie. Je vous invite à presser le gouvernement britannique, qui a présenté ce projet et accepté les modifications proposées par vous, de le revêtir de sa sanction définitive, et de prendre les mesures nécessaires pour que le représentant de Sa Majesté Britannique en Suisse, de concert avec les représentants des autres cours médiatrices, adresse sans retard cette note au président de la diète et au président du conseil de guerre du Sonderbund. Le gouvernement du roi espère que cette démarche unanime et amicale des cinq puissances amènera le terme de la guerre civile qui désole la Suisse et préoccupe justement l'Europe. »

Ce ne fut pas sans surprise que le duc de Broglie rencontra à Londres de nouvelles objections à ce projet, naguère si attentivement débattu et si formellement accepté : « Je tenais l'affaire pour terminée, m'écrivit-il[1], quand je me suis présenté ce matin chez lord Palmerston. Je le lui ai dit. Je lui ai donné lecture de votre lettre, et lui ai remis entre les mains le projet de note modifiée qui l'accompagnait.

« Il l'a relu d'un bout à l'autre. Arrivé au paragraphe premier des bases de médiation et lisant la rédaction substituée à la sienne, il a déclaré que le principe de l'expulsion des jésuites ne lui paraissait pas assez formellement stipulé. Je me suis borné à lui rappeler que cette rédaction avait été approuvée par lui, remise entre ses mains par écrit, que j'avais rendu compte de notre entretien dans une dépêche où cette rédaction se trouvait insérée *in extenso*, qu'il avait reconnu la parfaite exactitude de ce compte rendu, et que la copie de la dépêche était entre ses mains. J'ai ajouté que dans cette rédaction était tout le

---

[1] Le 26 novembre 1847.

nœud de la question de médiation : si la démarche auprès du pape n'était pas faite par les cantons du Sonderbund eux-mêmes, les médiateurs ne feraient autre chose que de se réunir aux douze cantons de la diète pour exiger des sept cantons du Sonderbund une soumission entière, absolue, sans conditions ni limites ; ce serait, de la part de l'Europe, intervenir non pour prévenir, mais pour consacrer la violation du pacte fédéral et l'oppression de la minorité par la majorité ; nous allions jusqu'à l'extrême limite en pesant réellement sur la minorité, sous couleur de lui ménager un recours au saint-siége : aller plus loin serait impossible.

« Lord Palmerston s'est défendu sur le premier point en disant qu'il n'avait pas compris que la rédaction proposée dût être substituée à la sienne, qu'il l'avait comprise comme une explication que nous donnions à notre pensée. J'ai regretté qu'il n'eût pas assez attentivement écouté la lecture de la dépêche que je lui avais remise, en affirmant qu'elle ne pouvait laisser sur ce point le moindre doute.

« Il a insisté ensuite sur le peu de chance d'être écouté des vainqueurs si on ne leur donnait pas l'assurance complète de l'expulsion des jésuites. J'ai répliqué qu'à la vérité la chance d'être écouté n'était pas très-grande si les douze cantons étaient complétement vainqueurs; mais que le refus viendrait alors, non point des conditions de la médiation, mais de la violence des passions populaires suisses ; que l'essentiel, en tentant cette démarche, c'était de maintenir le principe de la souveraineté cantonnale, et qu'il valait beaucoup mieux ne rien faire que de l'abandonner.

« Lord Palmerston m'a dit alors que nous faisions beaucoup pour ce principe, beaucoup pour les sept cantons en déclarant que le pacte ne pourrait être modifié qu'à l'unanimité. — « Vous ne faites rien, ai-je répondu, si vous consacrez la violation du pacte dans le cas actuel. Qu'ont besoin les radicaux de changer le pacte s'ils peuvent, dans chaque occasion, le violer avec l'assentiment et le concours de l'Europe? »

Pendant près de trois heures, la discussion continua sur ce terrain entre les deux interlocuteurs. Lord Palmerston indiqua deux ou trois modifications à la rédaction du paragraphe en question. Le duc de Broglie les repoussa toutes, et maintint la rédaction primitive « comme adoptée et irréformable. » Lord Palmerston se rabattit alors à demander que, dans le quatrième paragraphe des bases de médiation, on ajoutât quelques mots qui indiquassent que, tout en posant la question du rappel des jésuites comme elle était posée dans le premier paragraphe, les cinq puissances espéraient que le pape accueillerait la demande qui lui serait adressée : « Cela m'a paru sans inconvénient, me disait le duc de Broglie, et, après avoir cherché une rédaction qui répondît à la pensée de lord Palmerston, nous nous sommes arrêtés à insérer dans le quatrième paragraphe cette phrase que : « dès que la question des jésuites serait complétement résolue, ainsi qu'il est indiqué au paragraphe premier, les deux parties licencieraient leurs forces respectives et reprendraient leur attitude ordinaire et pacifique. » — L'addition me semble tout à fait exempte de reproches ; à tel point même qu'il faut être bien au fait de la discussion qui l'a produite pour comprendre qu'on y puisse attacher la moindre importance.

« J'ai quitté lord Palmerston en lui disant que j'allais expédier mon courrier avec son consentement et l'assurance qu'il allait adresser ses ordres à M. Peel, son chargé d'affaires en Suisse. Il me l'a donnée. »

Le duc de Broglie n'était pas au bout. Il m'écrivit le lendemain [1] : « Hier soir, deux heures après l'expédition de mon courrier, on m'a remis un billet de lord Palmerston, accompagné d'une lettre officielle. Je ne répondrai point au billet. Je réponds à la lettre officielle, dont je joins ici copie avec ma réponse.

« *Lord Palmerston à M. le duc de Broglie.*

Foreign-Office, 26 novembre 1847.

« Monsieur le duc,

« Au sujet de la conférence que j'ai eu l'honneur d'avoir ce matin avec Votre Excellence sur les affaires de Suisse, et pour prévenir tout malentendu futur, je crois devoir dire que si, pour assurer le concours unanime des cinq puissances dans l'offre d'une médiation ami-

---

[1] Le 27 novembre 1847.

cale entre les parties belligérantes en Suisse, le gouvernement de Sa Majesté Britannique a consenti aux modifications que Votre Excellence a proposées dans le projet de note identique à présenter à la diète et au Sonderbund, le gouvernement de Sa Majesté n'a agi ainsi que dans la claire et positive idée que l'entier éloignement des jésuites de toutes les parties du territoire de la confédération est la base nécessaire de l'arrangement à proposer aux deux parties belligérantes pour la pacification de la Suisse. »

La réponse du duc de Broglie était courte et catégorique :

« *Le duc de Broglie à lord Palmerston,*

Londres, 27 novembre 1847.

« Mylord,

« Je concevrais difficilement que la rédaction substituée par mon gouvernement au paragraphe premier du contre-projet britannique pût devenir, entre nous, l'occasion d'un malentendu. Je me suis efforcé de vous expliquer à plusieurs reprises, tant de vive voix que par écrit, le sens et la portée de cette rédaction. Je ne puis que me référer à ces explications, sans y rien ajouter, sans en rien retrancher. »

Que signifiaient, de la part du cabinet anglais, cette incertitude, cette mobilité de résolution et de langage ? Était-ce seulement l'embarras inhérent à une situation fausse ? Lord Palmerston voulait à la fois rester en

Suisse l'ami particulier des radicaux, et ne pas rester isolé en Europe en se séparant des quatre grandes puissances qui voulaient leur résister. Y avait-il, dans ses hésitations et ses procrastinations, un désir plus ou moins prémédité de traîner en longueur et de laisser aux radicaux suisses le temps d'accomplir leur œuvre de guerre civile avant que la médiation européenne vînt les gêner dans leur attaque? Sur le théâtre même des événements, des faits se passaient, des paroles échappaient qui autorisaient cette conjecture. Le gouvernement anglais avait pour chargé d'affaires en Suisse M. Peel, fils aîné de sir Robert Peel et maintenant héritier de ce glorieux nom. Il était jeune, impétueux et, tout en obéissant à ses instructions, enclin dans son langage à des mouvements d'indépendance et d'inconséquence généreuse. Il vivait à la fois en intimité avec M. Ochsenbein et en bons rapports avec M. de Boislecomte. Dès le 7 novembre 1847, au moment même où la Diète helvétique engageait la guerre civile, ce dernier m'écrivit : « M. Peel m'a dit combien sa position, sous un ministre qui appartenait à un autre parti que son père, lui imposait de réserve, et combien il aurait de [plaisir à être plus expansif avec moi ; ce que, sous lord Aberdeen par exemple, il eût fait, même en ayant les mêmes instructions. J'étais entré chez lui en lui disant que je ne pouvais résister au plaisir de lui exprimer l'espoir que nos deux gouvernements se missent enfin d'accord sur les affaires suisses, et je lui avais confié, d'après la dépêche de Votre Excellence, ce qui m'en donnait l'espoir. — Je le désire autant qu'on peut désirer quelque chose au monde, me dit M. Peel, et je ne suis pas sans espoir ; la dernière expédition de lord Palmerston était évidemment écrite dans un esprit de rapprochement vers vous, et de mon côté, depuis les propositions faites par les sept cantons, j'insiste chaque fois à écrire que maintenant tout le droit est passé de leur côté, et qu'il n'y a plus d'autre parti à prendre honorablement que celui de les soutenir. — Je dis alors à M. Peel notre projet de médiation : — « Malheureusement, me dit M. Peel, les meneurs de la diète ne l'accepteront pas ; il n'y a que quatre jours qu'ils ont refusé la médiation de l'Angleterre. J'ai en vain dit à M. Ochsenbein que, si les petits cantons faisaient un appel à la France et à l'Autriche, il était à croire que les deux puissances interviendraient à main armée, et je lui ai laissé suffisamment à entendre que nous n'y mettrions pas d'obstacle. Il s'est emporté ; il a dit que tout cela était l'ouvrage de M. de Metternich qui nous avait changés ; il a parlé de ses cent mille soldats, qu'ils ne reculeraient pas devant la France et l'Autriche, qu'ils pourraient périr et la Suisse cesser d'être une nation, mais que cela valait mieux que de courber la tête, et que, s'ils étaient victorieux, ils ne s'arrêteraient pas en Suisse et se répandraient sur l'Italie et sur l'Allemagne. A quoi je répondis que ce pouvaient être là ses sentiments privés, mais que ce n'étaient pas ceux du pays. C'est en sortant de cette conversation que M. Ochsenbein a été se concerter avec MM. Druey, Munzinger et Furrer, et qu'ils ont résolu de précipiter le mouvement et de prononcer l'arrêt d'exécution, ce qui a été exécuté le soir même. Ils sont lancés et maintenant ils ne s'arrêteront pas, même devant votre intervention armée. »

Pendant qu'on discutait encore à Londres le sens et les bases de la médiation, les radicaux suisses précipitèrent en effet leurs mouvements : ils avaient mis sur pied des forces considérables : 52,000 hommes d'armée active et 30,000 de réserve, avec 172 pièces d'artillerie[1]; un chef expérimenté, le général Dufour, les commandait : il n'appartenait pas au parti radical ; mais la diète une fois engagée dans la lutte, la plupart des modérés, qui avaient d'ailleurs peu de goût pour les jésuites et le Sonderbund, croyaient de leur devoir de la soutenir : elle représentait, à leurs yeux, la confédération et l'État. Dès les premiers coups, le succès se déclara plus prompt et plus facile que ne l'avaient espéré les plus confiants ; le canton de Fribourg fut occupé et la ville capitula sans résistance. Mais Lucerne tenait bon ; sa population et celle des petits cantons se montraient fort résolues à se battre : « La Suisse entière, m'écrivait M. de Boislecomte[2], est dans une attente pleine de passion et d'anxiété, les yeux tournés vers Lucerne. M. Peel a dit hier à l'ambassade qu'il avait envoyé quelqu'un à Lucerne. Il paraît très-embarrassé depuis quelques jours. Son langage est rede-

[1] Baumgartner, *die Schweitz von* 1830 *bis* 1850, t. IV, page 7.
[2] Le 24 novembre 1847.

venu comme aux premiers temps. On pensait qu'il avait envoyé à Lucerne, non pas à la ville, mais au quartier général de l'armée, pour prévenir le général Dufour et lui conseiller de presser les choses. J'apprends par Neufchâtel que, le 21, un courrier anglais a traversé la ville, se rendant à Berne. M. Peel, auquel je communique à peu près tout ce que je reçois et ce que je fais, s'est bien gardé d'en rien dire à l'ambassade, et c'est à la suite de la réception de ce courrier qu'il a fait, au quartier du général Dufour, l'envoi dont il a parlé à mon attaché, M. de Massignac. Il faut qu'il y ait quelque chose de faux au fond de toute la situation prise par la cour de Londres pour qu'un caractère vrai et généreux, comme celui de M. Peel, ne puisse cependant inspirer à personne de sécurité. »

Ce fut la conviction générale, acceptée depuis comme un fait certain par les historiens suisses les mieux informés, qu'au moment même où la note identique était enfin sortie de toutes ses transformations et près d'être expédiée en Suisse, lord Palmerston avait donné à M. Peel l'ordre d'en prévenir le général Dufour, et de l'engager à presser la conquête de Lucerne, pour qu'à l'arrivée de la note les cinq puissances qui l'avaient signée, y compris l'Angleterre, trouvassent la guerre terminée et leur médiation sans objet. Le chapelain de la légation anglaise en Suisse avait été, disait-on, chargé de cette mission.

M. de Boislecomte mit avec raison du prix à s'assurer de la réalité du fait; il donna, dans ce but, ses instructions au jeune attaché qu'il avait laissé à Berne, et le 29 novembre 1847, M. de Massignac lui écrivit : « L'affaire de la mission du chapelain de la légation d'Angleterre est éclaircie. Ce matin, je fus chez le ministre d'Espagne [1]. Après avoir causé avec lui de la lettre que j'ai eu l'honneur de vous adresser ce matin, et à laquelle il donne son entière approbation quant à l'exactitude : — Je voudrais bien savoir, lui dis-je, si vraiment Temperly a été, de la part de Peel, dire au général Dufour de presser l'attaque contre Lucerne. — Qui est-ce qui en doute? me répondit-il; pour moi, j'en suis sûr, je le tiens de bonne source, et j'en mets ma main au feu, me répéta-t-il à plusieurs reprises. — Je le crois, ajoutai-je, mais j'aurais quelque intérêt à le faire avouer à Peel lui-même, et devant quelqu'un, vous, par exemple.

« L'occasion s'en est présentée dès ce matin. Nous parlions avec Zayas et Peel des affaires suisses et de la manière dont les différents cabinets les jugeaient. « — Aucun cabinet de l'Europe, excepté celui de l'Angleterre, n'a compris les affaires de Suisse, a dit M. Peel, et lord Palmerston a cessé de les comprendre lorsqu'il a approuvé la note identique. — Avouez au moins, lui dis-je, qu'il a fait une belle fin, et que vous nous avez joué un tour en pressant les événements. » Il se tut; j'ajoutai : « — Pourquoi faire le mystérieux? Après une partie, on peut bien dire le jeu qu'on a joué. — Eh bien, c'est

[1] M. de Zayas.

vrai! dit-il alors, j'ai fait dire au général Dufour d'en finir vite.» Je regardai M. de Zayas pour constater ces paroles. Son regard me cherchait aussi. Cependant, Monsieur l'ambassadeur, je n'ai pas voulu vous apprendre cet aveu légèrement, et ce soir, j'ai demandé à M. de Zayas s'il considérait l'aveu comme complet : — « Je ne sais pas ce que vous voudriez de plus, me répondit-il, à moins que vous ne vouliez une déclaration écrite. Quand je vous disais ce matin que j'en mettrais ma main au feu! »

Ce fut seulement le 28 novembre 1847 que je pus adresser à M. de Boislecomte une dépêche définitive et positive : « Le concert que nous travaillons à établir entre les puissances est enfin réalisé. Vous trouverez ci-joint le texte de la note identique qui doit être remise aux parties belligérantes en Suisse pour leur offrir la médiation des cinq cours. Vous voudrez bien, après en avoir fait dresser deux expéditions et les avoir revêtues de votre signature, les adresser au président de la diète et au président du conseil de guerre du Sonderbund. M. Peel recevra des instructions conformes à celles que je vous donne. M. le comte Appony et M. le baron d'Arnim écrivent dans le même sens à M. de Kaisersfeldt et à M. de Sidow. La dépêche de M. d'Appony est annexée à cette expédition, et je vous recommande de la faire parvenir, sans perdre un moment, à M. de Kaisersfeldt. Quant à celle de M. d'Arnim, elle est envoyée directement à M. de Sidow. M. de Kisséleff ne s'étant pas trouvé en mesure de donner des directions analogues à M. de Krudener, bien que les intentions de son gouvernement ne soient pas douteuses, la communication de la Russie ne pourra avoir lieu que plus tard. Mais il importe que celles de la France, de l'Autriche et de la Prusse soient, autant que possible, simultanées, et je vous prie de vous concerter à cet effet avec vos collègues en évitant d'ailleurs tout ce qui entraînerait de nouveaux délais. »

La note identique ainsi transmise était exactement conforme au texte enfin convenu entre le duc de Broglie et lord Palmerston, dans leurs derniers entretiens.

Quand cette dépêche arriva[1] à M. de Boislecomte qui, d'après mes instructions, s'était établi à Bâle, Lucerne avait succombé après une vive, bien que courte résistance; mais la lutte subsistait encore dans le canton du Valais; M. de Boislecomte expédia sur-le-champ la note identique au président de la diète à Berne et au dernier représentant du Sonderbund vaincu. Il écrivit en même temps à M. Peel pour l'en informer. En me rendant compte de ces derniers incidents et de l'état des esprits en Suisse, il ajouta : « C'est avec regret que je dois vous parler de M. Peel. Il paraît que, depuis mon départ de Berne, il était retourné à ses anciennes amitiés, et qu'il se disposait à prendre possession de la situation comme s'il avait jusqu'au bout et sans distraction soutenu les radicaux. Il avait fait une visite de félicitation à M. Ochsenbein, et il venait de l'inviter, avec d'autres

[1] Le 30 novembre au matin 1847.

vainqueurs, à un grand dîner quand il a reçu ma lettre qui lui indiquait l'entente conclue et la remise que je faisais immédiatement de la note concertée. Il a aussitôt décommandé son dîner, et M. de Massignac étant allé le voir, il lui a dit : « — Je ne comprends pas lord Palmerston, et si je pouvais montrer ses dépêches, on ne le comprendrait pas plus que moi. Je ne veux pas remettre la note qu'on m'enverra. Je donnerai ma démission plutôt que de le faire. Le puis-je donc quand je viens de faire une visite à Ochsenbein dans un sens tout opposé ? Vous comprenez bien que je ne me suis pas lié avec des gens comme les radicaux par amitié pour eux ; mais la guerre est finie, et l'on me fait jouer dans tout cela un rôle qui me blesse beaucoup. »

Lord Palmerston voulut sans doute épargner à son jeune agent l'embarras que celui-ci repoussait, car il ne le chargea point de remettre la note identique. L'ambassadeur d'Angleterre à Constantinople, sir Stratford Canning, était alors à Londres, près d'en repartir pour retourner à son poste ; ce fut à lui que lord Palmerston donna ses instructions sur l'attitude que le cabinet anglais voulait prendre dans le nouvel état des affaires suisses ; sir Stratford se mit en route par Paris et Berne. J'eus avec lui, à son passage, un entretien plus libre de ma part que de la sienne ; je connaissais la ferme loyauté de son caractère, et je fus peu surpris de le trouver un peu embarrassé de la politique dont il était chargé de conduire le dénouement. J'écrivis le 3 décembre 1847, au duc de Broglie : « Sir Stratford Canning est toujours ici, attendant toujours une dépêche de Londres. La note anglaise ne sera probablement pas remise. Mais il suffit, pour que la position soit prise, qu'un seul ait parlé au nom des cinq. »

Après le tour qu'avaient pris les événements, il n'y avait plus en effet, pour nous en Suisse, qu'une question de position et d'avenir. Le voisinage donnait à nos rapports avec ce pays bien plus d'importance qu'ils n'en pouvaient avoir pour l'Angleterre. L'Autriche et la Prusse étaient à cet égard dans une situation semblable à la nôtre ; et on était, à Vienne et à Berlin, si sérieusement préoccupé des affaires suisses que, lorsque la crise éclata, bien loin de les considérer comme terminées, ces deux cabinets virent, dans la défaite du Sonderbund, le commencement d'une nouvelle phase qui appelait, de leur part, une égale sollicitude et probablement de nouvelles démarches. Deux hommes considérables, le comte de Colloredo pour l'Autriche et le général de Radowitz pour la Prusse, vinrent à Paris avec une mission authentique, quoique non officielle : « Ils y sont envoyés, m'écrivit le marquis de Dalmatie [1], pour porter et pour se faire donner des termes précis. D'abord, pour s'assurer de la stabilité de votre cabinet ; ensuite, pour savoir jusqu'à quel point on peut compter sur vous, jusqu'où vous voulez et vous pouvez aller, quelles peuvent être les exigences parlementaires, quelle influence peut exercer l'Angleterre.

[1] Le 19 décembre 1847.

On ne veut pas vous embarrasser ; on ne veut pas nuire au cabinet ; mais on ne veut pas non plus s'engager plus avant avec nous sans savoir positivement à quoi s'en tenir sur notre compte. Les instructions du comte de Colloredo sont précises et catégoriques ; on me l'a dit, et une observation que j'ai faite me l'a confirmé. M. de Canitz m'a communiqué à deux reprises, avant et après l'arrivée du comte de Colloredo à Berlin, une portion des instructions qu'il prépare pour le général Radowitz. J'ai remarqué entre ces deux fragments une différence de nuance, d'abord dans le ton qui est plus décidé et plus incisif dans le second. Il renferme un passage sur les révolutions qui ont eu lieu dans divers cantons, et qui ont donné la majorité au radicalisme dans la diète ; et il pose la question de savoir si l'on ne pourrait pas trouver un moyen de les prévenir. C'est aller bien loin ; c'est passer de la question fédérale et internationale à la question cantonnale et intérieure ; c'est dépasser les bornes de l'intervention que les puissances sont fondées, en droit public, à exercer en Suisse. Après m'avoir lu ce passage, M. de Canitz m'a dit que c'était là une addition qu'il s'était permis d'apporter aux instructions données par le prince de Metternich. J'en ai tiré la conclusion qu'il faut que ces instructions, patentes ou secrètes, aillent déjà assez loin pour que la cour de Prusse ait fait ce pas qui peut, à la vérité, être aussi bien désapprouvé qu'approuvé à Vienne, mais qui indique toujours que le comte de Colloredo a apporté avec lui quelque chose qui a enhardi la cour de Prusse à le faire. Ajoutez-y ce qui est venu de Saint-Pétersbourg où l'on s'est prononcé plus énergiquement encore dans le même sens : — « L'empereur Nicolas, m'a dit M. de Canitz, ne veut se mêler de l'affaire suisse qu'autant qu'il aura la certitude que les autres cours y apportent des intentions sérieuses, et qu'elles ne s'arrêteront pas en chemin. Autrement, il préfère y rester étranger. Ce n'est que par complaisance qu'il a consenti à s'associer aux premières démarches. » — Une autre personne me disait que l'empereur ne comprenait pas la conférence dont on parle sur les affaires de Suisse si elle n'avait pas 60,000 hommes derrière elle.

L'empereur Nicolas avait alors pour représentant à Berlin le baron Pierre de Meyendorff, aussi distingué par l'élévation et la finesse de son esprit que par la droiture de son caractère, l'un de ces politiques vraiment européens qui, tout en servant fidèlement les vues et les intérêts de leur gouvernement, savent comprendre les institutions et les intérêts des autres États, tiennent grand compte de ce qu'exige ou de ce que comporte le bon ordre général des sociétés civilisées, et ne perdent jamais de vue la raison et l'équité. « Il me disait hier, m'écrivit le marquis de Dalmatie [1] : — Un seul motif peut vous décider à l'intervention ; c'est de voir l'Autriche intervenir ; si elle entre en Suisse, vous ne pouvez pas l'y laisser entrer seule. — Je sais, ajoutait notre ambassadeur, qu'il en était question hier avec le

[1] Les 10 et 19 décembre 1847.

comte de Colloredo lui-même, d'une manière qui m'a donné lieu de croire qu'il apportait déjà cette idée de Vienne ; il a annoncé que quatre nouveaux régiments étaient dirigés sur la frontière de Suisse. On jettera les hauts cris en France ; mais vous ne pourrez vous dispenser de faire entrer les troupes françaises à Genève et dans le canton de Vaud, ne fût-ce que pour observer les Autrichiens, comme on l'a fait jadis à Ancône. Vous donneriez aux Chambres les explications que vous voudriez : on y est préparé d'avance. Je ne vous donne pas ce plan comme arrêté ; mais on y songe comme à une extrémité à laquelle on pourra être réduit après avoir épuisé les autres moyens, et que l'on envisage déjà. »

Telles furent en effet les perspectives que m'entrouvrirent loyalement les deux envoyés allemands, hommes de sens et d'honneur l'un et l'autre, et chargés d'exprimer une politique qui, loin de se dissimuler, s'étalait avec un certain faste de principes et d'exemples, dans l'espoir qu'en intimidant la Suisse et en entraînant la France, ou bien l'Autriche serait dispensée d'agir, ou bien elle n'aurait pas à agir seule. Je répondis à ces ouvertures avec une égale franchise. Nous convînmes que nous nous retrouverions dans quelques semaines, quand on pourrait voir un peu plus clair dans l'avenir, pour nous concerter sur les mesures que nous pourrions avoir à prendre ensemble, dans l'intérêt du droit public européen. Nous étions pour notre compte bien décidés, d'une part, à n'intervenir en Suisse que si une longue, oppressive et douloureuse anarchie en faisait généralement sentir la nécessité ; d'autre part, à ne pas souffrir qu'aucune autre puissance y intervînt sans y prendre nous-mêmes une forte et sûre position. Je m'étais entretenu avec le maréchal Bugeaud de ce qu'il y aurait à faire en pareil cas. Nous n'aurions fait, en agissant ainsi, que poursuivre la politique que nous avions annoncée et pratiquée depuis l'origine de la question suisse, et le roi Louis-Philippe était, comme le cabinet, résolu à y persister.

Que serait-il arrivé si des événements bien autrement grands et puissants n'étaient venus rejeter bien loin dans l'ombre les dissensions des cantons suisses ? Nul ne le saurait dire. Quoi qu'on en puisse conjecturer, en présence du succès des radicaux suisses, de la fermentation italienne et des ardents débats qui, dans nos Chambres, menaçaient l'existence du cabinet français, le prince de Metternich n'agit point, et ne nous mit point dans la nécessité d'agir. Quand le cabinet du 29 octobre 1840 et la monarchie de 1830 furent tombés, personne ne pensa plus à la Suisse ; c'était l'Europe qui était en question.

Près de vingt ans se sont écoulés ; on y pense encore moins aujourd'hui ; qui se souvient et se soucie de M. Ochsenbein et du Sonderbund ? L'histoire a des intermèdes pendant lesquels les événements et les personnages qui viennent d'occuper la scène en sortent et disparaissent pour un temps : pour le temps des générations voisines de celle qui a vu et fait elle-même ces événements. L'histoire d'avant-hier est la moins connue, on peut dire la plus oubliée du public d'aujourd'hui : ce n'est plus là, pour les petits-fils des acteurs, le champ de l'activité personnelle, et le jour de la curiosité désintéressée n'est pas encore venu. Il faut beaucoup d'années, des siècles peut-être pour que l'histoire d'une époque récente s'empare de nouveau de la pensée et de l'intérêt des hommes. C'est en vue de ce retour que les acteurs et les spectateurs de la veille peuvent et doivent parler de leur propre temps; ils déposent des noms et des faits dans des tombeaux qu'on se plaira un jour à rouvrir. C'est pour cet avenir que je retrace avec détail les mariages espagnols et les négociations assez vaines dont le Sonderbund fut l'objet : je tiens à ce que les curieux, quand ils viendront, trouvent ce qu'ils chercheront et soient en mesure de bien connaître pour bien juger. Je n'ai garde de prétendre à faire moi-même et aujourd'hui leur jugement; je leur en transmets les matériaux, avec la libre et sincère expression du mien. Dans notre conduite au sujet des affaires suisses de 1840 à 1848, je fis deux fautes, l'une de mon fait, l'autre amenée par le fait d'autrui. Je me trompai sur la convenance de M. de Boislecomte pour la mission que je lui confiais; il était homme d'expérience et de devoir, capable, courageux et fidèle, mais trop prévenu pour le parti catholique et trop enclin à en espérer le succès. Entraîné par sa croyance et son désir, il se trompa sur les forces relatives des deux partis, et compta trop sur l'énergie morale comme sur la puissance matérielle des cantons catholiques. Ses appréciations et ses prévisions nous jetèrent dans la même erreur. Notre politique reposait sur la double idée qu'en droit la cause du Sonderbund était bonne et qu'en fait sa résistance serait forte et longue. Nous avions raison quant au droit : le pacte fédéral, l'indépendance des cantons dans leur régime intérieur, la liberté d'association religieuse, la liberté d'enseignement, le respect et les garanties dus par la majorité à la minorité, tous les principes de gouvernement libre et d'ordre européen étaient en faveur du Sonderbund ; nous leur prêtions hautement notre appui moral ; mais nous regardions l'intervention matérielle à leur profit comme une dernière et fâcheuse extrémité que nous ne voulions accepter que lorsque, dans la pensée de l'Europe et dans le sentiment de la Suisse même, les maux de la guerre civile et de l'anarchie l'auraient rendue nécessaire. Cette extrémité n'arriva point ; la brièveté de la lutte et la facilité de la victoire firent paraître nos alarmes excessives et rendirent le mal moins grand que nous ne l'avions prédit. Si nous avions mieux connu les faits et mieux pressenti les chances, nous aurions tenu le même langage et donné les mêmes conseils ; mais nous aurions gardé l'attitude de spectateurs moins inquiets et plus patients.

CHAPITRE XLVIII

LES RÉFORMES POLITIQUES ET LA CHUTE DU MINISTÈRE DU 29 OCTOBRE 1840
(1840-1848).

Ma disposition personnelle en terminant ces *Mémoires*. — Pensée dominante et constante du ministère du 29 octobre 1840. — La prépondérance des classes moyennes; ses motifs et son caractère. — Le parti conservateur. — Le but des réformes électorale et parlementaire était de changer cette politique. — Diversité des éléments de l'opposition. — L'opposition monarchique et l'opposition républicaine. — Diversité des éléments de l'opposition monarchique; — de l'opposition républicaine. — De 1840 à 1847, la question des réformes reste dans l'arène parlementaire. — Divers débats à ce sujet. — La question passe dans le champ de l'agitation extérieure. — Les banquets de 1847. — Leur caractère. — Attitudes diverses de l'opposition monarchique et de l'opposition républicaine. — Ascendant croissant de l'opposition républicaine. — Attitude du gouvernement envers les banquets. — Ma conversation avec M. de Morny. — Ma conversation avec le roi Louis-Philippe. — Projet d'un nouveau banquet à Paris. — Ouverture de la session de 1848. — Discussion de l'adresse. — Résolution et langage du gouvernement sur la question des réformes. — L'opposition se décide à assister au nouveau banquet proposé. — Le gouvernement se décide à l'interdire. — Question de légalité élevée à ce sujet. — Compromis entre des représentants du cabinet et des représentants de l'opposition pour faire décider cette question par les tribunaux. — Luttes intérieures entre les divers éléments de l'opposition. — Les meneurs révolutionnaires de l'opposition républicaine ajoutent au banquet un plan de mouvement populaire. — Manifeste publié dans ce but. — Changement de scène. — Le gouvernement interdit le banquet. — L'opposition parlementaire y renonce et propose à la Chambre des députés l'accusation du ministère. — Journées des 21 et 22 février. — Le 23 février, manifestations réformistes dans une partie de la garde nationale. — Conversation du roi, d'abord avec M. Duchâtel, puis avec moi. — Chute du cabinet. — Je l'annonce à la Chambre. — Émotion de la majorité. — Rapports entre le roi et le cabinet. — Persistance des menées de l'opposition républicaine révolutionnaire. — Mesures de résistance préparées par le gouvernement. — Tragique incident, dans la soirée du 23 février, devant le ministère des affaires étrangères. — Ses effets. — Nomination du maréchal Bugeaud au commandement de la garde nationale et des troupes; dernier acte du ministère. — Ma dernière visite au roi Louis-Philippe. — Mon impression sur ses sentiments et ses dispositions intérieures dans cette crise.

Je touche aux derniers jours et à la dernière crise de la lutte des systèmes et des partis politiques qui, de 1830 à 1848, se sont déployés, parmi nous, dans les Chambres, dans la presse, dans les élections, dans les conversations, dans toutes les manifestations et sous toutes les formes de la pensée, de la volonté, de l'imagination et de l'ambition publiques. C'est sur la question des réformes à apporter dans notre régime électoral et parlementaire que cette crise suprême a éclaté. En retraçant, dans ces *Mémoires*, les principaux événements qui ont rempli ces dix-huit années et la part que j'y ai prise, je me suis proposé d'en écarter toute polémique rétrospective et de présenter constamment les faits dans tout leur jour, et les hommes, adversaires ou amis, sous leur meilleur jour. En agissant ainsi, j'ai obéi à mon penchant plutôt que je n'ai exécuté un dessein : la longue et laborieuse expérience de la vie politique m'a enseigné, non pas le doute, mais l'équité. Je dis l'équité, non pas la modération, mot banal, ni l'indulgence, mot impertinent, qui n'exprimeraient pas ma pensée. Dans les temps de profonde fermentation sociale et morale, quand les nations et les âmes sont violemment agitées, il y a, dans les opinions et les conduites les plus diverses, plus de sincérité et de désintéressement qu'on ne croit; la part de l'erreur est immense, infiniment plus grande que celle des mauvais desseins; la vérité se brise en fragments épars, et chacun des acteurs politiques en saisit quelqu'un, comme dit Corneille,

> Suivant l'occasion ou la nécessité,
> Qui l'emporte vers l'un ou vers l'autre côté [1].

Les esprits en effet s'emportent alors en tous sens, attirés par les lueurs qui brillent et les perspectives qui s'ouvrent dans un ciel obscur et orageux, et la conscience suit l'esprit dans ses emportements. J'ai vécu longtemps, comme l'un des acteurs, dans cette mêlée des idées et des hommes; j'en suis sorti depuis longtemps; et aujourd'hui, spectateur tranquille du passé comme du présent, je reste aussi fermement attaché que jadis aux convictions qui ont dirigé ma conduite, mais peu surpris que des hommes d'un esprit éminent et d'un cœur honnête aient obéi à des convictions différentes. La crise suprême que j'ai en ce moment à retracer est, de tous les événements de ce passé, celui qui me rend le plus difficiles cette vue sereine et cette juste appréciation des faits et des hommes; le dénouement en a été si

---

[1] *Sertorius*, acte III, scène 2.

grave et si douloureux que toute mon âme s'émeut et se soulève à ces souvenirs. Je veux pourtant et j'espère, à cette dernière heure, rester fidèle à la disposition que, jusqu'ici, j'ai gardée sans effort en écrivant ces *Mémoires*. Aujourd'hui, tous les partis, je pourrais dire tous les hommes qui, n'importe en quel sens et dans quelle mesure, ont pris part à la révolution de février, sont, comme moi, des vaincus. Nul d'entre eux, à coup sûr, ne se doutait de l'abîme où la diversité de nos idées et de nos efforts devait sitôt nous jeter tous.

Je voudrais marquer avec précision le point où nous en étions tous et quelle était la vraie disposition de tous les partis à l'approche de la catastrophe qui nous a fait subir, à tous, de tels coups et de tels mécomptes.

Le cabinet et ses amis politiques avaient une pensée et un dessein bien déterminés. Ils aspiraient à clore en France l'ère des révolutions en fondant le gouvernement libre qu'en 1789 la France s'était promis comme la conséquence et la garantie politique de la révolution sociale qu'elle accomplissait. Nous regardions la politique qui, à travers des incidents passagers, avait prévalu en France depuis le ministère de M. Casimir Périer, comme la seule efficace et sûre pour atteindre ce but. Cette politique était réellement à la fois libérale et antirévolutionnaire. Antirévolutionnaire, au dehors comme au dedans, car elle voulait au dehors le maintien de la paix européenne, au dedans celui de la monarchie constitutionnelle. Libérale, car elle acceptait et respectait pleinement les conditions essentielles du gouvernement libre, l'intervention décisive du pays dans ses affaires, la discussion constante et vivante, dans le public comme dans les Chambres, des idées et des actes du pouvoir. En fait, de 1830 à 1848, ce double but a été atteint. Au dehors, la paix a été maintenue; et je pense aujourd'hui comme il y a vingt ans, que ni l'influence ni la considération de la France en Europe n'y avaient rien perdu. Au dedans, de 1830 à 1848, la liberté politique a été grande et forte; de 1840 à 1848 spécialement, elle s'est déployée sans qu'aucune nouvelle limite légale lui ait été imposée. Si je disais sans réserve ma pensée, je dirais que, non-seulement les spectateurs impartiaux, mais la plupart des anciens adversaires de notre politique reconnaissent aujourd'hui, dans leur pensée intime, la vérité de ce double fait.

La politique que nous soutenions et pratiquions ainsi avait son principal point d'appui dans l'influence prépondérante des classes moyennes : influence reconnue et acceptée dans l'intérêt général du pays, et soumise à toutes les épreuves, à toutes les influences de la liberté générale. Je ne discute pas ici le système ; j'exprime le fait, et je n'en atténue ni l'importance, ni le caractère. Les classes moyennes, sans aucun privilége ni limite dans l'ordre civil, et incessamment ouvertes, dans l'ordre politique, au mouvement ascendant de la nation toute entière, étaient, à nos yeux, les meilleurs organes et les meilleurs gardiens des principes de 1789, de l'ordre social comme du gouvernement constitutionnel, de la liberté comme de l'ordre, des libertés civiles comme de la liberté politique, du progrès comme de la stabilité.

A la suite de plusieurs élections générales dont la liberté et la légalité ne sauraient être sérieusement contestées, et sous le coup de graves débats incessamment répétés, l'influence prépondérante des classes moyennes avait amené, dans les Chambres et dans le pays, la formation d'une majorité qui approuvait la politique dont je viens de rappeler les caractères, voulait son maintien et la soutenait à travers les difficultés et les épreuves, intérieures ou extérieures, que lui imposaient les événements. Cette majorité s'était successivement renouvelée, recrutée, affermie, exercée à la vie publique, et de jour en jour plus intimement unie au gouvernement comme le gouvernement à elle. Selon la pente naturelle du gouvernement représentatif et libre, elle était devenue le parti conservateur de la politique anti-révolutionnaire et libérale dont elle avait, depuis 1831, voulu et secondé le succès.

Le gouvernement parlementaire, forme pratique du gouvernement libre sous la monarchie constitutionnelle ; l'influence prépondérante des classes moyennes, garantie efficace de la monarchie constitutionnelle et des libertés politiques sous cette forme de gouvernement ; le parti conservateur, représentant naturel de l'influence des classes moyennes et instrument nécessaire du gouvernement parlementaire : tels étaient, dans notre profonde conviction, les moyens d'action et les conditions de durée de la politique libérale et anti-révolutionnaire que nous avions à cœur de pratiquer et de maintenir.

C'était cette politique, telle que nous la concevions et pratiquions avec le concours harmonique de la couronne, des Chambres et des électeurs, que l'opposition voulait changer, et c'était pour la changer qu'elle réclamait les réformes électorale et parlementaire. Ces réformes étaient moins un but qu'un moyen : provoquées par l'état intérieur du parlement bien plus que par le besoin et l'appel du pays, elles devaient avoir pour résultat de défaire, dans la Chambre des députés, la majorité qui y prévalait et le parti conservateur qu'elle avait formé, soit en en expulsant, par l'extension des incompatibilités, une partie des fonctionnaires publics qui y siégeaient, soit en y appelant, par l'extension du droit de suffrage, des éléments nouveaux et d'un effet inconnu. Nous n'avions, en principe et dans une certaine mesure, point d'objection absolue et permanente à de telles réformes; l'extension du droit de suffrage et l'incompatibilité de certaines fonctions avec la mission de député pouvaient et devaient être les conséquences naturelles et légitimes du mouvement ascendant de la société et de l'exercice prolongé de la liberté politique. Mais dans le présent, ces innovations n'étaient, selon nous, ni nécessaires, ni opportunes. Point nécessaires, car depuis trente ans les événements avaient prouvé que, par les institutions et les lois actuelles, la liberté et la force ne manquaient point à l'intervention du pays dans ses affaires. Point opportunes, car elles devaient apporter de nouvelles épreuves et de nouvelles difficultés dans ce qui était, à nos yeux, le plus actuel et le plus pressant intérêt du pays, la pratique et l'affermissement du gouvernement libre encore si nouveau lui-même parmi nous. Là étaient à la fois la cause et la limite de notre résistance aux innovations immédiates qu'on demandait.

L'opposition, je l'ai déjà dit, n'avait pas, comme le cabinet et le parti conservateur, l'avantage d'être toute entière animée d'un même sentiment et de se conduire dans un même dessein ; elle contenait des éléments profondément divers dans leurs principes comme dans leurs buts ; et chaque fois qu'une grande question d'institutions politiques était soulevée, ces diversités se révélaient dans leur vérité et leur gravité. Elles apparurent clairement, quels que fussent les ménagements et les réticences, dès que les réformes électorale et parlementaire furent à l'ordre du jour. Depuis 1840, et c'était là l'un de nos progrès, les insurrections et les conspirations pour le renversement de la monarchie de 1830 avaient cessé ; de temps en temps, les tentatives d'assassinat du roi se renouvelaient, comme d'odieuses et sournoises protestations contre le régime établi ; hors de ces crimes personnels, les partis renfermaient dans l'arène parlementaire leurs luttes et leurs espérances ; mais là même ils avaient soin qu'on ne se méprît pas sur leur vraie pensée et le vrai sens de leurs efforts ; nous étions en présence d'une opposition qui se déclarait loyalement monarchique et dynastique, et d'une opposition qui, sous un voile transparent, se laissait voir, s'avouait même républicaine. En dehors des Chambres et du corps électoral, ces deux oppositions avaient, l'une et l'autre, leur public et leur armée, très-divers et divisés comme les deux états-majors, mais activement unis contre le cabinet, le parti conservateur et sa politique.

Homogène dans son intention générale, l'opposition monarchique et dynastique ne l'était point dans ces dispositions plus instinctives que volontaires qui sont comme le fond des âmes et qui les gouvernent presque à leur insu. Elle comptait dans ses rangs des hommes qui, depuis 1830, avaient plusieurs fois approuvé, soutenu, pratiqué eux-mêmes la politique dont le cabinet du 29 octobre 1840 se portait l'héritier. Avec eux siégeaient et votaient des hommes qui avaient constamment blâmé et combattu cette politique, soit qu'elle fût entre les mains de M. Casimir Périer, de M. Thiers, de M. Molé, ou dans les miennes. Dans les premiers, soit élévation d'esprit et lumières acquises par l'expérience, soit modération et prudence de caractère, l'esprit de gouvernement avait pris place à côté du goût des institutions libres ; ils en comprenaient les conditions et voulaient, au fond, le succès de la politique conservatrice. Ils nous reprochaient de pousser trop loin cette politique, de la proclamer trop haut, de ne pas faire aux goûts populaires et à l'imagination nationale assez de concessions, d'en faire trop aux étrangers. Les seconds, tout en souhaitant le maintien de la monarchie de 1830, étaient encore profondément imbus des maximes et des traditions très-peu monarchiques de 1791, les ménageaient respectueusement dès qu'ils les rencontraient, et accusaient le gouvernement du roi d'avoir faussé la révolution de 1830 en trompant ses espérances de monarchie républicaine. Personnellement, les premiers étaient, parmi nos adversaires, les plus éclairés et les plus habiles; comme parti, les seconds étaient les plus puissants et les plus redoutables, car ils étaient ceux qui trouvaient, dans les instincts involontairement révolutionnaires d'une portion considérable du pays, le plus de sympathie et d'appui.

L'opposition républicaine n'était ni moins homogène dans son principe, ni plus homogène dans sa composition que l'opposition monarchique. Elle comptait des républicains systématiques qui répudiaient les folies démagogiques comme les crimes de notre révolution, et prenaient, dans les États-Unis d'Amérique, les exemples de leur république. Auprès d'eux marchaient des républicains fanatiques, admirateurs immobiles de la république une et indivisible de 1793, asservis aux traditions de la Convention nationale, et qui persistaient à célébrer les odieux et aveugles tyrans de cette époque comme les sauveurs et les plus grands hommes de la France. A la suite de ces deux groupes venaient toute sorte d'audacieux et ingénieux rêveurs qui aspiraient, non-seulement à réformer le gouvernement, mais à transformer la société elle-même, son organisation civile et domestique aussi bien que ses institutions politiques, des socialistes, des communistes, des apôtres de théories économiques, les unes despotiques, les autres anarchiques, tous ardents à lancer dans un avenir inconnu les passions avec les espérances populaires. Quelque divers que fussent ces éléments du parti, ils se ralliaient tous sous un même drapeau et dans un même effort vers un même but, le suffrage universel et la république.

Malgré leurs ménagements mutuels d'attitude et de langage, ces deux oppositions ne prétendaient pas dissimuler leur profonde diversité; elles entendaient se servir d'instrument l'une à l'autre, et, dans leur alliance, poursuivre chacune son propre but : l'une, le maintien de la monarchie constitutionnelle en la réformant un peu au gré de l'autre; celle-ci, le triomphe de la république en préparant, à la faveur des réformes, la révolution qui devait l'amener. Mais de 1840 à 1847, elles continrent l'une et l'autre, dans l'arène parlementaire, leur travail à la fois concentrique et distinct. Dans ce travail, les deux réformes indiquées, l'une pour diminuer dans la Chambre des députés le nombre des fonctionnaires, l'autre pour accroître le nombre des électeurs, marchèrent d'un pas inégal; la première seule attira d'abord l'attention. En abaissant le cens électoral de 300 à 200 francs, la loi du 19 avril 1831 avait, sur ce point, satisfait au sentiment de l'opposition elle-même; et au moment où il demandait un abaissement plus considérable, un député très-attentif à ménager la faveur populaire, M. Mauguin disait : « Quand même vous n'abaisseriez le cens qu'à 200 francs, vous auriez une Chambre qui représenterait l'opinion de la France, et elle serait le pays le plus libre du monde [1] ». De 1831 à 1839, les pétitions en faveur de la réforme électorale furent rares et écartées sans grand débat ; évidemment la question ne préoccupait point le pays. Celle de la réforme parlementaire obtint de bonne heure un peu plus de faveur : dès 1831, des propositions furent faites pour diminuer dans la Chambre le nombre des fonctionnaires ; mais le moyen proposé fut indirect, grossier et subalterne ; on demanda que les fonctionnaires élus fussent, pendant la durée des sessions législatives, privés de tout ou partie du traitement attaché à leurs fonctions. De 1831 à 1839, la réforme parlementaire reparut onze fois sous cette forme. Elle fut, en 1839, l'objet d'un sérieux examen et d'un remarquable rapport de M. de Rémusat, au nom d'une commission où siégeaient MM. de Tocqueville, de Sade et Odilon Barrot, et qui en proposa unanimement le rejet. Mais, en écartant le moyen, la commission ne repoussa point le but, et sans se prononcer définitivement, le rapporteur laissa clairement entrevoir qu'il était, ainsi que ses amis, favorable à l'extension des incompatibilités parlementaires.

De 1840 à 1847, les deux questions devinrent plus sérieuses, mais sans vive insistance au début, et encore

[1] Chambre des députés, séance du 11 avril 1831 ; *Moniteur* de 1831, p. 780.

inégalement. Le cabinet formé le 1ᵉʳ mars 1840 sous la présidence de M. Thiers les écarta de son programme, et ce fut sous cette réserve positivement exprimée que je restai, à cette époque, ambassadeur à Londres[1]. « Sur la réforme électorale, dit M. Thiers en ouvrant le débat qui devait décider de l'existence de son cabinet, la difficulté sera grande dans l'avenir; je ne le méconnais pas; elle ne l'est pas aujourd'hui. Pourquoi? Y a-t-il, parmi les adversaires de la réforme électorale, quelqu'un qui, devant le corps électoral, devant la Chambre, et j'ajouterai devant la charte, ait dit : *Jamais?* Personne. La charte, et j'eus l'honneur d'être présent à la conférence où cet article de la charte a été discuté, la charte a exclu le cens électoral du nombre des articles qui la composent. Pourquoi? Parce qu'on a compris que l'abaissement du cens devait être l'ouvrage du temps et du progrès des esprits, lorsque la population plus éclairée serait digne de concourir en plus grand nombre aux affaires de l'État. Personne, devant le corps électoral, devant la Chambre, n'a dit : *Jamais.* A côté de cela, même parmi les partisans de la réforme, y a-t-il des orateurs qui aient dit : *Aujourd'hui?* Aucun. Tous, j'entends dans les nuances moyennes de la Chambre, ont reconnu que la question appartenait à l'avenir, qu'elle n'appartenait pas au temps présent[2]. »

Quelques mois auparavant, en traitant de la réforme

---

[1] Voir dans ces *Mémoires*, t. V, p. 17-23.

[2] Chambre des députés, séance du 24 mars 1840; *Moniteur*, page 554.

parlementaire, M. de Rémusat avait tenu le même langage : « Les questions qui touchent en quelque chose au système électoral ne peuvent être traitées, avait-il dit, qu'en vue d'une élection prochaine. Les innovations en ce genre, quelque mesurées qu'elles soient, annoncent, préjugent, amènent une dissolution. Il serait possible d'ailleurs que l'examen de la question spéciale de l'admission des fonctionnaires dans la Chambre eût pour effet d'atteindre moralement la situation parlementaire que d'honorables collègues doivent tout ensemble à leur mérite, à la loi et à leur pays. Ce sont là des motifs puissants pour ajourner un examen définitif, pour laisser le temps aux opinions de s'éclairer, aux préjugés de s'évanouir, pour léguer enfin aux sessions futures une question qu'il suffira d'avoir élevée dans celle-ci [1]. »

Quand le ministère du 1er mars 1840 fut tombé et entré dans l'opposition, il devint plus pressé et plus pressant : personne ne pouvait s'en étonner ; il avait renvoyé les deux questions à l'avenir, et l'avenir arrivait rapidement. Quand le ministère du 29 octobre 1840 lui eut succédé, du 20 février 1841 au 8 avril 1847, la réforme parlementaire et la réforme électorale furent proposées et discutées dans la Chambre des députés, la première sept fois, et la seconde trois fois. Je n'ai garde de reproduire ici les débats dont elles furent l'objet ; ils sont écrits partout ; le cabinet les repoussa constamment, point au nom d'aucun principe général

[1] Chambre des députés, séance du 20 juillet 1839 ; *Moniteur* pages 1471-1474.

ni d'aucune résolution permanente, mais comme inutiles et inopportunes dans l'intérêt du gouvernement libre que nous travaillions à fonder. Sur la réforme électorale en particulier, je développai deux fois avec soin les conditions sociales et politiques qui, dans le présent, me décidaient à la combattre [1]. L'opposition monarchique et l'opposition républicaine restèrent, l'une et l'autre, dans leur opinion et leur situation bien connues. L'opposition monarchique attaqua, avec un redoublement d'ardeur, notre politique générale, intérieure ou extérieure, comme contraire aux sentiments du pays, et elle réclama les deux réformes comme le moyen à la fois efficace et légal de la changer. L'opposition républicaine porta la question plus loin et dans un autre avenir : elle affirma le suffrage universel comme la seule base légitime du droit électoral : « Son jour viendra, » dit M. Garnier-Pagès [2]. C'était montrer la république en perspective, et pour arriver à la république, une révolution. A l'aspect de telles idées et de telles chances, la Chambre des députés repoussa constamment les deux propositions. Elles furent même, à la dernière tentative de 1847, écartées à de plus fortes majorités qu'elles n'en avaient rencontré auparavant.

Ce n'était cependant pas là un symptôme exact des dispositions et du mouvement des esprits dans la Chambre des députés elle-même : les deux réformes

---

[1] Les 15 février 1842 et 26 mars 1847; *Recueil de mes discours politiques*, t. III, page 554; t. V, p. 380.
[2] Dans la séance du 26 mars 1847.

venaient d'être proposées immédiatement après les élections générales de 1846, moment peu opportun, de l'aveu récent de l'opposition elle-même, pour de telles innovations ; cette circonstance ne fut pas étrangère à l'accroissement de la dernière majorité qui les rejeta. Le gros du parti conservateur continuait de les repousser comme inutiles, prématurées, et propres uniquement à affaiblir la monarchie constitutionnelle au profit de ses ennemis déclarés ; mais les élections avaient amené dans la Chambre quelques membres nouveaux qui, pour réussir dans leur candidature, s'étaient présentés à la fois comme conservateurs et comme réformateurs, et qui gardaient dans l'assemblée cette attitude complexe et flottante : quoique peu nombreux, ce petit groupe, qui se donnait le nom de conservateurs progressistes, était remuant et bruyant. Non pas la conviction, mais la lassitude, et avec la lassitude quelque inquiétude gagnaient, dans les rangs de la majorité, quelques esprits modérés et prudents : il n'y avait, disaient-ils, point de bonnes raisons pour réclamer ces innovations ; mais il n'y en avait pas non plus de bien impérieuses pour les refuser encore longtemps. On pressentait que, par le cours régulier des idées et des faits, elles ne tarderaient pas beaucoup à obtenir, dans la Chambre et dans une certaine mesure, la majorité.

Mais l'impatience et l'imprévoyance, ces deux fatales maladies de tant d'acteurs politiques, gagnèrent les deux oppositions qui, dans des desseins très-divers, attaquaient de concert le cabinet et le parti conservateur. L'opposition monarchique ne se résigna pas à attendre encore, de la lutte des pouvoirs constitutionnels, une victoire paisible. L'opposition républicaine jugea le moment favorable pour porter la lutte dans les régions d'où elle se promettait de tirer la force qui lui manquait dans les Chambres. D'un commun accord, les deux oppositions résolurent d'appeler à leur aide l'agitation extérieure; la question passa de l'arène parlementaire dans le champ des passions populaires; aux débats de la tribune succédèrent les banquets.

De la fin de la session de 1847 à l'ouverture de celle de 1848, ils tinrent la France dans un état de fièvre continue : fièvre factice et trompeuse en ce sens qu'elle n'était pas le résultat naturel et spontané des vœux et des besoins réels du pays; vraie et sérieuse en ce sens que les partis politiques qui en avaient pris l'initiative trouvèrent, dans une portion des classes moyennes et du peuple, une prompte et vive adhésion à leur provocation. Commencés le 9 juillet 1847 par celui du *Château-Rouge* à Paris, les banquets se renouvelèrent pendant six mois dans la plupart des départements, à Colmar, Strasbourg, Saint-Quentin, Lille, Avesnes, Cosne, Châlons, Mâcon, Lyon, Montpellier, Rouen, etc., avec des circonstances et sous des physionomies à la fois pareilles et diverses, où éclataient le profond désaccord des provocateurs en même temps que l'unité et l'entraînement de la provocation. Dans les uns, d'un consentement préalable entre les représentants des divers partis, le nom du roi et tout témoignage d'adhésion au gouvernement de 1830 furent passés sous un complet silence; dans d'autres, l'opposition monarchique réclama un *toast* en l'honneur du roi; mais l'opposition républicaine s'y refusa, et l'opposition monarchique se retira du banquet pour aller obtenir ailleurs le *toast* royal qu'elle désirait, et devant lequel une partie de l'opposition républicaine se retirait à son tour. Dans plusieurs villes, les révolutionnaires asservis aux souvenirs de la Convention nationale firent éclater sans réserve leur admiration pour ses plus tyranniques et sanguinaires chefs, Danton, Robespierre, Saint-Just. Ailleurs ce furent les Girondins et les élans de la politique oratoire ou poétique qui obtinrent les honneurs de l'apothéose. A l'occasion des premiers banquets, les radicaux exclusifs avaient blâmé l'alliance de l'opposition républicaine avec l'opposition monarchique et avaient refusé de s'y associer; mais ils s'aperçurent bientôt que le vent qu'on avait déchaîné soufflait dans leurs propres voiles, et ils reprirent, dans quelques-uns des banquets suivants, non-seulement leur place mais une influence prépondérante, en ouvrant à leur tour les perspectives des réformes sociales les plus sympathiques aux passions populaires. Les républicains modérés firent quelques efforts pour se distinguer de ces compromettants associés; plusieurs des principaux chefs de l'opposition monarchique refusèrent de prendre part aux banquets. Mais à travers toutes ces diversités, toutes ces précautions de conduite et de parole, dans cet incohérent et transparent [chaos, le caractère de l'événement fut partout le même et de plus en plus évident : laquelle des oppositions ainsi entrées en scène serait l'instrument et la dupe de l'autre ? Telle fut la question clairement posée et presque aussitôt résolue que posée. Je lis dans l'*Histoire de la Révolution de* 1848, par M. Garnier-Pagès, cet honnête et clairvoyant récit ; l'opposition monarchique et l'opposition républicaine venaient de conclure leur alliance pour le banquet du *Château-Rouge :* « Sortis de chez M. Odilon Barrot, les membres radicaux de la réunion marchèrent quelque temps ensemble. Arrivés sur le boulevard, à la hauteur du ministère des affaires étrangères, ils allaient se séparer : — Ma foi, dit en ce moment M. Pagnerre, je n'espérais pas, pour nos propositions, un succès aussi prompt et aussi complet. Ces messieurs voient-ils bien où cela peut les conduire ? Pour moi, je confesse que je ne le vois pas clairement; mais ce n'est pas à nous radicaux de nous en effrayer. — Vous voyez cet arbre, reprit alors M. Garnier-Pagès ; eh bien, gravez sur son écorce le souvenir de ce jour ; ce que nous venons de décider, c'est une révolution [1]. » M. Garnier-Pagès ne prévoyait pas que la république de 1848, aussi bien que la monarchie de 1830, périrait à son tour, et bien vite, dans cette révolution.

Charmés de voir la lutte ainsi transportée dans leur domaine, tous les journaux de toutes les oppositions

---

[1] *Histoire de la Révolution de* 1848, par Garnier-Pagès, t. IV, page 102.

soutinrent, commentèrent, fomentèrent ardemment les banquets. Avec les mêmes dissidences, les mêmes petits combats intérieurs qui se manifestaient entre leurs patrons, mais aussi avec une violence bien plus ouverte et un ascendant bien plus déclaré de l'élément révolutionnaire sur l'élément monarchique. En présence de cette fermentation ainsi aggravée, nous nous demandâmes s'il ne fallait pas interdire complétement les banquets; le premier avait eu lieu sans obstacle; l'opposition pouvait se prévaloir de l'exemple de quelques banquets précédents spontanément réunis, dans d'autres circonstances, sous le drapeau conservateur. Nous résolûmes de laisser à la liberté de réunion son cours et d'attendre, pour combattre le mal, qu'il fût devenu assez évident et assez pressant pour que le sentiment du public tranquille réclamât l'action du pouvoir en faveur de l'ordre menacé. Ce sentiment ne tarda pas à s'éveiller au sein du parti conservateur; mais, à côté de celui-là, un autre sentiment parut, moins favorable à la résistance. M. de Morny vint me voir un jour et me parla de la situation avec quelque inquiétude, même avec quelque hésitation dans ses propres vues : « Prenez-y garde, me dit-il ; je ne dis pas que ce mouvement soit bon, mais il est réel ; il faut lui donner quelque satisfaction. Dans quelle mesure? Je ne sais pas; mais il y a quelque concession à faire. Plusieurs de nos amis le pensent sans vous le dire ; si vous ne vous y prêtez pas, on hésitera, on se divisera. » M. de Morny avait jusque-là, et dans des occasions délicates, fermement soutenu le cabinet ; je le savais homme d'esprit et de courage ; j'allai droit, avec lui, au fond des choses : « Vous me connaissez assez, lui dis-je, pour ne pas supposer qu'à les considérer en elles-mêmes, j'attache aux réformes dont on parle une importance capitale ; quelques électeurs de plus dans les colléges et quelques fonctionnaires de moins dans la Chambre ne bouleverseraient pas l'État. Je ne me fais pas non plus illusion sur la situation du cabinet ; il dure depuis bien longtemps ; les assiégeants sont impatients ; et parmi nos amis assiégés avec nous, quelques-uns sont las et voudraient bien un peu de repos. S'il ne s'agissait que de cela, ce serait facile à arranger. Mais ne vous y trompez pas ; l'affaire n'est plus dans la Chambre ; on l'en a fait sortir ; elle a passé dans ce monde du dehors, illimité, obscur, bouillonnant, que les brouillons et les badauds appellent le peuple. C'est là qu'elle se débat en ce moment, par les banquets et les journaux. Là, ce ne sont plus les réformistes, ce sont les révolutionnaires qui dominent et font les événements. — Je le sais bien, reprit M. de Morny, et c'est à cause de cela que je suis inquiet ; si ce mouvement continue, si on va où il pousse, nous arriverons je ne sais où, à quelque catastrophe ; il faut l'arrêter à tout prix, et on ne le peut que par quelque concession. — Retirez donc la question, lui dis-je, des mains qui la tiennent aujourd'hui ; qu'elle rentre dans la Chambre ; que la majorité fasse un pas dans le sens des concessions indiquées ; si petite qu'elle soit, je vous réponds qu'elle sera comprise, et que vous aurez un nouveau cabinet qui fera ce que vous croyez nécessaire. » La physionomie de M. de Morny devint soucieuse : « C'est aisé à dire, reprit-il; mais ce sera là bien autre chose que la retraite du cabinet ; ce sera la défaite, la désorganisation plus ou moins profonde, plus ou moins longue, du parti conservateur. Qui sait ce qui en résulterait? et qui voudra se faire l'instrument d'un tel coup? » Évidemment l'idée de sortir de son camp, et de se séparer, pour un avenir si incertain, des amis avec lesquels il avait jusque-là combattu, lui déplaisait fort : » Je vous comprends, lui dis-je ; mais à coup sûr vous comprenez aussi que ce n'est pas moi qui me chargerai de cette œuvre. Qu'une majorité nouvelle en décide ; si la question rentre dans la Chambre, c'est au groupe réformiste qu'il appartient de la vider. »

Je m'arrête ici un moment pour dire quelques mots d'un reproche qu'on m'a souvent adressé, et qui n'est pas dénué de vérité, quoiqu'il manque complétement de justice. Je ne me préoccupais, a-t-on dit, que des questions et des luttes parlementaires, point des intérêts et des aspirations populaires ; mes pensées et mes efforts se renfermaient dans les Chambres et me faisaient oublier le pays ; je faisais tout pour les désirs et la prépondérance des classes moyennes, rien pour la satisfaction et le progrès du peuple. Je repousse ces mots, *tout* d'une part et *rien* de l'autre ; je résumerai tout à l'heure, en terminant ces *Mémoires,* les mesures prises et les innovations accomplies par le gouvernement de 1830, au profit de toutes les classes, dans les campagnes comme dans les villes, pour le bien-être moral et matériel du peuple; les esprits tant soit peu équitables reconnaîtront que ni la sympathie, ni les succès efficaces en ce sens n'ont manqué à cette laborieuse époque. Mais je conviens que la fondation de la liberté politique a été ma première pensée. J'étais et je demeure convaincu que les principes et les actes de 1789 ont apporté, dans la société civile, les réformes essentielles; la révolution sociale est accomplie; les droits de la liberté et de l'égalité civile sont conquis; mais, après cette grande œuvre, la conquête de la liberté politique est restée incomplète et précaire. C'est surtout vers cette liberté-là, vers l'exercice des droits qui la prouvent et l'affermissement des institutions qui la garantissent qu'ont été dirigés les efforts auxquels j'ai eu l'honneur de prendre quelque part. Mais cette cause est celle de la nation tout entière aussi bien que de telle ou de telle classe de citoyens; la liberté politique est aussi nécessaire aux petits qu'aux grands, aux pauvres qu'aux riches, aux ouvriers qu'aux bourgeois; sans la liberté politique, la sécurité et la dignité manquent également aux libertés civiles. Dans l'état actuel de notre société, quand je me suis surtout préoccupé de la fondation du gouvernement libre, j'ai voulu et cru servir le premier intérêt du peuple, de son bonheur et de ses progrès.

J'ajoute que, lorsqu'il s'agit de donner satisfaction

LES RÉFORMES POLITIQUES (1840-1848).

aux vœux populaires, il y a un danger et un tort que les hommes d'honneur et de sens doivent avoir à cœur d'éviter : c'est le tort et le danger de promettre plus qu'on ne peut tenir et de dire plus qu'on ne fait. Ce genre de charlatanisme m'a toujours été particulièrement antipathique; il tourne bientôt au détriment du pouvoir qui s'en sert et du peuple qui s'y confie.

Je reviens aux banquets de 1847 et à la situation qu'ils faisaient au gouvernement et au pays.

Ils portaient le trouble et l'inquiétude autour du roi et à la cour, aussi bien que dans les Chambres et dans le public. Les gens de cour, je ne veux pas dire les courtisans, car ils ne le sont pas tous, là aussi il y a souvent plus de sincérité et de désintéressement qu'on ne pense, les gens de cour, dis-je, sont, dans la politique, des spectateurs très-intéressés, très-préoccupés de ce qui se fait ou se passe, et pourtant très-oisifs; ils assistent de très-près aux événements grands ou petits, et ils n'y exercent aucune influence publique et dont ils aient à répondre; ce sont des acteurs qui ne vivent que dans les coulisses. Situation fausse qui excite vivement la tentation de se mêler, d'influer, et qui ne donne que des moyens indirects et cachés de la satisfaire. Dans les monarchies absolues, la cour est le chemin et le théâtre de la puissance; dans les gouvernements libres, elle devient, pour les vrais et sérieux acteurs politiques, tantôt un embarras fatigant, tantôt un appui compromettant; mais elle n'est pas sans importance, soit comme embarras, soit comme appui. Je ne manquais pas, à la cour du roi Louis-Philippe, de partisans et d'amis sincèrement attachés à notre politique ; mais j'y trouvais aussi des désapprobateurs, des mécontents, des adversaires plus ou moins déclarés ; et plus, dans le pays et dans les Chambres, la situation devenait grave, plus, à la cour, les inquiétudes des uns et les espérances des autres devenaient vives et s'efforçaient de ne pas être vaines. Dans la famille royale elle-même, les idées n'étaient pas unanimes ; le roi Louis-Philippe y régnait et gouvernait bien seul, en maître aussi bien qu'en père ; mais il décidait des actions plus qu'il ne dominait les esprits ; ceux des princes ses fils qui ne pensaient pas tout à fait comme lui se soumettaient, mais avec indépendance ; et même contenues, les dispositions des princes ne laissent pas de percer et de peser sur la politique qui n'a pas leur assentiment. Je ne me dissimulais pas les inconvénients et les périls de ces dissidences domestiques au milieu de la grande lutte publique que nous soutenions ; je trouvais quelquefois au roi l'air soucieux et abattu. Avant de nous engager et de l'engager lui-même dans les difficiles épreuves de la session qui approchait, je voulus sonder sa disposition et le mettre parfaitement à l'aise sur celle du cabinet : « Que le roi, lui dis-je un jour, ait la bonté d'y penser sérieusement ; la situation est grave et peut provoquer des résolutions graves ; on a réussi à donner à cette question de la réforme électorale et parlementaire une importance qu'en soi elle n'a pas, mais qui, dans l'état des esprits, est devenue réelle; il n'est pas impossible que le roi soit obligé de faire à cet égard quelque concession. — Que me dites-vous là? s'écria-t-il avec un mouvement de vive impatience; voulez-vous, vous aussi, m'abandonner, moi et la politique que nous avons soutenue ensemble? — Non, Sire; personne n'est plus convaincu que moi de la bonté de cette politique, et plus décidé à lui rester fidèle; mais le roi le sait par sa propre expérience; il y a, dans le gouvernement constitutionnel, des moments difficiles, des désagréments à subir, des défilés à passer. C'est sur le roi lui-même, je le reconnais, non sur ses ministres, que pèsent les situations de ce genre; les ministres qui n'y conviennent pas peuvent et doivent se retirer; le roi reste et doit rester. Si la question qui agite en ce moment le pays plaçait le roi dans une nécessité semblable, il y aurait pour lui plus de déplaisir que de danger; il trouverait dans les rangs de l'opposition des conseillers qui lui sont sincèrement attachés, et qui accompliraient probablement ces réformes dans une mesure conciliable avec la sûreté de la monarchie. Et si cette mesure était dépassée, si les nouveaux conseillers du roi ne contenaient pas le mouvement après l'avoir satisfait, si la politique d'ordre et de paix était sérieusement compromise, le roi ne tarderait pas à retrouver, pour la relever, l'appui du pays. — Qui me le garantira? Qui sait où peut me mener la pente où l'on veut que je me place? On est près de tomber quand on commence à descendre; avec votre cabinet, je suis à l'abri des mauvais premiers pas. — Pas autant que je le voudrais, Sire; le cabinet est bien attaqué; il l'est non-seulement dans la Chambre, dans le public ardent et bruyant; il l'est quelquefois auprès du roi lui-même, dans sa cour, plus haut encore peut-être. — C'est vrai, et je m'en désole; ils ont même inquiété et troublé un moment mon excellente reine; mais soyez tranquille, je l'ai bien raffermie; elle tient à vous autant que moi. — J'en suis bien heureux, Sire, et bien reconnaissant; mais tout cela fait pour le cabinet une situation bien tendue; s'il doit en résulter une crise ministérielle, il vaut mieux, infiniment mieux que la question soit résolue avant la réunion des Chambres et leurs débats. Aujourd'hui le roi peut changer son cabinet par prudence; la lutte une fois engagée, il ne le changerait que par nécessité. — C'est précisément là ma raison pour vous garder aujourd'hui, s'écria le roi; vous savez bien, mon cher ministre, que je suis parfaitement résolu à ne pas sortir du régime constitutionnel et à en accepter les nécessités, même déplaisantes; mais aujourd'hui il n'y a point de nécessité constitutionnelle; vous avez toujours eu la majorité; à qui céderais-je en changeant aujourd'hui mes ministres? Ce ne serait pas aux Chambres, ni au vœu clair et régulier du pays; ce serait à des manifestations sans autre autorité que le goût de ceux qui s'y livrent, et à un bruit au fond duquel il y a évidemment de mauvais desseins. Non, mon cher ministre, si le régime constitutionnel veut que je me sépare de vous, j'obéirai à mon devoir constitu-

LES RÉFORMES POLITIQUES (1840-1848).

tionnel; mais je ne ferai pas ce sacrifice d'avance et par complaisance pour des idées que je n'approuve pas. Restez avec moi, défendez jusqu'au bout la politique que tous deux nous croyons bonne; si on nous oblige à en sortir, que ceux qui nous y obligeront en aient seuls la responsabilité. — Je n'hésite pas, Sire; j'ai cru de mon devoir d'appeler toute l'attention du roi sur la gravité de la situation; le cabinet aimerait mille fois mieux se retirer que de compromettre le roi; mais il ne l'abandonnera point. »

Il n'y a dans cet entretien pas une idée, pas un mouvement, je pourrais dire pas une parole qui ne soient restés gravés dans ma mémoire, et que je ne reproduise avec une scrupuleuse fidélité.

Au moment où, dans de telles circonstances et de telles dispositions, la session allait s'ouvrir, les oppositions résolurent de clore ce qu'on appelait dès lors la *campagne des banquets* par un nouveau et solennel banquet réuni à Paris pour pousser jusqu'au bout, en présence des Chambres, les mêmes manifestations et les mêmes attaques; tous les députés qui avaient pris part à quelqu'un des banquets précédents y devaient être invités.

Le cabinet posa nettement dans le discours de la couronne les faits et les questions : « Au milieu de l'agitation que fomentent des passions ennemies ou aveugles, une conviction m'anime et me soutient, dit le roi : c'est que nous possédons dans la monarchie constitutionnelle, dans l'union des grands pouvoirs de l'État, les moyens assurés de surmonter tous ces obstacles et de satisfaire à tous les intérêts moraux et matériels de notre chère patrie. Maintenons fermement, selon la charte, l'ordre social et toutes ses conditions ; garantissons fidèlement, selon la charte, les libertés publiques et tous leurs développements : nous transmettrons intact aux générations qui viendront après nous le dépôt qui nous est confié, et elles nous béniront d'avoir fondé et défendu l'édifice à l'abri duquel elles vivront heureuses et libres. »

Je ne retrouve pas sans une émotion profondément douloureuse ces trop confiantes paroles. Ma confiance était grande, en effet, quoique mon inquiétude fût vive. Ce fut là à cette époque, et je suis persuadé qu'ils ne m'en désavoueront pas, l'erreur commune de tous les hommes qui, dans les rangs de l'opposition comme dans les nôtres, voulaient sincèrement le maintien du gouvernement libre dont le pays entrait en possession. Nous avons trop et trop tôt compté sur le bon sens et la prévoyance politique que répand la longue pratique de la liberté ; nous avons cru le régime constitutionnel plus fort qu'il ne l'était réellement ; nous avons trop exigé de ses éléments divers, royauté, chambres, partis, bourgeoisie, peuple ; nous n'avons pas assez ménagé leur caractère et leur inexpérience. Il en est des nations comme des individus : les leçons de la vie virile sont plus lentes et coûtent plus cher que ne l'imaginent les présomptueuses espérances de la jeunesse.

J'ai déjà rappelé dans ces *Mémoires*, à mesure que les

questions se sont présentées, les débats qui s'élevèrent, à l'ouverture de cette session, sur les principaux faits de notre politique extérieure et intérieure, les affaires de Suisse et d'Italie, le gouvernement de l'Algérie, les accusations de corruption électorale et parlementaire, etc. Je n'y reviens pas. Trois faits nouveaux et décisifs, la résolution définitive du cabinet quant aux réformes demandées, sa conduite à l'occasion du nouveau banquet projeté à Paris, et sa chute terminèrent, dans l'arène constitutionnelle du moins, cette courte et tragique lutte. Ce sont les seuls faits qui me restent à retracer et à caractériser.

Le dernier paragraphe de l'adresse proposée par la commission de la Chambre des députés, en réponse au discours du trône, contenait cette phrase : « Les agitations que soulèvent des passions ennemies ou des entraînements aveugles tomberont devant la raison publique éclairée par nos libres discussions, et par la manifestation de toutes les opinions légitimes. Dans une monarchie constitutionnelle, l'union des grands pouvoirs de l'État surmonte tous les obstacles, et permet de satisfaire à tous les intérêts moraux et matériels du pays. » Après d'ardents débats, la Chambre avait voté à une forte majorité [1] la première partie de cette phrase, jusqu'à ces mots inclusivement : « La raison publique éclairée par nos libres discussions. » Un membre du petit groupe réformiste qui s'était sé-

[1] Le 11 février 1848 à 223 voix contre 18. La plus grande partie de l'opposition s'était abstenue.

paré du parti conservateur, M. Sallandrouze, proposa de substituer à la dernière partie un amendement ainsi conçu : « Au milieu des manifestations diverses, votre gouvernement saura reconnaître les vœux réels et légitimes du pays. Il prendra, nous l'espérons, l'initiative des réformes sages et modérées que réclame l'opinion publique, et parmi lesquelles il faut placer d'abord la réforme parlementaire. Dans une grande monarchie constitutionnelle, l'union des grands pouvoirs de l'État permet de suivre sans danger une politique de progrès et de satisfaire à tous les intérêts moraux et matériels du pays. »

Invité à m'expliquer sur l'amendement, je fis plus : je jugeai que le moment était venu d'exprimer hautement la pensée générale du cabinet et l'intention de sa conduite, actuelle et future, dans la question si ardemment poursuivie. Nous n'avions, je l'ai déjà dit, point de répulsion permanente pour les réformes proposées ; mais nous ne pensions pas qu'au milieu de la fermentation hostile au gouvernement tout entier qu'on avait suscitée en leur nom, elles fussent opportunes, ni qu'il convînt à un cabinet conservateur de les accueillir quand la grande majorité du parti conservateur les repoussait. Nous étions bien résolus, d'un côté, à sortir du pouvoir dès que la moindre majorité en faveur de ces concessions apparaîtrait dans la Chambre ; de l'autre, à ne pas nous faire les instruments de la défaite et de la désorganisation de l'ancienne majorité si elle persistait dans la politique générale que nous avions soutenue ensemble. Dans l'état des choses, le sort de cette politique dépendait du sort du parti qui lui avait prêté foi et force. La fidélité aux idées et aux amis est l'une des conditions vitales du gouvernement libre; mais elle n'entraîne point l'immobilité du gouvernement lui-même : quand les idées et les alliances changent, les personnes aussi doivent changer. Ce fut en vertu de ces maximes et pour les mettre en pratique que je pris la parole : « Si je ne me trompe, dis-je, ce qui importe et ce qui convient à tout le monde dans la Chambre, c'est qu'il n'y ait ni perte de temps, ni obscurité dans la situation et dans les paroles. Je viens donc, sans que ce débat se prolonge davantage, dire ce que le ministère croit pouvoir dire et faire aujourd'hui dans la question dont il s'agit.

« Après ce qui s'est passé naguère dans le pays, en présence de ce qui se passe en Europe, toute innovation du genre de celle qu'on vous indique, et qui aboutirait nécessairement à la dissolution de la Chambre, serait, à notre avis, au dedans une faiblesse, au dehors une grande imprudence. Et la politique conservatrice, nous en sommes convaincus, en serait, au dedans comme au dehors, gravement compromise.

« Aujourd'hui donc, pour des mesures de ce genre, le ministère croirait manquer à tous ses devoirs en s'y prêtant.

« Le ministère croirait également manquer à ses devoirs s'il prenait aujourd'hui, à cette tribune et pour l'avenir, un engagement. En pareille matière,

Messieurs, promettre c'est plus que faire; car en promettant on détruit ce qui est et on ne le remplace pas. Un gouvernement sensé peut et doit quelquefois faire des réformes, il ne les proclame pas d'avance; quand il en croit le moment venu, il agit; jusque-là, il se tait. Je pourrais dire plus : je pourrais dire, en m'autorisant des plus illustres exemples, que jusque-là il combat; plusieurs des grandes réformes qui ont été opérées en Angleterre l'ont été par des hommes qui les avaient combattues jusqu'au moment où ils ont cru devoir les accomplir.

« En même temps que je dis cela, le ministère ne méconnaît pas l'état des esprits, ni dans le pays, ni dans la Chambre; il ne le méconnaît pas et il en tient compte. Il reconnaît que ces questions doivent être examinées à fond et vidées dans le cours de cette législature.

« Ce que vous me demandez en ce moment, dans votre pensée, c'est ce que fera le ministère le jour où viendra définitivement cette question, dans le cours de cette législature; vous me demandez quel parti il prendra, quelle conduite il tiendra. Voilà votre question; voici ma réponse.

« Le maintien de l'unité du parti conservateur, le maintien de la politique conservatrice et de sa force, voilà ce qui sera l'idée fixe et la règle de conduite du cabinet. Le cabinet regarde l'unité et la force du parti conservateur comme la garantie de tout ce qui est cher et important au pays. Il fera de sincères efforts pour maintenir, pour rétablir, si vous voulez, sur cette question, l'unité du parti conservateur, pour que ce soit le parti conservateur lui-même, et tout entier, qui en adopte et en donne au pays la solution. Si une telle transaction dans le sein du parti conservateur est possible, si les efforts du cabinet dans ce sens peuvent réussir, la transaction aura lieu. Si cela n'est pas possible, si, sur ces questions, le parti conservateur ne peut parvenir à se mettre d'accord et à maintenir la force de la politique conservatrice, le cabinet laissera à d'autres la triste tâche de présider à la désorganisation du parti conservateur et à la ruine de sa politique.

« Voilà quelle sera notre règle de conduite. Je repousse l'amendement. »

La majorité me comprit et m'approuva. Après un court débat, l'amendement de M. Sallandrouze fut rejeté par 222 voix contre 189, et l'adresse entière fut votée, telle que l'avait proposée la commission.

La situation était nettement déterminée. Dans le présent, le cabinet repoussait les propositions de réforme électorale et parlementaire. Les deux questions devaient être vidées dans le cours de la législature et avant des élections nouvelles. Dans cet intervalle, le cabinet essayerait de ramener, sur ces questions, l'unité dans le parti conservateur, et de faire en sorte qu'il accomplît lui-même les réformes en maintenant d'ailleurs la politique conservatrice. S'il n'était pas possible d'atteindre ce but en rétablissant cet accord, le cabinet se retirerait, et d'autres hommes, soutenus par une autre majorité, viendraient pratiquer une autre politique. On ne pouvait satisfaire plus complétement aux principes et aux conditions du gouvernement libre sous la monarchie constitutionnelle.

Mais c'était précisément la monarchie constitutionnelle elle-même qui était en question, et ses adversaires déclarés marchaient d'un pas pressé à sa ruine. Dès l'ouverture de la session, le journal qui passait pour l'organe de l'opposition républicaine, le *National* avait proclamé que le roi Louis-Philippe était le véritable auteur responsable de la politique de résistance à tout progrès. Il ajoutait qu'il n'y avait rien non plus à attendre de la Chambre des députés : « Prolonger l'erreur de la France en lui promettant une modification ministérielle désormais impossible serait, de la part de l'opposition, une faute inexcusable. L'important aujourd'hui est de bien faire comprendre au pays que la minorité parlementaire est impuissante à résoudre les difficultés de la situation et qu'il doit se sauver lui-même [1]. » En même temps, l'organe de l'opposition radicale la plus ardente, le journal *la Réforme* annonçait à ses amis que « ses ressources étaient épuisées, et que, la république étant ajournée à la mort du roi Louis-Philippe, la *Réforme* ne vivrait plus que jusqu'au lendemain du banquet, afin de mourir dans un triomphe de la démocratie [2]. » Au dire de tout le parti,

---

[1] *National* du 31 décembre 1847.
[2] *Histoire de la Révolution de* 1848, par M. Garnier-Pagès, t. IV, p. 210.

il y avait urgence à agir. Il était impossible de faire plus ouvertement et plus immédiatement appel à une révolution.

Le lendemain du vote de l'adresse [1], l'opposition monarchique et l'opposition républicaine se réunirent pour délibérer sur la conduite qu'elles avaient à tenir. Les opinions furent diverses, mais très-inégalement partagées : quelques-uns proposèrent que l'opposition parlementaire tout entière donnât sa démission ; c'était transporter devant les colléges électoraux la question perdue dans la Chambre, et se soustraire à la responsabilité des événements obscurs que pouvait amener la campagne des banquets. La grande majorité des assistants repoussa cette idée; ils ne voulaient pas, en rentrant ainsi dans une arène légale, avoir l'air de désavouer la fermentation extérieure qu'ils avaient provoquée et en perdre tout le fruit. La réunion décida que le nouveau banquet proposé à Paris aurait lieu, que les membres de l'opposition y assisteraient, et qu'une commission, composée des députés de Paris, de trois membres de chaque fraction du côté gauche, des délégués du Comité central et de quelques rédacteurs en chef des journaux, serait chargée d'en préparer l'exécution.

En présence de cette résolution, que ferait le cabinet? Le ministre de l'intérieur, M. Duchâtel, avait répondu d'avance à cette question : dès le 18 janvier,

[1] 13 février 1848.

dans la discussion de l'adresse à la Chambre des pairs, il avait déclaré que le gouvernement se tenait pour investi du droit d'interdire les banquets et autres réunions publiques quand il croyait que l'ordre public en serait compromis; il usait ou n'usait pas de ce droit selon que les circonstances lui semblaient ou non l'exiger; il avait laissé naguère plusieurs banquets suivre leur cours, par ménagement pour l'esprit de liberté, et parce qu'il avait jugé nécessaire, pour éclairer la conscience publique, que le caractère et l'effet de ces réunions se fussent pleinement manifestés. Il pensait que maintenant la lumière était faite, et c'était par son ordre que le préfet de police, M. Gabriel Delessert, avait récemment interdit le banquet réformiste proposé dans le 12ᵉ arrondissement. Dans la discussion de l'adresse à la Chambre des députés, M. Duchâtel et, avec lui, le garde des sceaux, M. Hébert, maintinrent la même doctrine : ils rappelèrent les lois de 1790, de 1791, les arrêtés consulaires de l'an VIII et de l'an IX qui avaient réglé le pouvoir du préfet de police, et la pratique constante de l'administration, après comme avant 1830, en 1831, en 1833, 1835, 1840, sous les cabinets divers, sous celui de M. Casimir Périer, du duc de Broglie, de M. Thiers comme sous le nôtre. L'opposition parlementaire contesta ardemment la législation et la pratique; elle soutint qu'en soi, et surtout depuis la révolution de 1830, le droit de réunion était un droit public, antérieur et supérieur à toute police, dont les abus devaient être punis, comme l'abus de tout autre droit, mais qui ne pouvait, en aucun cas, être l'objet d'aucune mesure préventive. Ce fut sur ce terrain que s'établit le débat, et que le droit du gouvernement à interdire le nouveau banquet projeté dans Paris fut passionnément nié par l'opposition.

Il y avait évidemment là une question de légalité que ni les débats de la tribune ni les actes de l'administration ne pouvaient résoudre. M. Duvergier de Hauranne l'avait lui-même reconnu d'avance, car, dans la discussion du dernier paragraphe de l'adresse, en contestant très-vivement le droit du ministère à interdire les banquets : « Il s'agit là, avait-il dit, d'un subterfuge dont les tribunaux ne peuvent manquer de faire justice [1]. » Il était urgent de faire vider cette question par les tribunaux, car les républicains ardents pressaient les démarches et les événements; le *National* annonça le 17 février que le banquet aurait lieu le dimanche 20, et il en désigna le local; le lendemain 18, son assertion fut désavouée par la commission du banquet qui le fixa au mardi 22, en disant que le local n'était pas encore déterminé; le *National* témoigna son humeur, se plaignant surtout qu'on renonçât au dimanche, dont il se promettait sans doute un plus grand concours populaire. De jour en jour, d'heure en heure, la diversité d'intention et d'effort entre l'opposition monarchique et l'opposition républicaine se

---

[1] Chambre des députés, séance du 7 février 1848.

marquait plus clairement : les chefs de l'opposition monarchique commençaient à s'inquiéter ; ils engagèrent des pourparlers avec quelques-uns des amis du cabinet, et, le 19 février 1848, il en résulta, sur la situation et la question pendantes, un engagemen d'honneur qui fut rédigé en ces termes :

« *Procès-verbal.*

« Dans le but d'éloigner une collision qui pourrait, en troublant l'ordre public, compromettre nos institutions et nos libertés, et d'éviter réciproquement, au gouvernement et au parti de l'opposition, un ridicule ou un danger, MM. Duvergier de Hauranne, Léon de Malleville et Berger, Vitet et de Morny se sont réunis en s'engageant à user de leur influence pour faire adopter, chacun par leur parti, les résolutions et les arrangements qu'ils auront jugé utile et prudent de prendre dans les circonstances actuelles.

« Le but de cette entrevue ainsi déterminé, la situation relative des partis a été exposée ainsi qu'il suit :

« Le ministère, dans la discussion de l'adresse, a déclaré qu'il croyait avoir le droit d'interdire les banquets en vertu des lois et règlements généraux de police, qu'il ne croyait donc pas nécessaire d'apporter aux Chambres une loi nouvelle, se trouvant suffisamment armé à cet effet; mais que la question de légalité se viderait ailleurs.

« Or, quel est le moyen loyal et logique d'arriver à cette solution? Évidemment aucun, si le gouvernement ne s'y prête pas jusqu'à un certain point. Il faut d'abord qu'un banquet soit annoncé, que l'autorité en soit avertie, le local désigné, les préparatifs disposés. Supposant alors que le gouvernement, se croyant fort de son droit, fasse envahir la salle et s'oppose par la force à l'entrée des convives, qu'en peut-il résulter ? deux alternatives :

« Ou bien les députés et leur suite tenteront de forcer l'entrée; et indépendamment de la gravité d'un pareil acte et de ses conséquences, ce fait constituera un acte de rébellion. La question sera donc dénaturée et la légalité demeurera incertaine.

« Ou bien les députés et leur suite préféreront ne pas amener une collision et s'en retourneront paisiblement. Alors il n'y aura ni délit, ni contravention, rien à verbaliser, rien à juger, et la question restera encore en suspens, comme un germe de fermentation entre les partis.

« Ni le gouvernement, ni l'opposition n'ont à gagner à aucune de ces deux solutions.

« Les cinq membres ont reconnu la vérité de ce premier exposé de la question. Ils sont tombés d'accord que le seul moyen d'arriver à une solution qui mît un terme à cette situation si tendue était que le gouvernement consentît à laisser la contravention arriver au point où elle pût être légalement constatée, afin qu'à la suite d'une condamnation prononcée, par défaut, par un juge de paix, on pût, par appel, soumettre la question légale à la juridiction éclairée de la cour de cassation.

« Les conventions suivantes ont donc été arrêtées de

bonne foi entre les cinq membres, comme gens loyaux et honnêtes, animés d'une intention sage et patriotique.

« Les députés de l'opposition feront tout ce qui leur sera humainement possible pour que l'ordre ne soit pas troublé. Ils entreront paisiblement dans la salle du banquet, malgré l'avertissement du commissaire de police qui, placé à la porte, les préviendra, dès leur entrée, qu'ils violent un arrêté du préfet de police. Ils recommanderont aux convives de ne pas insulter ni huer le commissaire de police (ce point intéressant autant la dignité de la réunion que celle de l'agent de l'autorité). Ils prendront place. Aussitôt qu'ils seront assis, le commissaire de police constatera la contravention, et verbalisera contre M. Boissel ou tout autre, en déclarant à la réunion qu'elle ait à se séparer, sans quoi lui, commissaire, serait obligé d'employer la force pour l'y contraindre.

« A cette injonction, M. Barrot répondra par une allocution brève dans laquelle il maintiendra le droit de réunion; il protestera contre cet abus d'autorité de la part du gouvernement; il constatera qu'il n'a voulu que faire juger judiciairement la question, et il engagera la réunion à se séparer avec calme, tout en déclarant ne céder qu'à la force. Il fera comprendre à l'Assemblée que toute rébellion ou insulte envers un officier public dénaturerait complétement la question et manquerait le but que l'opposition a voulu atteindre. Il est loyalement convenu qu'il ne fera pas de discours contre le gouvernement et la majorité, qu'enfin il ne donnera pas à la réunion l'air d'un banquet accompli malgré le gouvernement.

« Aussitôt dit, les députés donneront l'exemple en se retirant eux-mêmes, et ils déclareront en sortant, afin que le public du dehors ne se méprenne pas et ne s'irrite pas, qu'ils en sont venus à leurs fins, et qu'ils ont pris la seule voie pour arriver à un jugement.

« Les membres prennent loyalement, de part et d'autre, l'engagement d'agir sur les journaux organes de leurs partis, *Débats, Conservateur, Constitutionnel, Siècle, National*, de façon qu'aucun article provocateur ou railleur ne puisse envenimer les esprits, dénaturer les faits ci-dessus détaillés, et en faire une arme contre le gouvernement ou l'opposition. La polémique à ce sujet restera dans l'esprit qui a donné lieu à la présente convention. L'attitude de l'opposition sera traitée comme une démarche digne et modérée ; le gouvernement ne sera pas accusé de faiblesse, de reculade, et la mesure dans laquelle il aura usé de son autorité sera considérée comme le désir sincère de tenir l'engagement pris dans la discussion, celui d'arriver à une solution judiciaire.

« Le commissaire ayant verbalisé contre M. Boissel ou tout autre, l'autorisation de la Chambre sera réciproquement accordée sans difficulté, sans discours.

« Les députés de l'opposition prennent l'engagement de ne patroner, présider, encourager, par leurs discours ou leur présence, aucun banquet à Paris ou ailleurs, défendu par la municipalité, jusqu'au jugement de la cour de cassation, et de ne pas attaquer le gouvernement sur les moyens qu'il croirait devoir prendre pour empêcher qu'il ne s'en organise d'autres.

« Enfin, sans pouvoir préciser tous les détails, l'esprit de cette note, compris avec la bonne foi et l'intelligence qui appartiennent à des hommes aussi haut placés et aussi respectables que les cinq membres qui se sont réunis, présidera, avant et après le banquet, à toute leur participation et leur immixtion dans les actes qui en seront la préparation et la conséquence.

« Paris, ce 19 février 1848. »

Dès le lendemain 20 février, M. Duchâtel porta au conseil du roi l'arrangement ainsi conclu avec les représentants de l'opposition pour arriver, sans trouble ni violence et par la voie judiciaire, à la solution de la question de légalité sur laquelle portait le débat. Après un sérieux examen, la proposition fut adoptée par le conseil, dans la confiance que la conduite convenue serait, des deux parts, scrupuleusement tenue. Non-seulement le roi approuva l'arrangement; mais dans l'intérieur de la famille royale et au sein du parti conservateur, on s'en montra satisfait. M. Dupin, en l'apprenant quelques heures après le conseil, en félicita vivement le garde des sceaux, et lui dit spontanément qu'il irait lui-même, comme procureur général, porter la parole et soutenir le droit du gouvernement devant la cour de cassation si elle était appelée à se prononcer. Les magistrats gardaient la réserve convenable; mais tout indiquait que leur opinion sur la question de légalité était d'accord avec la conduite du gouvernement; il y avait lieu d'espérer que la crise aurait une issue tranquille; les plus modérés de l'opposition républicaine paraissaient eux-mêmes s'y résigner.

Mais il en était tout autrement dans le gros et le foyer du parti : la solution légale et tranquille de la question lui enlevait toute chance de ce succès que, tant de fois avant 1840, il avait en vain demandé aux conspirations et aux insurrections, et que le mouvement confusément réformateur et révolutionnaire des banquets lui avait fait espérer. Les vrais meneurs républicains ne se soumirent point à la situation que faisait à l'opposition toute entière l'arrangement convenu entre MM. Duvergier de Hauranne, Léon de Malleville, Berger, Vitet et de Morny, et accepté par le cabinet; n'osant pas le repousser ouvertement, ils résolurent de le rendre vain en transportant ailleurs que dans le banquet même la fermentation révolutionnaire et les chances qu'ils s'en promettaient. Le 21 février, lendemain de l'acceptation, par le gouvernement, du programme arrêté de concert avec l'opposition, les organes du parti républicain, le *National*, la *Réforme* et la *Démocratie pacifique*, et ces journaux-là seulement, publièrent une pièce ainsi conçue :

« Voici la lettre que les députés de l'opposition ont adressée à la commission du banquet du 12ᵉ arrondissement, en réponse à l'invitation collective qu'ils ont reçue :

« A Messieurs les président et membres de la commission du banquet du 12ᵉ arrondissement :

Paris, 18 février 1848.

« Messieurs,

« Nous avons reçu l'invitation que vous nous avez fait l'honneur de nous adresser pour le banquet du 12ᵉ arrondissement de Paris.

« Le droit de réunion politique sans autorisation préalable ayant été nié par le ministère dans la discussion de l'adresse, nous voyons dans ce banquet le moyen de maintenir un droit constitutionnel contre les prétentions de l'arbitraire, et de le faire consacrer définitivement.

« Nous regardons dès lors comme un devoir impérieux de nous joindre à la manifestation légale et pacifique que vous préparez, et d'accepter votre invitation. »

Suivaient les signatures de 92 députés des diverses oppositions. A quoi le *National* ajoutait : « Nous donnons la liste des députés qui ont signé la lettre d'acceptation. Mardi matin, nous compléterons la liste des adhérents à la manifestation du 12ᵉ arrondissement de Paris; nous donnerons également la liste des absents et de ceux qui n'ont pas cru devoir s'associer à leurs collègues. »

Après cette note, et séparément, venait le programme intitulé :

« *Manifestation réformiste.*

« La commission générale chargée d'organiser le banquet du 12e arrondissement croit devoir rappeler que la manifestation fixée à mardi prochain a pour objet l'exercice légal et pacifique d'un droit constitutionnel, le droit de réunion politique sans lequel le gouvernement représentatif ne serait qu'une dérision.

« Le ministère ayant déclaré et soutenu à la tribune que la pratique de ce droit était soumise au bon plaisir de la police, les députés de l'opposition, des pairs de France, d'anciens députés, des membres du conseil général, des magistrats, des officiers, sous-officiers et soldats de la garde nationale, des membres du comité central des électeurs de l'opposition, des rédacteurs des journaux de Paris ont accepté l'invitation qui leur était faite de prendre part à la manifestation, afin de protester, en vertu de la loi, contre une prétention illégale et arbitraire.

« Comme il est naturel de prévoir que cette manifestation publique peut attirer un concours considérable de citoyens, comme on doit présumer aussi que les gardes nationaux de Paris, fidèles à leur devise : *Liberté, Ordre public*, voudront en cette circonstance accomplir ce double devoir, qu'ils voudront défendre la liberté en se joignant à la manifestation, protéger l'ordre et empêcher toute collision par leur présence ; que, dans la prévision d'une réunion nombreuse de gardes nationaux et de citoyens, il semble convenable de prendre des dispositions qui éloignent toute cause de trouble et de tumulte;

« La commission a pensé que la manifestation devait avoir lieu dans le quartier de la capitale où la largeur des rues et des places permet à la population de s'agglomérer sans qu'il en résulte d'encombrement.

« A cet effet, les députés, les pairs de France et les autres personnes invitées au banquet s'assembleront mardi prochain, à onze heures, au lieu ordinaire des réunions de l'opposition parlementaire, place de la Madeleine, n° 2.

« Les souscripteurs du banquet qui font partie de la garde nationale sont priés de se réunir devant l'église de la Madeleine, et de former deux haies parallèles entre lesquelles se placeront les invités;

« Le cortége aura en tête des officiers supérieurs de la garde nationale qui se présenteront pour se joindre à la manifestation;

« Immédiatement après les invités et les convives, se placera un rang d'officiers de la garde nationale;

« Derrière ceux-ci, les gardes nationaux formés en colonnes, suivant le numéro des légions;

« Entre la troisième et la quatrième colonnes, les jeunes gens des écoles, sous la conduite de commissaires désignés par eux;

« Puis les autres gardes nationaux de Paris et de la banlieue, dans l'ordre désigné plus haut.

« Le cortége partira à onze heures et demie et se

dirigera, par la place de la Concorde et les Champs-Élysées, vers le lieu du banquet.

« La commission, convaincue que cette manifestation sera d'autant plus efficace qu'elle sera plus calme, d'autant plus imposante qu'elle évitera même toute espèce de conflit, invite les citoyens à ne pousser aucun cri, à ne porter ni drapeau, ni signe extérieur; elle invite les gardes nationaux qui prendront part à la manifestation à se présenter sans armes. Il s'agit ici d'une protestation légale et pacifique, qui doit être surtout puissante par le nombre et l'attitude ferme et tranquille des citoyens.

« La commission espère que, dans cette occasion, tout homme présent se conduira comme un fonctionnaire chargé de faire respecter l'ordre; elle se confie à la présence des gardes nationaux; elle se confie aux sentiments de la population parisienne, qui veut la paix publique avec la liberté, et qui sait que, pour assurer le maintien de ses droits, elle n'a besoin que d'une démonstration paisible, comme il convient à une nation intelligente, éclairée, qui a la conscience de l'autorité irrésistible de sa force morale, et qui est assurée de faire prévaloir ses vœux légitimes par l'expression légale et calme de son opinion. »

A coup sûr les bonnes paroles et les sages recommandations ne manquaient pas dans cette pièce; peut-être même, à force d'être répétées, laissaient-elles percer un secret sentiment de leur urgence et quelque doute de leur efficacité. Mais il n'y a point de paroles qui puissent changer la nature et l'effet des actes; le programme ainsi publié avait évidemment pour but et pour résultat de déplacer complétement la question posée et le théâtre de l'événement attendu. Il ne s'agissait plus d'arriver à une solution judiciaire, mais de faire éclater un mouvement populaire; ce n'était plus dans la salle du banquet, mais dans les rues que la question était posée, et l'événement ne dépendait plus de l'attitude des députés présents au banquet, mais de celle de la foule réunie pour les y conduire. Et dans l'état des faits et des partis, ce n'était pas là seulement une foule réunie pour manifester son opinion et son vœu; il y avait, dans l'appel spécial aux gardes nationaux invités à venir sous ce titre, sinon en armes, du moins en uniforme et à leur rang dans leurs légions, une grave atteinte aux lois sur le régime de cette armée civile. Pour quiconque ne s'arrêtait pas aux paroles et aux apparences, ce vaste rassemblement n'était, à vrai dire, qu'un coup audacieux des meneurs républicains révolutionnaires pour réunir et étaler leurs forces dans une circonstance favorable et avec des chances imprévues. Aucun gouvernement sérieux ne pouvait se méprendre sur le caractère d'un tel fait, ni accepter indolemment une situation pleine de péril, non-seulement pour l'ordre public, mais pour l'ensemble de nos institutions et la monarchie constitutionnelle elle-même.

Le cabinet n'hésita pas un moment. Informé, le

20 février au soir, du manifeste qui devait être publié le lendemain, M. Duchâtel en donna sur-le-champ connaissance à MM. Vitet et de Morny, qui la veille avaient réglé, avec MM. Duvergier de Hauranne, Léon de Malleville et Berger, l'attitude réciproque du gouvernement et de l'opposition dans l'affaire du banquet. Les deux commissaires conservateurs ne voulaient pas croire à l'authenticité de cette pièce, tant elle leur paraissait en désaccord avec les procédés convenus et les paroles données ; ils allèrent en demander l'explication aux commissaires de l'opposition. Ceux-ci se montrèrent troublés et affligés ; ils désavouèrent dans la conversation le programme annoncé, et offrirent de faire insérer dans l'un de leurs journaux une note destinée à l'atténuer en le commentant ; mais ils n'osèrent en promettre le désaveu public. Le pouvoir, qui depuis six mois glissait, de jour en jour, hors des mains de l'opposition monarchique, lui avait enfin complétement échappé, et le parti républicain révolutionnaire, maître de la situation, entraînait à sa suite ses tristes et timides alliés.

Le lundi 21 février, à dix heures du matin, le cabinet se réunit au ministère de l'intérieur pour prendre, dans ces nouvelles circonstances, des mesures définitives : « Que pensez-vous à présent du banquet ? dit M. de Salvandy à M. Hébert qui entrait dans le salon. — J'en pense, et plus que jamais, ce que j'en ai toujours pensé, répondit le garde des sceaux ; qu'il ne doit pas se faire, et qu'il y a lieu de l'interdire. — En ce cas, reprit M. de Salvandy, nous sommes tous du même avis. » La résolution fut en effet unanime : le cabinet décida qu'il maintiendrait ce qu'il avait accordé, et offrirait toujours à l'opposition l'épreuve convenue pour arriver à une solution judiciaire; mais qu'il interdirait, et qu'au besoin il réprimerait toute manifestation contraire aux lois et dangereuse pour l'ordre public. La décision fut immédiatement exécutée. Un arrêté du préfet de police interdit formellement le banquet annoncé; un ordre du jour du commandant supérieur de la garde nationale de Paris rappela aux gardes nationaux les lois qui ne leur permettaient pas de se rassembler, à ce titre, sans l'ordre de leurs chefs immédiats et la réquisition de l'autorité civile; et pour que le public connût bien l'état de la question et les motifs de la conduite du gouvernement, M. Gabriel Delessert publia, en même temps que son arrêté d'interdiction du banquet, une proclamation ainsi conçue :

« Habitants de Paris !

« Une inquiétude qui nuit au travail et aux affaires règne depuis quelques jours dans les esprits. Elle provient des manifestations qui se préparent. Le gouvernement, déterminé par des motifs d'ordre public qui ne sont que trop justifiés, et usant d'un droit que les lois lui donnent et qui a été constamment exercé sans contestation, a interdit le banquet du 12e arrondissement. Néanmoins, comme il a déclaré, devant la

LES RÉFORMES POLITIQUES (1840-1848).

Chambre des députés, que cette question était de nature à recevoir une solution judiciaire, au lieu de s'opposer par la force à la réunion projetée, il a pris la résolution de laisser constater la contravention en permettant l'entrée des convives dans la salle du banquet, espérant que ces convives auraient la sagesse de se retirer à la première sommation, afin de ne pas convertir une simple contravention en un acte de rébellion. C'était le seul moyen de faire juger la question devant l'autorité suprême de la cour de cassation.

« Le gouvernement persiste dans cette détermination ; mais le manifeste publié ce matin par les journaux de l'opposition annonce un autre but, d'autres intentions; il élève un gouvernement à côté du véritable gouvernement du pays, de celui qui est institué par la Charte et qui s'appuie sur la majorité des Chambres ; il appelle une manifestation publique, dangereuse pour le repos de la cité ; il convoque, en violation de la loi du 22 mars 1831, les gardes nationaux qu'il dispose à l'avance, en haie régulière, par numéro de légion, les officiers en tête. Ici aucun doute n'est possible de bonne foi ; les lois les plus claires, les mieux établies sont violées. Le gouvernement saura les faire respecter ; elles sont le fondement et la garantie de l'ordre public.

« J'invite tous les bons citoyens à se conformer à ces lois, à ne se joindre à aucun rassemblement, de crainte de donner lieu à des troubles regrettables. Je fais cet appel à leur patriotisme et à leur raison, au nom de nos institutions, du repos public et des intérêts les plus chers de la cité.

« Paris, le 21 février 1848,
Le pair de France, préfet de police,
« G. DELESSERT. »

Le même jour, dans la séance de la Chambre des députés, les résolutions du gouvernement furent vivement attaquées : M. Duchâtel les justifia et les maintint avec autant de mesure dans les termes que de fermeté au fond ; au nom de l'opposition monarchique, M. Odilon Barrot continua de les combattre, non sans quelque inquiétude « et en laissant, dit-il, de côté quelques expressions plus ou moins convenables d'un acte que je n'avoue ni ne désavoue, quoiqu'il me soit étranger ; » et comme ces paroles excitaient dans la Chambre un certain mouvement : « J'avoue très-hautement, reprit-il, l'intention de cet acte ; j'en désavoue les expressions [1]. »

Les journaux du soir annoncèrent qu'après la séance, l'opposition s'était réunie chez M. Odilon Barrot, « et que ne voulant prendre ni directement ni indirectement la responsabilité des conséquences qui pouvaient résulter des nouvelles mesures adoptées aujourd'hui par le gouvernement, elle renonçait à se rendre au banquet.

« Elle adjure, ajoutait-on, les bons citoyens de s'abstenir de tout rassemblement et de toute manifestation qui pourraient servir de prétexte à des actes de violence.

« En même temps l'opposition toute entière comprend

[1] Chambre des députés, séance du 21 février 1848 ; *Moniteur*, page 481.

que les nouvelles résolutions du ministère lui imposent de nouveaux et graves devoirs qu'elle saura remplir. »

Le lendemain 22 février, non pas l'opposition toute entière, mais cinquante-deux de ses membres firent connaître quels étaient les nouveaux et graves devoirs qu'ils se proposaient de remplir; ils déposèrent, sur le bureau de la Chambre des députés, une proposition pour la mise en accusation du ministère, à raison de sa politique, extérieure et intérieure, dans tout le cours de son administration.

De tous les actes de l'opposition dans cette ardente lutte, celui-là est le seul qui m'ait causé quelque surprise. Ni la profonde diversité de ses idées et des nôtres, soit sur la politique générale, soit sur les faits spéciaux, ni l'âpreté et, selon moi, l'injustice de ses attaques ne m'avaient étonné : je n'y avais vu que le cours naturel du gouvernement représentatif et la rude guerre des partis. Mais qu'une politique pratiquée pendant huit ans au sein de la plus entière liberté publique, éprouvée par les discussions les plus vives à la tribune et dans la presse, sanctionnée par l'adhésion d'une majorité constante, par plusieurs élections générales et par l'accord des grands pouvoirs de l'État, pure ainsi de toute tentative, de toute apparence inconstitutionnelle ou illégale, qu'une telle politique, dis-je, fût qualifiée de trahison, de contre-révolution, de tyrannie, et devînt tout à coup l'objet d'une accusation judiciaire, ce fait dépassait ma prévoyance. Quelques années plus tard, après les orages de la

République et dans le calme de l'Empire, je demandai à un membre de l'ancienne opposition, qui avait été complétement étranger à cet acte, quel motif avait pu y porter ses amis : « Que voulez-vous ? me dit-il ; ils venaient de faire avorter le banquet en déclarant qu'ils n'iraient pas ; il fallait bien qu'ils fissent quelque chose pour compenser et racheter un peu ce refus. »

J'admis l'explication. Aux plus tragiques époques de notre Révolution, que d'actes déplorables n'ont été déterminés que par de tels embarras de situation personnelle, sans aucun plus grand ni plus légitime motif !

Le 22 février fut une journée d'agitation plus que d'action. De part et d'autre, surtout dans les rangs un peu élevés de l'opposition comme au sein du pouvoir, on s'observait, on s'attendait. Le gouvernement voulait éviter toute apparence de provocation et rester dans son attitude légalement défensive. L'opposition était dans une crise de désorganisation ; la retraite de l'opposition monarchique avait en même temps irrité et embarrassé le parti républicain ; ses sociétés secrètes, ses troupes populaires bouillonnaient de colère et d'impatience ; mais, dans son état-major, quelques-uns hésitaient, les uns par crainte de la responsabilité, les autres par doute du succès. Le 21 février, vers le soir, quand l'interdiction du banquet eut été partout déclarée, M. Duchâtel, pour en assurer l'efficacité, et sur la proposition du préfet de police, avait ordonné l'arrestation des principaux meneurs républicains.

Vingt-deux mandats avaient été préparés ; mais

un peu plus tard, dans la soirée, la nouvelle arriva au ministère de l'intérieur qu'au bureau même de la *Réforme*, on avait résolu de renoncer au banquet, et le président de la commission du banquet, M. Boissel, vint lui-même en informer M. Duchâtel. La nouvelle était, non pas fausse, mais exagérée; quand on avait appris, au bureau de la *Réforme*, que l'opposition parlementaire ne voulait plus du banquet, la colère avait été au comble; les plus ardents des assistants avaient déclaré qu'ils ne se soumettraient point à cette résolution qu'ils qualifiaient de lâcheté, et que, si le banquet n'avait pas lieu, la manifestation populaire annoncée n'en suivrait pas moins son cours et n'en serait que plus décisive. Il y avait discorde dans le camp, et les passions révolutionnaires s'échauffaient de plus en plus dans leur travail et dans leur espoir. Pour mettre la discorde à profit et ne fournir aux passions aucun prétexte, l'exécution des mandats d'arrêt fut suspendue, et lorsque le lendemain, en présence de troubles sérieux, l'ordre fut donné d'y procéder, on n'arrêta que cinq des meneurs révolutionnaires, et des moins considérables; avertis ou inquiets, les autres s'étaient cachés. Dans la nuit du 21 au 22, M. Gabriel Delessert et les deux généraux commandants de la garde nationale et des troupes dans Paris, le général Jacqueminot et le général Tiburce Sébastiani, instruits de l'ajournement du banquet, vinrent engager le ministre de l'intérieur à contremander le grand déploiement de forces qui avait été prescrit pour le lendemain dans les divers quartiers de la ville, selon le système de mesures défensives institué par le maréchal Gérard. La mesure réclamée était trop pressée pour attendre la réunion du conseil; M. Duchâtel envoya le général Jacqueminot prendre l'avis du roi. Le roi répondit que non-seulement il approuvait cette proposition, mais que la même pensée lui était venue, et qu'il se disposait à la communiquer au ministre de l'intérieur. Le contre-ordre fut donc donné dans le seul but d'éviter tout étalage prématuré et toute démonstration provoquante; les troupes furent en même temps consignées dans leurs quartiers, prêtes à marcher.

Roi, ministres, généraux et agents supérieurs du pouvoir, nous étions tous encore, comme dans la semaine précédente, sous l'empire de cette idée que le banquet était la grande affaire du moment, et que, puisqu'il était désorganisé et ajourné, le plus mauvais défilé était passé. Quoique nous eussions été déterminés à l'interdiction du banquet par le programme de manifestation extérieure et hostile que le parti républicain y avait joint, nous n'étions pas assez préoccupés de la gravité de ce nouveau fait et du changement qu'il avait apporté dans la situation. Loin d'avoir ralenti le mouvement en se retirant de la scène, l'opposition monarchique l'avait à la fois irrité et dégagé de toute entrave. Dans l'opposition républicaine elle-même, toute autorité, toute discipline avaient disparu : parmi les chefs apparents, les uns hésitaient; les autres, entraînés ou enivrés eux-mêmes, échauffaient de plus en plus la foule en lui prêtant l'éclat de leur nom et de leur parole ; le pouvoir avait passé tout entier aux conspirateurs et aux fanatiques révolutionnaires, résolus à tout tenter et à saisir toutes les chances pour décider de l'événement selon leur passion. Quelques personnes, parmi lesquelles je remarquai surtout le baron de Chabaud-Latour, alors colonel du génie, naguère officier d'ordonnance de M. le duc d'Orléans et devenu l'un des aides de camp du jeune prince son fils, vinrent me voir, et appelèrent avec instance, sur le péril de cette situation, toute ma sollicitude. Leurs renseignements n'avaient rien de bien nouveau ni de bien précis ; j'en parlai à mes collègues, qui ne méconnaissaient point le danger de l'attaque inconnue qu'on préparait et la nécessité de la vigilance ; mais nous avions pour réprimer l'insurrection, si elle éclatait, des forces au moins égales à celles qui avaient suffi à réprimer les diverses insurrections tentées de 1830 à 1840, et nous étions bien décidés à les déployer dès que nous y serions provoqués [1].

Le roi était content et confiant : en quelques paroles

---

[1] Je joins ici le tableau des forces réunies à ce moment, dans Paris, ses forts et sa banlieue, tel que me le fournit le ministre de la guerre, le général Trézel, le plus consciencieux comme le plus courageux des hommes.

	hommes.	chevaux.
43 bataillons d'infanterie, à 500 hommes.	21,500	23,500
2 bataillons de garde municipale.......	2,000	
20 escadrons de cavalerie, 3e et 8e dragons, 13e chasseurs, 2e et 6e cuirassiers......	2,000	2,000
1 régiment à 5 escadrons de garde municipale à cheval.......................	600	600
1 compagnie de gendarmes à cheval....	200	150
A reporter.....	26,300	2,750

brèves, il me témoigna, et à M. Duchâtel, sa reconnaissance de notre attitude et sa satisfaction du résultat déjà acquis, l'abandon du banquet. Avec le ministre des travaux publics, M. Jayr, il fut plus expansif; en entrant aux Tuileries, le mardi matin 22 février, M. Jayr y trouva le maréchal Soult qui venait répéter au roi les témoignages de son dévouement et se mettre à sa disposition : « le maréchal promptement remercié et reparti, le roi vint à moi, le visage rayonnant (je reproduis les termes de M. Jayr) : —« Eh bien! vous venez me féliciter; c'est qu'en effet l'affaire tourne à merveille. Que je vous sais gré, mes chers ministres, de la manière dont elle a été conduite! Vous savez qu'ils ont renoncé au banquet. Ils ont vu, un peu tard il est vrai, que c'était jouer gros jeu. Quand je pense que beaucoup de nos amis voulaient qu'on cédât! Mais ceci va réconforter la majorité. » M. Jayr trouvait la situation encore grave : « En venant au château, dit-il au roi, j'ai vu un courant continu d'hommes en blouse se dirigeant par les deux quais vers la place de la Concorde; les faubourgs envoyaient là leur avant-garde. Nous aurons, sinon une grande bataille, du

	hommes.	chevaux.
Report.....	26,300	2,750
13 batteries du 5ᵉ régiment d'artillerie dont quatre montées, à l'Ecole-Militaire; le reste à Vincennes.	3.000	2,400
14 batteries du 6ᵉ régiment à Vincennes.		
3 compagnies de sapeurs des 1ᵉʳ et 3ᵉ régiments.	450	20
4 compagnies de sous-officiers vétérans.	400	
5 compagnies de sapeurs-pompiers.	500	
1 compagnie d'ouvriers d'administration.	150	
1 escadron du train des équipages.	200	200
En tout.....	31,000	5,370

moins une forte sédition. Il faut s'y tenir prêts. — Sans doute, reprit le roi, Paris est ému; comment ne le serait-il pas? Mais cette émotion se calmera d'elle-même. Après le *lâche-pied* de la nuit dernière, il est impossible que le désordre prenne des proportions sérieuses. Du reste, vous savez que les mesures sont prises. »

Sur plusieurs points et sous plusieurs formes, le désordre ne laissa pas d'être grave dans cette journée ; des rassemblements se formèrent autour de la Madeleine ; les chaises, les baraques, le mobilier du corps de garde de l'allée Marigny furent brisés, entassés et incendiés aux Champs-Élysées; d'autres corps de garde furent attaqués ; des barricades s'élevèrent dans divers quartiers; des bandes erraient çà et là; quelques-unes s'arrêtèrent devant le ministère des affaires étrangères et la chancellerie, poussant des cris menaçants et tentant des violences ; l'une d'elles se porta sur la Chambre des députés; quelques hommes pénétrèrent même dans la salle, d'où ils furent expulsés à l'instant. La répression fut partout efficace et douce; les troupes ne firent nul usage de leurs armes; à leur aspect et sur leurs sommations la foule se dispersait, mais pour se reformer bientôt ou se porter ailleurs. La lutte n'était pas définitivement engagée ; mais la fermentation était profonde, répandue et obstinée. Dans la soirée, le roi témoigna les mêmes dispositions confiantes. M. Duchâtel trouva la reine alarmée. Toutes les mesures furent prises, tous les ordres donnés, toutes les troupes prêtes, pour que le lendemain la sédition, si elle s'aggravait, fût promptement et fortement réprimée.

La nuit du 22 au 23 février se passa dans le même trouble, sans incidents graves : des bandes continuèrent d'errer, quelquefois aggressives et pillardes ; des prisonniers furent amenés à la préfecture de police. Dès le matin du 23, des rassemblements plus considérables se formèrent dans le faubourg Saint-Antoine ; beaucoup d'ouvriers oisifs parcouraient les rues ; beaucoup de passants s'arrêtaient ; beaucoup d'habitants se tenaient devant leurs portes, la plupart en curieux indifférents ou inquiets, attendant des événements que tous pressentaient, ceux qui les redoutaient comme ceux qui se disposaient à y prendre part.

Vers dix heures le mouvement s'aggrava, en changeant de caractère et d'acteurs. Les meneurs républicains avaient compris que, mises en première ligne, leurs troupes accoutumées et connues servaient mal leur cause ; ils pressèrent leurs alliés momentanés, les réformistes de la garde nationale, d'entrer eux-mêmes en scène sous un drapeau moins suspect. Plusieurs détachements des 7e, 3e, 2e et 10e légions se mirent en marche, les uns dans le faubourg Saint-Antoine, les autres vers la place du Palais-Royal, d'autres vers le bureau du *National*, rue Lepelletier ; d'autres dans le quartier des écoles des faubourgs Saint-Germain et Saint-Jacques, criant partout : *Vive la réforme!* et entrant en relations amicales avec les rassemblements populaires qu'ils rencontraient. Dans l'ensemble de la garde nationale, ces détachements ne formaient qu'une faible minorité; mais leur hardiesse, la nature de leur cri, le bruit qu'ils faisaient et la faveur qu'ils trouvaient dans les rues intimidaient ou embarrassaient les gardes nationaux, beaucoup plus nombreux, qui ne voulaient ni révolution ni réformes arrachées par l'émeute aux pouvoirs légaux, mais qui hésitaient à entrer en lutte avec l'uniforme de leurs corps et le vœu en apparence modéré de leurs camarades. L'un de nos plus dévoués amis, M. François Delessert, vint témoigner à M. Duchâtel son inquiétude en lui disant que, dans les meilleures compagnies de la 3ᵉ légion, notamment dans celle que commandait son fils, la plupart des conservateurs ne se rendaient pas à l'appel. D'un côté étaient la passion et le mouvement, de l'autre la tristesse et l'inertie.

J'étais à la Chambre des députés avec la plupart des membres du cabinet; M. Duchâtel seul y manquait. On annonçait des interpellations sur les incidents du jour. Je fus averti que, hors de la Chambre, M. Duchâtel me demandait : en y venant, il avait passé par les Tuileries; je montai dans sa voiture et nous retournâmes ensemble au palais. Je reproduis son récit de l'entretien qu'il venait en hâte m'en rapporter : « Le roi, me dit-il, me demanda aussitôt où nous en étions. Je lui répondis que l'affaire était plus sérieuse que la veille et l'horizon plus chargé, mais qu'avec de l'énergie dans la résistance on s'en tirerait. Il me répondit que c'était aussi son sentiment; il ajouta qu'on lui donnait, de tous côtés, le conseil de terminer la crise en changeant le cabinet, mais qu'il ne voulait pas s'y prêter. — « Le roi sait bien, lui dis-je, que, pour ma part, je ne tiens pas à garder le pouvoir, et que je ne ferais pas un grand sacrifice en y renonçant; mais les concessions arrachées par la violence à tous les pouvoirs légaux ne sont pas un moyen de salut; une première défaite en amènerait bientôt une nouvelle; il n'y a pas eu loin, dans la Révolution, du 20 juin au 10 août, et aujourd'hui les choses marchent plus vite que dans ce temps-là; les événements vont à la vapeur, comme les voyageurs.

« Je n'avais pas, en ce moment, ajouta M. Duchâtel, l'idée que le changement du cabinet fût entré dans l'esprit du roi. Y avait-il déjà songé sérieusement, ou bien la résolution de se soumettre à une concession qui lui coûtait beaucoup lui vint-elle soudainement, sous la pression d'une émotion vive? Je ne pourrais trancher la question; mais j'incline à croire qu'il se décida brusquement, emporté par cette espèce de trouble que produit le passage d'une sécurité complète à l'apparition subite d'un grand péril. — « Je crois comme vous, me dit le roi, qu'il faut tenir bon; mais causez un moment avec la reine; elle est très-effrayée. Je désire que vous lui parliez. » Il l'appela.

La grande âme de la reine Marie-Amélie, toujours héroïque au jour de l'épreuve, était aussi passionnée que noble, et elle pouvait quelquefois s'alarmer vivement d'avance sur la situation de son mari et de ses enfants. « Elle entra dans le cabinet du roi, me dit M. Duchâtel, suivie du duc de Montpensier. Elle était très-agitée et sous l'empire d'une vive excitation. — » M. Duchâtel, me dit-elle, je connais le dévouement de M. Guizot pour le roi et pour la France ; s'il le consulte, il ne restera pas un instant de plus au pouvoir. — Madame, lui répondis-je, un peu ému de cette sortie si vive, M. Guizot, comme tous ses collègues, est prêt à se dévouer pour le roi jusqu'à la dernière goutte de son sang ; mais il n'a pas la prétention de s'imposer au roi malgré lui. Le roi est le maître de donner ou de retirer sa confiance, selon qu'il le juge convenable pour les intérêts de sa couronne. — Ne dis pas des choses pareilles, ma chère amie, dit le roi ; si M. Guizot le savait !... — Je ne demande pas mieux qu'il le sache, répliqua la reine ; je le lui dirai à lui-même ; je l'estime assez pour cela ; il est homme d'honneur et me comprendra. » — J'ajoutai alors que je ne devais pas cacher au roi qu'il me serait impossible de ne pas communiquer à M. Guizot tout ce que je venais d'entendre ; c'était un élément important de la situation ; je ne pouvais lui en dérober la connaissance, ni comme collègue ni comme ami. Le roi était devenu sombre et soucieux. — « Il y aurait peut-être lieu, me dit-il, de convoquer sur-le-champ le conseil. — Je crois, lui répondis-je, qu'il y aurait peut-être des inconvénients à une convocation subite du conseil ; la Chambre est assemblée et ne peut pas rester sans ministres. Le roi ferait mieux, ce me semble, de causer d'abord avec M. Guizot.— Vous avez raison, me dit-il; allez trouver M. Guizot sans perdre un instant, et amenez-le moi. »

En nous rendant ensemble aux Tuileries, nous causâmes, à cœur ouvert, M. Duchâtel et moi, de la situation, et, sans la moindre discussion, nous fûmes tous deux du même sentiment sur la conduite que nous avions à tenir. En ce qui nous concernait, nous étions et nous devions nous montrer décidés à maintenir jusqu'au bout la politique que nous avions pratiquée et que nous persistions à croire la seule bonne ; mais si, dans l'intérêt de sa couronne dont il était juge, le roi croyait devoir changer le ministère, il ne nous convenait d'opposer ni résistance, ni plainte. Dans l'état général du pays, et à plus forte raison dans la crise du jour, ce n'était pas trop, c'était à peine assez, on le voyait bien, de l'accord des grands pouvoirs de l'État pour faire prévaloir leur politique commune contre ses divers adversaires. Si cet accord cessait, n'importe de quel côté, la défense serait trop faible pour l'attaque. Le roi ne pouvait se passer du concours de la majorité des Chambres, et la majorité des Chambres n'était ni assez forte, ni assez liée, ni assez expérimentée pour se passer de l'appui du roi. Si nous prétendions, en ce moment, imposer au roi chancelant le maintien du cabinet ébranlé, nous ne lui assurerions pas les avantages d'une résistance énergique, car il n'accepterait pas ou ne soutiendrait pas les mesures qu'elle exigerait, et nous ne réussirions même pas à prolonger longtemps notre faible situation, car le roi ne persévérerait pas avec nous jusqu'au terme de la crise. C'était, pour nous-mêmes, la seule conduite sensée et digne, et envers la royauté notre devoir impérieux de la laisser choisir librement dans son hésitation, sans aggraver les conditions des deux conduites entre lesquelles elle avait à se prononcer.

Nous entrâmes vers deux heures et demie dans le cabinet du roi. La reine, M. le duc de Nemours et M. le duc de Montpensier y étaient réunis. Le roi exposa la situation, s'appesantit sur la gravité des circonstances, parla beaucoup de son désir, qui était très-sincère, de garder le ministère, du regret qu'il éprouvait à être obligé de se séparer de nous, ajoutant qu'il aimerait mieux abdiquer : — Tu ne peux pas dire cela, mon ami, dit la reine ; tu te dois à la France ; tu ne t'appartiens pas. — C'est vrai, dit le roi ; je suis plus malheureux que les ministres ; je ne puis pas donner ma démission. » Ce préambule couvrait évidemment une résolution arrêtée ; pour ceux qui connaissaient les allures de l'esprit du roi, le doute n'était pas possible. Je l'avais écouté en silence ; je pris la parole : « C'est à Votre Majesté, dis-je, à prononcer : le cabinet est prêt, ou à défendre jusqu'au bout le roi et la politique conservatrice qui est la nôtre, ou à accepter sans plainte le parti que le roi prendrait d'appeler d'autres hommes au pouvoir. Il n'y a point d'illusion à se faire, Sire ; une telle question est résolue par cela seul que, dans un tel moment, elle est posée. Aujourd'hui plus que jamais le cabinet, pour soutenir la lutte avec chance de succès, a besoin de l'appui décidé du roi. Dès qu'on saurait dans le public, comme cela serait inévitable, que le roi hésite, le cabinet perdrait toute force morale et serait hors d'état d'accomplir sa tâche. » — Le roi, sur ces paroles, laissa de côté toute hésitation, toute précaution de langage, et considérant la question comme tranchée : — « C'est avec un bien amer regret, nous dit-il, que je me sépare de vous; mais la nécessité et le salut de la monarchie exigent ce sacrifice. Ma volonté cède; je vais perdre beaucoup de terrain; il me faudra du temps pour le regagner. » La reine et le duc de Montpensier ajoutèrent des paroles dans le même sens. Le duc de Montpensier me dit qu'il fallait que sa conviction fût bien profonde pour qu'elle l'emportât sur la reconnaissance qu'il me devait. Après ces témoignages d'estime et de regret, le roi dit qu'il songeait à M. Molé et nous demanda ce que nous en pensions. Nous n'avions à faire et nous ne fîmes aucune objection. « Je vais donc le faire appeler, » reprit le roi. Puis il nous fit ses adieux, ainsi que la famille royale, en nous embrassant avec larmes : « Vous serez toujours les amis du roi, dit la reine; vous le soutiendrez. — Nous ne ferons que de la résistance au petit pied et sur le second plan, me dit le duc de Nemours; mais sur ce terrain, nous comptons retrouver votre appui. » Le roi était triste et troublé; la gravité de la résolution qu'il venait de prendre semblait grandir à ses yeux. Il sentait surtout combien il allait perdre en Europe, et quel coup en recevrait sa considération. Nous sortîmes du cabinet; M. Duchâtel était le dernier près de la porte; le roi lui tendit la main une dernière fois : « Vous êtes plus heureux que moi, vous autres, » lui dit-il; et il prononça à voix basse quelques mots que j'entendis imparfaitement, et où se révélait à quel point sa résolution lui était amère.

Nous retournâmes sur-le-champ à la Chambre des députés; on nous y attendait dans une agitation immobile; il était encore question d'interpellations, de pétitions. Je montai à la tribune : « Je crois, dis-je, qu'il ne serait ni conforme à l'intérêt public, ni à propos pour la Chambre d'entrer, en ce moment, dans aucun semblable débat. Le roi vient de faire appeler M. le comte Molé pour le charger de former un nouveau cabinet. Tant que le cabinet actuel sera chargé des affaires, il maintiendra ou rétablira l'ordre, et fera respecter les lois selon sa conscience, comme il l'a fait jusqu'à présent. »

M. Odilon Barrot demanda aussitôt la parole. Il eut quelque peine à la prendre au milieu du tumulte qui s'éleva dans la Chambre; il voulait parler de la fixation de l'ordre du jour pour la séance du lendemain, séance dans laquelle la proposition d'accusation du ministère devait être renvoyée à l'examen des bureaux : « J'avais cru, dit-il, que la conséquence naturelle, inévitable même, de la réserve que M. le président du conseil montrait sur les interpellations qui lui étaient adressées, à raison de la gravité des circonstances et de la situation spéciale du cabinet, j'avais cru, dis-je, que la conséquence naturelle, inévitable, était l'ajournement de l'ordre du jour indiqué, c'est-à-dire l'ajournement de la discussion sur la proposition que j'ai déposée hier sur le bureau. Je suis, à cet égard, parfaitement subordonné aux convenances de la Chambre et du ministère lui-même.»

M. Dupin prit vivement la parole : « Le premier besoin de la cité, dit-il, est le rétablissement de la paix publique, la cessation des troubles, pour assurer la libre et régulière action de tous les grands pouvoirs de l'État. Il faut que les masses comprennent qu'elles n'ont pas le droit de délibérer, de décider. Il faut que les gens qui ont eu recours aux armes comprennent qu'ils n'ont pas le droit de commander, et qu'ils n'ont qu'à attendre l'exécution de la loi et les mesures qui seront jugées nécessaires par la couronne et par les Chambres. Dans cette situation, devons-nous introduire ici des délibérations irritantes, des délibérations d'accusation qui, quelle que fût la solution, iraient certainement contre le but que vous devez vous proposer, l'apaisement des esprits et le rétablissement de l'ordre? Je crois qu'il faut adhérer à la demande d'ajournement que j'appuie de toutes mes forces. »

Nous ne pouvions souffrir que l'accusation proposée contre nous restât ainsi en suspens dès que, par la chute du cabinet, l'opposition aurait atteint son but. Je me levai immédiatement : « Je disais tout à l'heure que, tant que le cabinet aurait l'honneur d'être chargé des affaires, il maintiendrait ou rétablirait l'ordre et ferait respecter les lois. Le cabinet ne voit, pour son compte, aucune raison à ce qu'aucun des travaux de la Chambre soit interrompu, à ce qu'aucune des questions élevées dans cette Chambre ne reçoive pas sa solution. La couronne exerce sa prérogative. La prérogative de la couronne doit être respectée; mais le cabinet est prêt à répondre à toutes les questions, à entrer dans tous les débats. C'est à la Chambre à décider ce qui lui convient.»

M. Dupin, qui voulait sincèrement que le trouble public cessât, et dont l'équité comme le bon sens étaient choqués de l'accusation proposée contre le ministère, persista dans sa demande d'ajournement : « Je conçois, dit-il, le langage et l'attitude de M. le président du conseil. C'est un langage digne ; c'est le langage qui convient à la situation qu'on aurait voulu lui faire par l'accusation même. Mais en même temps que le ministère ne s'oppose pas à ce que la Chambre se saisisse de telle ou telle question, la Chambre a aussi le droit de décider l'opportunité d'une question. Eh bien, dans la situation où le ministère continue à être chargé provisoirement d'une difficile mission, à laquelle vous pourrez, je l'espère, efficacement concourir, l'apaisement et la conciliation des esprits, pendant ce temps on va s'occuper à mettre les ministres en accusation ! On les obligerait à s'occuper de leur propre défense ! Cela est impossible. Malgré vous, Messieurs les ministres, malgré la majorité, je demande l'ajournement.»

La majorité partageait le sentiment que j'avais exprimé, et me vint fermement en aide. Par l'organe de M. de Peyramont, elle demanda que la proposition d'accusation contre le ministère fût maintenue à l'ordre du jour, et la séance ne fut levée qu'après cette résolution.

A l'annonce de la chute du cabinet, l'émotion, je devrais dire l'irritation, avait été profonde dans la majorité; elle y voyait sa propre chute et celle de la politique qu'elle soutenait courageusement depuis dix-sept ans. Plus clairvoyants encore et plus expérimentés dans les crises révolutionnaires, quelques-uns de ses membres pressentirent immédiatement dans celle-ci bien plus que la chute du cabinet : un de mes amis particuliers, M. Muret de Bord, qui s'était vivement prononcé dans ces dernières circonstances, était assis à côté de l'ancien et habile directeur général de l'enregistrement et des domaines, M. Calmon, qui, en entendant ma déclaration, lui dit en lui frappant sur l'épaule : « Citoyen Muret de Bord, dites à la citoyenne Muret de Bord de préparer ses paquets ; la République ne vous aimera pas. » Dans l'opposition même, les esprits élevés étaient soucieux : « Je désirais vivement la chute du cabinet, dit à M. Duchâtel M. Jules de Lasteyrie ; mais j'aurais mieux aimé vous voir rester dix ans de plus que sortir par cette porte. » Au même instant, M. de Rémusat, ami et camarade de collége de M. Dumon, vint s'asseoir près de lui au banc des ministres : « Je sais, lui dit-il, que ta sortie du ministère ne te contrarie pas beaucoup ; je puis donc venir causer avec toi. Si j'entre dans le nouveau ministère, j'espère que nous causerons souvent ensemble, et que nous pourrons nous entendre. — Je ne demande pas mieux, lui répondit M. Dumon ; pourvu que la Chambre ne soit pas dissoute et que les réformes ne soient pas excessives, je ne ferai aucune opposition. — C'eût été bien facile, reprit M. de Rémusat, si nous étions arrivés par un mouvement de Chambre ; mais qui peut mesurer les conséquences d'un mouvement dans la rue ? »

A quatre heures et demie, le cabinet se réunit aux Tuileries. De plusieurs côtés, le bruit de l'irritation de la majorité parlementaire était arrivé au roi ; il en était visiblement troublé. Il essaya d'alléger un peu, pour lui-même, la résolution qu'il venait de prendre en donnant à entendre que j'avais, ainsi que M. Duchâtel, partagé son avis. Je rétablis, en termes positifs, ce que je lui avais dit dans notre première entrevue. « Nous étions décidés et prêts, lui redis-je, à soutenir jusqu'au bout la politique d'ordre et de résistance légale que nous trouvons la seule bonne ; mais le roi s'était montré disposé à penser qu'il devait changer son ministère. Poser une telle question, dans un tel moment, c'était la résoudre. » Le roi n'insista pas. MM. Hébert, de Salvandy et Jayr exprimèrent nettement leur désapprobation de sa résolution. Nous sortîmes des Tuileries pour ne plus nous occuper, en attendant la formation d'un nouveau cabinet, que de défendre partout l'ordre toujours violemment attaqué. La nouvelle de la chute du ministère n'avait point fait cesser la lutte; elle continuait sans que nulle part l'insurrection triomphât ou cédât. L'événement tombait de plus en plus entre les mains des républicains fanatiques résolus à le pousser jusqu'à une révolution. Nous allions d'heure en heure, M. Duchâtel et moi, rendre compte au roi de l'état des choses. Vers six heures, il nous témoigna le désir de donner le commandement général dans Paris au maréchal Bugeaud. Nous fîmes sur-le-champ, auprès des généraux Jacqueminot et Tiburce Sébastiani, une démarche pour les en prévenir; puis, le roi préféra attendre l'avis du cabinet qu'il travaillait à former. Il n'avançait guère dans son travail; M. Molé discutait, négociait, cherchait des alliés efficaces. Vers huit heures, M. Jayr, qui avait quelques signatures de travaux publics à demander au roi, retourna aux Tuileries; il le trouva seul, agité et taciturne. En lui soumettant son travail administratif, M. Jayr lui représenta la nécessité de reconstituer promptement le pouvoir politique et le commandement militaire, l'un et l'autre ébranlés et flottants au milieu d'une crise aussi obstinée que violente. Le roi signait et l'écoutait en silence; puis tout à coup : « Et quand je pense, dit-il, que cette résolution a été prise et exécutée en un quart d'heure! » M. Jayr se retira sans autre réponse.

Personne n'ignore l'événement (je ne décide pas s'il faut dire fortuit ou criminel) qui éclata à neuf heures du soir, sur le boulevard, devant l'hôtel des affaires étrangères. Une bande d'insurgés, armés de piques, de pistolets, de bâtons, portant des signes de luttes récentes, et partis d'abord de la place de la Bastille, s'était avancée le long des boulevards, grossie dans sa route par des passants et des curieux; après plusieurs stations et plusieurs démonstrations bruyantes, entre autres devant le bureau du *National,* elle arrivait près du ministère des affaires étrangères, plus d'une fois menacé depuis le commencement de l'insurrection. Un bataillon d'infanterie de ligne en couvrait les approches. Au milieu de la pression désordonnée qu'exerçait la foule et de la résistance immobile que lui opposait la troupe, un coup de feu partit; selon les uns, des rangs de la troupe même et par un accident du fusil d'un soldat; selon les autres, le coup fut tiré du sein de la foule, sur la troupe, et par un des insurgés. Quoi qu'il en soit, la troupe, se croyant attaquée, fit feu; beaucoup de personnes tombèrent, les unes frappées à mort, les autres blessées, d'autres renversées et foulées aux pieds. Un désordre immense, mêlé d'effroi et de colère, éclata sur le théâtre et tout à l'entour de l'évènement; la passion a de soudains et puissants instincts au service de sa cause ; quelques-uns des insurgés relevèrent des cadavres, seize, dit-on, les placèrent sur un chariot qui se trouvait là, et ce cortège funèbre se promena jusqu'à une heure du matin, sur les boulevards, devant les bureaux du *National* et de la *Réforme,* dans tout le centre de la ville, au milieu des cris: « Vengeance !

aux armes! aux barricades! » provoquant partout un nouvel et plus ardent élan d'insurrection et de lutte. La nuit se passa à exploiter ainsi ce malheur ou ce crime, pour transformer l'émeute en révolution.

J'étais au ministère de l'intérieur quand la nouvelle de ce fatal incident y arriva. Plusieurs de mes collègues et de nos amis y étaient réunis. De leur avis unanime, je me rendis sur le champ aux Tuileries, avec M. Dumon, pour insister auprès du roi sur l'urgence de la nomination du maréchal Bugeaud au commandement de toutes les forces militaires. Il en reconnut la nécessité; mais il ne savait pas encore quel cabinet il parviendrait à former. Je le quittai sans qu'il eût rien décidé. Entre minuit et une heure, il m'envoya chercher, et me dit qu'à la fin de la soirée, M. Molé était venu lui annoncer qu'il n'avait pu réussir à former un cabinet : « Je fais appeler M. Thiers, ajouta-t-il; mais, en attendant, la lutte devient de plus en plus grave ; il y faut sur-le-champ un chef militaire, d'une capacité et d'une autorité éprouvées, et qui puisse porter le fardeau jusqu'à l'installation du nouveau ministère. Je vous demande la nomination immédiate du maréchal Bugeaud au commandement de la garde nationale et de l'armée. M. Thiers ne voudrait peut-être pas le nommer lui-même; mais il l'acceptera, je n'en doute pas, s'il le trouve nommé et installé. C'est au nom du salut de la monarchie que je fais cet appel au dévouement de mes anciens ministres. » — Le roi sait, lui dis-je, que nous sommes tout prêts à accomplir son désir. — Il envoya

CHUTE DU MINISTÈRE DU 29 OCTOBRE 1840.

chercher M. Duchâtel et le général Trézel dont la signature était nécessaire pour cette nomination. Ils arrivèrent et donnèrent sur-le-champ au roi leur assentiment et leur concours. Le maréchal Bugeaud arriva aussi. Le duc de Nemours, le duc de Montpensier et M. de Montalivet étaient présents. Les deux ordonnances signées, le duc de Nemours, M. Duchâtel et moi, nous accompagnâmes le maréchal Bugeaud pour l'installer à l'État-major. Il s'arrêta sur la place du Carrousel pour visiter les troupes qui y étaient réunies. Nous lui demandâmes ce qu'il pensait de la journée du lendemain : « Il est un peu tard, nous dit-il ; mais je n'ai jamais été battu et je ne commencerai pas demain. Qu'on me laisse faire et tirer le canon, il y aura du sang répandu ; mais demain soir la force sera du côté de la loi, et les factieux auront reçu leur compte. »

Ce fut là le dernier acte du cabinet et ma dernière entrevue avec le maréchal Bugeaud. Je ne retournai aux Tuileries, le lendemain 24 février, vers huit heures du matin, que pour prendre définitivement congé du roi, que je ne revis plus qu'à Claremont. Ce qu'on a dit de prétendus conseils qu'il m'aurait demandés et que je lui aurais donnés, à ce moment, sur ses rapports avec son nouveau cabinet et les concessions qu'il devait lui faire, est dénué de tout fondement. Il se borna à m'annoncer que MM. Thiers et Odilon Barrot avaient accepté le ministère, et moi à lui témoigner ma satisfaction qu'au moins la crise ministérielle fût terminée. Depuis cette dernière heure du cabinet du 29 octobre 1840 jusqu'à la dernière heure de la monarchie de 1830, j'ai été absolument étranger à tout ce qui s'est dit, fait et passé.

Dix-neuf ans se sont écoulés, et aujourd'hui comme il y a dix-neuf ans, je ne puis penser sans une émotion douloureuse à l'état d'âme où j'ai vu le roi Louis-Philippe pendant cette crise si tragiquement terminée. Jamais prince n'a été plus sincèrement convaincu que la politique qu'il avait adoptée était la meilleure, la seule bonne pour son pays et pour le régime qu'il avait été appelé à fonder dans son pays. Resté, comme dans sa jeunesse, libéral et patriote de 1789, à ses yeux cette politique consacrait et mettait en pratique les principes de 1789, en mettant fin aux entraînements et aux aveuglements révolutionnaires qui, tantôt sous la forme de l'anarchie, tantôt sous celle du despotisme, les avaient faussés et compromis. Il la regardait comme aussi essentielle pour l'influence et la grandeur de la France en Europe que pour sa prospérité et ses progrès à l'intérieur. Il l'avait pratiquée de concert avec les grands pouvoirs constitutionnels, sous le feu des libertés publiques, en usant de ses droits constitutionnels, mais sans jamais croire ni vouloir les dépasser. Il avait courageusement sacrifié, au maintien de cette politique, un bien qui lui était cher et doux, les démonstrations empressées et le bruit flatteur de la popularité. Et après dix-sept années de ces efforts et de ce sacrifice, il se voyait méconnu, mal compris, non-seulement attaqué par les factions ennemies, mais harassé, délaissé par une portion de ces classes moyennes qui étaient son principal point d'appui. Aux bruyantes agitations dans la garde nationale se joignaient les dissentiments respectueux, mais réels, dans la famille royale. Sous l'atteinte de ces faits réunis, le roi était profondément triste et perplexe, résigné aux déplaisirs et aux difficultés qu'il prévoyait, décidé à n'y opposer que ses moyens légaux de concession ou de résistance, mais accessible à ces troubles momentanés, à ces résolutions soudaines qui surgissent dans les âmes fatiguées des longues luttes et dégoûtées des perspectives obscures. Ni la persévérance ni l'espérance n'étaient pourtant éteintes dans l'âme du roi Louis-Philippe : soit par nature, soit par son expérience des vicissitudes et des réactions qui se succèdent dans les révolutions, il était de ceux qui pensent que, pour retrouver de bonnes chances et une bonne veine, il suffit de savoir survivre et attendre. En 1848, sa lassitude était extrême ; il fléchissait sous son fardeau, et, pour le porter plus loin, il avait besoin de reprendre haleine ; mais je suis convaincu qu'au milieu de ses mécomptes et de son découragement, il était loin de désespérer de son propre avenir, et que, tout en acceptant les lois du régime constitutionnel, il se promettait d'y reprendre l'influence qu'il croyait nécessaire pour faire légalement prévaloir la politique qu'il croyait indispensable au bien de son pays et au salut de son trône. Les hommes ne lui en ont pas laissé le temps ; Dieu ne lui en a pas accordé la faveur.

CHAPITRE XLIX

RÉSUMÉ.

Deux choses déterminent le caractère des gouvernements et les sentiments d'estime ou de blâme, de sympathie ou de répulsion qui leur sont dus : le sort, bon ou mauvais, qu'ils ont fait aux générations qui ont vécu sous leur empire ; le bien ou le mal qu'ils ont légué aux générations qui les ont suivis.

Je n'ai pas raconté le règne du roi Louis-Philippe ; j'ai pris, dans ce règne, les événements et les actes considérables auxquels j'ai été mêlé, et je me suis appliqué à les faire bien connaître et apprécier en les retraçant avec détail et précision. Ce n'est pas toute l'histoire de cette époque ; mais c'est assez, je pense, pour que je sois en mesure et en droit d'en résumer les principaux résultats. Quelle influence a exercée, pendant sa durée, sur le sort et l'état de la France, le gouvernement qu'elle a possédé de 1830 à 1848? Qu'est-il resté et que reste-t-il à la France de l'influence et des œuvres de ce gouvernement? Je ne ferai à ces questions que les réponses les plus simples et les plus brèves ; je ne veux que recueillir des faits avérés, sans discussion ni commentaire.

RÉSUMÉ.

Je regarde d'abord à la politique générale, et je cherche quels résultats a obtenus pour ses contemporains, quelles traditions a laissées à ses successeurs le gouvernement de 1830. Ce gouvernement a eu l'honneur de naître d'une révolution accomplie pour la défense des lois et des libertés violées. Il a eu le malheur de naître d'une révolution, et d'une révolution accomplie aux dépens du principe essentiel de la monarchie, et avec le concours de partis et de passions qui dépassaient de beaucoup son but. Entreprise au nom des droits de la monarchie constitutionnelle, la révolution de 1830 a ouvert la porte aux tentatives républicaines et aux perspectives indéfinies de l'imagination humaine, honnêtes ou perverses. Le gouvernement de 1830 a courageusement fait le départ entre ces idées et ces forces diverses déployées autour de son berceau; il a accepté comme sa source et sa règle : 1° les droits de l'indépendance nationale; 2° le respect des lois, des droits et des libertés publiques; 3° les principes et la pratique du régime constitutionnel. Point d'intervention ni d'immixtion étrangère dans les affaires et les résolutions intérieures de la France. Point de lois d'exception ni de suspension des libertés publiques. Les pouvoirs constitutionnels en plein exercice et toujours appelés à débattre et à régler ensemble les affaires du pays.

Le gouvernement de 1830 ne s'est pas borné à mettre ces principes en pratique à l'intérieur et pour la France elle-même; ils ont présidé à ses relations avec les autres États, spécialement avec les États assez voisins de la France pour que leur situation et leur destinée importent à la sienne. Il a déclaré qu'en Belgique, en Suisse, en Piémont, en Espagne, il ne souffrirait aucune intervention étrangère sans y intervenir aussi, dans l'intérêt français. En reconnaissant le droit de ces peuples à modifier leurs institutions, il a efficacement protégé, tout autour de la France, l'indépendance nationale de ses voisins et l'établissement où les progrès du régime constitutionnel. A coup sûr, ce n'était pas là une politique facile à faire accepter de la plupart des grandes puissances européennes, au sortir d'un temps plein de guerres de conquête et d'interventions étrangères. Pourtant le gouvernement de 1830 y a réussi, et c'est au nom de la paix européenne qu'il a réussi. Le congrès de Vienne avait fondé la paix européenne sur la domination générale des grandes puissances et le régime stationnaire des États. Le gouvernement de 1830 a maintenu la paix européenne en en brisant les pesantes conditions. Il a concilié les bienfaits de la paix avec l'indépendance des peuples et les progrès de la liberté.

Les politiques clairvoyants de l'Europe ne se sont pas mépris sur les résultats de cette conduite du gouvernement de 1830 pour la grandeur de la France. Le 24 février 1848, au moment même de la chute imprévue de ce gouvernement, le chancelier de l'empire russe, le comte de Nesselrode, écrivait à l'ambassadeur de Russie à Londres : « La France aura gagné à la paix plus que ne lui aurait donné la guerre. Elle se verra entourée de tous côtés par un rempart d'États constitutionnels, organisés sur le modèle français, vivant de son esprit, agissant sous son influence. »

L'influence du gouvernement de 1830 a survécu même à sa ruine. Au dehors, c'est en maintenant sa politique extérieure que la République qui lui a succédé s'est fait reconnaître et accepter de l'Europe. Au dedans, sous le coup de cette disparition soudaine de tous les pouvoirs organisés et dans cette explosion soudaine de toutes les ambitions humaines, que serait devenue la société française si, depuis trente ans, elle n'avait été accoutumée et formée, par le spectacle et la pratique de son gouvernement, au respect du droit et de la liberté? C'est par les traditions et les habitudes du gouvernement libre qu'elle venait de renverser que la révolution de 1848 a été défendue contre sa propre pente. Qui pourrait dire quels coups elle aurait portés à l'ordre social et à la paix européenne, si l'esprit légal et pacifique du régime déchu n'avait encore plané au-dessus de ses ruines?

Je descends de la politique générale aux actes spéciaux du gouvernement de 1830 dans l'administration intérieure du pays, et je constate, par la simple énumération des faits et des chiffres, quelles ont été ses œuvres, leur impulsion et leurs résultats.

Pour rendre ce tableau des principaux actes du gouvernement de 1830 clair et concluant, je range ces ctes sous trois chefs qui comprennent les diverses mesures législatives et administratives, incontestablement bien qu'inégalement importantes, accomplies à cette époque :

Législation politique et sociale;
Administration des finances ;
Travaux publics.

L'un de mes plus fidèles et plus éclairés amis, M. Moulin, jadis député du département du Puy-de-Dôme, a bien voulu se charger de vérifier l'exactitude de ces documents, et venir ainsi en aide à la mémoire de la politique conservatrice et libérale après l'avoir fermement soutenue quand elle était en action.

I

LÉGISLATION POLITIQUE ET SOCIALE.

Je comprends sous ce chef : 1° les lois d'organisation et de garantie pour la force publique, pour les libertés publiques, pour l'ordre public ; 2° les lois de réforme et d'amélioration sociale.

1° *Lois d'organisation et de garantie politique.*

1830. 12 *septembre.* Loi qui soumet à la réélection les députés promus à des fonctions publiques.
10 *décembre.* Loi sur la police des afficheurs et crieurs publics.
1831. 4 *mars.* Loi sur la composition des cours d'assises et sur la majorité nécessaire pour les décisions rendues par le jury contre l'accusé.

RÉSUMÉ.

1831. 21 *mars*. Loi qui fixe, pour le jugement des conflits entre l'autorité administrative et les tribunaux, un délai d'un mois, passé lequel le conflit peut être considéré comme non avenu.

21 *mars*. Loi sur la formation et l'organisation des conseils municipaux par la voie de l'élection.

22 *mars*. Loi sur l'organisation de la garde nationale sédentaire et mobile, par l'élection directe des sous-officiers et l'élection indirecte des officiers supérieurs.

19 *avril*. Loi sur les élections législatives qui abaisse le cens électoral de 300 à 200 fr. et le cens d'éligibilité de 1,000 à 500 fr.

1832. 22 *mars*. Loi sur le recrutement militaire et la formation de l'armée.

1833. 24 *avril*. Loi sur le régime législatif dans les colonies.

24 *avril*. Loi sur l'exercice des droits civils et politiques dans les colonies.

22 *juin*. Loi sur l'organisation des conseils généraux de département et des conseils d'arrondissement, par la voie de l'élection, avec adjonction des capacités portées sur la seconde liste du jury aux possesseurs du cens électoral politique, et fixation d'un *minimum* pour le nombre des électeurs.

7 *juillet*. Loi sur l'expropriation pour cause d'utilité publique. Elle établit par quel mode légal l'utilité publique est déclarée, et elle soumet au jury l'estimation et le règlement des indemnités. Cette loi a été modifiée et complétée par une autre loi du 3 mai 1841.

1834. 16 *février*. Loi sur les crieurs publics d'écrits.

10 *avril*. Loi sur les associations.

1834. 20 *avril*. Loi sur l'organisation du conseil général et des conseils d'arrondissement du département de la Seine et du conseil municipal de la ville de Paris, par la voie de l'élection.

19 *mai*. Loi sur l'état des officiers.

1835. 9 *septembre*. Loi sur les crimes, délits et contraventions commis par la voie de la presse et autres moyens de publication.

9 *septembre*. Loi sur les cours d'assises.

9 *septembre*. Loi portant modification des articles 341, 345, 346, 347 et 352 du Code d'instruction criminelle, et de l'art. 17 du Code pénal.

1837. 1er *avril*. Loi qui détermine l'autorité des arrêts de la Cour de cassation après deux pourvois.

18 *juillet*. Loi sur l'administration communale et les attributions des conseils municipaux.

1838. 10 *mai*. Loi sur les attributions des conseils généraux de département et des conseils d'arrondissement.

1839. 3 *août*. Loi qui fixe le cadre de l'état-major de l'armée de terre.

1841. 17 *juin*. Loi d'organisation de l'état-major de l'armée navale.

1842. 30 *août*. Loi sur la régence du royaume.

2° *Lois de réforme et d'amélioration sociale.*

1831. 8 *février*. Loi qui admet le culte israélite au nombre des cultes reconnus par l'État et met le traitement de ses ministres à la charge du trésor public.

4 *mars*. Loi pour la répression de la traite des nègres.

1832. 17 *avril*. Loi apportant divers adoucissements à la contrainte par corps.

1832. 28 *avril*. Loi apportant de nombreuses et importantes réformes dans la législation pénale; entre autres l'admission des circonstances atténuantes et l'abolition de onze cas de peine de mort.

1833. 28 *juin*. Loi organique de l'instruction primaire, élémentaire et supérieure.

1835. 25 *mai*. Loi relative à l'administration des biens ruraux des communes, hospices et autres établissements publics.

5 *juin*. Loi qui confère aux caisses d'épargne la qualité de personnes civiles pouvant recevoir des dons et legs; une seconde loi du 31 *mars* 1837 chargea la caisse des dépôts et consignations de recevoir et d'administrer les fonds que les caisses d'épargne seraient admises à placer au trésor.

1836. 21 *mai*. Loi qui supprime et prohibe les loteries.

21 *mai*. Loi organique sur la construction et l'administration des chemins vicinaux.

1837. 4 *juillet*. Loi sur les poids et mesures, qui consacre le système métrique comme obligatoire.

1838. 11 *avril*. Loi qui élève la compétence des tribunaux civils de première instance.

25 *mai*. Loi qui élève la compétence des juges de paix.

28 *mai*. Loi sur les faillites et banqueroutes apportant de graves réformes dans le Code de commerce.

20 *juin*. Loi sur les aliénés et sur les établissements consacrés au traitement de l'aliénation mentale.

1840. 8 *mars*. Loi sur l'organisation et l'extension de la compétence des tribunaux de commerce.

6 *juin*. Loi apportant diverses modifications au régime de la pêche fluviale.

1841. **22 *mars*.** Loi sur le régime et les conditions du travail des enfants employés dans les manufactures.

2 *juin*. Loi apportant de graves modifications au code de procédure civile sur la vente judiciaire des biens immeubles.

14 *juin*. Loi qui modifie le code de commerce sur la responsabilité des propriétaires de navires de commerce.

25 *juin*. Loi sur la vente en détail des marchandises aux enchères, ou à cri public.

25 *juin*. Loi sur la transmission des offices réglant la forme et les droits d'enregistrement des traités.

1843. **18 *juin*.** Loi sur les commissaires-priseurs.

1844. **3 *mai*.** Loi sur la chasse.

5 *juillet*. Loi sur les brevets d'invention.

3 *août*. Loi qui accorde, à la veuve et aux enfants des auteurs d'ouvrages représentés sur un théâtre, le droit garanti par le décret du 5 février 1810 à la veuve et aux enfants des auteurs d'écrits imprimés.

1845. **20 *avril* (et 11 *juillet* 1847).** Loi sur le régime des irrigations.

21 *juin*. Loi qui supprime les droits de vacation des juges de paix et augmente leur traitement.

22 *juin*. Loi qui fixe le *maximum* et le *minimum* des versements dans les caisses d'épargne.

15 *juillet*. Loi sur la police des chemins de fer.

18 *juillet*. Loi qui apporte règlement et adoucissement dans le régime de l'esclavage aux colonies.

9 *août* 1847. Une nouvelle loi ajoute aux mesures favorables de la loi précédente, et institue des cours criminelles chargées de connaître des crimes commis envers et par des esclaves.

RÉSUMÉ.

1846. *3 juillet.* Loi qui modifie le régime de postes en supprimant le décime rural et en réduisant la taxe sur les envois de fonds.

Il suffit de parcourir cette simple nomenclature législative pour reconnaître qu'il n'est aucune des grandes questions d'intérêt national ou social, dont notre temps est avec raison préoccupé, qui n'ait été, pour le gouvernement de 1830, l'objet d'une sérieuse attention et d'une féconde activité.

Dans l'ordre politique, il a efficacement organisé et réglé la force publique, le mode de sa formation, ses divers éléments, l'état de ses officiers, la composition de ses états-majors[1]; et notre armée de terre et de mer ainsi constituée a glorieusement suffi jusqu'ici à toutes les missions, à toutes les épreuves auxquelles elle a été appelée, aux campagnes de Crimée et d'Italie comme à la conquête de l'Algérie.

Le gouvernement de 1830 n'a pas donné moins de soin à la vie intérieure de la France qu'à sa force au dehors : le principe électif, gage nécessaire d'influence et de contrôle pour toute société, grande ou petite, a été introduit dans l'administration des départements et des communes, y compris celle de la ville de Paris[2]; et en même temps que la liberté devenait ainsi un droit actif

---

[1] Par les lois des 22 mars 1831, 22 mars 1832, 19 mai 1834, 9 août 1839 et 17 juin 1841.

[2] Par les lois des 21 mars 1831, 22 juin 1833, 20 avril 1834, 18 juillet 1837 et 10 mai 1838.

CHAPITRE XLIX.

sur tous les points du territoire comme au centre de l'État, la loi du 28 juin 1833 sur l'instruction primaire, la loi du 21 mai 1836 sur les chemins vicinaux et les deux lois du 11 juin 1842 et du 15 juillet 1845, l'une sur la constitution du réseau général, l'autre sur la police des chemins de fer, imprimaient partout, dans les campagnes comme dans les villes, un mouvement permanent de progrès moral et matériel.

Dans l'ordre civil, nos divers codes ont reçu d'importantes réformes, toutes dirigées vers l'efficacité pratique et l'adoucissement des lois, la simplification des affaires, la garantie de la propriété et des droits privés dans leurs rapports avec l'État[1].

L'ordre moral n'a pas été plus négligé que l'ordre politique et l'ordre civil : les caisses d'épargne, le travail des enfants dans les manufactures, le sort des aliénés et les établissements consacrés à cette triste misère humaine, l'état des prisons, l'abolition de la traite des nègres, le régime de nos colonies, la condition des esclaves, leurs rapports avec les maîtres, la préparation de l'abolition de l'esclavage, l'abolition des loteries et des jeux, toutes les questions où sont engagés soit l'état actuel, soit les longues espérances de l'humanité dans les diverses conditions sociales[2], ont

---

[1] Par les lois des 4 et 21 mars 1831, 7 juillet 1833, 7 avr 1837, 17 et 28 avril 1832, 25 mai 1835, 11 avril, 25 et 28 mai 1838, 8 mars 1840, 2, 14 et 25 juin 1841, 18 juin 1843, 3 mai, 5 juillet et 3 août 1844, 28 avril, 21 et 22 juin 1845.

[2] Par les lois des 24 juin 1833, 4 mars 1831, 5 juin 1835, 21 mai

été abordées, étudiées, débattues, quelques-unes résolues, toutes mises en état de travail et de progrès.

Je n'ai fait entrer, dans ce tableau de l'activité législative du gouvernement de 1830, que les lois adoptées, promulguées et mises en vigueur pendant sa durée. Je n'ai voulu inscrire au compte définitif de ce gouvernement que des faits accomplis et des résultats acquis. Je dois cependant à sa mémoire quelque mention des travaux qu'il avait préparés et livrés aux épreuves du régime constitutionnel dans les sessions voisines de sa chute. L'instruction primaire et la situation des instituteurs, l'instruction secondaire et la liberté d'enseignement, l'enseignement du droit et celui de la pharmacie, l'exercice de la médecine, la réforme des prisons et l'établissement du régime pénitentiaire, les sociétés de secours mutuels, les caisses de retraite pour la vieillesse, la réforme du système hypothécaire, la navigation intérieure, le reboisement des montagnes, tous ces intérêts de l'ordre moral, social, matériel, étaient l'objet de nombreux projets de loi présentés aux Chambres, que leurs commissions étudiaient, et qu'elles étaient près de discuter quand la révolution du 24 février renversa les Chambres et la monarchie constitutionnelle elle-même. A ces témoignages de l'activité législative je devrais joindre ceux de l'activité administrative et les nombreuses mesures d'amélioration et de

---

1836, 20 juin 1838, 22 mars 1841, 3 août 1844, 18 juillet 1845 et 9 août 1847.

progrès accomplies par ordonnances royales dans les services publics. Je n'en citerai que deux, très-diverses quant à leur objet et à leur date, mais empreintes, chacune à son tour, de l'une des deux idées qui ont simultanément présidé au gouvernement de 1830. Le 27 août 1830, une ordonnance du roi rendit au barreau français ses anciennes franchises en reconnaissant à tout avocat inscrit au tableau le droit de concourir, *par élection directe*, à la nomination des membres du conseil et du bâtonnier de l'ordre, ainsi que le droit de plaider devant toutes les cours et tous les tribunaux du royaume sans avoir besoin d'aucune autorisation. Le 31 mai 1838, une ordonnance du roi régla le régime de la comptabilité publique, d'une façon générale et destinée à maintenir un ordre sévère dans cette branche de l'administration. Soit qu'il agît de concert avec les Chambres ou par la Couronne seule, le Gouvernement avait pour égale règle de conduite le soin de l'ordre et le respect de la liberté.

Je passe de la législation politique et sociale, de 1830 à 1848, à l'administration des finances durant la même époque, et j'en constate pareillement les résultats en prenant pour point de comparaison, d'après les comptes généraux et définitifs de cette administration, les deux exercices de 1829 et de 1847, les derniers qui aient complétement appartenu, le premier au gouvernement de la Restauration, le second au gouvernement de 1830.

II

ADMINISTRATION DES FINANCES.

1° *Revenus ordinaires.*

En 1829, les revenus ordinaires ont été de..............	993,396,000 fr.
En 1847, ils ont été de......	1,342,809,354
L'accroissement des revenus ordinaires de 1829 à 1847 a donc été de	349,413,354

Savoir :

1° Sur les contributions directes de	94,000,560 fr.
2° Sur les contributions indirectes de	243,317,400
3° Produits divers de toute nature.	12,095,394

Aucun impôt nouveau n'a été créé durant cette époque. J'indiquerai tout à l'heure les augmentations qu'ont reçues quelques-uns des impôts déjà établis.

L'accroissement du revenu public est provenu :

— Sur les contributions directes : 1° de l'addition faite en 1832 au principal de la contribution personnelle et mobilière et de la taxe des portes et fenêtres, qui a ajouté environ 11 millions aux ressources de l'État et 5 millions à celles des départements ; 2° de l'application de la loi des finances de 1835 qui soumit à l'impôt les bâtiments nouvellement construits et en déchargea les bâtiments démolis ; 3° du développement des centimes additionnels départementaux.

— Sur les contributions indirectes, l'accroissement du produit a été presque uniquement le résultat du progrès continu de l'aisance générale et de la richesse nationale. Quelques élévations de tarifs ont influé, dans une certaine mesure, sur la plus-value des produits de l'enregistrement ; mais cette plus-value a été beaucoup plus que compensée par des dégrèvements considérables, savoir : 1° par une réduction de 30 millions opérée en 1830 sur l'impôt des boissons ; 2° par une réduction de 12,792,000 fr. sur le revenu des douanes, réduction amenée par les abaissements de tarifs de 1830 à 1836 ; 3° par une réduction d'un million sur le produit des postes.

— Sur les produits divers de toute nature, l'accroissement de 12,095,000 fr. a eu lieu malgré la réduction de 18,000,000 amenée par l'abolition de la loterie et des jeux, et malgré la suppression de la rétribution universitaire qui avait produit, en 1844, 1,982,000 fr.

Ces réductions réunies, toutes opérées par les plus justes motifs, ont imposé au Trésor un sacrifice annuel de 63,000,000.

Si donc le revenu public ordinaire avait été perçu en 1847 sur les mêmes bases qu'en 1829, il aurait reçu un accroissement bien plus considérable que celui qu'il a effectivement atteint et que je viens de rappeler.

2° *Dépenses ordinaires.*

En 1829, les dépenses ordinaires ont été de. . . . . 1,014,914,000 fr.
En 1847, elles ont été de. 1,452,226,564

RÉSUMÉ. 611

De 1829 à 1847 l'accroissement des
dépenses ordinaires a donc été de. . . 437,312,564 fr.

Les causes de cet accroissement ont été :

1º Les dépenses occasionnées par la conquête et l'occupation de l'Algérie. Ces dépenses ont toujours été comprises dans les dépenses ordinaires de l'État. De 1830 au 31 décembre 1847, elles se sont élevées à plus d'un milliard. Dans les derniers exercices de 1830, elles grevaient le budget annuel des dépenses ordinaires de plus de 100 millions.

2º Les armements, les approvisionnements militaires et l'extension des cadres de l'armée nécessités par les circonstances politiques, d'abord au début du gouvernement de 1830, ensuite en 1840; les inondations et la crise de la cherté alimentaire en 1846 et 1847.

3º Le développement naturel et nécessaire, quoique modéré et lent, des divers services publics. J'en consigne ici les détails les plus importants.

Ministère de la Justice et des Cultes.

Le budget de la justice qui était en
1829 de. . . . . 19,588,000 fr.
s'est élevé en 1847 à. 27,457,724

Cette augmentation de 7,869,724 fr. est provenue :
1º de l'amélioration des traitements de la magistrature, principalement dans les degrés inférieurs ; 2º de la

suppression des vacations des juges de paix remplacées par une addition à leur traitement fixe; 3º de l'accroissement des frais de justice criminelle.

Le budget des cultes était en 1829
de. . . . .   35,481,000 fr.
Il s'est élevé en 1847 à.   39,367,395

La construction ou la restauration d'édifices diocésains, les subventions accordées pour la construction ou la restauration d'édifices paroissiaux, la création des succursales et des vicariats, l'érection d'un certain nombre de cures inamovibles, les améliorations apportées dans les traitements des desservants catholiques et des pasteurs protestants, les traitements des ministres israélites et autres frais de culte inscrits pour la première fois au budget sous le gouvernement de 1830, ont déterminé cette augmentation de..... 3,886,395 fr.

Ministère de l'Instruction publique.

Le budget de ce ministère était en
1829 de. . . . .   7,292,000 fr.
Il s'est élevé en 1847 à   19,269,438

L'augmentation de 11,787,438 fr. a eu pour causes : 1º le rétablissement de la cinquième classe de l'Institut (Académie des sciences morales et politiques); 2º la création de nouvelles facultés dans les départements et de nouvelles chaires dans les facultés existantes, au Collége de France et au Muséum d'histoire naturelle;

3° le développement des écoles de pharmacie rattachées pour la première fois au budget de l'instruction publique; 4° le rétablissement de l'École normale supérieure; 5° l'institution de quatorze nouveaux colléges royaux et l'augmentation des encouragements accordés aux études et aux travaux scientifiques et historiques; 6° enfin et surtout la grande extension du service de l'instruction primaire organisée par la loi du 28 juin 1833. Je n'insiste pas sur les résultats de cette loi; ils sont trop positivement constatés et trop universellement reconnus pour qu'il me convienne de m'y arrêter. Je ne signalerai qu'un fait. En 1832, avant la loi du 28 juin 1833, il y avait en France 42,092 écoles primaires, communales ou privées, et dans ces écoles 1,935,624 élèves, garçons ou filles. Au 1er janvier 1848, sous l'influence de la loi du 28 juin 1833, le nombre des écoles primaires s'était élevé à 63,028, et celui des élèves à 3,530,135. Ainsi, dans l'espace de quatorze ans, l'instruction primaire avait acquis 20,936 écoles et 1,594,511 élèves de plus.

Ministère de l'Intérieur.

Ce budget était en 1829 de. . . . . 53,370,000 fr.
Il s'est élevé en 1847 à 142,465,747

L'augmentation de 89,096,747 fr., dont il faut déduire 66,000,000 de dépenses départementales, est due aux notables améliorations morales et matérielles apportées dans le régime des prisons, au développement des lignes télégraphiques, à la conservation des monuments historiques, aux subventions allouées aux ponts à péage des chemins vicinaux, aux nouvelles allocations accordées aux établissements de bienfaisance et aux beaux-arts, aux dépenses de la garde nationale, etc., etc.

Ministère de l'Agriculture et du Commerce.

Ce budget était en 1829 de. . . . . 10,177,000 fr.
Il s'est élevé en 1847 à. 14,015,000

Cette augmentation d'environ 4 millions a été appliquée aux encouragements à l'agriculture, aux pêches maritimes, au Conservatoire des arts et métiers, aux établissements thermaux et sanitaires, aux secours pour inondations et au développement des haras.

Ministère des Travaux publics.

Ce budget était en 1829 de. . . . . 33,397,000 fr.
Il s'est élevé en 1847 à. 69,474,765

Cette forte augmentation a eu pour cause les nombreux travaux publics entrepris et exécutés sur le budget ordinaire de l'État, l'ouverture des lacunes et les rectifications des routes royales, l'amélioration de la navigation intérieure, la construction ou l'agrandissement des ports maritimes, les réparations et les constructions de monuments publics et, par une conséquence nécessaire, le développement des cadres du personnel des ponts et chaussées et des mines.

RÉSUMÉ.

Pour l'achèvement du seul port de Cherbourg, le gouvernement de 1830 a dépensé, de 1830 à 1848, 49,123,695 fr., somme très-supérieure à celles qu'ont dépensées pour ce grand travail les divers gouvernements qui y ont concouru depuis son origine jusqu'à son achèvement (1783-1867).

Ministère de la Guerre.

Ce budget était en 1829 de. . . . . 214,367,000 fr.
Il s'est élevé en 1847 à. 349,310,950

Les dépenses de l'Algérie figurent dans cette augmentation pour plus de 104 millions. Un accroissement d'effectif de 17 à 18,000 hommes sur l'effectif de 1829, une amélioration de solde et d'entretien pour les soldats et les grades inférieurs, l'extension des écoles régimentaires et les changements dans la proportion des armes ont déterminé le surplus de l'augmentation.

Ministère de la Marine.

Ce budget était en 1829 de. . . . . 72,935,000 fr.
Il s'est élevé en 1847 à. 133,732,030

Les trois principales causes qui ont amené cette augmentation de 60 millions ont été : 1° la création de services qui n'existaient pas au budget du département de la marine en 1829, tels que l'infanterie de marine, la gendarmerie maritime et les gardes maritimes ; 2° les améliorations introduites, comme pour l'armée de terre, dans la condition, la nourriture et la solde des officiers, sous-officiers, soldats, matelots et ouvriers; 3° le développement de nos forces navales, soit par les armements, soit par les travaux maritimes; développement rendu nécessaire par la conquête de l'Algérie, par le progrès du commerce extérieur, par nos nouveaux établissements lointains, et par le rôle de plus en plus important que la marine est appelée à jouer pour l'extension et la protection de l'activité et des intérêts nationaux dans toutes les parties du monde.

Je résume, d'après ces faits et ces chiffres, les résultats de l'administration des revenus et des dépenses ordinaires, de 1830 à 1848 :

1° Aucune création d'impôts nouveaux. Nulle autre augmentation des impôts existants en 1830 que l'addition de 16,000,000 au principal de la contribution personnelle et mobilière et de la taxe des portes et fenêtres, quelques élévations de tarifs dans les droits d'enregistrement et les centimes additionnels votés par les conseils généraux.

2° Réduction de 63,000,000 d'impôts divers, savoir :

    30 millions sur l'impôt des boissons.
    12 millions sur les douanes.
    1 million sur les droits de poste.
    18 millions pour l'abolition de la loterie et des jeux.
    2 millions par l'abolition de la rétribution universitaire.

Total 63 millions.

3° Malgré ces réductions de taxes diverses, l'augmentation progressive des produits des contributions indirectes, augmentation amenée par la seule puissance de la prospérité publique et du travail national, a apporté dans les revenus ordinaires de l'État, de 1829 à 1847, un accroissement d'environ 244 millions.

4° Ainsi, réduits d'une part et accrus de l'autre, les revenus ordinaires ont suffi, de 1838 à 1848 : 1° à l'acquittement de toutes les dépenses ordinaires de l'État, y compris celles qu'ont entraînées la conquête et l'occupation de l'Algérie et les armements extraordinaires nécessités en 1830 et en 1840 par les circonstances politiques ; 2° à de nombreuses et importantes améliorations apportées dans tous les services publics, de l'ordre moral comme de l'ordre matériel, de la guerre comme de la paix, et au profit de toutes les classes de citoyens.

Ce résultat est incontestable aujourd'hui. Tous les comptes du gouvernement de 1830 ont été l'objet de règlements législatifs, et le déficit du dernier exercice (1847) n'a laissé, pour toute la durée de ce gouvernement, qu'un découvert de 13,762,000 fr.

Je dois reconnaître que, dans les premières années de son existence, pour subvenir aux frais inséparables de toute révolution, le gouvernement de 1830 a eu recours à des ressources extraordinaires : il a aliéné des bois de l'État ; il a annulé des rentes rachetées par l'amortissement, et il a fait appel au crédit jusqu'à concurrence de 290,000,000 fr. Mais, à partir de 1833, non-seulement ses ressources ordinaires lui ont suffi; elles ont de plus fourni, aux travaux publics extraordinaires qu'il a entrepris et accomplis, des voies et moyens très-considérables. C'est le grand fait qui me reste à constater.

III

TRAVAUX PUBLICS.

Je persiste, pour ce résumé des travaux publics de 1830 à 1848, dans l'ordre que j'ai adopté pour le résumé de l'administration générale des finances. J'indique d'abord la somme et la nature des fonds qui ont été affectés à cet emploi.

Ces fonds ont été puisés à des sources diverses:

1° Dans les ressources ordinaires des budgets. De 1830 à 1847, dans tous les budgets ordinaires, des crédits ont été ouverts pour des travaux publics extraordinaires. Ces crédits sont épars dans les budgets de l'intérieur, des travaux publics, de la guerre et de la marine. Ils se sont élevés à 328,135,000 fr.

2° Les réserves de l'amortissement, ou budget extraordinaire créé par la loi du 17 mai 1837, ont été la seconde source ouverte à l'accomplissement des travaux publics extraordinaires. Sous le gouvernement de 1830, l'amortissement de la dette publique a constamment fonctionné; mais les fonds que le crédit public avait portés et soutenait au-dessus du pair, le 5, le 4 1/2 et le 4 p. % ne pouvaient continuer à être amortis sans imposer au Trésor une perte considérable. La dotation et les rentes rachetées appartenant à chacun de ces fonds n'étaient donc plus employées en achats nouveaux, et constituaient un fonds provisoirement disponible auquel on donna le nom de *réserves de l'amortissement*. Ce fut ce fonds que la loi du 17 mai 1837 affecta aux travaux publics extraordinaires. Il leur a fourni 225,624,000 fr. Il faut remarquer que ces 225,624,000 fr. avaient été produits par les revenus ordinaires de l'État, et ne peuvent être rangés parmi les ressources extraordinaires.

3° Les emprunts soit en rentes, soit en dette flottante, ont été la troisième des ressources affectées aux travaux publics extraordinaires. J'en indique la date et le montant.

1° La loi du 27 juin 1833 autorisa l'émission de 5 millions de rentes 5 p. %, en prononçant l'annulation d'une même quantité de rentes sur celles qui avaient été rachetées par l'amortissement. Cette émission a produit 93,852,000 fr.

2° La loi du 25 juin 1841 autorisa une émission de rentes 3 p. %, qui s'éleva à 12,810,245 fr. de rente et qui a produit. . . . . 450,000,000 fr.

3° La loi du 11 juin 1842, qui établit le réseau général de nos chemins de fer, ordonna que les dépenses des travaux qui devaient rester à la charge de l'État seraient provisoirement supportées par la dette flottante. Au 31 décembre 1847, les avances s'élevaient à. . . . . 441,000,000 fr.

Le 10 novembre 1847, un emprunt en rentes 3 p. % (9,966,777 fr. de rentes), autorisé par une loi du 11 août précédent, avec affectation aux travaux publics extraordinaires, produisit 250,000,000 qui devaient réduire d'autant le chiffre de la dette flottante. Cette somme ne pourrait, sans un double emploi évident, être comprise parmi les ressources extraordinaires créées pour les grands travaux publics. Sur ces 250,000,000, une somme de 82,000,000 déjà versés se trouvait, le 24 février 1848, dans l'encaisse du Trésor, et les versements qui restaient à effectuer (168,000,000) ont été reçus par le gouvernement de la République.

Au moment de sa chute, le gouvernement de 1830 possédait, pour faire face à sa dette flottante de 441,000,000 fr. :

1° Les ressources provenant des travaux exécutés à l'aide de cette dette flottante, savoir les remboursements dûs :

Par la compagnie du chemin de fer du Nord.	93,592,000 fr.
Par la compagnie du chemin de fer de Lyon.	42,000,000 fr.
Par la compagnie du chemin de fer de Tours à Nantes, environ	6,000,000 fr.
Par diverses compagnies pour prêts . .	56,268,000 fr.
Pour le prix des terrains de l'ancien hôtel des affaires étrangères, environ. . .	7,000,000 fr.
Total.	204,860,000 fr.

Les comptes successifs de l'administration des finances depuis 1848 constatent que ces ressources ont été réalisées.

RÉSUMÉ.

2° A ces recouvrements qui devaient décharger d'autant la dette flottante de 441 millions, il faut ajouter les réserves de l'amortissement restées sans emploi, grâce à l'élévation constante du 5, du 4 1/2 et du 4 p. % au-dessus du pair, réserves que la loi du 11 juin 1843 avait affectées à l'extinction des découverts du budget. Le 31 décembre 1847, ces réserves s'élevaient à 80 millions, et le découvert du budget n'était plus alors, comme cela a été constaté, que de 13,762,000 fr. Les réserves de l'amortissement allaient donc devenir disponibles, du moins en grande partie, et elles auraient pu être affectées à la réduction de la dette flottante jusqu'à concurrence de leur disponibilité.

Enfin, à la date du 31 décembre 1847, l'amortissement du 3 p. %, qui n'avait pas été suspendu un seul jour, avait racheté 17,603,712 fr. de rentes; et si on liquide à cette époque l'administration financière du gouvernement de 1830, ces rentes rachetées avec ses revenus ordinaires font incontestablement partie de son actif.

J'arrive à la conclusion qui découle de ces faits et de ces chiffres scrupuleusement recueillis.

De 1830 à 1847, le gouvernement de cette époque a exécuté pour 1,538,000,000 de grands travaux publics. Pour accomplir cette œuvre, il n'a eu recours aux moyens de crédit, ou, en d'autres termes, il n'a grevé l'avenir que jusqu'à concurrence de 984,000,000, même en y comprenant les 441,000,000 de dette flottante, quoiqu'il ait laissé, dans son actif, des ressources suffisantes pour les couvrir. Si donc, dans les premières années de son existence, le gouvernement de 1830 a dû recourir à des ressources extraordinaires pour payer une partie des dépenses de son établissement, il a, pour ainsi dire, restitué ces dépenses en payant sur ses ressources ordinaires une partie (554,000,000) des grands travaux publics que les gouvernements ont toujours payés avec des ressources extraordinaires.

Comment ont été employés les crédits que je viens d'indiquer? Quels grands travaux publics extraordinaires ont été accomplis de 1830 à 1848? C'est le dernier fait que je tiens à mettre en lumière.

Le gouvernement de 1830 a continué d'abord les œuvres commencées par ses prédécesseurs. Les nombreuses lacunes que présentaient les anciennes routes royales ont été achevées. Les pentes qui les rendaient dangereuses ou impraticables ont été rectifiées. Les canaux entrepris par la Restauration ont été complétement exécutés, et les grands ports maritimes encore inachevés énergiquement continués. D'anciennes et célèbres cathédrales ont été restaurées. Les monuments entrepris par l'ancienne monarchie ou par l'Empire, les églises de Sainte-Geneviève et de la Madeleine, la Sainte-Chapelle, l'arc de triomphe de l'Étoile, le Museum d'histoire naturelle, l'École des beaux-arts, les palais législatifs ou ont été terminés ou agrandis ou embellis. Les besoins nouveaux ont reçu aussi leur satisfaction; une nouvelle école normale supérieure a été offerte à l'enseignement public grandement et libéralement développé. Les maisons centrales de détention ont été appropriées à un meilleur régime pénitentiaire. Les hospices des aliénés et des sourds-muets ont été mis en état de mieux répondre à leur destination. De nouvelles routes ont été ouvertes pour pacifier et enrichir les contrées qu'avait désolées la guerre civile. Les voies navigables à l'intérieur du pays ont été perfectionnées. Deux grands canaux, celui de la Marne au Rhin et le canal latéral à la Garonne, ont été ouverts. Le réseau télégraphique a été étendu. Le matériel de la guerre et de la marine a été complété et amélioré à grands frais. Paris et Lyon ont été fortifiés.

Je trouve dans un écrit publié en 1848, peu de mois après la révolution de février[1], par M. Lacave-Laplagne, mon collègue comme ministre des finances de 1842 à 1847, un tableau des fonds affectés, sur les ressources ordinaires et extraordinaires des budgets, aux travaux publics extraordinaires, notamment à ceux que je viens de rappeler. Ce tableau, dressé en 1848, a pu être complété par des renseignements plus récents qu'il serait trop long d'expliquer ici. J'en tire cependant quelques chiffres, qui donnent une idée approximativement juste de l'importance des principaux travaux

---

[1] *Observations sur l'administration des finances pendant le gouvernement de Juillet, et sur ses résultats*, par M. Lacave-Laplagne ; Paris, 1848. Cet ouvrage et quatre autres écrits publiés de 1848 à 1864, savoir : 1º *Histoire financière du gouvernement de Juillet*, par M. L. Vitet, 1848 ; 2º *De l'équilibre des budgets sous la monarchie de 1830*, par M. S. Dumon, ancien ministre des finances (1849) ; 3º *Le roi Louis-Philippe ; liste civile* : par M. le comte de Montalivet (1851) ; 4º *Rien ! Dix-huit années de gouvernement parlementaire*, par M. le comte de Montalivet (1864) ; contiennent, sur l'administration politique et financière du gouvernement de 1830 et sur ses résultats, des renseignements aussi véridiques que circonstanciés.

ainsi accomplis. De 1830 à 1847 inclusivement, il a été dépensé sur les ressources ordinaires des budgets :

    Pour les canaux. . . . . 35,77,3000 fr.
    Pour les routes royales, ponts, etc. . . 14,708,000
    Pour les routes départementales. . . . 3,996,000
    Pour les monuments publics de divers
        genres. 46,388,000

La somme totale des fonds affectés, sur les ressources ordinaires des budgets, aux travaux publics extraordinaires, s'élève, selon ce tableau, à... 328,125,000 fr.;

Et ce chiffre est conforme à celui que j'ai déjà indiqué.

La somme totale des fonds appliqués, sur les ressources extraordinaires portées dans des budgets spéciaux, à des emplois de même nature, s'élève, selon le tableau de M. Lacave-Laplagne, à... 1,136,280,000 fr.

Ce qui fait, en tout, pour les travaux publics extraordinaires exécutés de 1830 à 1848, une somme totale de. . . . . 1,461,415,000 fr.

Les renseignements plus complets que j'ai recueillis portent ce total, comme je l'ai dit d'abord, à la somme de . . . . 1,538,000,000 fr.

Le plus considérable de ces travaux a été sans contredit l'établissement des chemins de fer. Non-seulement c'est sous le gouvernement de 1830 que cette grande œuvre a pris son premier élan; c'est de lui qu'elle a reçu la forte impulsion et les lois fondamentales qui ont présidé à ses développements et déterminé son succès. De 1833 à 1847, je trouve, dans le tableau chronologique des travaux législatifs de cette époque, trente-cinq lois proposées, discutées et promulguées pour l'étude et l'exécution des chemins de fer successivement entrepris dans toute l'étendue de la France [1]. Et, à l'origine comme au terme de cette législation, se placent deux grandes lois : l'une

---

[1] En voici le tableau :
27 *juin* 1833.—Loi pour des études sur les chemins de fer.
9 *juillet* 1856.—Loi d'établissement du chemin de fer de Paris à Versailles.
     Chemin de fer de Montpellier à Cette.
6 *mai* 1838.—Chemin de fer de Strasbourg à Bâle.
26 *juillet* 1839.—Chemin de fer de Lille à Dunkerque.
1er *août* 1839.—Chemin de fer de Paris à Versailles.
    — de Paris à Orléans.
    — de Paris au Havre et à Dieppe.
15 *juillet* 1840.—Loi qui modifie quelques-unes des lois précédentes.
13 *juin* 1841.—Chemin de fer de Bordeaux à la Teste.
11 *juin* 1842.—Prolongement du chemin de fer de Paris à Rouen jusqu'au Havre.—Loi pour l'établissement d'un système général de chemins de fer en France.
28 *juillet* 1843.—Chemin de fer d'Avignon à Marseille.
7 *juillet* 1844.—Chemin de fer de Montpellier à Nîmes.
26 *juillet* 1844.—Chemin de fer de Paris à la frontière d'Espagne (entre Tours et Bordeaux).
    — De Paris à la Méditerranée par Lyon (entre Paris et Dijon, Châlons et Lyon).
    — De Paris sur l'Océan (par Tours et Nantes).
26 *juillet* 1844.—De Paris sur l'ouest de la France (par Chartres, Laval et Rennes).
  —De Paris sur l'Angleterre et la frontière de Belgique (par Calais, Dunkerque et Boulogne).
  —D'Orléans à Vierzon et de Vierzon à Bourges.
  —De Paris sur le centre de la France (par

(du 11 juin 1842) qui a posé les bases du réseau général des chemins de fer et qu'on a justement appelée leur charte; l'autre (du 15 juillet 1845) qui a réglé la police des chemins de fer et fondé ainsi le régime permanent de ce grand et nouveau système de communication. Cette dernière loi, présentée et soutenue par M. Dumon, alors ministre des travaux publics, n'a pas cessé d'être en vigueur.

Au 31 décembre 1847, il y avait 2,059 kilomètres de chemins de fer en pleine exploitation, et 2,144 kilomètres de chemins de fer en construction.

            Châteauroux et Limoges, par Bourges sur Clermont).
2 *août* 1844.—De Paris sur la frontière d'Allemagne, par Nancy et Strasbourg.
5 *août* 1844.—De Paris à Sceaux.
5 *juillet* 1845.—De Lille à la frontière de Belgique.
15 *juillet* 1845.—Loi sur la police des chemins de fer.
16 *juillet* 1845.—Loi complémentaire sur le chemin de fer de Paris à Lyon et de Lyon à Avignon.
19 *juillet* 1845.—Loi complémentaire des chemins de fer de Tours à Nantes et de Paris à Strasbourg.—Embranchement sur Reims et Metz — sur Dieppe et Fécamp—de Rouen au Havre—d'Aix sur Marseille et Avignon.
21 *juin* 1846.—Chemin de fer de Dijon sur Mulhouse avec embranchements.
            —Développements du réseau de l'Ouest.
            —De Bordeaux à Cette.
3 *juillet* 1846.—D'Orléans à Vierzon et de Nîmes à Montpellier (loi complémentaire).
9 *août* 1847.—Loi sur l'achèvement du chemin de fer de Paris à Valenciennes.
            —Loi sur des modifications aux conditions de concession du chemin de fer de Paris à Lyon.
            —Loi sur le classement du chemin de fer de Montereau à Troyes.

Je n'ajoute rien à ces faits. Ils contiennent une claire et concluante réponse aux deux questions que j'ai posées en tête de ce résumé : « Quelle influence a exercée, pendant sa durée, sur l'état et le sort de la France, le gouvernement de 1830? Qu'est-il resté et que reste-t-il à la France de l'influence et des œuvres de ce gouvernement? » Évidemment l'ordre politique et l'ordre civil, l'ordre moral et l'ordre matériel, les droits de la liberté et ceux de la sécurité publique, les progrès de la prospérité et du bien-être dans toutes les classes de la nation ont été, pour le gouvernement de 1830, l'objet d'une constante préoccupation et d'une honnête et efficace action. Il a compris sa mission et poursuivi son but, sérieusement, simplement, sans charlatanerie, sans fantaisie, et le bien de ses œuvres a survécu au malheur de sa chute. Il a eu les caractères essentiels et il atteignait de jour en jour les résultats essentiels d'un gouvernement légal et libre. Ce fut son travail. Ce sera son honneur.

FIN DU HUITIÈME ET DERNIER VOLUME.

TABLE DES MATIÈRES

DU TOME HUITIÈME.

CHAPITRE XLIV.

LE GOUVERNEMENT PARLEMENTAIRE.
(1840-1848.)

Le gouvernement libre est le but et le besoin des sociétés modernes.—La responsabilité du pouvoir est le principe essentiel du gouvernement libre. — Le gouvernement libre peut et doit avoir, selon les lieux et les temps, des formes différentes.—Exemples : l'Angleterre et la France, les États-Unis d'Amérique et la Suisse.— Le gouvernement parlementaire est l'une des formes du gouvernement libre. — La formation des partis politiques est l'une des conditions du gouvernement parlementaire. — Accomplissement de ces conditions par le cabinet du 29 octobre 1840.—Son homogénéité et son unité.—Les changements survenus dans sa composition ne les altèrent point. — Rapports de ses membres entre eux.—Ses rapports avec les Chambres.—Formation et action du parti conservateur. — De la corruption électorale et parlementaire.— De l'opposition parlementaire.— Séance du 26 janvier 1844 à la Chambre des députés.— Rapports du cabinet et mes rapports personnels avec le roi Louis-Philippe.— De la maxime : « Le roi règne et ne gouverne pas. » — Caractères du gouvernement parlementaire pendant la durée du cabinet du 29 octobre 1840. 1

CHAPITRE XLV.

LES MARIAGES ESPAGNOLS.
(1842-1847.)

Notre politique envers l'Espagne de 1833 à 1842 et ses deux principes. — Question du mariage de la reine Isabelle. — Notre politique dans cette question. — Mission de M. Pageot à Londres, Vienne et Berlin. — Idée du prince de Metternich. — Idée de la cour de Londres pour le prince Léopold de Coburg. — Mes communications avec le cabinet anglais à ce sujet. — Chute du régent Espartero. — Changement d'attitude du cabinet anglais. — M. Olozaga et la reine Isabelle. — M. Gonzalès Bravo. — M. Bresson, ambassadeur de France à Madrid. — Sir Henri Bulwer, ministre d'Angleterre à Madrid. — Retour de la reine Christine en Espagne. — Réforme de la constitution espagnole de 1837. — Le général Narvaez. — Situation des divers prétendants à la main de la reine Isabelle. — Mort de l'infante doña Carlotta. — Le comte de Trapani. — Conversation du roi Louis-Philippe avec le comte Appony. — Abdication de don Carlos. — Négociation pour le mariage de la reine Isabelle avec le comte de Trapani. — Nos relations à ce sujet avec le cabinet anglais. — Vrai sentiment de la reine Christine pour le mariage de ses deux filles. — Première idée du mariage du duc de Montpensier avec l'infante doña Fernanda. — Entretiens, au château d'Eu, avec lord Aberdeen à ce sujet. — Menées entre Madrid et Lisbonne en faveur du prince Léopold de Coburg. — Participation de sir Henri Bulwer. — Avertissement loyal de lord Aberdeen. — Mes instructions à M. Bresson. — Chute du général Narvaez. — Cabinet Miraflores. — Mon memorandum du 27 février 1846. — — Cabinet Isturiz. — Chute du cabinet de sir Robert Peel et de lord Aberdeen. — Avénement de lord Palmerston au *Foreign-Office*. — Sa dépêche du 19 juillet 1846. — Mes instructions à M. Bresson. — Résolution de la reine Christine pour les deux mariages de ses filles. — Le duc de Cadix et le duc de Montpensier. — Négociation à ce sujet. — Conclusion des deux mariages. — — Le duc de Montpensier et le duc d'Aumale en Espagne. — Opposition du cabinet anglais. — Son inefficacité. — Célébration des deux mariages. — Leurs conséquences. 100

CHAPITRE XLVI.

L'ITALIE ET LE PAPE PIE IX.
(1846-1848.)

Pie IX en 1846 et en 1866.—Contraste entre ces deux époques. — Quelle est la part de Pie IX lui-même dans sa destinée?— Mes instructions à M. Rossi pour le conclave de 1846. — Amnistie de Pie IX à son avénement.—Le cardinal Gizzi, secrétaire d'État.—Pie IX réformateur.—Ses premières conversations avec M. Rossi.—Inexpérience et faiblesse politique de la cour de Rome.—La question romaine et la question italienne.—Le cardinal Ferretti, secrétaire d'État.—Occupation de Ferrare par les Autrichiens. — Réformes accomplies à Rome. —Le parti libéral romain modéré et laïque.—Sa bonne attitude en 1847 pour la fête anniversaire de l'amnistie. — Garde civique romaine. — Lettre que m'adresse M. J. Mazzini sur le parti modéré en Italie. — Dépêche du prince de Metternich sur le même sujet. — Complication des questions romaines et des questions italiennes. — Notre politique en Italie. — Lettre du prince de Joinville à cet égard. — Ma réponse.— Mes instructions à nos agents en Italie. — Installation de la *consulta* d'État à Rome.—L'esprit réformateur, l'esprit national et l'esprit révolutionnaire en Italie. — Nos préparatifs pour une expédition destinée à protéger le pape, en janvier 1848.—Chute du cabinet du 29 octobre 1840 et révolution du 24 février 1848.—Crise radicale dans la situation de Pie IX.— Ministère et assassinat de M. Rossi. — Un abîme entre le pape réformateur et le pape révolutionnaire.—Quelle est la part des peuples dans l'insuccès des gouvernements? — Louis XVI et Pie IX. — Lettre de M. Rossi à moi après la révolution du 24 février 1848....................... 339

CHAPITRE XLVII.

LA SUISSE ET LE SONDERBUND.
(1840-1848.)

Sentiments du roi Louis-Philippe sur la Suisse. — Leur fondement historique. — Napoléon Ier et l'acte de médiation de 1803. — Le congrès de Vienne et le pacte fédéral de 1815.

— Les révolutions cantonnales de 1830. — En 1832, la révision du pacte fédéral échoue. — Ma situation personnelle envers la Suisse. — Lutte des conservateurs et des radicaux suisses. — Abolition des couvents et confiscation de leurs biens dans le canton d'Argovie. — Appel des jésuites pour l'instruction publique dans le canton de Lucerne. — Première expédition des corps francs contre Lucerne. — Hésitation et inertie de la Diète helvétique. — Notre attitude diplomatique envers la Suisse. — Seconde expédition des corps francs contre le canton de Lucerne. — Installation des jésuites à Lucerne. — Révolutions radicales dans les cantons de Vaud et de Berne. — Assassinat de M. Jacob Leu, d'Ébersol. — Formation du Sonderbund, ligue des cantons catholiques. — M. de Boislecomte, ambassadeur de France en Suisse. — Ses conversations avec M. Ochsenbein, président de la Diète. — Révolution radicale dans le canton de Genève. — Nos relations avec les cours de Vienne, de Berlin et de Pétersbourg sur les affaires de Suisse. — Mon insistance pour que nous nous entendions aussi avec l'Angleterre. — Le duc de Broglie ambassadeur à Londres. — Ses conversations avec lord Palmerston. — Négociations sur un projet de note identique et de médiation à présenter par les cinq puissances à la Diète helvétique et au Sonderbund. — La guerre civile éclate en Suisse. — M. Peel chargé d'affaires d'Angleterre en Suisse. — Défaite du Sonderbund. — Présentation tardive de la note identique des cinq puissances. — Vues des cours de Vienne et de Berlin. — Le comte de Colloredo et le général Radowitz à Paris. — Notre attitude envers eux. — Résumé de nos vues et de nos actes envers la Suisse à cette époque......... 416

CHAPITRE XLVIII.

LES RÉFORMES POLITIQUES ET LA CHUTE DU MINISTÈRE
DU 29 OCTOBRE 1840.

(1840-1848.)

Ma disposition personnelle en terminant ces *Mémoires*. — Pensée dominante et constante du ministère du 29 octobre 1840. — La prépondérance des classes moyennes; ses motifs et son caractère. — Le parti conservateur. — Le but des réformes électorale et parlementaire était de changer cette politique.

— Diversité des éléments de l'opposition. — L'opposition monarchique et l'opposition républicaine. — Diversité des éléments de l'opposition monarchique; — de l'opposition républicaine. — De 1840 à 18 7, la question des réformes reste dans l'arène parlementaire. — Divers débats à ce sujet. — La question passe dans le champ de l'agitation extérieure. — Les banquets de 1847. — Leur caractère. — Attitudes diverses de l'opposition monarchique et de l'opposition républicaine. — Ascendant croissant de l'opposition républicaine. — Attitude du gouvernement envers les banquets. — Ma conversation avec M. de Morny. — Ma conversation avec le roi Louis-Philippe. — Projet d'un nouveau banquet à Paris. — Ouverture de la session de 1848. — Discussion de l'adresse. — Résolution et langage du gouvernement sur la question des réformes. — L'opposition se décide à assister au nouveau banquet proposé. — Le gouvernement se décide à l'interdire. — Question de légalité élevée à ce sujet. — Compromis entre des représentants du cabinet et des représentants de l'opposition pour faire décider cette question par les tribunaux. — Luttes intérieures entre les divers éléments de l'opposition. — Les meneurs révolutionnaires de l'opposition républicaine ajoutent au banquet un plan de mouvement populaire. — Manifeste publié dans ce but. — Changement de scène. — Le gouvernement interdit le banquet. — L'opposition parlementaire y renonce et propose à la Chambre des députés l'accusation du ministère. — Journées des 21 et 22 février. — Le 23 février, manifestations réformistes dans une partie de la garde nationale. — Conversation du roi, d'abord avec M. Duchâtel, puis avec moi. — Chute du cabinet. — Je l'annonce à la Chambre. — Émotion de la majorité. — Rapports entre le roi et le cabinet. — Persistance des menées de l'opposition républicaine révolutionnaire. — Mesures de résistance préparées par le gouvernement. — Tragique incident, dans la soirée du 23 février, devant le ministère des affaires étrangères. — Ses effets. — Nomination du maréchal Bugeaud au commandement de la garde nationale et des troupes; dernier acte du ministère. — Ma dernière visite au roi Louis-Philippe. — Mon impression sur ses sentiments et ses dispositions intérieures dans cette crise.................. 518

CHAPITRE XLIX

Résumé.. 596

FIN DE LA TABLE DU TOME HUITIÈME ET DERNIER.

PARIS. — IMPRIMÉ CHEZ JULES BONAVENTURE,
55, QUAI DES GRANDS-AUGUSTINS.

www.ingramcontent.com/pod-product-compliance
Lightning Source LLC
Chambersburg PA
CBHW071159230426
43668CB00009B/1015